“十四五”职业教育国家规划教材

21世纪会计专业主干课程教材

ACCOUNTING IN DIFFERENT INDUSTRIES

行业会计比较

第九版

傅 胜 主 编

刘昕辉 副主编

东北财经大学出版社 Dongbei University of Finance & Economics Press 大连

图书在版编目（CIP）数据

行业会计比较 / 傅胜主编．—9版．—大连：东北财经大学出版社，2024.6（2025.2重印）
（21世纪会计专业主干课程教材）
ISBN 978-7-5654-5197-3

Ⅰ.行…　Ⅱ.傅…　Ⅲ.部门经济-会计-对比研究-教材　Ⅳ.F235-03

中国国家版本馆CIP数据核字（2024）第060683号

东北财经大学出版社出版
（大连市黑石礁尖山街217号　邮政编码　116025）
网　　址：http://www.dufep.cn
读者信箱：dufep@dufe.edu.cn
大连图腾彩色印刷有限公司印刷　东北财经大学出版社发行

幅面尺寸：185mm×260mm　字数：469千字　印张：19.5　插页：1
2024年6月第9版　2025年2月第2次印刷

责任编辑：包利华　曲以欢　责任校对：刘贤恩
封面设计：原　皓　版式设计：原　皓

定价：49.00元

教学支持　售后服务　联系电话：（0411）84710309

如有印装质量问题，请联系营销部：（0411）84710711

第九版前言

习近平总书记在党的二十大报告中指出："万事万物是相互联系、相互依存的。只有用普遍联系的、全面系统的、发展变化的观点观察事物，才能把握事物发展规律。"社会上各行各业的业务范围和经营特点不同，其收入与成本的核算也必然存在较大差别。我国现行的企业会计准则，是以工商业企业为主，兼顾其他行业制定的一套通用的、统一的会计规范，对各行业会计的确认、计量、记录、报告全过程中的共性部分作出了较为明确的规定。但是，对各行业因经营特点不同及由此带来的独特业务的会计核算问题，企业会计准则不可能、也没必要逐一作出具体而详细的规范。这就使针对各行业独特业务核算的行业会计比较无法退出历史舞台。

为突出重点、节省读者时间，本书将各行业会计核算中共性的部分作为读者通晓的知识而省略，各章笔墨主要用来阐述具体某一行业独特业务的会计核算方法。各行业独特的经营业务与其在国民经济中的地位和作用紧密联系在一起，进而形成了各行业会计核算的不同特点。

从我国行业的系统性考虑，本书主要阐述了商品流通企业、施工企业、房地产开发企业、银行、证券公司、保险公司、物流企业、旅游餐饮服务企业和农村集体经济组织与农民专业合作社所涉及的特殊业务的会计核算方法，旨在使读者对各行业的会计核算特点有一个较为全面的理解和把握。

本次修订工作主要体现在：

1. 融入了党的二十大精神。

2. 根据2021年8月以后财政部、国家税务总局新颁布实施的政策法规调整了教材中涉及的相关内容。

3. 针对教材中的重点和难点内容录制了微课视频，丰富了教材的音视频资源。

4. 增加了互动随堂测试练习题，置于教材相应知识点后，读者可以通过扫描二维码查看答案与解析，以检测自己对相关知识点的掌握情况。

本书既可作为高等财经院校会计专业的主干课程教材，亦可作为多元化经营的企业财务人员的专业参考书。

本书由东北财经大学教授、研究员级高级会计师、硕士生导师傅胜任主编，并修订了第一章；东北财经大学网络教育学院主讲教师刘昕辉任副主编，并修订了第二、三、四、五、六、七、八章；大连致同会计师事务所（特殊普通合伙）辽宁分所会计师、税务师王洋修订了第九章和第十章。最后，由傅胜教授对全书进行了修改和总纂。

由于作者水平有限，书中纰漏之处在所难免，恳请读者批评指正。读者可通过东北财经大学出版社反映本书的不足和缺陷或提出使用中遇到的疑问，具体联系方式如下：

电话：0411-84711800

电子邮箱：184510119@qq.com

或者QQ扫描下面二维码：

老师您好！　　同学您好！

编　者

2024年6月

目　录

第一章　总　论

第一节　行业会计比较概述

一、我国行业的划分

随着社会经济的不断发展，出现了不同门类的产业和行业。目前世界各国把各种产业划分为三大类：第一产业、第二产业和第三产业。通常的三大产业是联合国使用的分类方法：第一产业是指提供生产资料的产业，包括种植业、林业、畜牧业、水产养殖业等直接以自然物为对象的生产部门。第二产业是指加工产业，利用基本的生产资料进行加工并出售。第三产业又称服务业，它是指第一、第二产业以外的其他行业。第三产业行业广泛，包括交通运输业、通信业、商业、餐饮业、金融保险业、行政、家庭服务等非物质生产部门。各国划分不完全一致。

我国对各产业的划分如下：

第一产业为农业（包括林业、牧业、渔业等）。第二产业为工业（包括采掘、制造、自来水、电力、蒸汽、热水、煤气）和建筑业等行业。第三产业为第一、第二产业以外的其他各业。由于第三产业包括的行业多、范围广，根据我国的实际情况，第三产业可分为两大部分：一是流通部门；二是服务部门。其具体又分为四个层次：第一层次是流通部门，包括交通运输业、邮电通信业、商业、饮食业、物资供销和仓储等。第二层次是为生产和生活服务的部门，包括金融保险业，地质普查业，房地产开发业，公用事业，居民服务业，咨询服务业和综合技术服务业，农、林、牧、渔、水利服务业和水利业，公路、内河（湖）航道养护业等。第三层次是为提高科学文化水平和居民素质服务的部门，包括教育、文化、广播电视事业，科学研究事业，卫生、体育和社会福利事业等。第四层次是为社会公共需要服务的部门，包括国家机关、党政机关、社会团体及军队和警察等。

所谓行业，一般是指按生产同类产品或具有相同工艺过程，或提供同类劳动服务划分的经济活动类别，根据现行的《国民经济行业分类》(2019年修订)，我国国民经济行业分为20个门类，具体如下：

- 农、林、牧、渔业：包括农业，林业，畜牧业，渔业，农、林、牧、渔专业及辅助性活动5大类。
- 采矿业：包括煤炭开采和洗选业、石油和天然气开采业、黑色金属矿采选业、有色金属矿采选业、非金属矿采选业、开采专业及辅助性活动、其他采矿业7大类。
- 制造业：包括农副食品加工业，食品制造业，酒、饮料和精制茶制造业，烟草制品业，纺织业，纺织服装、服饰业，皮革、毛皮、羽毛及其制品和制鞋业，木材加工和木、竹、藤、棕、草制品业，家具制造业，造纸和纸制品业，印刷和记录媒介复制业，文教、工美、体育和娱乐用品制造业，石油、煤炭及其他燃料加工业，化学原料和化学制品制造业，等等，共31大类。

●电力、热力、燃气及水生产和供应业：包括电力、热力生产和供应业，燃气生产和供应业，水的生产和供应业3大类。

●建筑业：包括房屋建筑业，土木工程建筑业，建筑安装业，建筑装饰、装修和其他建筑业4大类。

●批发和零售业：包括批发业和零售业两大类。

●交通运输、仓储和邮政业：包括铁路运输业、道路运输业、水上运输业、航空运输业、管道运输业、多式联运和运输代理业、装卸搬运和仓储业、邮政业8大类。

●住宿和餐饮业：包括住宿业和餐饮业两大类。

●信息传输、软件和信息技术服务业：包括电信、广播电视和卫星传输服务，互联网和相关服务，软件和信息技术服务业3大类。

●金融业：包括货币金融服务、资本市场服务、保险业和其他金融业4大类。

●房地产业：包括房地产业大类。

●租赁和商务服务业：包括租赁业和商务服务业两大类。

●科学研究和技术服务业：包括研究和试验发展、专业技术服务业、科技推广和应用服务业3大类。

●水利、环境和公共设施管理业：包括水利管理业、生态保护和环境治理业、公共设施管理业、土地管理业4大类。

●居民服务、修理和其他服务业：包括居民服务业，机动车、电子产品和日用产品修理业，其他服务业3大类。

●教育：包括教育大类。

●卫生和社会工作：包括卫生和社会工作两大类。

●文化、体育和娱乐业：包括新闻和出版业，广播、电视、电影和录音制作业，文化艺术业，体育，娱乐业6大类。

●公共管理、社会保障和社会组织：包括中国共产党机关，国家机构，人民政协、民主党派，社会保障，群众团体、社会团体和其他成员组织，基层群众自治组织6大类。

●国际组织：包括国际组织大类。

二、行业会计的特点

各行业在国民经济发展中发挥着不同的职能和作用。为反映和监督不同行业的经济活动，便形成了各具特色的各种行业会计。各种行业会计之间既有共性，也有个性。会计作为一种管理活动，要以基本会计准则为共同的基本规范，但由于不同行业有着不同的生产技术特点和经营特点，各种行业会计反映和监督的内容也随之不同。因此，行业会计要结合各行业的特点，对各行业经济活动中的特殊业务，采用特殊的方法进行核算，只有这样才能充分发挥会计在各行业特殊的经营管理中的重要作用。

根据行业划分的规则，行业会计也相应地划分为企业会计和非营利组织会计两大系统。

●企业会计，指从事各种生产经营业务活动的企业所运用的会计，包括工业企业会计、商品流通企业会计、施工企业会计、房地产开发企业会计、银行会计、证券公司会计、保险公司会计、物流企业会计、旅游餐饮服务企业会计、农村集体经济组织会计与农民专业合作社会计等。这些企业会计在核算和管理上有许多共性，如企业的货币资金、长短期投资、应收款项、应付款项、固定资产、无形资产、在建工程、流动负债、非流动负债、投入资本、资本公积和盈余公积等，在会计制度、会计核算方法、会计科目和会计报表的格式和编制等方面都有相同之处。但是由于经济活动的不同，客观存在着各自行业的特殊业务，对这些特殊业务的核算与管理则是行业会计的特点所在。例如，商品流通企业的批发、零售及其商品流转业务与其他行业有着明显的区别；银行、证券、保险公司的经营资金业务也不同于其他行业；房地产开发企业与施工企业虽相关联，但在成本和收入的核算上各不相同，与物流企业成本及收入的核算更是相差甚远。因此，对各行业的特殊业务如何进行处理，就是研究行业会计的目的所在。只有了解各行业会计核算与管理的共同点和差异，才能将会计理论与方法真正融会贯通，才能适应企业经营多元化趋势对会计工作者不断提出的新要求。

●非营利组织会计是政府机构和其他不以营利为主要目的的组织（如学校、医院、科研机构、图书馆和慈善机构等）所运用的会计。在我国，非营利组织会计分为政府财政总会计、行政单位会计和事业单位会计三个部分。作为会计的一个分支，它与企业会计在会计基础理论方面（如会计对象、会计信息质量特征、基本原则、基本假设、会计信息的表达等）有许多相似之处，但由于其组织目标、财务资源来源、财务资源分配机制、受托责任和业绩考核等方面的特征，使得非营利组织会计又有其特殊性。在发达国家，非营利组织会计起步较早、制度比较完善，已形成了较为规范的非营利组织会计法规体系，学术界对非营利组织会计理论的研究也比较系统，尽管我国非营利组织历史悠久，但对其会计系统研究的时间尚短，以致研究总体上还不是很深入全面。同时，非营利组织会计自成体系，详细论述篇幅较大，本书重点阐述的是企业会计比较，故对非营利组织会计不再赘述。

三、行业会计与企业会计准则的关系

企业会计准则出台以后，许多人认为行业会计也将随之消失。其实这是一种误解，是混淆了“行业会计”与“行业会计制度”的区别。行业会计是以货币为主要计量单位，采用专门的方法对本行业的经济活动进行核算和监督的一项管理活动；而行业会计制度是对行业会计的规范。企业会计准则能够取代行业会计制度中各行业会计共性的部分，它针对所有企业会计核算的共性部分制定了一套通用的、统一的会计准则，对企业会计确认、计量、记录、报告全过程作出了规范，使会计核算与管理工作增加了新的内容和思想，对加强企业会计核算管理、整顿会计核算工作秩序、保障企业会计工作依法顺利进行和推进会计国际化有着重要的意义。但是，企业会计准则无法兼顾所有行业的特殊业务的会计核算。尽管企业会计准则在强调企业会计核算共性要求的同时，适度地兼顾了一些行业特色，但它无法满足各行各业的特殊经济业务对会计核算的具体要求。例如，商品流通企业与物流企业的成本核算就相差甚远，物流企业与施工企业的存货核算方法也无法相互替代等。因此，只要国民经济中存在着各行各业的经济实体，行业会计的区别就将随之永远存在。事实上，就行业会计中的特殊业务来说，在企业会计准则中并无相关阐述。而行业会计则是在遵循统一的企业会计准则前提下，根据本行业的经营特点及强化内部控制的要求，对企业会计准则中未涉及的内容来研究如何对特有的经济业务进行核算。

第二节　行业会计比较的内容

我国的行业会计比较是在20世纪60年代国外会计比较研究与发展的基础上形成的。比较会计是以世界各国的会计理论与实务为宏观研究对象，运用比较的方法研究两个或两个以上国家会计理论和实务之间的异同和相互影响，以促进各国会计的协调和会计国际化。而行业会计比较只是比较会计的一个分支，它是通过对不同行业会计特殊核算内容和特殊核算方法的比较，阐明其相同、相似和相异之处，以提高不同行业特殊业务的会计信息的相关性。行业会计比较就是基于这一点，立足于领会统一会计思想的基础上，拓展更宽的会计领域，以适应基于企业经营多元化的形态对从事会计理论研究和会计实务工作的更高要求。

一、行业会计核算对象的比较

各行业会计反映与监督的内容即为会计的核算对象。由于各行业的经济活动、业务范围、职责权限不同，会计核算和监督的内容也必然不同。准确地认识和理解不同行业的特殊性，是发挥会计核算、监督作用的基本点。比如，金融业包括银行、信托、租赁、保险、证券等多类，其核算对象也因银行业务、信托投资业务、租赁业务、保险业务和证券业务的不同而不同。保险业按险种分为财产保险业务、人寿保险业务、再保险业务，其核算对象也各有侧重。商品流通企业的批发和零售业务有着较大的区别，因此，商品流通企业的会计核算对象分为批发和零售两种类型。旅游餐饮服务业的经营业务开展往往带有系统性和配套性，旅游业除了组团旅游外，有条件的旅行社同时还经营客房、餐饮、售货、娱乐及其他业务；饮食业除了经营餐饮业务外，还开展娱乐、售货及其他业务；服务业也可同时经营文化娱乐、体育健身、美容美发、桑拿洗浴、照相、修理等多种业务。因此，为了分别提供各项经营业务的会计信息，就形成了会计核算对象的多样性。农村集体经济组织既以发展经济为主，同时又负有一部分街道管理职能。因此，在会计核算上不但要完成组织的收入、费用和收益的核算，同时也必须承担起作为基层政府组织对货币资金的提留、调拨、投放和收回的资金控制与运用职能。

二、行业会计特殊业务的比较

各行业特殊业务的客观存在，是研究比较会计的基础。我国2007年开始实施的企业会计准则在各行业的共性方面作出了统一的规范，如在资产、负债、收入、费用等会计要素的定义上进行了明确的规定，使企业在会计要素的确认方面有了界定的范围，保证提供的会计信息具有可靠性。这也是我国企业会计准则在制定思想和定位上的一次突破。但是在具体的核算与管理方法上，各行业的差异还是不可回避的。例如，保险企业是以保险业务的各种保费收入、理赔及保险资金的再运用等经营活动为核算对象的，由于经营活动的特殊性，决定了在损益的计算、保险责任准备金的计提及再保险业务的开展等诸多方面都有其独到之处。商品流通企业的售价核算是由其内部控制的实物负责制所决定的。此外，餐饮业的总成本核算、施工企业的周转材料和临时设施核算、房地产业的开发成本核算等，都是其本行业所特有的。由于我国目前在农村地区推行的是以家庭联产承包责任制为主、其他责任制为辅的生产运作方式，所以农村集体经济组织推行了与之相适应的统一核算与分散核算相结合的两级会计核算体制。因此，比较各行业的特殊业务，对在短时间内掌握各行业会计核算技能将起到事半功倍之功效。

三、行业会计相关业务的比较

国民经济各部门是一个有机联系的整体，各行业之间都存在着相互依存的关系，在会计核算方面也必然存在着对相关的经济业务如何处理的问题。例如，对于施工企业与房地产开发企业来说，施工企业的工程价款就是房地产开发企业的开发成本的重要组成部分，但房地产开发企业的开发成本并不等于施工企业的工程价款，因为房地产开发企业的开发成本中还包括土地开发成本及配套设施成本等。

第三节 行业会计比较的方法

行业会计比较的方法，大都采用横向比较法与纵向比较法。横向比较法是同时对不同行业会计中相同的会计要素进行比较，研究它们在会计核算上的共性与个性，并对个性加以阐述。纵向比较法是将各行业特殊业务的会计核算进行相互比较，找出每个行业会计核算的个性，并对个性部分加以阐述。

本书采用的是纵向比较法，将各行业会计核算中共性的部分作为通晓的知识而省略，省出篇幅重点阐述各行业特殊业务的会计核算方法。这些特殊业务凸显了各行业之间会计核算的主要区别，由此能比较出各行业会计的特性所在。这些特殊业务往往又与企业在国民经济中的地位和作用紧密联系在一起。掌握和理解各行业特殊业务的核算，对研究和学习行业会计具有重要的意义。

从行业会计的系统性考虑，本书主要阐述了商品流通企业、施工企业、房地产开发企业、银行、证券公司、保险公司、物流企业、旅游餐饮服务企业和农村集体经济组织与农民专业合作社会计所涉及的特殊业务，旨在使学生对各行业的会计有一个较为全面的理解和把握。

本章小结

由于各行业在国民经济发展中发挥着不同的职能和作用，各行业会计既有共性，也有个性。其共性是行业会计作为一种管理活动，都要以基本会计准则为共同的基本规范；其特性是不同行业会计反映和监督的内容与方法不同。

“行业会计”与“行业会计制度”是有区别的。企业会计准则的实施，只能取代行业会计制度中各行业会计共性的部分，不能取代行业会计。只要国民经济中存在着各行各业，行业会计就将随之永远存在。各行业特殊业务的客观存在，是研究比较行业会计的基础。

行业会计的比较方法有横向比较法与纵向比较法两种。

第二章　商品流通企业会计

思政短语　　“务材训农，通商惠工。”

——《左传·闵公二年》

商品流通企业是从事商品购销活动的企业，包括商业、粮食、物资供销、供销合作社、对外贸易、医药、石油、烟草、图书发行等各种所有制形式的企业。在国民经济中，它起着连接生产与消费的桥梁和纽带作用。

第一节　商品流通企业会计的特点

由于商品流通企业的主要业务是商品流转，因此其会计核算除具有一般企业会计的特征外，还有不同于其他行业的一些特点。

微课

商品流通企业会计的特点

一、核算对象分为批发和零售两种类型

商品流通企业会计核算对象如图2-1所示。

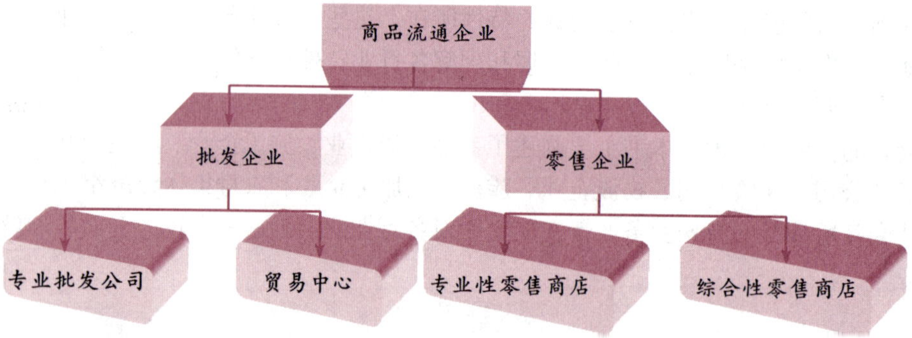

图2-1　商品流通企业会计核算对象

（一）批发企业

所谓批发企业，是指从生产企业或其他企业购进商品，供应给零售企业或其他批发企业用以转售，或供应给其他企业用以加工的商品流通企业。它处于商品流转的起点或中间环节，是组织城乡之间、地区之间商品流通的桥梁。

我国在城市中有专业批发公司和贸易中心。专业批发公司是自主经营的经济实体；贸易中心可以是经济联合体，也可以是独立体，实行开放式经营，自由购销，跨区经营，促使货畅其流，提高经济效益。为了扩大批发商品的辐射面，还开设了基层批发企业，积极开展批发和代批业务，以方便边远地区、小型零售企业和个体经营者。

（二）零售企业

所谓零售企业，是指从批发企业或生产企业购进商品，销售给个人消费者，或销售给企事业

单位等用于生产和非生产消费的商品流通企业。它是直接为人民生活服务的基层商品流通企业。

零售企业按其经营商品种类的多少，可分为专业性零售商店和综合性零售商店。专业性零售商店是指专门经营某一类或几类商品的零售企业，如专门销售钟表、眼镜、交通器材、照相器材、金银首饰等的商店。综合性零售商店是指经营商品类别繁多的零售企业，如销售百货、食品、服装鞋帽、五金、日用杂货等的商店。

由于商品批发和零售业务有着较大的区别，因此，商品流通企业的会计核算也因核算对象类型的不同而有所不同。

二、核算内容以商品流转为核心

商品流转业务主要包括商品购进、商品销售和商品储存三个环节。商品流通企业会计核算内容如图2-2所示。

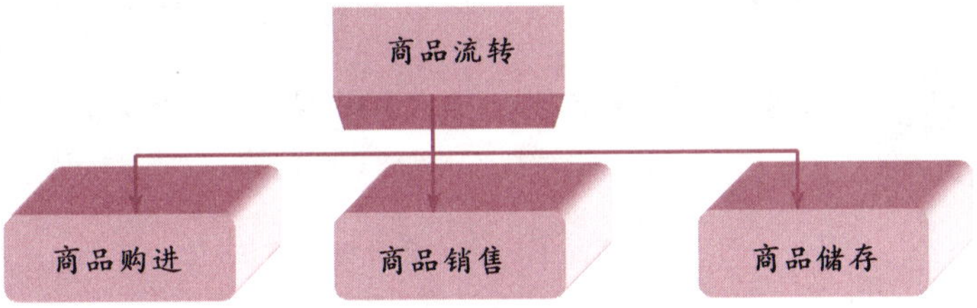

图2-2　商品流通企业会计核算内容

所谓商品购进，是指商品流通企业为了销售或加工后销售货物，通过货币结算取得商品所有权的交易行为，是商品流转的起点。商品购进过程，也就是货币资金转变为商品资金的过程。

所谓商品销售，是指商品流通企业通过货币结算售出商品的交易行为，是商品流转的终点。商品销售过程，也就是商品资金转变为货币资金的过程。

所谓商品储存，是指商品流通企业购进的商品在销售以前在企业的停留状态。它以商品资金的形态存在于企业之中。商品储存是商品购进和商品销售的中间环节，也是商品流转的重要环节。商品储存包括库存商品、受托代销商品、分期收款发出商品和购货方拒收的代管商品等。

商品流转的三个环节是商品流通企业的主要业务内容，自然也就构成了商品流通企业会计核算的核心内容。

小知识2-1

凡是不通过货币结算而收入的商品，或者不是为销售而购进的商品，都不属于商品购进的范围，如收回加工的商品、溢余的商品、收回销售退回的商品和购货单位拒收的商品、因财产交接而接受的商品和其他单位赠送的样品、为收取手续费替其他单位代购的商品以及购进专供本单位自用的商品等。

凡是不通过货币结算而发出的商品，都不属于商品销售的范围，如发出加工的商品、损耗和短缺的商品、进货退出的商品和退出拒收的商品、因财产交接而交出的商品和赠送其他单位的样品、采用代收手续费方式替其他单位代销的商品、虽已发出但仍属于本单位所有的委托代销商品和分期收款发出商品等。

三、核算方法以进价核算和售价核算为主

不同类型的商品流通企业根据各自的经营特点和管理需要，对商品流转的核算采用了不同的方法，归纳起来主要分为进价核算和售价核算两种。进价核算和售价核算又各自分为金额核算和数量金额核算两种。商品流通企业会计核算方法如图2-3所示。

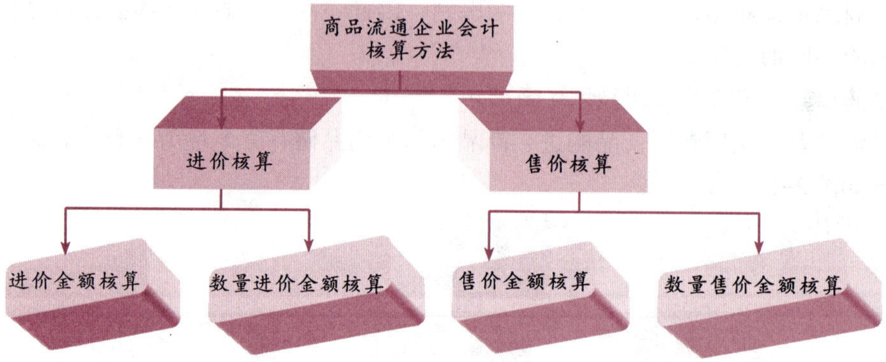

图2-3　商品流通企业会计核算方法

（一）进价核算

进价核算是指以库存商品的购进价格来反映和控制商品购进、销售和储存的一种核算方法。这种方法又分为进价金额核算和数量进价金额核算两种。

1.进价金额核算。

进价金额核算是指库存商品总分类账和明细分类账都只反映商品进价金额，不反映实物数量的一种核算方法。这种方法由于缺乏实物数量记载，必须通过对库存商品进行实地盘点，计算出期末结存金额后，才能倒挤出主营业务成本，所以也称为“进价记账盘存计销”。

这种核算方法的优点是记账手续最为简便，工作量小；缺点是平时不能反映商品进、销、存的数量，由于月末采用盘存计销的办法，将主营业务成本、商品损耗和责任人的差错混在一起，容易产生弊端，不易发现企业经营管理中存在的问题。因此，这种方法只适用于经营鲜活商品的零售企业。

小思考2-1

为什么说“进价金额核算”只适用于经营鲜活商品的零售企业？

2.数量进价金额核算。

数量进价金额核算是指库存商品总分类账和明细分类账除均按商品进价金额反映外，同时明细分类账还必须反映商品实物数量的一种核算方法。采用这种方法，可以根据已销商品的数量按进价结转主营业务成本。

这种核算方法的优点是能够按品名、规格来反映和监督每种商品进、销、存的数量和进价金额的变动情况，有利于加强对库存商品的管理与控制；缺点是每笔销售业务都必须填制销售凭证，并按商品的品名、规格登记商品明细账，记账工作量较大。因此，这种方法适用于工业品批发公司、农副产品收购企业、部分专业性零售商店及贸易中

心等。

【随堂测】（判断题）进价金额核算是指库存商品总分类账和明细分类账除均按商品进价金额反映外，同时明细分类账还必须反映商品实物数量的一种核算方法。（　）

（二）售价核算

售价核算是指以库存商品的销售价格来反映和控制商品购进、销售和储存的一种核算方法。这种方法又分为售价金额核算和数量售价金额核算两种。

1.售价金额核算。

售价金额核算是指库存商品总分类账和明细分类账都只反映商品售价金额，不反映实物数量的一种核算方法。采用这种方法，库存商品的结存数量，只能通过对库存商品进行实地盘点来掌握，营业柜组或门市部对其经营的商品承担经济责任。财会部门通过商品的售价来控制营业柜组或门市部的商品。由于它是建立在实物负责制基础上的，所以也称为“售价金额核算实物负责制”。

这种核算方法的优点是控制了商品的售价，一般不必为每笔销售业务填制销售凭证，也不必登记大量的实物数量明细账，记账较为简便；缺点是由于明细分类核算不反映和控制商品的数量，平时不易发现商品短缺，一般要定期盘点时才能发现，难以分清溢缺商品的品种与数量，也难以分析溢缺的原因和责任。因此，这种方法适用于综合性零售商店和部分专业性零售商店。

2.数量售价金额核算。

数量售价金额核算是指库存商品总分类账和明细分类账除均按商品售价金额反映外，同时明细分类账还必须反映商品实物数量的一种核算方法。采用这种方法，必须按商品的品名、规格设置明细账，以便能随时掌握各种商品的结存数量。

这种核算方法的优点是能够按品名、规格来反映和监督每种商品进、销、存的数量和售价金额的变动情况，便于加强对库存商品的管理与控制，由于按售价记账，对主营业务收入的管理与控制也较为严密；缺点是在进货时既要复核商品的进价，又要计算商品售价和进价的差价，每笔销售业务都要填制销售凭证或做好销售记录，并按商品的品名、规格登记商品明细账，记账工作量较大。因此，这种方法适用于基层批发企业和部分专业性零售商店（如金店、珠宝玉器店等）。

第二节　批发企业商品流转的核算

批发企业的主要业务是大宗商品购销，交易次数不像零售业那样频繁，但每次的成交额却比零售业大得多。因此，一般采用数量进价金额核算。

一、商品购进的核算

（一）同城商品购进的业务程序及核算

同城商品购进的业务程序如图2-4所示。

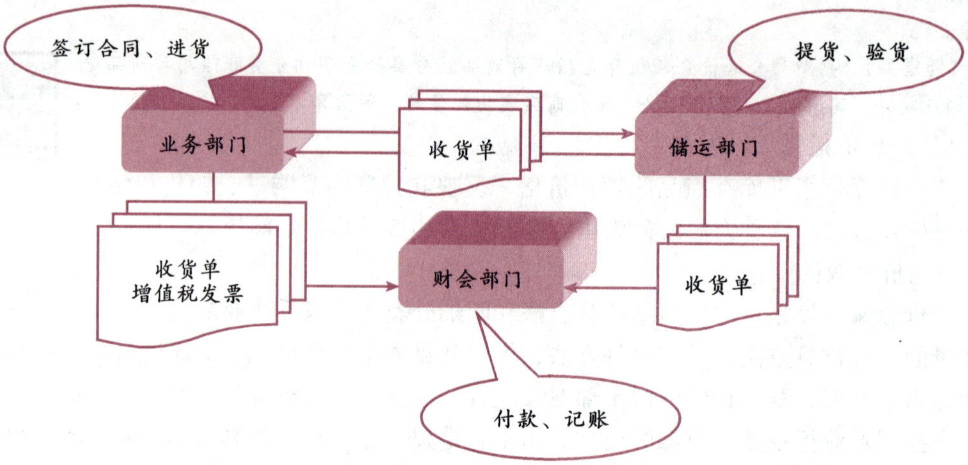

图2-4　同城商品购进业务程序图

说明：

同城商品购进一般是由业务部门根据事先制订的进货计划，与供货单位签订购销合同、组织进货。业务部门根据供货单位开来的增值税发票，与合同核对相符后，即填制“收货单”一式数联，将增值税发票和“收货单”（结算联）送交财会部门，其余各联“收货单”送交储运部门。经财会部门审核购货凭证无误后，作为付款依据，作商品购进的账务处理：

借：商品采购

　　应交税费——应交增值税（进项税额）

　贷：银行存款

储运部门根据“收货单”提货并验收商品，如商品的数量、质量全部相符，应在“收货单”各联上加盖“收讫”印章，并将其中一联退回业务部门，由其注销合同，储运部门自留一联，登记商品保管账，将“收货单”（入库联）送交财会部门，经审核无误后，据以作商品验收入库的账务处理：

借：库存商品

　贷：商品采购

同城商品购进的交接方式，一般采用“送货制”或“提货制”。

货款的结算方式，通常采用转账支票和商业汇票结算。

【例2-1】大连百货公司2024年6月8日从大连冰雪集团购进容积为90升的全自动冰箱50台，每台1 150元，货款总计72 500元，增值税税额9 425元。业务部门根据供货单位提供的增值税专用发票填制“收货单”，见表2-1。

表2-1　收货单

供货单位：大连冰雪集团　　2024年6月8日　　仓库：A　　编号：690

货号	品　名	容积（升）	数量单位	应收数量	实收数量	单价（元/台）	金额（元）
332	全自动冰箱	90	台	50	50	1 450	72 500
商品类别：家用电器							

对上述业务，首先，财会部门根据业务部门转来的增值税专用发票（如图2-5所示），审核无误后，签发转账支票支付货款及增值税税额，共计81 925元。

电子发票（增值税专用发票）

发票号码：24141000500034001228

开票日期：2024年6月8日

购买方信息	名称：大连百货公司 统一社会信用代码/纳税人识别号： 910608546372915234	销售方信息	名称：大连冰雪集团 统一社会信用代码/纳税人识别号： 916228906952881232

项目名称	规格型号	单位	数量	单价	金额	税率/征收率	税额
*家用电器配件*电冰箱	90升	台	50	1 450.00	72 500.00	13%	9 425.00
合　计					¥72 500.00		¥9 425.00
价税合计（大写）	⊗捌万壹仟玖佰贰拾伍元整				（小写）¥81 925.00		
备注							

开票人：张燕

图2-5　增值税专用发票

作商品购进的账务处理：

借：商品采购——大连冰雪集团　　72 500

　　应交税费——应交增值税（进项税额）　　9 425

　贷：银行存款　　81 925

其次，根据仓库转来的“收货单”结转商品采购成本，作商品验收入库的账务处理：

借：库存商品——家用电器（全自动冰箱）　　72 500

　贷：商品采购——大连冰雪集团　　72 500

（二）异地商品购进的业务程序及核算

异地商品购进的业务程序如图2-6所示。

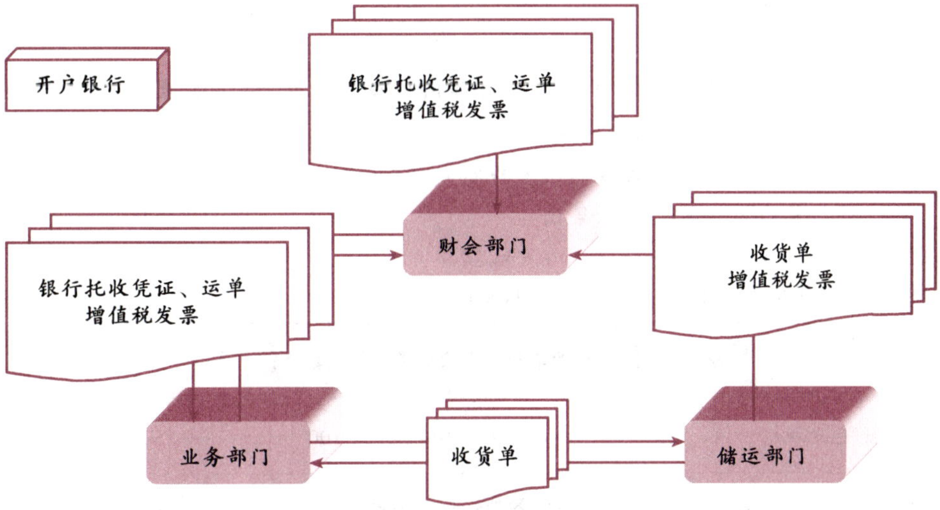

图2-6　异地商品购进业务程序图

说明：

异地商品购进一般是购货单位的财会部门收到银行转来的托收凭证及增值税发票和运单时，应先送交业务部门，经与购销合同核对无误后，由业务部门填制“收货单”一式数联，送交储运部门，并将托收凭证及其附件退还财会部门，经审核无误后，即支付货款。当商品到达时，由储运部门根据“收货单”与增值税发票核对无误后将商品验收入库，并在“收货单”各联上加盖“收讫”印章，自留一联，据以登记商品保管账，一联退回业务部门，由其注销合同，经审核无误后，据以进行库存商品的总分类核算和明细分类核算。

异地商品购进的交接方式，一般采用“发货制”。

货款的结算方式，一般采用委托收款结算或者电子支付结算。

小知识2-2

供货单位根据购销合同发运商品后，由于商品控制权已经转移，供货单位就可以委托银行向购货单位收取货款。从供货单位所在地到购货单位所在地的商品运费，一般由购货单位负担，供货单位先予以垫付，然后同货款一并委托银行收回。

【例2-2】大连百货公司从深圳康佳集团购进29寸彩色电视机100台，每台1 250元，货款总计125 000元，增值税税额16 250元，运费4 200元（含税），采用托收承付结算方式结算。

对上述业务，财会部门应作如下账务处理：

（1）收到货物电子发票（增值税专用发票）及运费电子发票（增值税专用发票）（为节约篇幅，相关发票见二维码）和银行转来的托收凭证：

原始凭证

经审核无误后，承付：

借：商品采购——深圳康佳集团　　125 000
　　应交税费——应交增值税（进项税额）　　16 596.79
　　销售费用——运费　　3 853.21
　贷：银行存款　　145 450

（2）货物运达，仓库验收入库后，财会部门根据“收货单”（见表2-2）及电子发票（增值税专用发票），审核无误后，结转商品采购成本：

借：库存商品——家用电器（彩色电视机）　　125 000
　贷：商品采购——深圳康佳集团　　125 000

表2-2　　收货单

供货单位：深圳康佳集团　　2024年6月8日　　仓库：A　　编号：691

货号	品　名	尺寸（寸）	数量单位	应收数量	实收数量	单价（元/台）	金额（元）
333	彩色电视机	29	台	100	100	1 250	125 000
商品类别：家用电器							

本例异地商品购进核算程序如图2-7所示。

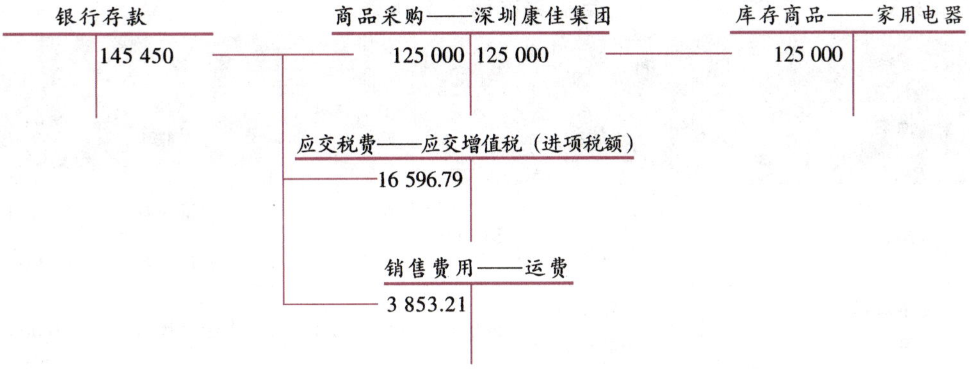

图2-7 异地商品购进核算程序图（单位：元）

补充阅读资料2-1

商品流通企业的一般纳税人，接受铁路运输服务，应该按照取得的增值税专用发票上注明的运输费用金额乘以9%的增值税税率计算进项税额，并进行抵扣。运输费用的金额是指铁路运输费用结算单据上注明的运输费用、建设基金，不包括装卸费、保险费等其他杂费。在实际工作中，只需将运费增值税专用发票上的税款金额直接记入“进项税额”即可。

由于陆路运输服务、水路运输服务、航空运输服务、管道运输服务“营改增”后属于增值税的应税范围，增值税一般纳税人应按取得的增值税专用发票上注明的增值税税额作为进项税额抵扣。

综合以上两种情况，商品流通企业异地购进商品发生的运费中，可以抵扣的部分记入“应交税费——应交增值税（进项税额）”账户的借方，不能抵扣的部分记入“销售费用”等账户的借方。

（三）商品采购的明细分类核算

为了掌握商品采购的详细情况，加强对商品采购的管理，并促使在途商品尽快验收入库及投放市场，就必须对商品采购进行明细分类核算。批发企业商品采购的明细分类核算，主要采用同行登记法和抽单核对法。

1.同行登记法。

同行登记法又称平行记账法或横线记账法，就是采用两栏式账页，对于同一批次购进的商品，将支付货款和商品验收入库分别记入账页同一行次的“借方”栏和“贷方”栏。通过借贷方的相互对照，逐一核销，以反映商品采购的动态，有利于检查和监督购进商品的结算和入库情况。由于同一批次购进的商品可能分批到达，因此，在账页每一行次的贷方，可以根据各单位的具体需要，再增加若干小行，以便反映商品分批到达并验收入库的情况。商品采购明细分类账的格式见表2-3。

同行登记法是根据经济业务发生的顺序，按供货单位分行次进行登记，对商品采购进行明细分类核算。这种方法对进货业务频繁的企业可能不太适用。因此，这些企业可以按照供货单位的户名，分户设置“商品采购”明细分类账进行同行登记，以便反映向每一供货单位购进商品的入库与结算情况。

表2-3 商品采购明细分类账

批次	供货单位	借方					贷方					核销
		2024年		凭证号	摘要	金额（元）	2024年		凭证号	摘要	金额（元）	
		月	日				月	日				
1	海尔集团	6	5	1	支付海尔冰箱货款	816 000	6	7	2	冰箱入库	408 000	√
							6	9	4	冰箱入库	408 000	
2	厦华有限公司	6	8	3	承付厦华电视机货款	580 000	6	11	5	电视机入库	580 000	√
3	新科集团	6	12	6	支付新科DVD影碟机货款	396 000	6	15	7	影碟机入库	132 000	√
							6	20	8	影碟机入库	132 000	
							6	25	9	影碟机入库	132 000	

2.抽单核对法。

抽单核对法就是不设置“商品采购”明细分类账，而是充分利用自制的两联“收货单”（即结算联和入库联）代替“商品采购”明细分类账的一种简化的核算方法。

企业在购进商品时，财会部门根据业务部门转来的“收货单”（结算联）支付货款后，在“收货单”（结算联）上加盖付款日期的戳记，以代替“商品采购”明细分类账借方发生额的记录；根据储运部门转来的“收货单”（入库联）作商品入库的核算后，在“收货单”（入库联）上加盖入库日期的戳记，以代替“商品采购”明细分类账贷方发生额的记录。

在“收货单”中，表示“商品采购”明细分类账借方发生额和贷方发生额的两套凭证应用专门的账夹或账箱分别存放。每日通过核对后，将供货单位名称、凭证号数、商品的数量和金额均相符的“收货单”（结算联）和“收货单”（入库联）从账夹或账箱中抽出，表示这批购进业务已经钱货两清，予以转销，并将抽出的凭证按抽出的日期，分别装订成册，同其他会计账簿一样归入会计档案。期末结账时，检查账夹或账箱，将尚存的“收货单”（结算联）的金额加总，表示“商品采购”明细分类账的借方余额；将尚存的“收货单”（入库联）的金额加总，表示“商品采购”明细分类账的贷方余额。

采用抽单核对法，一定要严格遵守凭证传递的程序，加强凭证的管理和对账工作，以防止凭证散乱丢失，造成核算工作的紊乱。

（四）进货退出的核算

批发企业由于进货量大，一般对于原箱整件包装的商品，在验收时只作抽样检查，因此在入库后复验商品时，往往发现商品的数量、质量、品种、规格与合同不符。为此，批发企业应及时与供货单位联系，调换或补回商品，或者作进货退出处理。在发生进货退出业务时，由供货单位开出红字增值税专用发票，企业收到后由业务部门据以填制“进货退出单”，通知储运部门发运商品，财会部门根据储运部门转来的“进货退出单”进行核算。

【例2-3】大连百货公司从浙江康健热水器有限公司购进康健牌饮水机30台，每台680元，货款总计20 400元，增值税税额2 652元，货款和增值税款已付。该批商品到货后，发现型号不符，经与供货方联系后，对方同意退货。

对上述业务，财会部门应作如下账务处理：

(1) 收到浙江康健热水器有限公司退货的红字增值税专用发票，开列退货款20 400元，退增值税2 652元，并收到业务部门转来的“进货退出单”（结算联）（见表2-4）时：

原始凭证

表2-4

进货退出单

销售单位：浙江康健热水器有限公司　2024年6月10日

名称及规格	单位	数量	单价	金额											备注
				亿	千	百	十	万	千	百	十	元	角	分	
饮水机	台	30	680.00				¥	2	0	4	0	0	0	0	

结算联

主管：张建飞　会计：陈晓　记账：郭爽　制单：黄洁

借：商品采购——浙江康健热水器有限公司　20 400

　应交税费——应交增值税（进项税额）　2 652

　贷：应付账款——浙江康健热水器有限公司　23 052

(2) 收到“进货退出单”时：

借：库存商品——饮水机　20 400

　贷：商品采购——浙江康健热水器有限公司　20 400

(3) 浙江康健热水器有限公司如约退回全部货款和增值税款，收到银行转来的收款凭证时：

借：银行存款　23 052

　贷：应付账款——浙江康健热水器有限公司　23 052

小知识2-3

在实际工作中，对与供货客户发生的往来通常采用“应付账款”账户核算；对与销售客户发生的往来通常采用“应收账款”账户核算。

（五）购进商品退补价的核算

批发企业购进商品时，有时由于供货单位疏忽，会发生单价开错或金额计算错误的情况；还有时因商品发货时是试销，按暂定价格结算，后又正式定价，需要调整商品货款。因此，就发生了商品退补价的核算。在发生商品退补价时，应由供货单位填制更正发票交给购货单位，由业务部门审核后，送交财会部门，经复核无误后，据以进行退补价款的核算。

1.购进商品退价的核算。

购进商品退价是指原结算货款的进价高于实际进价，应由供货单位将高于实际进价的差额退还给购货单位。

【例2-4】大连百货公司2024年6月6日从大连针织厂购进美达牌男式内衣500套，每套54元，已钱货两清。6月10日收到大连针织厂的更正发票，列明每套应为45元，应退货款4 500元，增值税税额585元。

对上述业务，财会部门应作如下账务处理：

（1）冲减商品采购货款和增值税：

借：商品采购——大连针织厂　　4 500

　　应交税费——应交增值税（进项税额）　　585

　贷：应付账款——大连针织厂　　5 085

（2）冲减库存商品价值：

借：库存商品——男式内衣　　4 500

　贷：商品采购——大连针织厂　　4 500

2.购进商品补价的核算。

购进商品补价是指原结算货款的进价低于实际进价，应由购货单位将低于实际进价的差额补付给供货单位。

【例2-5】大连百货公司2024年6月20日从大连针织厂购进美达牌女式内衣500套，每套47元，已钱货两清。6月28日收到大连针织厂的更正发票，列明每套应为49元，需补货款1 000元，增值税税额130元。

对上述业务，大连百货公司财会部门应作如下账务处理：

（1）补增商品采购货款和增值税：

借：商品采购——大连针织厂　　1 000

　　应交税费——应交增值税（进项税额）　　130

　贷：应付账款——大连针织厂　　1 130

（2）补增库存商品价值：

借：库存商品——女式内衣　　1 000

　贷：商品采购——大连针织厂　　1 000

（六）购进商品发生短缺和溢余的核算

批发企业购进的商品，如果发生短缺或溢余情况，除根据实收数量入账外，还应查明原因，及时处理。一般来说，购进商品发生短缺或溢余的主要原因有：在运输途中由于不可抗拒的自然条件和商品性质等因素，使商品发生损耗或溢余；运输单位的失职造成事故或商品丢失；供货单位工作上的疏忽造成少发或多发商品。因此，对于商品的短缺和溢余，要认真调查、具体分析、明确责任、及时处理，以保证商品短缺和溢余得到准确记录，账实相符。

储运部门在验收商品时，如发现实收商品与供货单位增值税专用发票上所列数量不符时，必须会同运输单位进行核对，作好鉴定证明，以便查明原因后进行处理，并在“收货单”上注明实收数量，填制“商品购进短缺溢余报告单”一式两联。其中，一联连同鉴定证明送交业务部门，由其负责处理；另一联送交财会部门，经审核后作为记账依据。

1.购进商品发生短缺的核算。

购进商品发生短缺时，在查明原因前，应通过“待处理财产损溢”账户进行核算。查明原因后，如果是供货单位少发商品，经联系后，可由其补发商品或作进货退出处理；如果是运输途中的自然损耗，应作为“销售费用”列支；如果是责任事故，应由运输单位或责任人承担经济责任的，作为“其他应收款”处理；如果由本企业承担损失的，报经批准后，在“营业外支出”账户列支。

【随堂测】(选择题) 批发企业购进商品运输途中的自然损耗应列支为（　　）。

A.营业外支出　　B.销售费用　　C.其他应收款　　D.管理费用

【例2-6】大连百货公司2024年6月8日从黑龙江农场的农产品加工厂购进蓝莓果酱1 000千克，每千克22元，货款总计22 000元，增值税税额2 860元，运费850元。采用托收承付结算方式，货款已承付。6月15日该批商品运达后，储运部门验收时发现短缺了50千克，填制“商品购进短缺溢余报告单”，见表2-5。

表2-5　**商品购进短缺溢余报告单**

2024年6月15日　　金额单位：元

货号	品名	单位	应收数量	实收数量	单价	短缺		溢余	
						数量	金额	数量	金额
2053	蓝莓果酱	千克	1 000	950	22	50	1 100		
合　计							1 100		
供货单位：黑龙江农场 增值税专用发票号码： 24312000000000062571				处理意见：		溢余或短缺原因： 待查			

对上述业务，财会部门应作如下账务处理：

(1) 结转已验收入库和短缺的商品采购成本：

借：库存商品——蓝莓果酱　20 900

　　待处理财产损溢——待处理流动资产损溢　1 100

　贷：商品采购——黑龙江农场　22 000

(2) 经查明，短缺的蓝莓果酱中有45千克是对方少发，已收到对方开具的退货发票，列明应退货款990元，增值税税额128.70元，其余5千克是运输途中的自然损耗。

原始凭证

❶对少发的部分，抵减商品采购额和增值税税额：

借：商品采购——黑龙江农场　990.00

　　应交税费——应交增值税（进项税额）　128.70

　贷：应付账款——黑龙江农场　1 118.70

同时，冲转待处理财产损溢：

借：待处理财产损溢——待处理流动资产损溢　990

　贷：商品采购——黑龙江农场　990

❷对自然损耗的部分，经批准予以结转：

借：销售费用——商品损耗　　110

　贷：待处理财产损溢——待处理流动资产损溢　　110

2.购进商品发生溢余的核算。

购进商品发生溢余时，在查明原因前，应通过“待处理财产损溢”账户进行核算。查明原因后，如果是运输途中的自然升溢，应冲减“销售费用”账户；如果是供货单位多发商品，可与对方联系，由其补来增值税专用发票后，作为商品购进处理。

【例2-7】大连百货公司2024年7月9日从吉林长白山农场的农产品加工厂购进榛蘑罐头1 500千克，每千克18元，货款总计27 000元，增值税税额为3 510元，已取得发票，运费700元（含税）。采用托收承付结算方式，货款已承付。7月16日该批商品运达后，储运部门验收时发现溢余了150千克，价值2 700元。储运部门转来“收货单”（见表2-6）和“商品购进短缺溢余报告单”（见表2-7）。

表2-6　　收货单

供货单位：吉林长白山农场　　2024年7月16日　　仓库：A　　编号：099

货号	品名	数量单位	应收数量	实收数量	单价（元/千克）	金额（元）
337	榛蘑罐头	千克	1 500	1 650	18	29 700

表2-7　　商品购进短缺溢余报告单

2024年7月16日　　金额单位：元

货号	品名	单位	应收数量	实收数量	单价	短缺		溢余	
						数量	金额	数量	金额
337	榛蘑罐头	千克	1 500	1 650	18			150	2 700
合计									2 700
供货单位：吉林长白山农场 增值税专用发票号码：24312000000000082300				处理意见：		溢余或短缺原因：待查			

财会部门根据“收货单”和“商品购进短缺溢余报告单”作如下账务处理：

（1）支付商品采购额和增值税税额：

借：商品采购——吉林长白山农场　　27 000

　　应交税费——应交增值税（进项税额）　　3 567.80

　　销售费用——运费　　642.20

　贷：银行存款　　31 210

原始凭证

（2）结转已验收入库和溢余的商品采购成本：

借：库存商品——榛蘑罐头（27 000+2 700）　　29 700

　贷：商品采购——吉林长白山农场　　27 000

　　　待处理财产损溢——待处理流动资产损溢　　2 700

（3）经查明，溢余的榛蘑罐头150千克是对方多发，已补来专用发票，列明应付货款

2 700元，增值税税额为351元。

对多发的商品部分，增加商品采购额和增值税税额：

借：商品采购——吉林长白山农场 2 700

应交税费——应交增值税（进项税额） 351

贷：应付账款——吉林长白山农场 3 051

同时，结转待处理财产损溢：

借：待处理财产损溢——待处理流动资产损溢 2 700

贷：商品采购——吉林长白山农场 2 700

（七）购进商品发生拒付货款和拒收商品的核算

批发企业从异地购进商品时，对于银行转来的托收凭证及其所附的增值税专用发票等，必须认真与合同进行核对，如发现与购销合同不符、重复托收以及货款或运费多计等情况，应在银行规定的承付期内填制“拒绝承付理由书”，拒付货款。对于与购货合同不符或重复托收的，应拒付全部托收款；对于部分与购货合同不符的，应拒付不符部分的托收款；对于货款与运费多计的，应拒付多计的数额。企业提出拒付款项时，应实事求是，不能因供货单位的部分差错而拒付全部货款，更不能借故无理拒付货款，损害供货单位的利益。

对于供货单位发来的商品及随货同行的增值税专用发票，同样要与购销合同进行核对，并要认真检验商品的品种、规格、数量和质量，如有不符，可以拒收商品。在拒收商品时，应由业务部门填制“拒收商品通知单”，尽快通知供货单位，并需填制“代管商品收货单”一式数联，其中两联送交储运部门，储运部门验收后，加盖“收讫”戳记，将其数量作账外记录，并将拒收商品妥善保管，与库存商品分别存放，不能动用；一联由储运部门转交财会部门，据以记入“代管商品物资”账户的借方。

小知识2-4

“代管商品物资”是表外账户，用以核算企业受托代管的各项商品、物资及借入的包装物等。收进时记入借方，发出时记入贷方。该账户可只记数量，不记金额。“代管商品物资”账户不与其他账户发生对应关系，只作单式记录。

异地商品购进，由于托收凭证的传递与商品运送的渠道不同，支付货款与商品验收入库的时间往往也不一致，从而引起拒付货款与拒收商品有先有后，这样会出现三种情况：

1. 先拒付货款，后拒收商品。企业收到银行转来的托收凭证，发现内附的增值税专用发票与购销合同不符，拒付货款，等商品到达后，再拒收商品。由于没有发生结算与购销关系，只需在拒收商品时，将拒收商品记入“代管商品物资”账户的借方。

2. 先拒收商品，后拒付货款。企业收到商品时，发现商品与购销合同不符，可拒收商品，将拒收商品记入“代管商品物资”账户的借方，等银行转来托收凭证时，再拒付货款。

3. 先支付货款，后拒收商品。企业收到银行转来的托收凭证，将内附的增值税专用发票与购销合同核对相符后，支付了货款，等商品到达验收时，发现商品与购销合同不符，除了将拒收商品记入“代管商品物资”账户的借方外，还应将拒收商品货款、增值税税额及运费，分别从“商品采购”、“应交税费”和“销售费用”账户一并转入“应收账款”账户。待业务部门与供货单位协商解决后，再进一步进行账务处理。

【例 2-8】大连百货公司2024年6月1日从上海松下微波炉有限公司购进K580MFS型微波炉100台，每台1 250元，货款总计125 000元，增值税税额16 250元，运费500元，采用网上银行结算方式，货款已支付。商品到达后，发现其中有10台规格不符，予以拒收。拒收商品暂代为保管，其他商品已验收入库。

对上述业务，财会部门应作如下账务处理：

（1）结转验收入库的商品成本：

借：库存商品——K580MFS型微波炉（1 250×90） 112 500

　贷：商品采购——上海松下微波炉有限公司 112 500

（2）将拒收的10台微波炉的货款、增值税税额及该商品应承担的运费以红字转入“应付账款”账户：

借：商品采购——上海松下微波炉有限公司 [12 500.00]

　应交税费——应交增值税（进项税额） [1 629.13]

　销售费用——运费 [45.87]

　贷：应付账款——上海松下微波炉有限公司 [14 175.00]

同时，在“代管商品物资”账户借记12 500元。

经联系，对方同意将拒收的商品退回。

（3）以现金垫付退回商品的运费50元：

借：应付账款——上海松下微波炉有限公司 50

　贷：库存现金 50

（4）收到对方汇来退货款、增值税税额及退回商品的运费共计14 225元：

借：银行存款 14 225

　贷：应付账款——上海松下微波炉有限公司 14 225

同时，在“代管商品物资”账户贷记12 500元。

小知识 2-5

对于拒收商品运费中所含的增值税税额，在实际工作中，倘若购进的商品全部拒收，应从进项税额中予以冲转；倘若少量商品拒收，由于冲转的手续麻烦，且进项税额可以从销项税额中抵扣，为了简化手续，一般不予冲转。

二、商品销售的核算

批发企业的商品销售按照地区的不同，可分为同城商品销售和异地商品销售。

（一）同城商品销售的业务程序及核算

同城商品销售业务程序如图2-8所示。

批发企业在销售商品后，财会部门应作如下账务处理：

1.确认销售收入的实现：

借：银行存款（或库存现金、应收账款、应收票据）

　贷：主营业务收入

　　应交税费——应交增值税（销项税额）

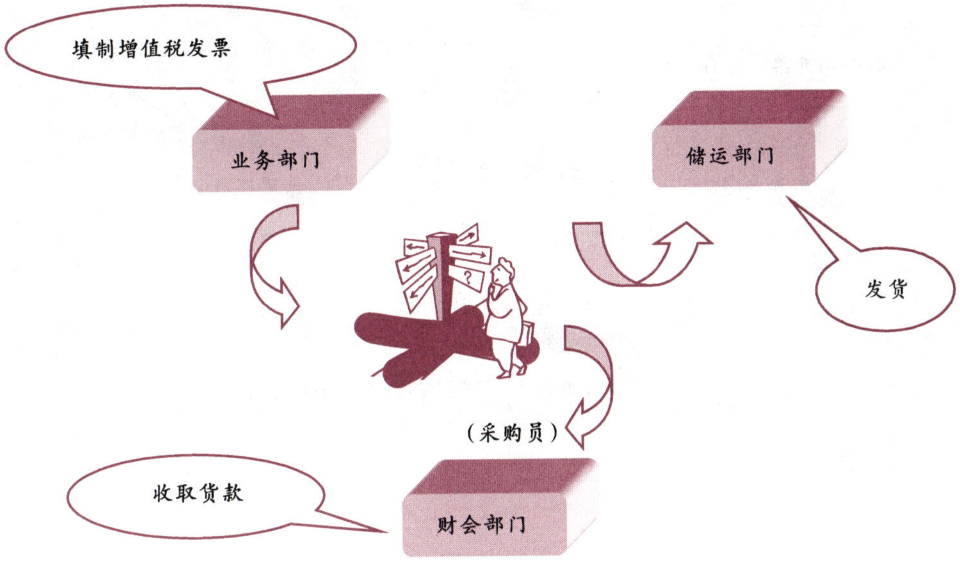

图2-8　同城商品销售业务程序图

说明：

同城销售一般是由购货单位提出购货计划，派采购员到批发企业看样，由批发企业业务部门根据购货单位选定的商品品种和数量，批发企业开票员开具（增值税发票），财会部门根据开具的发票办理结算。财会部门根据销售业务的需要，收取转账支票、商业汇票，如销售额在银行规定的现金结算限额之内，也可以收取现金。办好结算后，财会部门通知业务部门，采购员凭“提货单据”和“出库单据”向储运部门提运商品或委托其送货。储运部门发出商品后，根据“提货单据”登记商品保管账，将“出库单据”转交财会部门据以登记“库存商品”账户。

2.结转销售成本：

借：主营业务成本

　　贷：库存商品

【例 2-9】大连百货公司 2024 年 6 月 15 日销售给大连五金公司 29 寸康佳牌彩色电视机 100 台，每台 1 450 元，货款总计 145 000 元，增值税税额 18 850 元，价税合计 163 850 元，开具增值税专用发票并收到转账支票一张，存入银行。该批商品的进价为每台 1 250 元。

对上述业务，财会部门应作如下账务处理：

原始凭证

（1）收到转账支票时：

借：银行存款　　163 850

　　贷：主营业务收入——家电类　　145 000

　　　　应交税费——应交增值税（销项税额）　　18 850

（2）结转销售商品成本时：

借：主营业务成本——家电类　　125 000

　　贷：库存商品——家电类　　125 000

（二）异地商品销售的业务程序及核算

异地商品销售业务程序如图 2-9 所示。

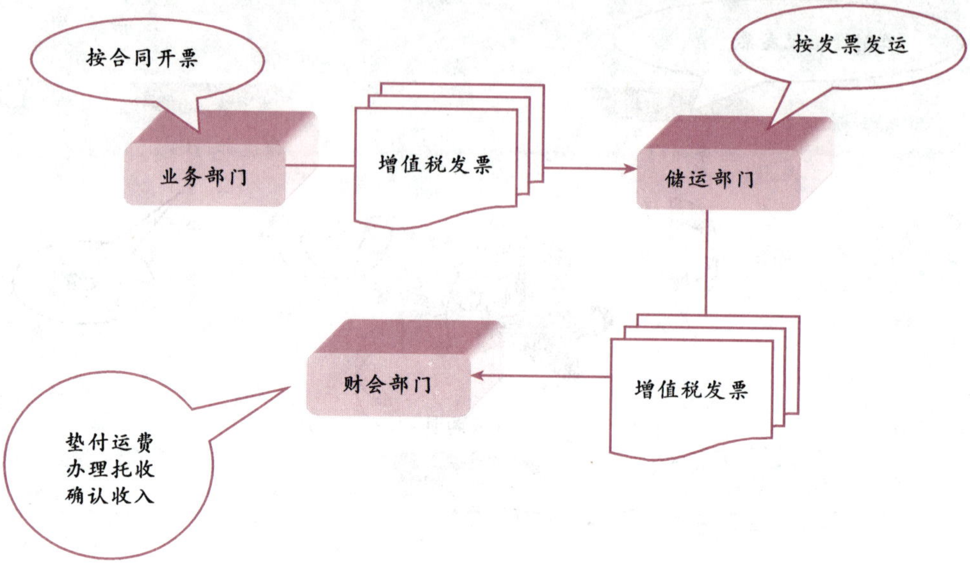

图2-9　异地商品销售业务程序图

说明：

异地销售一般是由财务部门根据业务部门的购销合同开具增值税发票。储运部门根据发票提货、包装，并委托运输单位发运商品，库存保管人员根据发票信息登记商品保管账。运输单位在发出商品后，运输单位开具运输发票，向财会部门结算运费。财会部门通过税务局系统查询到运输发票后，支付运输单位运费，另一方面填制托收凭证，附上发票和运单，向银行办理托收手续，银行受理后，取回托收回单，据以作商品销售核算，并根据电子发票登记“库存商品”账户。

异地商品销售的交接方式一般采用“发货制”。

货款的结算方式一般采用委托收款结算和网上银行结算。

小知识2-6

异地商品的销售业务，商品要委托运输单位运往购货单位，至于支付给运输单位的运费，根据购销合同的规定，一般由购货单位负担。销货单位在垫支运费时，通过“应收账款”账户进行核算，然后连同销货款、增值税税额一并通过银行向购货单位办理托收。

【例2-10】大连百货公司2024年6月15日销售给烟台五金公司90升冰箱50台，每台1 650元，货款总计82 500元，增值税税额10 725元，代垫铁路运费2 400元。6月25日收到烟台五金公司的货款、增值税税额及代垫运费共计95 625元。该批商品的进价为每台1 450元。

原始凭证

对上述业务，财会部门应作如下账务处理：

（1）开出增值税专用发票，办好铁路托运手续时：

借：应收账款——烟台五金公司	95 625	
贷：主营业务收入——家电类		82 500
应交税费——应交增值税（销项税额）		10 725
银行存款		2 400

（2）接到银行收款通知时：

借：银行存款　　95 625

　贷：应收账款——烟台五金公司　　95 625

（3）结转销售商品成本时：

借：主营业务成本——家电类　　72 500

　贷：库存商品——家电类　　72 500

本例异地商品销售核算程序如图2-10所示。

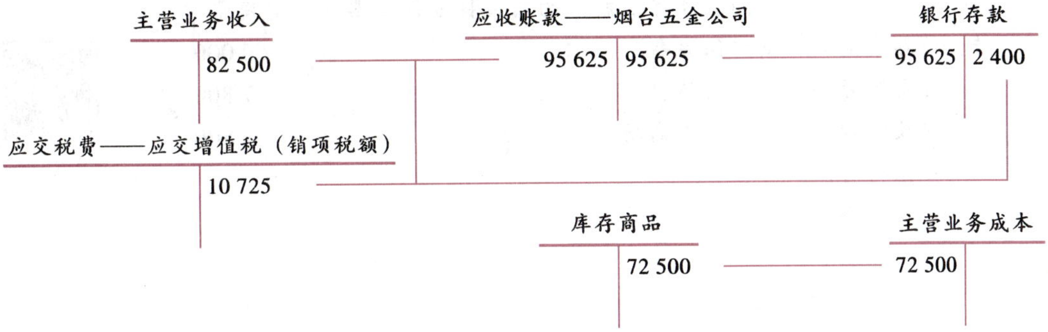

图2-10　异地商品销售核算程序图（单位：元）

（三）直运商品销售的业务程序及核算

直运商品销售是指批发企业购进商品后，不经过本企业仓库储备，直接从供货单位发运给购货单位的一种销售方式。

小知识2-7

采用直运商品销售，商品不通过批发企业仓库的储存环节，因此可以不通过“库存商品”账户，而直接在“商品采购”账户进行核算。由于直运商品购进和销售的增值税专用发票上已经列明商品的购进金额和销售金额，故主营业务成本可以按照实际进价成本，分销售批次随时进行结转。

直运商品销售业务程序如图2-11所示。

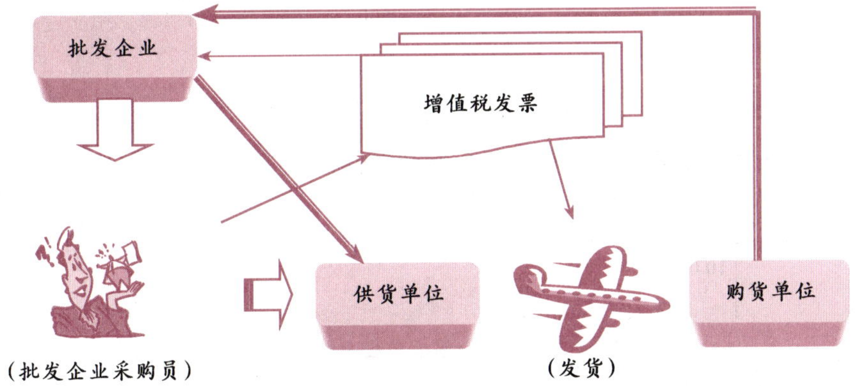

图2-11　直运商品销售业务程序图

说明：

直运商品销售涉及批发企业、供货单位和购货单位三方，并且三方不在同一地点。因此，批发企业一般派有采购员驻扎在供货单位，当供货单位根据购销合同发运商品时，由驻扎采购员向财务部门申请开具增值税发票，供货单位在商品发运后，即可向批发企业收取货款，批发企业支付货款后，反映为商品购进。批发企业凭已经开具的发票向购货单位收取货款，反映为商品销售。

【例2-11】大连百货公司2024年6月10日向浙江保温瓶厂订购寰宇牌电热水瓶500个、每个120元，货款共计60 000元，增值税税额7 800元。大连百货公司与浙江保温瓶厂商定，该批商品由浙江保温瓶厂代垫运费800元直接发往浑江百货商场。

对上述业务，大连百货公司财会部门应作如下账务处理：

（1）大连百货公司收到浙江保温瓶厂的增值税专用发票和运费发票时：

借：商品采购——浙江保温瓶厂　60 000
　　应交税费——应交增值税（进项税额）　7 800
　　应收账款——浑江百货商场　800
　贷：银行存款　68 600

原始凭证

注意：本业务运费由最终采购方承担，因此运费金额800元不计入大连百货公司的费用，而应计入应收账款。

（2）直运销售的电热水瓶售价为每个155元，货款77 500元，增值税税额10 075元。大连百货公司开出增值税专用发票，连同运费800元一并向浑江百货商场发出付款请求：

借：应收账款——浑江百货商场　87 575
　贷：主营业务收入——电器类　77 500
　　　应交税费——应交增值税（销项税额）　10 075

（3）结转销售商品成本时：

借：主营业务成本——电器类　60 000
　贷：商品采购——浙江保温瓶厂　60 000

本例直运商品销售核算程序如图2-12所示。

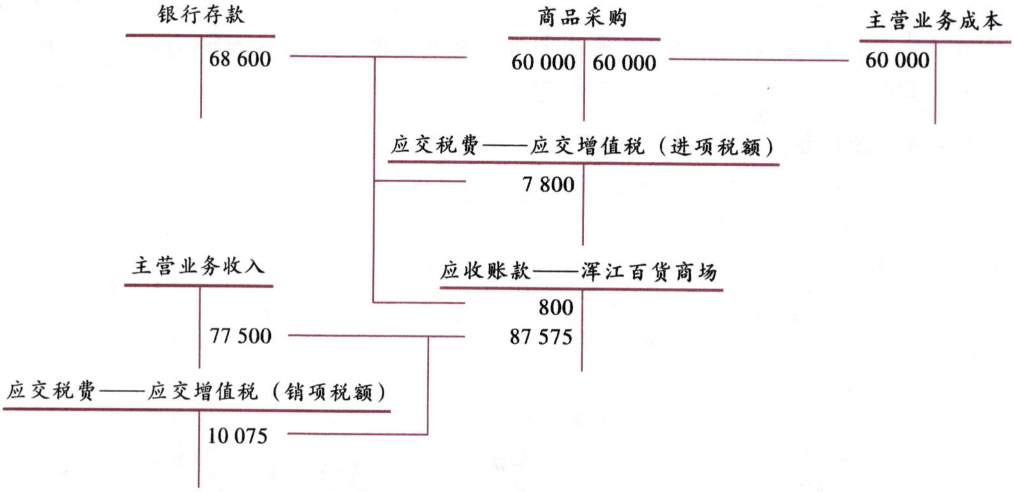

图2-12　直运商品销售核算程序图（单位：元）

（四）代销商品销售的核算

代销商品是销售商品的一种方式，涉及委托方和受托方两个方面，处在委托方立场上的商品称为委托代销商品，处在受托方立场上的商品称为受托代销商品。

代销商品销售后有两种不同的处理方法：一种是受托方和委托方分别作商品购销处理；另一种是受托方根据销售额向委托方结算代销手续费，委托方作商品销售处理。

1.作商品购销业务的核算。

（1）委托方的核算。

批发企业为了加速商品流转，推销新产品和滞销积压商品、合理使用仓位和节约仓储费用，可以将商品先发往购货单位，委托其代销，等商品销售后，再定期结算货款。

小知识 2-8

委托代销商品一般是由业务部门根据“商品委托代销购销合同”，填制“委托代销商品发货单”；然后由储运部门将商品发运给受托单位，不转移商品所有权，根据合同规定，定期进行结算；结算期满时，由受托单位将已售代销商品的清单交付委托方，委托方据以填制增值税专用发票，向受托单位收取货款；委托单位收到货款时，将收到货款部分的委托代销商品作为商品销售处理。

【例 2-12】大连百货公司2024年6月15日委托五金交电公司代销新科牌DVD影碟机200台，进价每台1 200元，五金交电公司的接收价为每台1 250元，增值税税率为13%。委托代销合同规定每月结算一次货款。大连百货公司财会部门对上述业务的处理如下：

（1）发出商品时：

借：库存商品——委托代销商品　　240 000

　贷：库存商品——家电类　　240 000

（2）月末，五金交电公司当月售出影碟机80台，货款100 000元（80×1 250），增值税税额13 000元。收到五金交电公司交付的销售清单及113 000元转账支票时：

借：银行存款　　113 000

　贷：主营业务收入——家电类　　100 000

　　应交税费——应交增值税（销项税额）　　13 000

同时，结转已销售的委托代销商品成本96 000元（80×1 200）：

借：主营业务成本　　96 000

　贷：库存商品——委托代销商品　　96 000

本例委托方代销商品核算程序如图2-13所示。

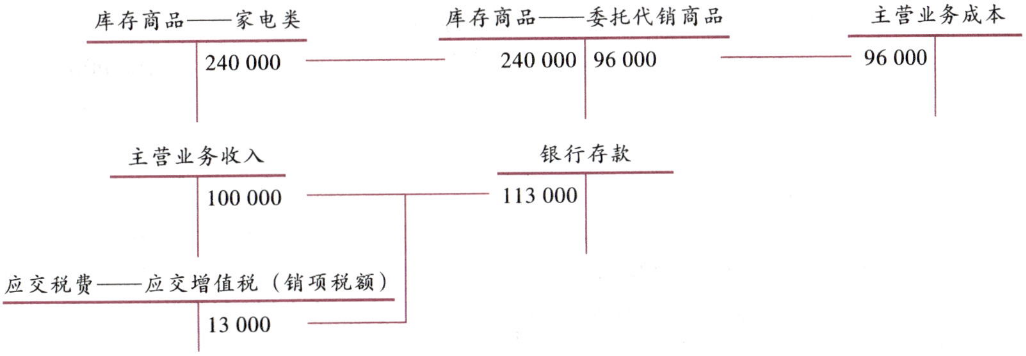

图2-13　委托方代销商品核算程序图（1）（单位：元）

（2）受托方的核算。

接受代销商品的批发企业在收到代销商品并已验收入库时，虽然企业尚未取得商品的所有权，但是企业对代销商品拥有支配权，可以开展商品销售业务，以有效地利用供货单位的资金开展经营业务。受托单位为了加强对代销商品的管理和核算，在收到商品时，应借记“受托代销商品”账户，贷记“受托代销商品款”账户。

代销商品在销售后，应填制增值税专用发票，据以借记“银行存款”或“应收账款”账户，贷记“主营业务收入”和“应交税费”账户，并按进价货款借记“主营业务成本”账户，贷记“受托代销商品”账户，同时，借记“受托代销商品款”账户，贷记“应付账款”账户。到结算期满时，将商品代销清单交付委托方，当收到其开来的增值税专用发票时，据以支付货款和增值税税额，届时借记“应付账款”和“应交税费”账户，贷记“银行存款”账户。

【例 2-13】沿用【例 2-12】的资料，五金交电公司将代销的200台新科牌DVD影碟机以每台1 300元的价格销售，当月售出80台。五金交电公司财会部门对上述业务的处理如下：

（1）收到大连百货公司委托代销的200台新科牌DVD影碟机：

借：受托代销商品——大连百货公司　　250 000

　贷：受托代销商品款——大连百货公司　　250 000

（2）售出其中80台，货款104 000元，增值税税额13 520元，价税合计117 520元，收到转账支票一张存入银行：

借：银行存款　　117 520

　贷：主营业务收入——家电类　　104 000

　　　应交税费——应交增值税（销项税额）　　13 520

（3）结转售出商品的销售成本100 000元（80×1 250）：

借：主营业务成本——家电类　　100 000

　贷：受托代销商品——大连百货公司　　100 000

（4）结转代销商品款：

借：受托代销商品款——大连百货公司　　100 000

　贷：应付账款——大连百货公司　　100 000

（5）月末，收到大连百货公司开来的增值税专用发票，货款100 000元，增值税税额13 000元，价税合计113 000元。当日开出转账支票付清。

借：商品采购——大连百货公司　　100 000

　　应交税费——应交增值税（进项税额）　　13 000

　贷：银行存款　　113 000

（6）结转应付账款：

借：应付账款——大连百货公司　　100 000

　贷：商品采购——大连百货公司　　100 000

本例受托方代销商品核算程序如图2-14所示。

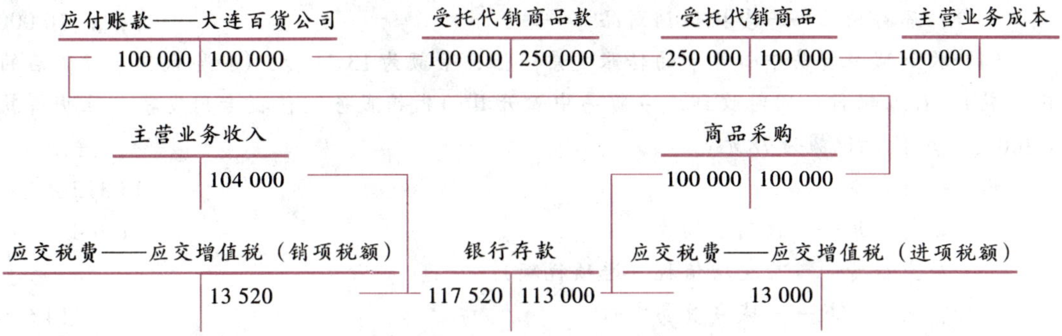

图2-14　受托方代销商品核算程序图（1）（单位：元）

补充阅读资料2-2

"受托代销商品"是资产类账户，用以核算企业接受其他单位委托代销或寄销的商品。企业收到代销或寄销商品时，记入借方；受托代销商品销售后，结转其销售成本时，记入贷方；余额在借方，表示企业尚未销售的代销商品数额。该账户应按委托单位进行明细分类核算。

"受托代销商品款"是负债类账户，用以核算企业接受其他单位委托代销或寄销商品的货款。企业收到代销或寄销商品时，记入贷方；销售代销商品时，记入借方；余额在贷方，表示企业尚未销售的代销商品货款。该账户应按委托单位进行明细分类核算。

2.结算代销手续费方式的核算。

（1）委托方的核算。

在委托其他企业代销商品时，采取支付代销手续费方式，其业务程序及代销商品销售的核算方法，与作商品购销业务处理的方法基本相同。所不同的是由于受托方是商品购销双方的中介人，委托方要根据合同规定，按销售额的一定比例支付给受托方代销手续费，届时借记"销售费用"账户。

【例2-14】大连百货公司2024年6月15日将孔雀牌手表500只委托城乡贸易中心代销，该商品进价为每只50元，售价为每只65元，增值税税率为13%。委托代销合同规定代销手续费为不含税销售额的10%，每月末结算一次。大连百货公司财会部门对上述业务的处理如下：

（1）发出代销商品：

借：库存商品——委托代销商品　　25 000

　贷：库存商品——钟表类　　25 000

（2）月末，收到城乡贸易中心交来的代销清单，当月售出200只，货款13 000元，增值税税额1 690元，据此开具增值税专用发票，作销售处理：

借：应收账款——城乡贸易中心　　14 690

　贷：主营业务收入——钟表类　　13 000

　　　应交税费——应交增值税（销项税额）　　1 690

（3）结转已售商品成本：

借：主营业务成本——钟表类　　10 000

贷：库存商品——委托代销商品　　10 000

（4）收到城乡贸易中心开来的转账支票一张，金额为13 312元（扣除代销手续费后的价税款），存入银行；同时收到城乡贸易中心开具的代销服务增值税专用发票，注明价款1 300元，增值税税额为78元：

借：银行存款　　13 312
　　销售费用——代销手续费　　1 300
　　应交税费——应交增值税（进项税额）　　78
　贷：应收账款——城乡贸易中心　　14 690

本例委托方代销商品核算程序如图2-15所示。

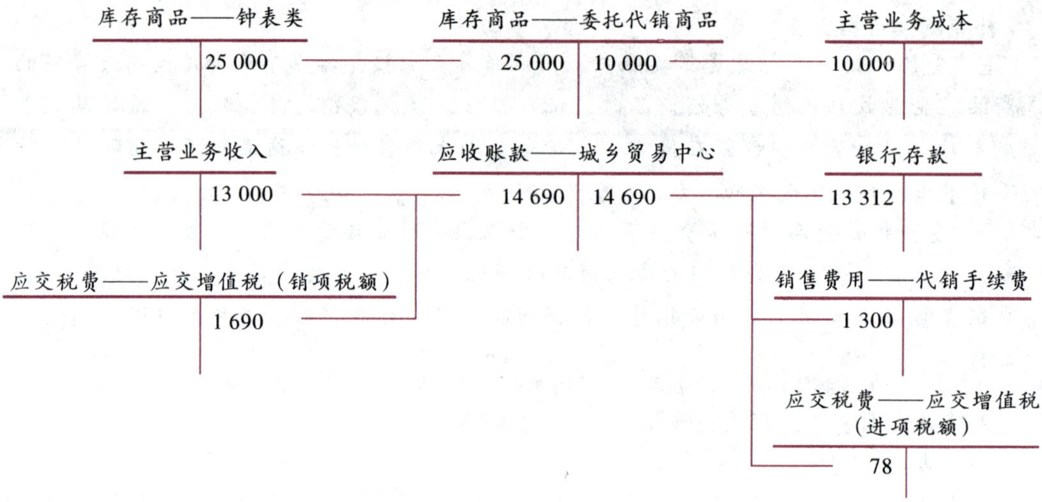

图2-15　委托方代销商品核算程序图（2）（单位：元）

（2）受托方的核算。

接受代销商品的企业，采取支付代销手续费方式，在收到代销商品时的核算方法与作商品购销业务处理的方法完全相同，在此不赘述。

代销商品在销售后，应根据规定向购货方开具增值税专用发票，按价税合计收取的款项，借记“银行存款”账户，按实现的销售收入，贷记“应付账款”账户，按收取的增值税税额，贷记“应交税费”账户；同时，注销代销商品，借记“受托代销商品款”账户，贷记“受托代销商品”账户。

企业根据合同规定在向委托方结算代销手续费时，作为代购代销收入处理。

【例2-15】沿用【例2-14】资料，城乡贸易中心财会部门对上述业务的处理如下：

（1）收到大连百货公司委托代销的500只孔雀牌手表：

借：受托代销商品——大连百货公司　　32 500
　贷：受托代销商品款——大连百货公司　　32 500

（2）售出200只，收到货款13 000元，增值税税额1 690元，存入银行：

借：银行存款　　14 690
　贷：应付账款——大连百货公司　　13 000
　　　应交税费——应交增值税（销项税额）　　1 690

（3）注销已售代销商品：

借：受托代销商品款——大连百货公司　13 000

　贷：受托代销商品——大连百货公司　13 000

（4）月末，收到大连百货公司开来的增值税专用发票，货款13 000元，增值税税额1 690元。根据代销合同，按照代销商品收入的10%确认代销手续费收入，并开具增值税专用发票价款1 300元，税额78元。将余下的价税款开出转账支票付讫：

借：应付账款——大连百货公司　14 690

　贷：代购代销收入　1 300

　　应交税费——应交增值税（销项税额）　78

　　银行存款　13 312

（5）将增值税专用发票中的增值税税额作为进项税额入账：

借：应交税费——应交增值税（进项税额）　1 690

　贷：应付账款——大连百货公司　1 690

本例受托方代销商品核算程序如图2-16所示。

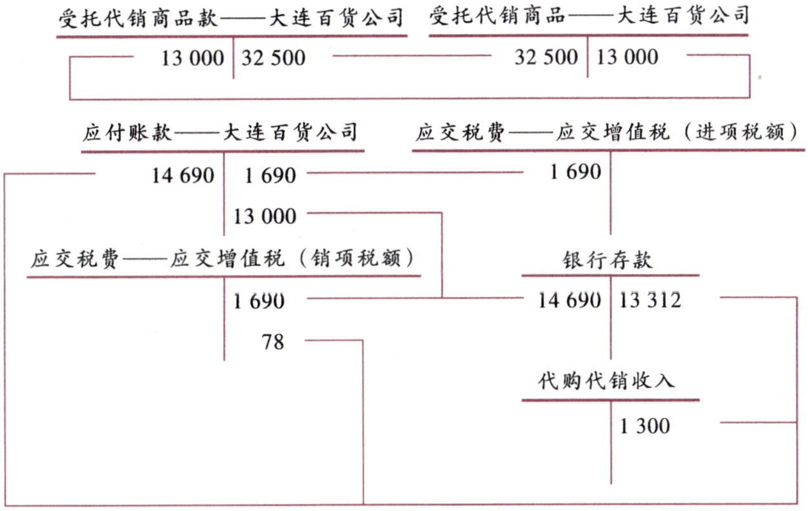

图2-16　受托方代销商品核算程序图（2）（单位：元）

（五）销货退回的核算

批发企业在商品销售后，购货单位发现商品的品种、规格、质量等与购销合同不符等而提出退货时，经批发企业业务部门同意后，由其填制红字增值税专用发票送各有关部门办理退货手续，财会部门根据储运部门转来的发票结算货款，并进行账务处理。

【例2-16】大连百货公司月初销售给日杂商场日新牌电饭煲80个，售价为每个185元（不含税），增值税税率为13%。现日杂商场发现其中有5个存在质量问题，要求退货。经大连百货公司业务部门同意，商品已退回验收入库，并开出转账支票，悉数退回货款和增值税税额。大连百货公司财会部门对上述业务的处理如下：

借：银行存款　1 045.25

　贷：主营业务收入——电器类　925.00

　　应交税费——应交增值税（销项税额）　120.25

（六）销售商品退补价的核算

批发企业在商品销售后，由于发现商品的规格或等级错发、货款计算错误或先按暂定价格结算后又正式定价等原因，需要向购货单位退还或补收货款。

实际销售价格低于已经结算货款的价格是销货退价，销货单位应将多收的差额退还给购货单位。实际销售价格高于已经结算货款的价格是销货补价，销货单位应向购货单位补收少算的差额。销售商品发生退补价时，先由业务部门填制增值税专用发票予以更正，财会部门审核无误后，据以结算退补价款并进行账务处理。

【例 2-17】大连百货公司2024年6月16日销售给广荣商厦视佳牌台灯150个，售价为每个54元，增值税税率为13%，价税款均已收妥入账。6月18日发现该台灯的售价应为每个45元，当即开出红字增值税专用发票和转账支票，退还广荣商厦货款1 350元，增值税税额175.50元。

原始凭证

财会部门对上述业务的处理如下：

借：银行存款　　1 525.50

　贷：主营业务收入——电器类　　1 350.00

　　　应交税费——应交增值税（销项税额）　　175.50

若发生销货补价时，则应用蓝字借记“银行存款”账户，贷记“主营业务收入”和“应交税费”账户。

（七）购货单位拒付货款和拒收商品的核算

批发企业在异地商品销售业务中，一般采用发货制，并采用委托收款结算或者网上银行支付结算方式，在收到销货款后，作为商品销售处理。当购货单位发现增值税专用发票开列的商品与合同不符，或者与收到商品的数量、品种、规格、质量不符时，就会拒付货款或拒收商品。

对于商品少发的处理有两种情况：如果补发商品，在商品发运后，收到购货单位货款、增值税税额及垫付运费时，借记“银行存款”账户，贷记“应收账款”账户；如果不再补发商品，则由业务部门填制红字增值税专用发票，作销货退回处理。

对于货款的填开错误，应由业务部门填制红字增值税专用发票，财会部门据以作销货退回处理。

对于因商品质量不符合要求，或因商品品种、规格发错而退回的，应由储运部门验收入库，财会部门根据转来的红字增值税专用发票作销货退回处理，退回商品的运费列入“销售费用”账户。

对于商品短缺的情况，先要冲减“主营业务收入”、“应交税费”和“应收账款”账户，再根据具体情况进行账务处理。如属于本企业储运部门责任，应由其填制“财产损失报告单”，将商品短缺金额转入“待处理财产损溢”账户，待报经批准后，再转入“营业外支出”账户。

如果购货单位支付了部分货款，而又拒付了部分款项，应将收到的款项借记“银行存款”账户，对于尚未收到的款项，则仍保留在“应收账款”账户内，在与对方协商解决后，再予以转销。

【例 2-18】大连百货公司2024年6月19日销售给天津利民百货大楼高档陶瓷餐具50套，售价每套380元，增值税税率13%，代垫运费300元，商品已通过铁路发运。6月

28日，天津利民百货大楼因商品损坏拒付2套餐具的货款和增值税税额，其余货款、增值税税额及运费全部支付。

对上述业务，大连百货公司财会部门应作如下账务处理：

(1) 商品发出后：

借：应收账款——天津利民百货大楼	21 770	
贷：主营业务收入——器皿类		19 000
应交税费——应交增值税（销项税额）		2 470
银行存款		300

(2) 根据调查，损坏的2套餐具为运输过程中铁路部门的责任，就损坏商品向铁路部门索赔：

借：银行存款	20 911.2	
其他应收款——铁路部门	858.8	
贷：应收账款——天津利民百货大楼		21 770

三、商品储存的核算

商品储存是指商品流通企业已经购进而尚未销售的商品，主要包括库存商品、受托代销商品、分期收款发出商品等。库存商品在销售之前，可能会因管理不善或其他原因而发生数量的变化（如库存商品溢余、短缺或毁损），也可能因市场物价变化及企业经营活动的需要而发生价格的调整（如商品削价）。为了加强对商品储存的管理，批发企业的财会部门必须及时对库存商品的数量和价格的变化进行核算。

（一）商品盘点短缺和溢余的核算

为确保库存商品账实相符，批发企业应定期或不定期地对库存商品进行盘点。通过盘点，确认商品在数量上有无短缺、损耗和溢余，在质量上有无残次、损坏、变质等情况。盘点时，由保管人员负责填制“商品盘存表”，根据账面资料填写商品名称、规格、单价及账存数量和实存数量。“商品盘存表”的账存数如与实存数不符，应填制“商品盘点短缺溢余报告单”一式数联，其中一联转交财会部门据以将商品短缺或溢余的金额分别转入“待处理财产损溢”账户，以做到账实相符，待查明原因后，再区别不同情况转入各有关账户。

库存商品发生盘亏或毁损时，根据回收的残料价值以及可收回的保险赔偿和过失人赔偿，借记“材料物资”“其他应收款”等账户；剩余净损失，属于非常损失部分，借记“营业外支出”账户，属于一般经营损失部分，借记“销售费用”账户。根据规定，企业购进的商品发生非正常损失（包括因管理不善造成被盗及变质损失等），其进项税额不得从销项税额中抵扣，而应当从当期发生的进项税额中转出，与遭受非正常损失的购进商品成本一并处理。根据税法的最新规定，因自然灾害损失商品的进项税额可在销项税额中直接抵扣。

【例2-19】大连百货公司6月30日根据盘点结果填制“商品盘点短缺溢余报告单”，见表2-8。

表2-8　**商品盘点短缺溢余报告单**

2024年6月30日　金额单位：元

品名	计量单位	单价	账存数量	实存数量	短缺		溢余		原因
					数量	金额	数量	金额	
黑木耳	千克	22	240	255			15	330	待查
榛蘑罐头	千克	18	360	344	16	288			待查

对上述业务，财会部门应作如下账务处理：

（1）根据溢余金额调整库存商品结存：

借：库存商品——黑木耳　330

　贷：待处理财产损溢——待处理流动资产损溢　330

（2）根据短缺金额调整库存商品结存：

借：待处理财产损溢——待处理流动资产损溢　288

　贷：库存商品——榛蘑罐头　288

（3）经查明，溢余的黑木耳属于自然升溢，经批准予以转账：

借：待处理财产损溢——待处理流动资产损溢　330

　贷：销售费用——商品损耗　330

（4）经查明，短缺的榛蘑罐头中10千克属于保管不当造成霉烂变质，责令保管员赔偿损失，另外6千克属于自然损耗，经批准予以转账：

借：其他应收款——保管员　203.40

　　销售费用——商品损耗　108

　贷：待处理财产损溢——待处理流动资产损溢　288

　　　应交税费——应交增值税（进项税额转出）　23.40

（二）商品削价的核算

商品削价有残损变质商品削价和冷背呆滞商品削价两种。残损变质商品是指在进销环节及保管过程中，因运输装卸不慎、保管不当、包装不善等原因，而造成残次损坏或霉烂变质的商品。对此，企业应及时查明商品残损变质的程度和数量，以及发生的原因和责任。冷背呆滞商品是指花色、品种、质量不适合当时、当地消费市场需要的商品，这主要是由于企业经营不善、信息不灵、盲目采购等造成的。当这两类商品需要削价时，应由有关部门填制“商品削价报告单”，并按规定的审批权限，报经有关职能部门批准后再进行处理。

为了防止企业的短期行为，体现相关性、可比性和谨慎性的会计原则，避免因大批商品削价而影响经营利润，应建立商品削价准备制度。企业可根据具体情况按月预提商品削价准备金，年末再按库存商品余额的3‰~5‰清算，计入当期主营业务成本。

商品削价准备是核算商品削价损失的一种方法。商品削价与商品调价不同，商品调价只是对商品的售价进行调整，即调高或调低，而调低的幅度不低于商品的原进价为限，所以并未造成企业的实际损失。而商品削价一般是指削价商品的新售价低于原购进价格，因而造成企业的实际损失。因商品削价而发生的商品削价损失，在核算上有两种处理方法：

1.提取商品削价准备，以弥补商品削价损失。采用此方法的企业，逐月按以进价计算的库存商品期末结存额的一定比例提取商品削价准备，计入商品销售成本。

2.商品削价损失发生时直接转销。采用不提取商品削价准备的企业，可以在商品削价损失发生时直接转销，将损失体现在当期损益中。

（1）库存商品按进价记账的核算。如果企业的库存商品是按进价记账，则在商品削价损失发生时，按低于原进价的新售价记入“主营业务收入”和“应交税费——应交增值税（销项税额）”账户，按高于新售价的原进价结转商品销售成本，以此来体现商品削价后的实际情况。

（2）库存商品按售价记账的核算。如果企业的库存商品是按售价记账，在商品削价损失发生时，按低于原进价的新售价记入“主营业务收入”和“应交税费——应交增值税（销项税额）”账户，按高于新售价的原售价结转商品销售成本。月末，削价售出的商品和其他已售商品一起分摊已售商品进销差价，即削价商品还是按削价前的进销差价调整商品销售成本，将商品销售成本调整为原进价成本，并将削价损失体现在当期损益中。月末分摊商品进销差价并调整“主营业务成本”账户。

另外，“商品削价准备”是库存商品的备抵账户。“存货跌价准备”也是存货类资产的备抵账户。现行的企业会计准则规定，商品削价准备应记入“存货跌价准备”账户。

补充阅读资料2-3

“存货跌价准备”账户的用途是全面反映存货跌价准备金额的提取、使用和结存情况。该账户的性质是资产类账户，是库存商品的备抵账户。企业按规定提取存货跌价准备时，借记“资产减值损失”账户，贷记“存货跌价准备”账户；发生存货跌价损失，以提取的存货跌价准备弥补时，借记“存货跌价准备”账户，贷记“主营业务成本”账户。

【例2-20】大连百货公司12月1日“存货跌价准备”账户的贷方余额为1 400元。

12月22日，削价处理200套保暖内衣，该商品进价每套50元，现售价每套35元，货款7 000元，增值税税额910元，价税合计7 910元均已收到并存入银行。

12月31日，“库存商品”账户余额为1 240 000元，按3‰清算计提存货跌价准备。

对上述业务，财会部门应作如下账务处理：

（1）12月22日，削价处理200套保暖内衣收款入账：

借：银行存款	7 910	
贷：主营业务收入		7 000
应交税费——应交增值税（销项税额）		910
借：资产减值损失	3 000	
贷：存货跌价准备		3 000

同时，用存货跌价准备弥补商品削价损失，结转主营业务成本：

借：主营业务成本　7 000
　　存货跌价准备　3 000
　贷：库存商品　10 000

（2）12月31日，清算计提存货跌价准备：

应计提额=1 240 000×3‰–（1 400+3 000–3 000）=2 320（元）

借：资产减值损失　2 320
　贷：存货跌价准备　2 320

小思考2-2

商品流通企业的“商品削价准备制度”与工业企业的“存货跌价准备制度”有何区别？

第三节 零售企业商品流转的核算

零售企业与批发企业在业务经营和管理上不尽相同。零售企业经营的商品品种繁多；交易次数频繁而数量零星；销售对象主要是广大消费者；销售时一般是“一手交钱，一手交货”，并不一定都要填制销货凭证；售货部门对其所经销的商品负有保管责任。为适应零售企业的经营特点，简化核算工作，它一般采用售价金额核算，即实行实物负责制，库存商品按含销项税额的售价记账，同时设置“商品进销差价”账户，反映商品进价与售价之间的差额。

一、商品购进的核算

（一）购进商品的核算

零售企业购进商品时，财会部门根据采购员交来的结算凭证和核价人员送来的发票，复核无误后，按其所列明的货款，借记“商品采购”账户，按其所列明的增值税税额，借记“应交税费”账户，按价税合计，贷记“银行存款”或“应付票据”及“其他货币资金”等账户。对实物负责人送来的商品验收入库凭证复核无误后，按售价金额，借记“库存商品”账户，按进价金额，贷记“商品采购”账户，售价金额与进价金额之间的差额，则贷记“商品进销差价”账户。

补充阅读资料2-4

“商品进销差价”账户是资产类账户，它是“库存商品”账户的抵减账户，用以反映库存商品售价金额与进价金额之间的差额。商品购进、溢余及调价增值发生差额时，记入贷方；结转已销商品进销差价和商品短缺、削价及调价减值等而注销差价时，记入借方；余额在贷方，表示期末库存商品的进销差价。期末“库存商品”账户余额减去“商品进销差价”账户余额，就是库存商品的进价金额。

【例2–21】春柳百货商店2024年6月5日从大连百货公司购进双喜牌高压锅20只，进价每只65元，增值税税率13%，货款及进项税额合计1 469元，取得增值税专用发票，开出银行转账支票付讫，含税零售价每只89元。

原始凭证

对上述业务，春柳百货商店财会部门应作如下账务处理：

（1）收到增值税专用发票，支付货款时：

借：商品采购——大连百货公司　1 300

　　应交税费——应交增值税（进项税额）　169

　贷：银行存款　1 469

（2）商品验收入库，结转商品成本时：

借：库存商品——高压锅　1 780

　贷：商品采购——大连百货公司　1 300

　　　商品进销差价——炊具组　480

本例零售商品购进核算程序如图2-17所示。

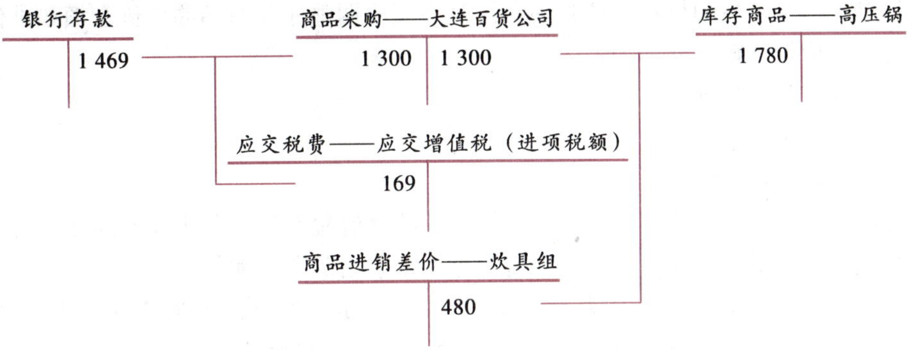

图2-17　零售商品购进核算程序图（单位：元）

（二）购进商品退补价的核算

供货单位由于商品品种、等级弄错等原因而开错价格，事后开来更正发票，更正其开错的商品货款。零售企业更正商品货款有两种情况：一种是只更正购进价格；另一种是购进价格和零售价格同时更正。

1.只更正购进价格的核算。

由于只更正购进价格，没有影响商品的零售价格，因此核算时应调整“商品进销差价”账户，而不能调整“库存商品”账户。其账务处理为：

（1）调整商品进价和进项税额：

借：商品采购（进价差额）

　　应交税费——应交增值税（进项税额）（税款差额）

　贷：应付账款（二者合计）

（2）调整商品进销差价：

借：商品进销差价（进价差额）

　贷：商品采购（进价差额）

若是供货单位退还货款，应根据其红字增值税专用发票冲减商品进价和进项税额。若是供货单位补收货款，应根据增值税专用发票增加商品进价和进项税额。

【例2-22】春柳百货商店本月初从大连百货公司购进雪绒牌保暖内衣240套，进价每套54元，零售价每套80元，货款已付，商品已验收入库。本月中旬收到大连百货公司更正发票，雪绒牌保暖内衣的批发价应为45元，应退货款2 160元、增值税税额280.80元。

对上述业务，春柳百货商店财会部门应作如下账务处理：

（1）冲减商品进价和进项税额：

借：商品采购——大连百货公司 2 160.00

应交税费——应交增值税（进项税额） 280.80

贷：应付账款——大连百货公司 2 440.80

（2）调整商品进销差价：

借：商品进销差价——针织组 2 160

贷：商品采购——大连百货公司 2 160

2.购进价格和零售价格同时更正的核算。

如果在更正进价的同时还需要更正商品的零售价，其调整商品进价和进项税额的核算方法与只更正购进价格的核算方法相同。同时，还要调整库存商品的售价金额和进价成本及商品进销差价。其账务处理为：

借：库存商品（售价差额）

贷：商品采购（进价差额）

商品进销差价（差价差额）

若是供货单位退还货款及税款，应根据更正的增值税专用发票用红字冲减。若是供货单位补收货款，应根据其开来的更正增值税专用发票用蓝字补加。

【例 2-23】沿用【例 2-22】资料，如果该商品的零售价格因进价的变更应调整为69元，在财务上则应在冲减商品采购额和进项税额后，同时冲减库存商品的售价金额和进价成本：

（1）冲减商品进价和进项税额：

借：商品采购——大连百货公司 2 160.00

应交税费——应交增值税（进项税额） 280.80

贷：应付账款——大连百货公司 2 440.80

（2）冲减库存商品的售价和进价成本及商品进销差价：

借：库存商品——针织组［（80-69）×240］ 2 640

贷：商品采购——大连百货公司 2 160

商品进销差价——针织组 480

（三）购进商品发生短缺和溢余的核算

零售企业的营业柜组在验收商品过程中，发现商品数量有短缺或溢余时，若是同城购进的，可与供货单位联系，让对方补回其少发的商品，或将对方多发的商品退还，这样在会计核算上就不反映商品的短缺或溢余。若是从异地购进的商品，一时难以查明原因，应由验收柜组填制“商品购进短缺溢余报告单”，财会部门据以按进价将短缺或溢余的商品先记入“待处理财产损溢”账户，并按实收商品数量的售价金额借记“库存商品”账户。查明原因后的核算方法与批发企业相同。

二、商品销售的核算

（一）商品销售的业务程序

零售企业的商品销售业务，一般按营业柜组或门市部组织进行。商品销售的业务程序，根据企业的规模、经营商品的特点以及经营管理的需要而有所不同。

零售企业的主营业务收入，除少数企事业单位采取转账结算外，主要是收取现金。收款的方式有分散收款和集中收款两种。分散收款是营业员直接收款，除了企事业单位外，一般不填制销售凭证，手续简便，交易迅速，但销货与收款由营业员一人经手，容易发生差错和舞弊。集中收款是设立收款台，由营业员填制销货凭证，消费者据以向收款台交款，然后由消费者凭盖有收款台“收讫”印章的销货凭证向营业员领取商品。采用集中收款方式，每日营业结束后，营业员应根据销货凭证计算出销货总金额，并与收款台实收金额进行核对，以检查收款是否正确。这种方式钱货分管，职责分明，因此不易发生差错，但手续繁琐。

不论采用哪一种收款方式，均应在当天解缴销货款。解缴的方式有分散解缴和集中解缴两种。每日营业结束后，若采取分散收款的，由各营业柜组或门市部安排专人负责；若采取集中收款的，则由收款员负责，按其所收的销货款填制解缴单，将现金直接解存银行，取得解款单回单后，将其送交财会部门并填制“主营业务收入缴款单”，其格式见表2-9。

表2-9　**主营业务收入缴款单**

缴款部门：服装组　　2024年6月16日

面　额	张　数	金额（元）	支票和信用卡	张　数	金额（元）
100元	340	34 000.00	信用卡签单	8	15 800.00
50元	220	11 000.00	转账支票	2	6 450.00
20元	86	1 720.00	转账支票		
10元	480	4 800.00	转账支票		
5元	130	650.00			
1元	140	140.00			
5角	40	20.00			
1角	30	3.00			
分币					
缴款金额人民币（大写）：柒万肆仟伍佰捌拾叁元整				¥74 583.00	

“主营业务收入缴款单”一式两联，连同销货款一并送交财会部门，财会部门应当面点收，加盖“收讫”戳记，一联退还缴款部门，作为其缴款的依据，一联留在财会部门，作为收款的入账凭证。财会部门将各营业柜组或门市部的销货款集中汇总后，填制解款单，将销货收入现金全部解存银行。

（二）商品销售的业务核算

零售企业商品销售业务通过“主营业务收入”和“主营业务成本”账户进行核算。为了简化核算手续，平时在“主营业务收入”账户中反映含税的销售收入，期末再将其调整为真正的商品销售额（即不含税的销售额）。

商品销售后，财会部门要反映主营业务收入和收入货款情况，同时为了能及时反映商品实物负责小组库存商品的购销动态和结存情况，需要随时转销已销库存商品的成本。

小知识 2-9

由于零售企业库存商品是按售价反映的，商品进价与售价之间的差额，体现在"商品进销差价"账户中。所以，当已销商品按售价从"库存商品"账户内转销时，从理论上讲，应同时将这部分已销商品的进销差价也从"商品进销差价"账户内转销，将已销商品的成本调整为进价。由于每天计算已销商品进销差价的工作量很大，在实际工作中，平时先把已销商品成本按售价转入"主营业务成本"账户，月末一次计算出当月已销商品的进销差价，再将主营业务成本调整为进价。

【例 2-24】春柳百货商店 2024 年 6 月 16 日各营业柜组的商品销售及货款收入见表 2-10。

表2-10　各营业柜组商品销售及货款收入　单位：元

营业柜组	销售额	现　金	转账支票	信用卡	现金溢缺
鞋帽组	53 894	39 294		14 600	
针织组	18 369	18 369			
服装组	74 583	52 333	6 450	15 800	
家电组	243 730	59 110	128 300	56 320	
食品组	6 836	6 836			
百货组	37 294	37 294			
合计	434 706	213 236	134 750	86 720	

对当日的销售业务，财会部门应作如下账务处理：

(1) 根据各柜组的交款单及现金、支票、信用卡签购单确认销售收入（信用卡结算手续费率为 5‰）：

借：库存现金	213 236	
银行存款	221 036.40	
财务费用	433.60	
贷：主营业务收入——鞋帽组		53 894
——针织组		18 369
——服装组		74 583
——家电组		243 730
——食品组		6 836
——百货组		37 294

（2）将现金存入银行：

借：银行存款　　213 236

　贷：库存现金　　213 236

（3）冲转库存商品：

借：主营业务成本——鞋帽组　　53 894

——针织组　　18 369

——服装组　　74 583

——家电组　　243 730

——食品组　　6 836

——百货组　　37 294

　贷：库存商品——鞋帽组　　53 894

——针织组　　18 369

——服装组　　74 583

——家电组　　243 730

——食品组　　6 836

——百货组　　37 294

（三）主营业务收入的调整

由于零售企业平时在“主营业务收入”账户中反映的是含税收入，因此至月末就需要进行调整，将含税收入中的销项税额分离出来，使“主营业务收入”账户反映企业真正的销售额。含税收入的调整公式如下：

$$销售额=\frac{含税收入}{1+增值税税率}$$

$$销项税额=含税收入-销售额$$

【例 2-25】春柳百货商店 6 月末的“主营业务收入”账户余额为 15 411 180 元，增值税税率为 13%，主营业务收入的调整计算如下：

$$销售额=\frac{15\,411\,180}{1+13\%}\approx 13\,638\,212（元）$$

$$销项税额=15\,411\,180-13\,638\,212=1\,772\,968（元）$$

根据以上计算结果，作如下账务处理：

借：主营业务收入　　1 772 968

　贷：应交税费——应交增值税（销项税额）　　1 772 968

（四）主营业务成本的调整

由于零售企业平时按商品售价结转主营业务成本，月末为了核算商品销售业务的经营成果，就需要通过计算和结转已销商品的进销差价将商品的销售成本由售价调整为进价。正确计算已销商品进销差价是正确核算主营业务成本和期末库存商品账面价值的基础。

零售企业计算已销商品进销差价的方法有综合差价率推算法、分柜组差价率推算法和实际进销差价计算法三种。

1.综合差价率推算法。

综合差价率推算法是按全部商品的存销比例，推算本期销售商品应分摊进销差价的一种方法。具体的计算公式如下：

$$综合差价率=\frac{结转前“商品进销差价”账户余额}{期末“库存商品”账户余额+期末“受托代销商品”账户余额+本期主营业务收入}\times 100\%$$

本期已销商品进销差价=本期主营业务收入×综合差价率

【例2-26】春柳百货商店6月30日的有关账户余额如下：

结转前“商品进销差价”账户余额：4 934 638.80元；

“库存商品”账户余额：2 173 530元；

“受托代销商品”账户余额：39 000元；

“主营业务收入”账户余额：15 411 180元。

采用综合差价率推算法计算并结转已销商品进销差价：

$$综合差价率=\frac{4\,934\,638.80}{2\,173\,530+39\,000+15\,411\,180}\times 100\%=28\%$$

本期已销商品进销差价=15 411 180×28%=4 315 130.40（元）

根据以上计算结果，作如下账务处理：

借：商品进销差价　　4 315 130.40

　贷：主营业务成本　　4 315 130.40

2.分柜组差价率推算法。

分柜组差价率推算法是按各营业柜组或门市部的存销比例，推算本期销售商品应分摊进销差价的一种方法。这种方法要求按营业柜组分别计算，其计算方法与综合差价率推算法相同，财会部门可编制“已销商品进销差价计算表”进行计算。

【例2-27】春柳百货商店采用分柜组差价率推算法，6月30日的有关账户余额见表2-11。

表2-11　账户余额表　单位：元

营业柜组	结转前“商品进销差价”账户余额	期末“库存商品”账户余额	期末“受托代销商品”账户余额	期末“主营业务收入”账户余额
鞋帽组	781 274.70	325 260		2 568 350
针织组	668 852.80	240 830		2 147 930
服装组	1 269 263.30	473 490	39 000	3 864 280
家电组	2 088 888.80	1 103 480		6 372 650
食品组	86 700	16 340		330 460
百货组	39 659.20	14 130		127 510
合　计	4 934 638.80	2 173 530	39 000	15 411 180

根据表2-11资料编制“已销商品进销差价计算表”，见表2-12。

表2-12　**已销商品进销差价计算表**

2024年6月30日　单位：元

营业柜组	期末“库存商品”账户余额	期末“受托代销商品”账户余额	期末“主营业务收入”账户余额	本期存销商品合计额
(1)	(2)	(3)	(4)	(5) = (2) + (3) + (4)
鞋帽组	325 260		2 568 350	2 893 610
针织组	240 830		2 147 930	2 388 760
服装组	473 490	39 000	3 864 280	4 376 770
家电组	1 103 480		6 372 650	7 476 130
食品组	16 340		330 460	346 800
百货组	14 130		127 510	141 640
合　计	2 173 530	39 000	15 411 180	17 623 710
营业柜组	结转前“商品进销差价”账户余额	差价率	已销商品进销差价	期末商品进销差价
(1)	(6)	(7) = (6) ÷ (5)	(8) = (4) × (7)	(9) = (6) − (8)
鞋帽组	781 274.70	27%	693 454.50	87 820.20
针织组	668 852.80	28%	601 420.40	67 432.40
服装组	1 269 263.30	29%	1 120 641.20	148 622.10
家电组	2 088 888.80	28%	1 784 342	304 546.80
食品组	86 700	25%	82 615	4 085
百货组	39 659.20	28%	35 702.80	3 956.40
合　计	4 934 638.80		4 318 175.90	616 462.90

根据表2-12的计算结果，作如下账务处理：

借：商品进销差价——鞋帽组　693 454.50
　　——针织组　601 420.40
　　——服装组　1 120 641.20
　　——家电组　1 784 342
　　——食品组　82 615
　　——百货组　35 702.80
　贷：主营业务成本——鞋帽组　693 454.50
　　——针织组　601 420.40
　　——服装组　1 120 641.20
　　——家电组　1 784 342
　　——食品组　82 615
　　——百货组　35 702.80

3. 实际进销差价计算法。

实际进销差价计算法是先计算出期末商品的进销差价，进而逆算已销商品进销差价的一种方法。这种方法的具体做法是：期末由各营业柜组或门市部通过商品盘点，编制“库存商品盘存表”和“受托代销商品盘存表”，根据各种商品的实存数量，分别乘以销售单价和购进单价，计算出期末库存商品的售价金额和进价金额及期末受托代销商品的售价金额和进价金额。“库存商品盘存表”和“受托代销商品盘存表”一式数联，其中一联送交财会部门，复核无误后，据以编制“商品盘存汇总表”。期末商品进销差价、已销商品进销差价的计算公式如下：

期末商品进销差价=期末库存商品售价金额-期末库存商品进价金额+期末受托代销商品售价金额-期末受托代销商品进价金额

已销商品进销差价=结账前“商品进销差价”账户余额-期末商品进销差价

【例2-28】春柳百货商店采用实际进销差价计算法，2024年6月30日的“商品盘存汇总表”见表2-13。

表2-13　商品盘存汇总表

2024年6月30日　　单位：元

营业柜组	库存商品售价金额	库存商品进价金额	受托代销商品售价金额	受托代销商品进价金额	盘存商品进销差价
鞋帽组	325 260	227 682			97 578
针织组	240 830	173 398			67 432
服装组	473 490	350 383	39 000	29 250	132 857
家电组	1 103 480	783 471			320 009
食品组	16 340	12 255			4 085
百货组	14 130	10 739			3 391
合　计	2 173 530	1 557 928	39 000	29 250	625 352

各营业柜组结转前“商品进销差价”账户余额同【例2-27】，据此可计算出本期已销商品进销差价如下：

鞋帽组已销商品进销差价=781 274.70-97 578=683 696.70（元）

针织组已销商品进销差价=668 852.80-67 432=601 420.80（元）

服装组已销商品进销差价=1 269 263.30-132 857=1 136 406.30（元）

家电组已销商品进销差价=2 088 888.80-320 009=1 768 879.80（元）

食品组已销商品进销差价=86 700-4 085=82 615（元）

百货组已销商品进销差价=39 659.20-3 391=36 268.20（元）

根据以上计算结果，作如下账务处理：

借：商品进销差价——鞋帽组　　683 696.70

——针织组　　601 420.80

——服装组　　1 136 406.30

——家电组　　1 768 879.80

——食品组　　82 615.00

——百货组　　36 268.20

贷：主营业务成本——鞋帽组 683 696.70

——针织组 601 420.80

——服装组 1 136 406.30

——家电组 1 768 879.80

——食品组 82 615.00

——百货组 36 268.20

上述实例中，在三种方法下计算的已销商品进销差价之所以不同，是因为各营业柜组之间商品的差价率不同和各种商品的存销比例不同，计算结果自然不会一样。

三、商品储存的核算

商品储存的核算包括商品的调价、削价、内部调拨、盘点缺溢及库存商品和商品进销差价明细核算等内容。

（一）商品调价的核算

商品调价是商品流通企业根据国家物价政策或市场情况，对某些正常商品的价格进行适当调高或调低。

由于实行售价金额核算的企业平时不核算商品的数量，因此在规定调价日期的前一天营业结束后，由核价人员、财会人员会同营业柜组对调价商品进行盘点，按照实际库存数量由营业柜组填制“商品调价差额调整单”一式数联，其中一联送交财会部门。财会部门复核无误后，将调价差额全部体现在商品经营损益内。发生调高售价金额时，应借记“库存商品”账户，贷记“商品进销差价”账户；发生调低售价金额时，应借记“商品进销差价”账户，贷记“库存商品”账户。

【例 2-29】春柳百货商店从6月5日起对皮鞋的零售价格进行调整，编制的“商品调价差额调整单”见表2-14。

表2-14 商品调价差额调整单

填报部门：鞋帽组 2024年6月5日 金额单位：元

品 名	型号	计量单位	盘存数量	零售价格		调整单价差额		调高金额	调低金额
				新价	原价	增加	减少		
皮鞋	全码	双	30	980	890	90		2 700	
合 计			30					2 700	

企业财会部门收到调价单复核无误后，应作如下账务处理：

借：库存商品——鞋帽组 2 700

贷：商品进销差价——鞋帽组 2 700

（二）商品削价的核算

商品削价是对库存中呆滞、冷背、残损、变质的商品作一次性降价出售的措施。

零售企业由于盲目采购造成商品呆滞积压或由于运输不慎、保管不妥等因素而发生商品残损、变质等情况，影响了商品内在与外在的质量。为了减少商品损失，应根据商品呆滞积压或残损变质的程度，按照规定的审批权限，报经批准后进行削价处理。

商品削价后的新售价高于原进价时，将削减的金额借记“商品进销差价”账户，贷记

“库存商品”账户，其削价损失体现在商品经营损益内。商品削价后的新售价低于原进价时，除了要冲转原商品进销差价外，还要将其低于原进价的部分以存货跌价准备进行弥补。

【例 2-30】春柳百货商店6月份对过季的50件保暖内衣进行削价出售，该商品原售价为260元，进价为180元，现削价为200元全部售出。

对上述业务，财会部门应作如下账务处理：

（1）冲销商品进销差价：

借：商品进销差价——针织组 3 000

贷：库存商品——针织组 3 000

（2）实现销售收入：

借：库存现金 10 000

贷：主营业务收入——针织组 10 000

（3）结转商品成本：

借：主营业务成本——针织组 9 000

贷：库存商品——针织组 9 000

（4）以存货跌价准备弥补削价损失：

借：资产减值损失［（200÷1.13-180）×50］ 150.44

贷：存货跌价准备 150.44

借：存货跌价准备 150.44

贷：主营业务成本——针织组 150.44

（三）商品内部调拨的核算

商品内部调拨是零售企业在同一独立核算单位内部各实物负责小组之间的商品转移。具体表现为：各营业柜组或门市部之间为了调剂商品余缺所发生的商品转移；或设有专职仓库保管员，对库存商品单独进行核算和管理的企业，当营业柜组或门市部向仓库提取商品时，所发生的商品调拨转移。

商品内部调拨不作为商品销售处理，也不进行结算，而只是转移各实物负责小组所承担的经济责任。商品内部调拨在核算时，借记调入部门“库存商品”的明细分类账户，贷记调出部门“库存商品”的明细分类账户，“库存商品”账户的总额保持不变。采取分柜组差价率推算法分摊已销商品进销差价的企业，还要相应调整“商品进销差价”账户。

（四）商品盘点缺溢的核算

零售企业对库存商品采取售价金额核算时，库存商品明细分类账一般按营业柜组或门市部设置，平时只反映和掌握各营业柜组或门市部商品进、销、存的售价金额，而不反映和掌握各种商品的结存数量。因此，只有通过商品盘点，逐项计算出各种商品的售价金额及售价总金额，再与当天“库存商品”账户余额进行核对，才能了解和控制各种商品的实存数量，确保账实相符。

商品盘点发生账实不符时，账存金额大于实存金额为商品短缺；反之，账存金额小于实存金额为商品溢余。对此，营业柜组或门市部应填制“商品盘点短缺溢余报告单”一式数联，其中一联报送领导审批，另一联送交财会部门作为记账的依据。

商品盘点短缺或溢余是以商品的售价金额来反映的，在“商品盘点短缺溢余报告单”中，还需要将其调整为进价金额。财会部门在商品短缺或溢余原因尚未查明前，应将短缺或溢余商品的进价金额先转入“待处理财产损溢”账户，以确保账实相符，待原因查明后，再根据具体情况转入各有关账户。对于商品短缺，如属自然损耗，应转入“销售费用”账户；如属责任事故，应根据相关部门的批复，若由企业负担，则转入“营业外支出”账户，若由当事人负责赔偿，则转入“其他应收款”账户。对于商品溢余，如属供货单位多发，应作为商品购进补付货款；如属自然升溢，应冲减“销售费用”账户。

【例 2-31】**春柳百货商店百货组6月30日盘点发现短缺20元，填制“商品盘点短缺溢余报告单”，见表2-15。**

表2-15 **商品盘点短缺溢余报告单**

填制部门：百货组　　2024年6月30日　　金额单位：元

<table>
<tr><td>账存金额</td><td>14 869</td><td>溢余金额</td><td></td><td rowspan="5">短缺或溢余原因</td><td rowspan="5">销售错发商品</td><td rowspan="5"></td></tr>
<tr><td>实存金额</td><td>14 849</td><td>短缺金额</td><td>20</td></tr>
<tr><td colspan="3">上月本柜组差价率</td><td>28%</td></tr>
<tr><td>溢余商品差价</td><td></td><td>溢余商品进价</td><td></td></tr>
<tr><td>短缺商品差价</td><td>5.60</td><td>短缺商品进价</td><td>14.40</td></tr>
<tr><td>领导批复</td><td colspan="2">同意作企业损失处理</td><td>部门意见</td><td colspan="3">作企业损失处理</td></tr>
</table>

对上述业务，财会部门应作如下账务处理：

（1）根据“商品盘点短缺溢余报告单”：

借：待处理财产损溢——待处理流动资产损溢　　14.40

　　商品进销差价——百货组　　5.60

　贷：库存商品——百货组　　20

（2）经批准作企业损失处理：

借：营业外支出　　16.27

　贷：待处理财产损溢——待处理流动资产损溢　　14.40

　　　应交税费——应交增值税（进项税额转出）　　1.87

（五）库存商品和商品进销差价的明细分类核算

实行售价金额核算的零售企业，库存商品明细分类账是按营业柜组或门市部设置的，在账中反映按售价计算的总金额，用以控制各营业柜组或门市部的库存商品数额。采取分柜组差价率推算法调整主营业务成本的企业，还必须按营业柜组或门市部设置商品进销差价明细分类账。由于“商品进销差价”账户是“库存商品”账户的抵减账户，在发生经济业务时，这两个账户往往同时发生变动。为了便于记账，可以将“库存商品”与“商品进销差价”账户的明细账合在一起，设置“库存商品和商品进销差价联合明细分类账”，其格式见表2-16。

表2-16　　库存商品和商品进销差价联合明细分类账

部门：　　　　月　日

<table>
<tr><th colspan="2">年</th><th rowspan="3">凭证号</th><th rowspan="3">摘要</th><th colspan="10">库存商品</th><th colspan="4">商品进销差价</th></tr>
<tr><th rowspan="2">日</th><th rowspan="2">月</th><th colspan="4">借方</th><th colspan="4">贷方</th><th rowspan="2">借或贷</th><th rowspan="2">余额</th><th rowspan="2">借方</th><th rowspan="2">贷方</th><th rowspan="2">借或贷</th><th rowspan="2">余额</th></tr>
<tr><th>调入</th><th>调增价值</th><th>溢余</th><th>销售</th><th>调出</th><th>调减价值</th><th>削价</th><th>短缺</th></tr>
<tr><td></td><td></td><td></td><td></td><td></td><td></td><td></td><td></td><td></td><td></td><td></td><td></td><td></td><td></td><td></td><td></td><td></td><td></td></tr>
</table>

各营业柜组或门市部为了掌握本部门商品进、销、存的动态和销售计划的完成情况，便于向财会部门报账，每天营业结束后，应根据商品经营的原始凭证，编制“商品进销存日报表”（见表2-17）一式数联，营业柜组或门市部自留一联，一联连同原始凭证一并送交财会部门。财会部门复核无误后据以入账。

表2-17　　商品进销存日报表

部门：　　　　月　日

<table>
<tr><th colspan="2">项　目</th><th>金　额</th><th colspan="2">项　目</th><th>金　额</th></tr>
<tr><td colspan="2">昨日结存</td><td></td><td rowspan="2">今日发出</td><td>销　售</td><td></td></tr>
<tr><td rowspan="6">今日收入</td><td>购　进</td><td></td><td>调　出</td><td></td></tr>
<tr><td>调　入</td><td></td><td colspan="2">发出委托加工</td><td></td></tr>
<tr><td>加工成品收回</td><td></td><td colspan="2">调价减值</td><td></td></tr>
<tr><td>调价增值</td><td></td><td colspan="2">削　价</td><td></td></tr>
<tr><td>溢　余</td><td></td><td colspan="2">短　缺</td><td></td></tr>
<tr><td></td><td></td><td colspan="2">今日结存</td><td></td></tr>
<tr><td colspan="2">本月销售计划</td><td></td><td colspan="2">本月销售累计</td><td></td></tr>
</table>

四、鲜活商品的核算

（一）鲜活商品的特点

零售企业经营的商品，除工业品外，还有鱼、肉、蛋、禽、水果和蔬菜等鲜活商品。

鲜活商品经营与工业品经营不同，主要有以下特点：

1. 鲜活商品质量变化大，变价次数多。如蔬菜上市后随其鲜嫩程度的不同，早、晚价格也不同。

2. 鲜活商品一般都需要清选整理，分等分级，按质论价。如牛肉是分部位按不同的价格出售、水果分等级按不同的价格出售。

3. 鲜活商品经营损耗较大。如蔬菜脱帮掉叶、水果风干腐烂等，再加上交易零星以及顾客挑选翻动，损耗额大且难以掌握。

4. 鲜活商品上市季节性强，销售时间比较集中。如夏季西瓜上市、秋季北方过冬蔬菜上市等。

（二）鲜活商品的核算方法

由于鲜活商品经营具有上述特点，因此不宜采用售价金额核算，一般采用"进价金额核算、盘存计销"的核算方法。具体做法是：

商品购进后，财会部门根据有关凭证以原进价记入"库存商品"账户。按营业柜组或门市部设置的"库存商品"明细账也只记进价金额，不记数量。营业柜组或门市部负责人可根据需要设置备查簿，登记商品的收入、付出和结存数量。每日营业结束后，由营业柜组或门市部填制缴款单，连同销售货款一并送交财会部门或解存银行。财会部门根据现金缴款单或银行进账单，借记"银行存款"账户，贷记"主营业务收入"账户。平时不结转主营业务成本，不冲减库存商品，月末结算时再进行调整。

商品在经营过程中，发生损耗、升溢、等级变化或售价变化时，财会部门不作账务处理。如发生事故损失时，则应查明原因待批准后进行处理。

月末计算和结转主营业务成本时，采取实际盘点、以存计耗的方法，先按商品实有数量乘以进价，计算出期末库存商品进价总金额，再根据下面公式倒挤出本期已销商品成本：

本期商品销售成本=期初库存商品金额+本期购进商品总金额−期末库存商品进价总金额

期末库存商品进价总金额=期末盘点结存数量×实际进价（或最后进价）

【例 2-32】春柳百货商店食品组6月初库存鲜活商品2 300元，6月份进货38 600元，增值税税额5 018元，货款以银行存款支付。6月份销售收入为48 250元（含税），销货款已存入银行。6月30日盘点库存商品为1 800元。

对上述业务，财会部门应作如下账务处理：

（1）购进商品时：

借：商品采购	38 600	
应交税费——应交增值税（进项税额）	5 018	
贷：银行存款		43 618
借：库存商品——食品组	38 600	
贷：商品采购		38 600

（2）取得销售收入时：

借：银行存款	48 250	
贷：主营业务收入——食品组［48 250÷（1+13%］）		42 699.12
应交税费——应交增值税（销项税额）		5 550.88

（3）月末根据库存盘点结果，倒挤出本期销售成本39 100元（2 300+38 600−1 800）：

借：主营业务成本——食品组	39 100	
贷：库存商品——食品组		39 100

采用这种核算方法，虽然可以简化手续，平时也可以随时调整商品售价，利于销售。但由于期末是倒挤销售成本，对平时发生的损耗或责任事故无法控制，容易造成成本不实。因此，这种核算方法只适用于鲜活商品的核算，其他商品不宜采用。

第四节　联营和网络业态销售的核算

随着“互联网+”时代的到来，商品流通渠道和所借助的销售平台，也涵盖了实体店铺销售和虚拟网络销售等多种形式。

本节着重介绍实体店铺销售中的联营模式和虚拟网络销售两大销售形式的会计核算。

一、联营模式下销售的核算

联营模式是指经销商负责联系货源、组织进货，并达到商场要求的保底销售额，商场提供经营场所，销售活动由商场统一管理，并开具商场发票，商品的销货款由商场统一收取的一种经营模式。其基本流程如下：

1. 选择合作方。对商场来说，商品供应商的选择适当与否将直接决定其联营商品经营效益；而对供应商来说，则直接决定其营销战略的成败。

2. 商品销售。商品进驻商场，销售款统一由商场收取，供应商负责商品的运送、保管、销售等日常活动。供应商与商场按联营商品销售额分成。根据新收入准则规定，商品虽然进驻商场，但商场并未获得商品的控制权，因此商场不能确认资产，同时供应商也不能确认收入。待商品售出时，商品控制权转移至顾客，商场确认收入，并在月末根据扣点计算结转成本。

3. 联营对账。一般情况下，商场于每月月末汇总当期全部商品销售额，并与供应商对账，以确保联营商品销售数量和销售额准确无误。

4. 计算商场留利和供应商返款。联营商品销售额核对无误后，商场根据联营合同约定的比例计算应返还给供应商的款项。

5. 结算联营商品销售款。确定商场和供应商分别应得的销售款项金额后，商场须在合同约定的时间内向供应商支付返还款。

（一）联营业务的基本核算

由于经营品种繁多、交易次数频繁，商场为简化会计处理、减少工作量，主要采用售价金额法核算商品流通业务。其会计处理过程归纳如下：

1. 日常会计处理。日常会计处理程序如图2-18所示。

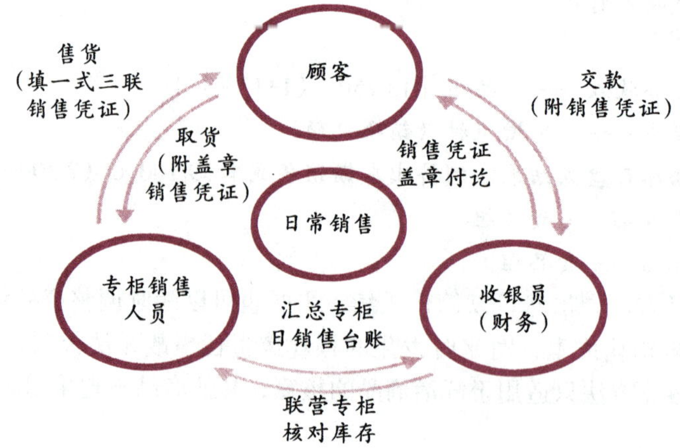

图2-18　日常会计处理程序图

根据销货日报表和收款汇总表等原始凭证进行确认收入的会计处理，借记“银行存款”或“应收账款”账户，贷记“主营业务收入”账户。

2. 每月月末会计处理。商场编制销售收入月汇总表，并与销售人员核对，审核无误后据此计算增值税销项税额进行会计处理，借记“主营业务收入”账户，贷记“应交税费——应交增值税（销项税额）”账户。商场编制联营商品返款明细表，并与商品供应商核对，审核无误后补作商品购进入库业务的会计处理，借记“库存商品”账户，贷记“应付账款”账户。同时，结转主营业务成本，借记“主营业务成本”账户，贷记“库存商品”账户。

3. 每月月初会计处理。根据核对无误的款项结算单办理结算，借记“应付账款”账户，贷记“银行存款”账户，并根据商品供应商开来的增值税专用发票补记增值税进项税额，借记“应交税费——应交增值税（进项税额）”账户，贷记“商品进销差价”账户。同时，计提城市维护建设税、教育费附加、地方教育附加等，借记“税金及附加”账户，贷记“应交税费——应交城市维护建设税”“应交税费——应交教育费附加”“应交税费——应交地方教育附加”等账户。

【例 2-33】白马商厦与供应商丙公司以联营方式销售女士皮包，双方商定以销售额的25%为扣点。

（1）商品进场。白马商厦只通过其信息管理系统与中央收银系统记录供应商的销售额。

（2）销售商品。假设白马商厦通过其收银系统记录到丙公司本月销售女士皮包收入共计56 000元。白马商厦作商品销售处理：

借：银行存款	56 000	
贷：主营业务收入［56 000÷（1+13%）］		49 557.52
应交税费——应交增值税（销项税额）［56 000÷（1+13%）×13%］		6 442.48

同时，根据协议扣点（25%）计算销售成本：

借：主营业务成本［56 000×75%÷（1+13%）］	37 168.14	
应交税费——应交增值税（进项税额）（37 168.14×13%）	4 831.86	
贷：应付账款——丙公司（56 000×75%）		42 000

（3）与供应商结算。销售次月，双方对账无误后，供应商丙公司开出价税合计金额为42 000元的增值税发票给白马商厦，白马商厦将42 000元支付给供应商丙公司。

借：应付账款——丙公司	42 000	
贷：银行存款		42 000

（二）联营返点及税务处理

“联营扣点”或“联营返点”是一种在生产商与零售店之间进行的经营合作方式，其操作形式很多，但从实质上讲，主要有以下三种基本模式：

第一种模式，零售店只收取固定场地租金，生产商自主销售。

第二种模式，零售店实行“定额与扣点孰高确定租金”的形式先确定一个租金定额基数，与期末按销售额乘以一个商定比例（扣点）计算出来的结果相比，按孰高者确定租金。

第三种模式，零售店统一管理销售活动，期末按销售额商定比例计算收取租金。

在第一种和第二种模式下，零售商场所取得的租金收入应通过“其他业务收入”账户进行会计处理，按租赁业务收入计算缴纳增值税。

对于第三种模式，其运行活动是一种代销行为。即“联营扣点”或“联营返点”的实质是一种代销行为。对于这样的经营业务，商场按销售收入额计算缴纳增值税。

例如，大型零售企业乐购百货按最终销售价格计算合计6 500万元的货物，支付生产厂家的返还款5 100万元（增值税专用发票也是按此开具的），共收取进场费109万元。乐购百货应该就其6 500万元和返还款5 100万元的差额1 400万元缴纳增值税182万元；收取的进场费109万元按不动产租赁服务（税率9%）缴纳增值税9万元；同时，应就1 400万元和100万元缴纳企业所得税。

（三）联营商品促销的核算

1.直接打折促销。

采取折扣方式销售货物，销售额和折扣额在同一张发票上分别注明（是指销售额和折扣额在同一张发票上的“金额”栏分别注明），可以按折扣后的销售额征收增值税；未在同一张发票上的“金额”栏注明折扣额，而仅在发票的“备注”栏注明折扣额的，折扣额不得从销售额中减除。如果将折扣额另开发票，不论会计上如何处理，计税时均不得从销售额中减除折扣额。

这种促销方式的会计处理相对比较简单，入账金额按扣除商业折扣后的金额确定。降价、特价促销方式的会计处理与此类似。

【例2-34】新一百货商场的专柜都是以签订联营合同的方式经营的，抽成率为20%。商场举办让利活动，将甲品牌的商品打九折销售，某顾客购买了标价为1 200元的商品，支付了1 080元现金；将乙品牌的商品按满300元减60元销售，某顾客购买了标价为1 280元的商品，支付了1 040元现金。抽成率不变，销售额和折扣额在同一张发票上的“金额”栏分别注明，商场各柜组销货款统一由收银台收取，商场与各供应商均为增值税一般纳税人，增值税税率为13%，商品的标价为含税价。

（1）商场与供应商签订联营协议时，没有促销约定，按各专柜的标价与抽点比例计算与供应商的结算额，其会计处理如下：

借：受托代销商品——甲品牌	849.56	
——乙品牌	906.19	
应交税费——待抵扣进项税额	228.25	
贷：受托代销商品款——甲品牌		960
——乙品牌		1 024

（2）商场实现销售时，根据销售发票确定增值税销项税额：

销项税额=［1 080÷（1+13%）×13%］+［1 040÷（1+13%）×13%］=243.89（元）

借：银行存款	2 120	
贷：主营业务收入——甲品牌		955.75
——乙品牌		920.36*
应交税费——应交增值税（销项税额）		243.89

注：*尾数调整。

（3）甲、乙柜组促销，商场按实销现货和联营协议的扣点比例与供应商进行货款结算，其会计处理如下：

借：受托代销商品款——甲品牌（1 080×80%）	864	
——乙品牌（1 040×80%）	832	

贷：银行存款　1 696

(4) 商场取得供应商依据结算款开具的增值税专用发票，商场以经销商提供的增值税专用发票作为进货成本，进行进项税额抵扣，其会计处理如下：

借：应交税费——应交增值税（进项税额）　195.11

贷：应交税费——待抵扣进项税额　195.11

借：主营业务成本——甲品牌　764.60

——乙品牌　736.29*

贷：受托代销商品——甲品牌　764.60

——乙品牌　736.29

(5) 冲销联营协议确定的结算款与促销实际结算款的差额，其会计处理如下：

借：受托代销商品款——甲品牌　96

——乙品牌　192

贷：受托代销商品——甲品牌　84.96

——乙品牌　169.90

应交税费——待抵扣进项税额　33.14

2.返券促销。

返券促销是指为刺激消费者进行大额购买，在顾客购买一定金额的商品后，商场给予顾客一定金额的返利券。例如，商场“买100元送80元现金券”的活动就属于此类促销方式。根据《企业会计准则第14号——收入》的规定，返券促销、奖励积分等附有客户额外购买选择权的销售，企业应当评估选择权是否向客户提供了一项重大权利。企业提供重大权利的，应当作为单项履约义务，将交易价格分摊至该单项履约义务，在客户未来行使购买权取得商品控制权时，或者该选择权失效时，确认对应的收入。

小知识2-10

商场赠送购物券属于附客户额外购买选择权的销售行为，首先评估额外购买选择权是否是一项重大权利。如果构成重大权利，则要根据购买权的公允价值，确认合同负债；未来客户行使选择权或选择权失效时，确认收入。

为了反映购物券的发放与收回，企业应设置“合同负债”账户。在赠送购物券时，将交易价格按照公允价值分摊的金额记入“合同负债”账户，待使用赠券消费时，再由合同负债转为收入。

【例2-35】新一百货商场五一期间举行联营专柜全场“满300元送238元”的返券促销活动，购物券由商场统一赠送，各柜组都收取返还的购物券，根据以往活动经验，预计顾客使用返券购买商品的比例为100%。假设顾客消费1 130元购入甲商品，返还714元的购物券，顾客恰好用该购物券购买了714元乙商品。商场为增值税一般纳税人，增值税税率为13%，商品的标价为含税价。

(1) 商场销售商品并赠送客户714元购物券，客户可以持有购物券在未来购买商品，属于附客户额外购买选择权的销售行为，应根据客户购物券的公允价值，将交易价格在甲商品和购物券之间进行分摊，确认甲商品的收入和购物券产生的合同负债。

甲商品分摊的含税交易价格=1 130÷（1 130+714×100%）×1 130=692.46（元）

购买选择权分摊的含税交易价格=1 130÷（1 130+714×100%）×714=437.54（元）

销售甲商品并发放购物券时，作如下会计处理：

借：银行存款　　1 130

　贷：主营业务收入　　612.80

　　合同负债　　387.20

　　应交税费——应交增值税（销项税额）　　130

（2）销售乙商品收回购物券时，作如下会计处理：

借：合同负债　　387.20

　贷：主营业务收入　　387.20

小知识 2-11

满额立减又称“满减”，是指当消费达到一定金额时，在原价基础上减免一部分价款的促销方式。因销售额与满减额在同一张销售发票上反映，在会计处理上视同商业折扣，所以“满减”称得上是折扣促销的一种变形。

小知识 2-12

“加 1 元多一件”是指顾客购买某指定商品时，加 1 元可多得一件产品的促销方式。采用这种销售方式，“多一件”付出了相应的价格，属于折价购买，因此，只要销售额与折扣额在同一张发票上分别注明，就可按折扣后的销售额计缴增值税。

小知识 2-13

赠送返利券实际上是商场赋予客户额外购买商品的权利，属于附客户额外购买选择权的销售行为，首先评估额外购买选择权是否是一项重大权利。如果不构成重大权利，则不需要考虑；如果构成重大权利，则要根据购买权的公允价值将交易价格在销售商品和购买选择权之间进行分摊，商品确认为当期收入，购买选择权确认为合同负债；未来客户行使选择权或选择权失效时，确认收入。

小知识 2-14

奖励积分本质上和赠送返利券相同，属于附客户额外购买选择权的销售行为，在销售商品时，也要考虑是否构成重大权利，并根据历史经验，考虑奖励积分的使用概率，计算分摊合同负债的金额，待客户使用奖励积分消费或奖励积分到期失效时，将合同负债确认为收入。

二、网络业态销售的核算

（一）网络销售的核算

网络销售是指借助网络实现商品或服务从卖家转移到消费者的过程。它是电子商务的一个重要组成部分。网络销售主要有B2C和C2C两种形式。

网络销售的交易模式主要分为两种：一是先付款后发货模式；二是先发货后付款模式。网络促销也是商家常用的营销手段。本节主要介绍网络销售的会计处理和网络促销的会计处理。

1.先付款后发货模式的核算。

先付款后发货模式是指客户通过相关支付方式付款至商家，商家收款后发货。其网购交易流程及会计处理如下：

（1）接受买家订单。此步骤不作会计处理。

（2）客户付款到账。款项流入企业，作为合同负债处理，借记“银行存款”“其他货币资金”等账户，贷记“合同负债”账户。

（3）组织发货。发货时，先将库存商品转为发出商品处理，借记“发出商品”账户，贷记“库存商品”账户；货物由物流公司配送，支付的物流费用，借记“销售费用”账户，贷记“应付账款”或“库存现金”账户。

（4）买家确认收货。该步骤标志交易成功，此时可以进行收入和成本的确认。确认收入时，借记“合同负债”账户，贷记“主营业务收入”“应交税费——应交增值税（销项税额）”账户；结转销售成本时，借记“主营业务成本”账户，贷记“发出商品”账户。

在交易过程中，若客户不收货并取消交易，则作退货、退款处理。退货时，借记“库存商品”账户，贷记“发出商品”账户；退款时，借记“合同负债”账户，贷记“银行存款”或“其他货币资金”等账户。

【例2-36】某客户网购A商品2件，协商价格为每件226元（含税）。该客户通过购物网站订货后，直接付款至购物网站。购物网站收到货款后配发货物，通过甲物流公司将货物发出，发生物流费用30元。客户验货，发现商品有质量问题，只收取1件，另外1件退货。A商品每件成本为150元，增值税税率为13%。购物网站的会计处理如下：

（1）收到货款时，作会计处理如下：

借：银行存款	452	
贷：合同负债		452

（2）网站发货时，只是改变商品的状态，由在库改为发出，并按商品成本进行计量，故发出商品时，作会计处理如下：

借：发出商品——A商品	300	
贷：库存商品——A商品		300

（3）商品通过物流公司进行配送，购物网站需要向物流公司支付物流运输费等费用，若以现金支付，作会计处理如下：

借：销售费用	30	
贷：库存现金		30

（4）商品运达，客户验货，根据客户对货物的接收情况，进行会计处理。对客户接收的1件商品，确认销售收入，并结转销售成本；对拒收的1件商品，作退货处理，并需进

行退款处理。

❶确认收入时，作会计处理如下：

借：合同负债 226

贷：主营业务收入 200

应交税费——应交增值税（销项税额） 26

❷确认成本时，作会计处理如下：

借：主营业务成本 150

贷：发出商品——A商品 150

❸退货时，作会计处理如下：

借：库存商品——A商品 150

贷：发出商品——A商品 150

❹退款时，作会计处理如下：

借：合同负债 226

贷：银行存款 226

2.先发货后付款模式的核算。

先发货后付款模式是指商家根据订单先发货，客户收货后同时付款。其网购交易流程及会计处理如下：

（1）接受买家订单。此步骤不作会计处理。

（2）组织发货。其会计处理同有担保方的先付款后发货模式。

（3）买家确认收货并付款。该步骤标志交易成功，此时可以进行收入和成本的确认。确认收入时，借记“银行存款”或“其他货币资金”账户，若为物流公司代收，则借记“应收账款”账户，贷记“主营业务收入”“应交税费——应交增值税（销项税额）”账户。结转销售成本时，借记“主营业务成本”账户，贷记“发出商品”账户。

在交易过程中，若客户不收货并取消交易，则作退货处理，借记“库存商品”账户，贷记“发出商品”账户。

3.网购促销的核算。

“红包”是支付宝等网络支付平台为卖家提供的一项增值服务，也是网络商家的一种促销方式。它是指由卖家批量发送给用户，用于支付宝等网络支付平台交易的虚拟优惠券。红包所抵用的金额，由发送红包的卖家承担。

（1）商家赠送红包的核算。

商家在销售商品或提供劳务的同时，按其金额授予买家一定数额的促销红包，促销红包可以用于买家下一次以优惠的价格购买商品或服务，属于附客户购买选择权的销售行为，因此应确认两项单项履约义务，即销售的商品和促销红包，并且应将交易价格在商品和促销红包之间按照公允价值进行分摊。因此，与促销红包相关的部分收入应确认为合同负债，待买家实际使用时再确认为商家收入，相关业务账务处理为：借记“银行存款”账户，贷记“主营业务收入”“合同负债”等账户，同时结转售出商品的实际成本，借记“主营业务成本”账户，贷记“库存商品”账户。

【例2-37】为2024年6月18日，商家推出单笔消费满200元赠送50元红包活动。2024年6月18日，商家销售各类商品共计2 000元（不含税），成本1 000元（不包括顾客使用红包购买的商品），送出的红包共计500元，根据历史经验，未来买家会全部使用红包，不考虑增值税及其他因素，作会计处理如下：

将交易价格2 000元分摊至销售商品和促销红包两个单项履约义务：

应确认的商品交易价格=2 000÷（2 000+500×100%）×2 000=1 600（元）

应确认的促销红包交易价格=2 000÷（2 000+500×100%）×500=400（元）

借：银行存款	2 000	
贷：主营业务收入		1 600
合同负债		400
借：主营业务成本	1 000	
贷：库存商品		1 000

（2）买家兑换红包的核算。

持有促销红包的买家满足商家规定的兑付条件时，有权利取得授予商家的商品或服务。在买家兑换促销红包时，授予商家应将原计入合同负债、与所兑换红包相关的部分确认为收入，借记“合同负债”账户，贷记“主营业务收入”等账户。

（3）未兑换红包的核算。

在规定的使用期限内，买家未使用红包，失效的红包结转计入当期损益，借记“合同负债”账户，贷记“主营业务收入”账户。

（二）网络团购的核算

网络团购借助互联网，将具有相同购买意向的零散消费者集合起来，向商家大批量购买，以求得最优惠的价格。网络团购的交易一般涉及三方当事人，包括团购网站、商户和消费者。根据新收入准则的要求，企业应当根据其在向客户转让商品前是否拥有对该商品的控制权，来判断其从事交易时的身份是主要责任人还是代理人。对于团购网站而言，在向客户转让商品前能够控制该商品的，应确认为主要责任人，按照总额法确认收入；如果向客户转让商品前不能控制该商品的，应确认为代理人，按照预期有权收取的佣金或手续费的净额确认收入。

网络团购根据团购标的物的不同，分为实物和电子券两种方式。

实物团购，即消费者以团购的方式购买实物，主要涉及有形商品的交易。在这一过程中，团购网站从商品的货款中获取一定比例的佣金收入。

电子券团购，主要涉及餐饮、娱乐等服务行业。在这一过程中，团购网站除了从商品的货款中获取一定比例的佣金收入外，还从消费者团购开始到实际消费的这一段时间内获取了资金沉淀的收益。

1.实物方式的会计核算。

实物团购收入本质上是商品的销售，可以商品销售收入确认条件为参考依据。对商户而言，实物团购方式与传统商品销售方式基本相同，都会经历“合约—交货—收款—售后”的过程。

【例2-38】某团购网站有一款团购旅行背包产品，原价每件200元，团购价每件160元。A公司提供背包1 000件，成本每件90元。A公司要求团购数量最少为100件。团购网站不负责商品定价、产品质量保证和售后服务。截至团购活动结束，已有680人参加了团购，有200人参与了评价返利活动，团购网站给予评价者每人5元的抵用券供下一次团购使用（根据以往经验，抵用券使用概率为80%）。团购网站收到消费者交付款项共计

108 800元，商家与团购网站约定的佣金率为3%。(假设不考虑相关税费)

根据业务约定，团购网站不负责商品定价、产品质量保证和售后服务，没有取得商品控制权，因此不能认定为主要责任人，应确认为代理人，应按照收取价款的3%确认为交易价格，同时团购网站对于参与评价返利活动的消费者赠与的抵用券，属于附客户额外购买选择权的销售，应作为一个单项履约义务，确认合同负债。

(1) 团购网站的会计处理如下：

❶收到消费者在线支付的购货款：

借：银行存款　108 800

　贷：应付账款——A公司　108 800

❷消费者收到团购的背包，团购网站支付给A公司款项，同时向其收取3%的佣金确认为交易价格（3 264元），并将此交易价格在佣金收入和返利券之间按照公允价值进行分摊：

应确认的佣金交易价格=3 264÷（3 264+1 000×80%）×3 264=2 621.48（元）

应确认的返利券交易价格=3 264÷（3 264+1 000×80%）×800=642.52（元）

借：应付账款——A公司　108 800

　贷：银行存款　105 536

　　主营业务收入　2 621.48

　　合同负债　642.52

(2) A公司的会计处理如下：

❶A公司发出背包，可视作委托代销：

借：委托代销商品　61 200

　贷：库存商品　61 200

❷消费者收到背包后，A公司收到团购网站支付的款项，确认销售收入和销售费用：

借：银行存款　105 536

　销售费用　3 264

　贷：主营业务收入　108 800

❸结转已销售背包的成本：

借：主营业务成本　61 200

　贷：委托代销商品　61 200

2.电子券方式的会计核算。

对于电子券团购方式，其经历的过程为“合约—订单—提供服务—收款”。

【例2-39】D团购网站推出一种自助餐团购，市场价格为每人150元，团购价为每人100元。E餐饮商限量供应300份。F公司开展活动，为其员工团购该自助餐200份。D团购网站收取2%的手续费。(假设不考虑相关税费)

根据描述，D团购网站不负责提供餐饮服务，仅通过平台出售自助餐券，因此可以认定为代理人，按照收取款项的2%确认为收入。

(1) D团购网站的会计处理如下：

❶收到F公司在线支付的款项后：

借：银行存款　20 000

　贷：应付账款　20 000

❷待F公司员工到E餐饮商消费后，D团购网站将款项支付给E餐饮商，并收取手续费确认收入：

借：应付账款　　20 000
　贷：银行存款　　19 600
　　　主营业务收入　　400

(2) E餐饮商的会计处理如下：

❶待F公司员工消费后，确认收入：

借：应收账款　　20 000
　贷：主营业务收入　　20 000

❷收到D团购网站扣除手续费后的款项：

借：银行存款　　19 600
　　销售费用　　400
　贷：应收账款　　20 000

典型案例一

华信公司（甲方）将500部手机（进价为800元/部）委托迅达公司（乙方）代销，代销方式由乙方选择。若采用视同自购自销方式，批发价为1 000元/部，销售价为1 200元/部。若采用收取手续费方式，售价不变，手续费按销售收入的15%提取。500部手机当月全部售出，增值税税率为13%。月末双方往来账款结清。

问题：

(1) 假如你是迅达公司的财务主管，你将选择哪种代销方式？为什么？如何进行账务处理？

(2) 假如你是华信公司的财务负责人，你将选择哪种代销方式？在迅达公司采用不同的代销方式时，你的账务处理有何不同？

[分析提示]

(1) 通过计算两种代销方式下各自取得的收益，来作出正确的选择。

(2) 指出两种代销方式账务处理的不同点。

典型案例二

凯琳公司（零售商场）12月30日的有关账户余额见表2-18。

表2-18　**账户余额表**　单位：元

营业部	商品进销差价	库存商品	主营业务收入
服装部	433 777	236 745	1 932 140
家电部	1 054 346	551 740	3 186 325
百货部	10 623	7 065	63 755
合计	1 498 746	795 550	5 182 220

12月31日，业务部门转来以下两笔业务的有关凭证：

（1）从深圳购进的20台康佳牌彩色电视机到货入库，同时收到增值税专用发票，载明价税款合计40 680元（货款36 000元，增值税税额4 680元），款项已付。该电视机的含税零售价为2 400元/台。

（2）家电部出售康佳牌彩色电视机6台，含税货款14 400元已存入银行。

问题：

公司老总问你：当月公司的销售毛利率是多少？为什么采用分柜组差价率与采用综合差价率所计算出的销售毛利率不同？你如何回答？

[分析提示]

（1）对12月31日发生的两笔业务进行账务处理，并调整相关账户的月末余额。

（2）计算调整本月主营业务收入和主营业务成本，并进行相应的账务处理。

（3）计算本月销售毛利率。

典型案例三

胜利百货商场是一家零售商业企业，本月发生的业务中，涉及购进商品价格更正的业务主要有两笔：

（一）只更正进价的业务

1. 商品购进

胜利百货商场服装部月初从市百货公司购进某品牌羽绒服50件，进价每件1 000元，增值税税率13%，价税合计56 500元。货款以银行存款付讫，含税零售价每件1 500元。

2. 进价更正

收到市百货公司的通知和更正发票，该批羽绒服的批发价格应该为每件1 100元，商场应补付货款5 000元，增值税税额650元。胜利百货商场服装部同意并以银行存款付讫。

（二）进价、销价都更正的业务

1. 商品购进

胜利百货商场鞋帽部月初从市百货公司购进某品牌运动鞋100双，进价每双900元，增值税税率13%，价税合计101 700元。货款以银行存款付讫，含税零售价每双1 400元。

2. 进价、销价更正

收到市百货公司的通知与相应发票，该批运动鞋的批发价格应该为每双800元。市百货公司应该退还相应的货款和增值税税额。为了促进销售，商场将其售价调低为每双1 200元。

问题：

（1）以上两笔业务的核算内容有什么异同？

（2）计算差价的影响，并进行相应的账务处理。

[分析提示]

（1）只更正进价时，应调整“商品进销差价”账户，不调整“库存商品”账户。

（2）更正进价与销价的业务，需要更正“库存商品”账户的进价与进项税额及销价的同时，还需更正“商品进销差价”账户的差价。

典型案例四

2024年6月18日，顾客参加平台“满200送200”的活动，在某商家购买了200元的裤子，并领取了200元红包（根据历史经验，红包后续被消费的概率为100%）。次日，顾客选购500元的毛呢大衣，以6月18日在该商家领取的红包抵付200元的价款，其余价款以现金支付。假设不考虑增值税及其他因素。

问题：

（1）根据上述资料，会计业务如何处理？

（2）若剩余的红包买家没有在有效期内使用，会计业务如何处理？

[分析提示]

促销红包属于附客户购买选择权的销售行为，应确认为两项单项履约义务，即销售的商品和促销红包，并且将交易价格在商品和促销红包之间按照公允价值进行分摊。

本章小结

商品流通企业分为批发和零售两种类型。核算内容是商品流转的三个环节。核算方法分为进价与售价两种。批发企业的会计核算以数量进价金额核算为主，其商品购进涉及商品采购、进货退出、退价补价、短缺溢余、拒付拒收等业务的核算；其商品销售涉及同城、异地、直运、代销等业务的核算；其商品储存涉及盘点和削价等业务的核算。零售企业的会计核算一般采用售价金额核算方法，实行实物负责制，库存商品按含销项税额的售价记账。企业设置“商品进销差价”账户，反映商品进价与售价之间的差额。零售企业商品流转的核算方法与批发企业相比，区别在于零售企业需要通过月末对主营业务收入和主营业务成本的调整，才能计算出当月的经营利润。鲜活商品则一般采用“进价金额核算、盘存计销”的核算方法。联营模式下由于经营品种繁多、交易次数频繁，商场为简化会计处理、减少工作量，主要采用售价金额法核算商品流通业务。直接打折促销的会计处理相对比较简单，入账金额按扣除商业折扣后的金额确定。降价、特价促销方式的会计处理与此类似。返券促销其实质仍然是打折销售，符合税法在同一张发票上注明销售额和折扣额的规定，可以按实际收入计税。网络销售的交易模式主要分为两种，即一是先付款后发货模式，二是先发货后付款模式，并主要介绍了网络销售的会计处理和网络促销的会计处理。

第三章 施工企业会计

思政短语 “先天下之忧而忧，后天下之乐而乐。”

——宋·范仲淹《岳阳楼记》

第一节 施工企业会计的特点

施工企业又称建筑安装企业，它是国民经济中一个重要的生产部门，是主要从事建筑工程、安装工程及其他专门工程的具有法人地位的经济组织。施工企业会计是会计学的一个分支，是应用于施工企业的一门专业会计。

施工企业的会计核算同其他行业的会计核算相比，具有以下特点：

一、成本核算对象具有单件性

由于建筑安装工程各有不同的功能和结构，需要单独的设计图纸，即使是根据同一标准设计进行施工的同类型、同规模的工程，也会因自然条件、交通条件、材料要求和物价水平等不同，造成施工过程中工料费用的不同。因此，建筑安装工程只能按照建设要求和单个图纸组织单件生产，不能像工业企业那样成批生产。其施工生产的这一特性，决定了工程成本的核算应实行分批（订单）法，将每一独立编制施工图预算的单位工程作为成本核算对象。

二、核算周期具有长期性

一项工程的实际施工成本和收益水平，只有当该工程竣工后，才能正确和完整地反映出来。而施工企业生产的建筑安装工程等产品，除了少部分工程造价低、耗费少以外，大多体积庞大、造价高、耗费大，因而施工周期较长，一般都需要跨年度施工，有的工程工期甚至长达几年、十几年。

三、产成品和在产品的划分具有特殊性

工业企业会计核算中，产成品是指本企业已经完成全部生产过程，并已验收入库可供销售的产品；在产品是指没有完成全部生产过程，不能作为商品销售的产品。施工企业如果采用与工业企业相同的方法来划分产成品，则只有当工程全部竣工，并办理竣工验收手续交付使用时，才能算作产成品。但是，建筑安装工程施工具有周期较长的特点，按照这种划分方法，在长期的施工过程中，就不能对工程进度、工程质量和工程成本进行有效的监督。所以对建筑安装工程，需要人为地划分产成品和在产品，即将工程进度达到预算定额的工作内容、不需要在本企业内部进一步施工、可据以进行结算的分部分项工程，作为“已完工程”，即“产成品”；将已投料施工但尚未完成预算定额规定的全部工序和内容而暂时无法进行结算的分部分项工程，作为“未完施工”，即“在产品”。按照这种划分方法，施工企业可以及时对“已完工程”统计工程进度，进行工程价款结算，考核工程成

本，计算财务成果。

四、工程价款的结算方式具有多样性

由于建筑安装工程施工周期较长，资金占用量大，为了合理地解决工程所需资金的供应，工程价款结算可采用多种方式。例如，竣工后一次结算；按照工程进度，划分不同阶段进行结算；按期（月或季）对已完分部分项工程进行结算，竣工后清算等办法。此外，施工企业还可以根据工程承包合同的规定，向发包单位预收工程备料款，以解决工程储备材料所需资金。

小知识3-1

建设项目及内容

建设项目是指具有计划任务书和总体设计，在经济上进行统一核算，行政上有独立组织形式，实行统一管理的建设单位。每个建设项目都由若干单项工程组成。

单项工程是指在一个建设项目中具有独立设计资料，建成后能独立发挥生产能力或使用效益的工程。例如，工业建设项目中的各个车间，职工宿舍，学校里的各幢教学楼、图书馆等都属于具体的单项工程。每一单项工程又包括若干单位工程。

单位工程是指在单项工程中具有独立设计资料，可以独立组织施工的工程，如一般的土建工程、水暖安装工程等。每一单位工程都由若干分部工程组成。

分部工程一般是对各单位工程按照不同的工程部位、结构、材料、设备器材种类和型号、安装方式等具体条件进行的再划分。例如，一般的土建工程划分为土石方工程、桩基础工程、脚手架工程、砌筑工程、混凝土工程、构件运输及安装工程、门窗及木结构工程等十多个分部工程。每一分部工程都由若干分项工程组成。

分项工程是指分部工程的细分，是构成分部工程的基本项目，它是通过较为简单的施工过程就可以生产出来并可用适当计量单位进行计算的建筑工程或安装工程。一般是按照选用的施工方法、所使用的材料、结构构件规格等不同因素划分施工分项。以适当的计量单位进行计量的工程实体数量就是分项工程的工程量，如10立方米的混凝土梁、100平方米的平整场地。分项工程是确定建设项目价格最基本的计算单位。

第二节　周转材料的核算

一、周转材料的分类

周转材料是指企业在施工生产过程中能够多次使用并可基本保持原来的形态而逐渐转移价值的材料，如模板、挡板等。

周转材料虽然保持材料形态，但在施工生产过程中却起着劳动资料的作用。它能够多次参加生产过程，不改变其实物形态，其价值逐渐转移到工程成本中。但是，周转材料种类较多，用量较大，使用频繁，经常需要补充更换。因此，同低值易耗品一样，把它归入存货进行管理和核算。

周转材料按其在施工过程中的用途，可分为以下几类：

- 模板，指浇灌混凝土用的钢、木或钢木组合的模型板，以及配合模板使用的支撑材

料和滑模材料等，按固定资产管理的固定钢模和现场固定大型模板不包括在内。

●挡板，指土方工程使用的挡土板等，包括支撑在内。

●架料，指搭脚手架用的竹竿、钢管（包括扣件）、竹跳板等。

●其他，指除上述各类之外，作为流动资产管理的其他周转材料，如塔吊使用的轻轨、枕木等（不包括附属于塔吊的钢轨）。

二、周转材料的摊销

由于周转材料在生产过程中能够多次周转使用，因此，它的价值应随同其损耗程度，逐渐转移、摊销计入工程成本或有关费用。周转材料价值的摊销方法，根据各类周转材料的不同情况，一般有以下几种：

微课

周转材料的摊销

（一）一次摊销法

一次摊销法是在领用周转材料时，将其全部价值一次计入工程成本或有关费用。这种方法一般应限于易腐的周转材料，如安全网等。

（二）分期摊销法

分期摊销法是根据周转材料的预计使用期限，将周转材料的价值分期计入工程成本或有关费用。其计算公式如下：

$$每月摊销额=\frac{周转材料原价\times(1-残值占原值的百分比)}{预计使用月数}$$

这种方法适用于脚手架、跳板、塔吊轻轨、枕木等磨损与使用期限有关的周转材料。

【例 3-1】**某工程领用跳板一批，计划成本为 5 000 元，预计残值占计划成本的 10%，预计使用期限为 15 个月，则：**

$$跳板月摊销额=\frac{5\,000\times(1-10\%)}{15}=300（元）$$

（三）分次摊销法

分次摊销法是根据周转材料预计使用次数，将其价值分次计入工程成本或有关费用。其计算公式如下：

$$每次摊销额=\frac{周转材料原价\times(1-残值占原值的百分比)}{预计使用次数}$$

$$本期摊销额=每次摊销额\times本期使用次数$$

这种方法一般适用于预制钢筋混凝土构件时所使用的定型模板、挡板等能分清使用次数的周转材料。

【例 3-2】**某工程本期领用模板一批，计划成本为 6 000 元，估计残值占计划成本的 10%，预计使用 10 次，本期使用 2 次，则：**

$$模板本期摊销额=\frac{6\,000\times(1-10\%)}{10}\times2=1\,080（元）$$

（四）定额摊销法

定额摊销法是根据完成的实物工作量和预算定额规定的周转材料消耗定额，计算本期摊销额。其计算公式如下：

$$本期摊销额=本期完成实物工作量\times单位工程周转材料消耗定额$$

这种方法一般适用于各种模板等周转材料。

【例 3-3】**某工程本月完成现浇梁混凝土工程 100 立方米，10 立方米模板消耗定额**

为 66.15 元，则：

模板本期摊销额=66.15×10=661.50（元）

以上各种摊销方法中，企业具体采用哪一种要根据实际情况确定。所采用的摊销方法一经确定，不应随意变更。但无论采用哪种摊销方法（一次摊销法除外），因为都有预计的因素，平时计算的摊销额不可能与实际损耗价值完全一致，所以需要在年度终了或工程竣工时，对周转材料进行盘点，根据实际损耗调整已提摊销额，以保证工程成本和有关费用的准确性。

【随堂测】（判断题）**周转材料的摊销额，应在工程竣工和年度终了时进行调整。**　（　　）

三、周转材料摊销额的调整

在工程竣工和年度终了时，对在用周转材料进行盘点和清查，其结果主要有三种：一是降低成色；二是报废；三是短缺。对这三种情况的周转材料已提摊销额都要进行调整。凡是不足应提摊销额的，要补提摊销额。

应补提摊销额=应提摊销额－已提摊销额

（一）应提摊销额的计算

降低成色周转材料应提摊销额=降低成色周转材料计划（实际）成本×（1－确定的成色百分比）

【例 3-4】**甲工程年终盘点，有一批模板计划成本为 12 000 元，现此模板四成新，则：**

模板应提摊销额=12 000×（1－40%）=7 200（元）

报废周转材料应提摊销额=报废周转材料计划（实际）成本－残值

【例 3-5】**乙工程报废一批架料，计划成本为 4 800 元，残值为 300 元，则：**

报废架料应提摊销额=4 800－300=4 500（元）

短缺周转材料应提摊销额=短缺周转材料计划（实际）成本

（二）已提摊销额的计算

$$\text{周转材料已提摊销额}=\left.\begin{matrix}\text{降低成色}\\ \text{报　　废}\\ \text{短　　缺}\end{matrix}\right\}\text{周转材料计划（实际）成本}\times\frac{\text{该类周转材料已提摊销额累计}}{\text{该类周转材料计划(实际)成本总额}}$$

【例 3-6】**甲工程短缺一批模板，计划成本为 2 500 元，该类模板账面已提摊销额为 20 000 元，计划成本为 50 000 元，则：**

$$\text{短缺模板已提摊销额}=2\,500\times\frac{20\,000}{50\,000}=1\,000\text{（元）}$$

四、周转材料的核算

（一）周转材料业务核算的流程

周转材料业务核算的流程如图 3-1 所示。

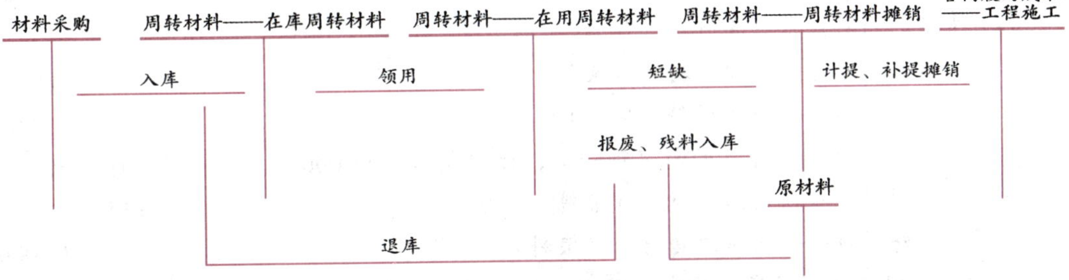

图3-1　周转材料业务核算流程图

说明：

企业购入、自制、委托外单位加工完成并验收入库的周转材料，可比照“原材料”的核算方法，在“在库周转材料”明细账户中核算。

领用的周转材料，应分不同情况进行处理：采用一次摊销法的周转材料，领用时应将其价值一次全部计入成本，借记“合同履约成本——工程施工”等账户，贷记“周转材料——在库周转材料”账户；采用其他摊销方法的周转材料，领用时按计划成本或实际成本，借记“周转材料——在用周转材料”账户，贷记“周转材料——在库周转材料”账户。

按规定方法计提在用周转材料的摊销额时，借记“合同履约成本——工程施工”等账户，贷记“周转材料——周转材料摊销”账户。

周转材料报废、短缺时，按已提摊销额，借记“周转材料——周转材料摊销”账户，按入库残料价值，借记“原材料”账户，按应补提的摊销额，借记“合同履约成本——工程施工”等账户，按计划成本或实际成本，贷记“周转材料——在用周转材料”账户。

补充阅读资料 3-1

“周转材料”账户是资产类账户，其借方核算企业库存和在用的各种周转材料的计划成本或实际成本；贷方核算周转材料的摊销价值及盘亏、报废、毁损等减少的周转材料价值；期末借方余额反映企业所有在库周转材料的计划成本或实际成本，以及在用周转材料的摊余价值。本账户应下设“在库周转材料”“在用周转材料”“周转材料摊销”三个明细账户。“在库周转材料”账户的明细核算与“原材料”账户相同；“在用周转材料”和“周转材料摊销”账户应按其类别和使用部门或工程设置明细账，进行明细核算。

（二）周转材料核算举例

【例 3-7】某建筑施工企业为增值税一般纳税人，本月购入一批架料，取得的增值税专用发票上注明的价款为 43 600 元，增值税税额为 5 668 元，计划成本为 43 000 元，贷款已支付，架料已验收入库，作如下会计处理：

❶支付货款时：

借：材料采购——周转材料（架料）	43 600	
应交税费——应交增值税（进项税额）	5 668	
贷：银行存款		49 268

❷验收入库时：

借：周转材料——在库周转材料（架料）	43 000	
贷：材料采购——周转材料（架料）		43 000

❸月末结转材料成本差异时：

借：材料成本差异——周转材料（架料）	600	
贷：材料采购——周转材料（架料）		600

【例 3-8】甲工程领用库存的新架料一批，计划成本为 13 000 元，作如下会计处理：

借：周转材料——在用周转材料（架料）	13 000	
贷：周转材料——在库周转材料（架料）		13 000

【例 3-9】甲工程领用库存的安全网（一次摊销）一批，计划成本为 1 500 元，材料成本差异率为 1%，作如下会计处理：

借：合同履约成本——工程施工（甲工程）　1 515

　贷：周转材料——在库周转材料（安全网）　1 500

　　材料成本差异——周转材料（安全网）　15

【例 3-10】甲工程按规定的摊销方法，计提本期架料应提摊销额600元，作如下会计处理：

借：合同履约成本——工程施工（甲工程）　600

　贷：周转材料——周转材料摊销（架料）　600

【例 3-11】甲工程将不需要的模板退回仓库，计划成本为4 600元，估计成色为75%，在用模板计划成本为10 000元，账面已提摊销额为3 000元，作如下会计处理：

❶退库时：

借：周转材料——在库周转材料（模板）　4 600

　贷：周转材料——在用周转材料（模板）　4 600

❷将补提的摊销额计入成本时：

应提摊销额=4 600×（1-75%）=1 150（元）

已提摊销额=$4\ 600\times\frac{3\ 000}{10\ 000}$=1 380（元）

应补提摊销额=1 150-1 380=-230（元）

借：合同履约成本——工程施工（甲工程）　230

　贷：周转材料——周转材料摊销（模板）　230

【例 3-12】甲工程报废挡板一批，计划成本为5 000元，残值为400元，残料已验收入库，材料成本差异率为-2%，挡板计划成本为20 000元，已提摊销额为15 000元，作如下会计处理：

❶将补提摊销额计入成本：

应提摊销额=5 000-400=4 600（元）

已提摊销额=$5\ 000\times\frac{15\ 000}{20\ 000}$=3 750（元）

应补提摊销额=4 600-3 750=850（元）

借：合同履约成本——工程施工（甲工程）　850

　贷：周转材料——周转材料摊销（挡板）　850

❷残料入库，并结转报废挡板计划成本：

借：原材料　400

　　周转材料——周转材料摊销（挡板）　4 600

　贷：周转材料——在用周转材料（挡板）　5 000

❸月末分摊材料成本差异：

借：合同履约成本——工程施工（甲工程）　100

　贷：材料成本差异——周转材料　100

【例 3-13】甲工程竣工盘点，发现短缺架料300元，假设甲工程在用架料账面余额为5 000元，在用架料账面累计摊销额为4 000元，材料成本差异率为1%，作如下会计处理：

❶将补提的摊销额计入成本：

应提摊销额=计划成本=300元

已提摊销额 $=300\times\frac{4\,000}{5\,000}=240$（元）

应补提摊销额 $=300-240=60$（元）

借：合同履约成本——工程施工（甲工程）　60

　贷：周转材料——周转材料摊销（架料）　60

❷冲销短缺架料计划成本：

借：周转材料——周转材料摊销（架料）　300

　贷：周转材料——在用周转材料（架料）　300

❸月末分摊材料成本差异：

借：合同履约成本——工程施工（甲工程）　3

　贷：材料成本差异——周转材料　3

小知识 3-2

自2016年5月1日起，建筑业被纳入“营改增”试点范围，由缴纳营业税改为缴纳增值税。“营改增”后，建筑业一般纳税人适用的税率为11%①；但清包工纳税人、甲供工程纳税人、建筑工程老项目纳税人可以选择适用简易计税方法，按3%的征收率简易征收；小规模纳税人适用的征收率为3%。以清包工方式提供建筑服务是指施工方不采购建筑工程所需的材料或只采购辅助材料，并收取人工费、管理费或者其他费用的建筑服务。甲供工程是指全部或部分设备、材料、动力由工程发包方自行采购的建筑工程。建筑工程老项目是指“建筑工程施工许可证”注明的合同开工日期在2016年4月30日前的建筑工程项目；或未取得“建筑工程施工许可证”的，建筑工程承包合同注明的开工日期在2016年4月30日前的建筑工程项目。对于跨县（市、区）提供建筑服务，一般纳税人选择一般计税方法的，应按照2%的预征率在建筑服务发生地预交后，向机构所在地主管税务机关申报缴纳增值税；一般纳税人选择简易计税方法的和小规模纳税人，应按照3%的征收率在建筑服务发生地预交后，向机构所在地主管税务机关申报缴纳增值税。

根据国务院常务会议决定，从2019年4月1日起，将制造业等行业增值税税率从16%降至13%；将交通运输、建筑、基础电信服务等行业及农产品等货物的增值税税率从10%降至9%。因此，建筑业自2019年4月1日起，适用9%的增值税税率。

第三节　临时设施的核算

一、临时设施的内容

临时设施是指施工企业为保证施工和管理的正常进行而建造的各种临时性生产、生活设施，其通常可分为大型临时设施和小型临时设施两类。

（一）大型临时设施

大型临时设施主要包括：

① 2018年5月1日起，调整为10%。

1. 施工人员的临时宿舍。

2. 食堂、浴室、医务室、图书馆、理发室和托儿所等现场临时性文化福利设施。

3. 施工单位及附属企业在现场的临时办公室。

4. 现场各种临时仓库和施工机械设备库。

5. 临时铁路专用线、轻便轨道、塔式起重机路基、临时道路、厂区刺网、围墙等。

6. 施工过程中应用的临时给水、排水、供电、供热、管道等。

7. 施工现场的混凝土构件预制厂、混凝土搅拌站、钢筋加工厂、木材加工厂以及配合单位的附属加工厂等临时性建筑物。

（二）小型临时设施

小型临时设施主要包括：

1. 现场施工和警卫安全用的小型临时设施，如作业棚、休息棚、茶炉棚、化灰池、施工用不固定的水管、电线、宽三米以内的便道、临时刺网等。

2. 保管器材用的小型临时设施，如简易料棚、工具储藏室等。

3. 行政管理用的小型临时设施，如工地收发室等。

【随堂测】（多选题）施工企业在施工现场建造的（　　）属于临时设施。

A. 工具储藏室　　B. 简易作业棚

C. 临时铁路专用线　　D. 道路

小思考3-1

施工企业为什么要搭建临时设施？

二、临时设施的核算

（一）临时设施购建的核算

企业对于购入的临时设施，应按购入时的实际支出，借记“临时设施”账户，贷记“银行存款”等账户。对于通过建筑安装活动建造完成的临时设施，在建造过程中发生的各种支出，先通过“在建工程”账户核算，即发生费用时，借记“在建工程”账户，贷记“原材料”“应付职工薪酬”等账户；建造完工交付使用时，按建造期间发生的实际成本，借记“临时设施”账户，贷记“在建工程”账户。

补充阅读资料3-2

“临时设施”账户是资产类账户，其借方登记企业购建各种临时设施的实际成本；贷方登记企业出售、拆除、报废的不需用或不能继续使用的临时设施的实际成本；月末借方余额反映企业现有临时设施的实际成本。该账户应按临时设施的种类和使用部门进行明细核算。

【例3-14】企业为进行机械厂厂房工程施工，在施工现场搭建一临时材料库，领用材料的计划成本为14 000元，发生的人工费用为2 000元，以银行存款支付的其他费用为1 240元，本月材料成本差异率为2%，搭建完工随即交付使用，作如下会计处理：

❶搭建发生各项支出时：

借：在建工程——临时设施工程　　17 520

贷：原材料　14 000
　　应付职工薪酬　2 000
　　材料成本差异　280
　　银行存款　1 240

❷完工交付使用时：

借：临时设施　17 520
　贷：在建工程——临时设施工程　17 520

【例 3-15】企业为进行机械厂厂房工程施工，采购板房价值6 540元（含税价），作为临时办公用房，签订建筑劳务分包合同，并开具增值税专用发票。

借：临时设施　6 000
　　应交税费——应交增值税（进项税额）　540
　贷：银行存款　6 540

（二）临时设施摊销的核算

企业各种临时设施，应当在工程建设期间内按月进行摊销，摊销方法可以采用工作量法，也可以采用工期法。临时设施的摊销时间与固定资产一致，当月增加的临时设施，当月不摊销，从下月起开始摊销；当月减少的临时设施，当月继续摊销，从下月起停止摊销。摊销时，按摊销额，借记“合同履约成本——工程施工”等账户，贷记“临时设施摊销”账户。

补充阅读资料 3-3

“临时设施摊销”账户是资产类账户，其贷方登记企业按月计提摊入“合同履约成本——工程施工”账户的临时设施摊销额；借方登记企业出售、拆除、报废、毁损和盘亏临时设施的已提摊销额；月末贷方余额反映企业在用临时设施的已提摊销额。

【例 3-16】承【例 3-14】和【例 3-15】，机械厂厂房工程使用的临时设施价值23 520元（17 520+6 000），企业按该工程的施工期进行摊销，该工程工期为10个月，不考虑残值，则每月摊销额为2 352元（23 520÷10），作如下会计处理：

借：合同履约成本——工程施工　2 352
　贷：临时设施摊销　2 352

（三）临时设施清理的核算

企业出售、拆除、报废不需用或不能使用的临时设施，应转入清理。转入清理的临时设施，按临时设施账面净值，借记“临时设施清理”账户，按已提摊销额，借记“临时设施摊销”账户，按其账面原值，贷记“临时设施”账户；出售、拆除、报废过程中发生的变价收入和残料价值，借记“银行存款”“原材料”账户，贷记“临时设施清理”账户；发生的清理费用，借记“临时设施清理”账户，贷记“银行存款”等账户；清理后若发生净损失，借记“资产处置损益”或“营业外支出”账户，贷记“临时设施清理”账户，若发生净收益，借记“临时设施清理”账户，贷记“资产处置损益”或“营业外收入”账户。

【例 3-17】承【例 3-16】，9个月后，由于机械厂厂房工程提前竣工，将临时设施报废拆除，在拆除过程中支出费用1 500元，残料作价1 200元入库，该临时设施已提摊销额

21 168元（2 352×9），作如下会计处理：

（1）将要拆除的临时设施转入清理：

借：临时设施清理　　2 352

　　临时设施摊销　　21 168

　贷：临时设施　　23 520

（2）发生清理费用：

借：临时设施清理　　1 500

　贷：银行存款　　1 500

（3）残料回收：

借：原材料　　1 200

　贷：临时设施清理　　1 200

（4）结转报废清理后的净损失：

借：营业外支出（2 352+1 500−1 200）　　2 652

　贷：临时设施清理　　2 652

上述临时设施购建、摊销和清理的核算业务流程如图3-2所示。

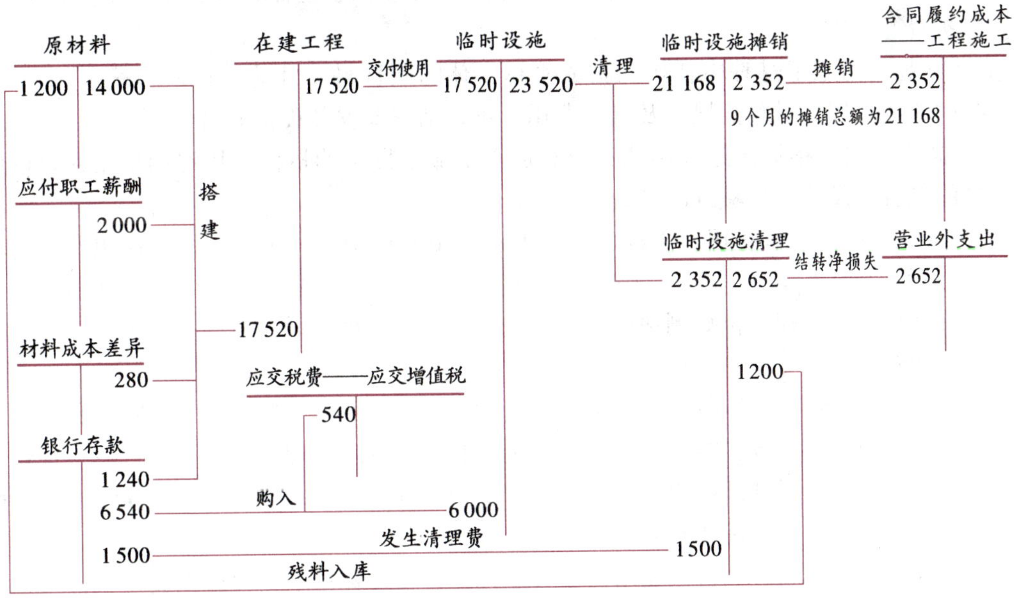

图3-2 临时设施核算流程图（单位：元）

第四节 工程成本的核算

一、工程成本核算对象的确定

工程成本的核算对象是指在成本核算时，确定归集和分配生产费用的具体对象，即承担生产费用的客体。成本核算对象的确定，是设立工程成本明细账，归集和分配生产费用，正确计算工程成本的前提。一般应以每一独立编制施工图预算的单位工程为成本核算对象，但也可以按照承包工程项目的规模、工期、结构类型、施工组织和施工现场等情况，结合成本管理要求，灵活划分成本核算对象。实际成本核算中，确定工程成本核算对象一般有以下几种方法：

- 一般情况下，应以每一独立编制施工图预算的单位工程为成本核算对象。
- 对于个别规模大、工期长的单位工程，可按分部工程划分成本核算对象。
- 对于同一建设项目、同一施工地点、结构类型相同、开竣工时间接近的几个单位工程，可以合并为一个成本核算对象。
- 对于承建规模较小和比较零星的工程，可以建设单位为成本核算对象。

小思考3-2

为什么工程成本核算对象一般为每一独立编制施工图预算的单位工程？

二、工程成本的项目

施工企业生产费用按照经济用途，可分为下列成本项目：

- 人工费，指施工过程中直接从事建筑安装工程施工的建筑安装工人以及在施工现场直接为工程制作构件和运料、配料等人员的工资、奖金、职工福利费、工资性质的津贴、劳动保护费等。
- 材料费，指施工过程中耗用的构成工程实体的原材料、辅助材料、构配件、零件、半成品的费用和周转材料的摊销及租赁费用，不包括需要安装设备的价值。
- 机械使用费，指施工过程中使用自有施工机械所发生的机械使用费和租用外单位施工机械的租赁费及施工机械进出场费。
- 其他直接费，指直接用于工程施工，但不属于材料费、人工费、机械使用费的各项费用，包括在施工过程中发生的材料二次搬运费、临时设施摊销费、生产工具用具使用费、检验试验费、工程定位复测费、工程点交费、场地清理费以及冬雨季施工增加费、夜间施工增加费等。
- 间接费用，指企业各项目经理部为施工准备、组织和管理施工生产所发生的全部支出，包括现场项目管理人员的工资奖金、职工福利费、行政管理用固定资产折旧费及修理费、物料消耗、低值易耗品摊销、取暖费、水电费、办公费、差旅费、财产保险费、工程保修费、劳动保护费、排污费及其他费用。

由于人工费、材料费、机械使用费和其他直接费直接耗用于工程施工过程，也叫“工程直接费”。间接费用要按照一定标准分配计入各项工程成本。工程直接费加上分配的间接费用，构成工程施工成本。工程施工成本加上管理费用和财务费用，构成工程完全成本，能据以计算当期工程利润。

小知识3-3

工程实际成本是根据工程施工生产中实际发生的生产费用按成本计算方法计算的工程成本，它反映企业实际达到的工程成本水平。工程预算成本是以施工图为根据，按照全国或地区统一制定的预算定额和规定的取费标准计算的工程成本，它是计算工程造价的主要依据。两种成本中各个项目之间的关系见表3-1。

表3-1 工程实际成本和工程预算成本各个项目之间的关系

<table>
<tr><td rowspan="8">工程实际成本</td><td rowspan="6">工程施工成本</td><td rowspan="4">工程直接费</td><td>人工费</td><td rowspan="4">工程直接费</td><td rowspan="6">直接工程成本</td><td rowspan="8">工程预算成本</td></tr>
<tr><td>材料费</td></tr>
<tr><td>机械使用费</td></tr>
<tr><td>其他直接费</td></tr>
<tr><td rowspan="2">间接费用</td><td>其他费用</td><td rowspan="2">现场经费</td></tr>
<tr><td>现场管理费</td></tr>
<tr><td colspan="3">管理费用</td><td colspan="2">企业管理费</td></tr>
<tr><td colspan="3">财务费用</td><td colspan="2">财务费用</td></tr>
</table>

注：工程预算成本加上计划利润、技术装备费和税金即为工程造价。

三、工程成本的核算体制

与施工企业管理体制相适应，在成本核算上，公司负责全面的会计核算工作，指导项目经理部建立与健全成本管理制度，核算公司本身的管理费用、财务费用等期间费用，汇总整个企业的施工生产成本，审核汇总项目经理部的财务报表和竣工决算，全面进行企业的成本分析。项目经理部核算工程的直接费用和间接费用，并计算工程的实际成本，编制财务报表和竣工决算，进行成本分析，按时向公司提供成本核算资料。

小知识3-4

为实现生产要素的优化配置与动态管理，提高工程投资效益和企业综合经济效益，我国从20世纪90年代开始在施工企业推广一种科学管理模式——项目法施工。其具有普遍性的做法是，在企业内部实行两层分离，即管理层和作业层（劳务层）的分离，建立劳务、材料、设备租赁等模拟市场。企业承包项目后，管理层通过招标、选聘等竞争形式，组建项目经理部，对项目进行承包，负责工程项目从施工准备到竣工验收的全过程管理。工程施工所需的作业人员、施工机械等由项目经理根据工程需要通过模拟市场取得。工程项目施工任务完成后，项目经理部解体。

四、工程实际成本的核算

（一）人工费的核算

工程成本中的人工费主要包括：

1. 内包人工费：是指两层分离后企业下属的劳务分公司（内部劳务市场自有劳务）与项目经理部签订的劳务合同结算的全部工程价款，类似于外包合同定额结算支付办法，按月结算计入成本核算对象。

2. 外包人工费：是指按项目经理部与劳务基地（内部劳务市场外来劳务）或直接与外单位施工队伍签订的清包工合同，以当月验收完成的工程实物量，计算出定额工日数，乘以合同人工单价确定人工费，并按月计入成本核算对象。

结算的人工费入账时，借记“合同履约成本——工程施工（××工程——人工费）”账户，贷记“应付职工薪酬”等账户。

补充阅读资料3-4

新收入准则下施工企业会计科目核算规则：

新收入准则下，使用“合同履约成本”科目替代原“工程施工”科目，“合同履约成本”借方记录工程建造过程中发生的原材料、职工薪酬及其他成本费用；实际确认成本时，转入主营业务成本。为方便核算，建筑业企业可在“合同履约成本”科目下设“工程施工”明细科目。

同时，施工过程中产生的减值，由“合同履约成本减值准备”科目替代旧准则下的“存货跌价准备”科目。

【例3-18】市第一建筑工程公司为增值税一般纳税人，适用一般计税方法，适用的增值税税率为9%，6月份跨市承包了某食品厂的加工车间和职工宿舍两项工程，并于当月取得“建筑工程施工许可证”。加工车间工程合同总造价3 815 000元（含增值税315 000元），职工宿舍工程合同总造价3 270 000元（含增值税270 000元），两项工程在同一施工地点并同时施工，为此企业成立了一个项目经理部。项目经理部已办理“外出经营活动税收管理证明”。现以该项目经理部9月份发生的业务为例（6、7、8月份的业务略），说明其工程成本的核算过程。加工车间工程按月结算工程价款，职工宿舍工程竣工后一次性结算工程价款。9月份发生的人工费资料如下：

❶内包人工费为73 000元，其中加工车间工程为57 000元、职工宿舍工程为16 000元。

❷外包人工费为38 100元，其中加工车间工程为32 240元、职工宿舍工程为5 860元。

该公司与具有建筑业劳务分包资质的甲劳务公司（小规模纳税人）签订劳务分包合同，取得由甲劳务公司使用增值税发票管理系统开具的税率为3%的增值税专用发票，发票已经认证通过。

根据以上资料，作如下会计处理：

借：合同履约成本——工程施工（车间工程——人工费）	89 240	
——工程施工（宿舍工程——人工费）	21 860	
贷：应付职工薪酬		73 000
应付账款——甲劳务公司		38 100

根据上述会计分录，登记“合同履约成本——工程施工”明细账的“人工费”栏，见表3-5、表3-6。

小知识3-5

具有建筑业劳务分包资质的一般纳税人，按照一般计税方法计算缴纳增值税，自行开具发票，税率为9%；小规模纳税人，按照简易计税方法按3%计算缴纳增值税。

（二）材料费的核算

施工企业的材料，除了主要用于工程外，还用于固定资产等专项工程以及其他非生产性耗用，因此进行材料费核算，必须严格划分施工生产耗用的界限，只有直接用于工程的材料才能记入“合同履约成本——工程施工”科目的材料费项目中。

施工工程用的材料品种繁多，数量较大，领用也比较频繁，因此企业必须建立健全材料物资的收、发、领、退等管理制度，制定统一的定额领料单、领料单、大堆材料耗用计算单、集中配料耗用计算单、周转材料摊销分配表、退料单等自制原始凭证，并由项目料具员按照不同的情况进行材料费的归集和分配，按成本核算对象编制“材料耗用汇总表”，据以计入成本，借记“合同履约成本——工程施工（××工程——材料费）”账户，贷记“原材料”“材料成本差异”等账户。

【例3-19】承【例3-18】，月末食品厂项目经理部根据审核无误的各种领料凭证、大堆材料耗用计算单、周转材料摊销分配表等汇总编制“材料耗用汇总表”，见表3-2。

表3-2　**材料耗用汇总表**

2023年9月30日　单位：元

成本核算对象	主要材料						小计		结构件		其他材料		合计		周转材料摊销
	硅酸盐		黑色金属		其他主要材料										
	计划成本	成本差异(+1%)	计划成本	成本差异(+2%)	计划成本	成本差异(+1%)	计划成本	成本差异	计划成本	成本差异(−1%)	计划成本	成本差异(+1%)	计划成本	成本差异	
车间工程	85 000	850	120 000	2 400	32 000	320	237 000	3 570	64 000	−640	1 100	11	302 100	2 941	5 000
宿舍工程	24 000	240			58 000	580	82 000	820			800	8	82 800	828	2 000
合　计	109 000	1 090	120 000	2 400	90 000	900	319 000	4 390	64 000	−640	1 900	19	384 900	3 769	7 000

根据“材料耗用汇总表”资料，作如下会计处理：

❶借：合同履约成本——工程施工（车间工程——材料费）　307 100
　　贷：原材料——主要材料　237 000
　　　　　　——结构件　64 000
　　　　　　——其他材料　1 100
　　　　周转材料——周转材料摊销　5 000

❷借：合同履约成本——工程施工（宿舍工程——材料费）　84 800
　　贷：原材料——主要材料　82 000
　　　　　　——其他材料　800
　　　　周转材料——周转材料摊销　2 000

❸借：合同履约成本——工程施工（车间工程——材料费）　2 941
　　贷：材料成本差异——主要材料　3 570
　　　　　　　　　——结构件　640
　　　　　　　　　——其他材料　11

❹借：合同履约成本——工程施工（宿舍工程——材料费）　828
　　贷：材料成本差异——主要材料　820
　　　　　　　　　——其他材料　8

根据上述会计分录，登记“合同履约成本——工程施工”明细账的“材料费”栏，见表3-5、表3-6。

（三）机械使用费的核算

施工企业的自有施工机械设备一般都实行内部租赁制，以租赁费形式反映其消耗情况。按机械设备租赁办法和租赁合同，由企业内部机械设备租赁市场与项目经理部按月结算租赁费。租赁费根据机械使用台班、停置台班和内部租赁单价计算，记入成本核算对象中的“机械使用费”项目。如企业未实行内部租赁制，施工企业及其内部独立核算的施工单位、机械站和运输队使用自有施工机械和运输设备进行机械作业（包括机械化施工和运输作业等）所发生的各项费用，可增设“机械作业”账户进行核算。

机械进出场费，按规定由承租项目负担，直接计入成本。

向外单位租赁机械，应根据对方开具的“机械租赁费结算单”支付使用费，记入相应成本核算对象中的“机械使用费”项目。

结算的机械使用费入账时，借记“合同履约成本——工程施工（××工程——机械使用费）”等账户，贷记“银行存款”或“应付账款”账户。

【例 3-20】承【例 3-18】，本月加工车间工程从某租赁公司租入起重机一台，共使用25个台班，每个台班价格为100元，取得的增值税专用发票注明价款为2 500元，增值税税额为325元，租金已用银行存款支付，作如下会计处理：

借：合同履约成本——工程施工（车间工程——机械使用费）	2 500	
应交税费——应交增值税（进项税额）	325	
贷：银行存款		2 825

【例 3-21】承【例 3-18】，本月加工车间工程发生内部机械租赁费3 600元，职工宿舍工程发生内部机械租赁费1 400元，作如下会计处理：

借：合同履约成本——工程施工（车间工程——机械使用费）	3 600	
——工程施工（宿舍工程——机械使用费）	1 400	
贷：应付账款——××内部单位		5 000

根据上述会计分录，登记“合同履约成本——工程施工”明细账的“机械使用费”栏，见表3-5、表3-6。

（四）其他直接费的核算

其他直接费的核算，企业可以根据费用发生时的具体情况进行处理：

1. 凡是费用发生时能分清成本受益对象的，发生时可直接计入各成本核算对象的成本中，借记“合同履约成本——工程施工（××工程——其他直接费）”账户，贷记有关账户。

2. 若受益对象不止一个，项目经理部可增设“其他直接费用”账户。费用发生时，借记“其他直接费用”账户，贷记有关账户；期末分配计入有关工程成本时，借记“合同履约成本——工程施工（××工程——其他直接费）”账户，贷记“其他直接费用”账户。

【例 3-22】承【例 3-18】，本月以银行存款支付加工车间工程材料二次搬运费1 800元，职工宿舍工程场地清理费900元，取得对方开具的增值税普通发票，作如下会计处理：

借：合同履约成本——工程施工（车间工程——其他直接费）	1 800
——工程施工（宿舍工程——其他直接费）	900

贷：银行存款　2 700

根据上述会计分录，登记"合同履约成本——工程施工"明细账的"其他直接费"栏，见表3-5、表3-6。

（五）间接费用的核算

如果项目经理部只有一个成本核算对象，间接费用在发生时可直接计入成本核算对象的成本中，借记"合同履约成本——工程施工（××工程——间接费用）"等账户，贷记有关账户。

如果项目经理部同时有几个成本核算对象，可增设"施工间接费用"账户。费用发生时，借记"施工间接费用"等账户，贷记有关账户；期末分配计入有关工程成本时，借记"合同履约成本——工程施工（××工程——间接费用）"账户，贷记"施工间接费用"账户。

小思考3-3

其他直接费用和施工间接费用期末一般应如何分配？

【例3-23】承【例3-18】，食品厂项目经理部本月发生工资支出20 520元，以银行存款购买办公用品等取得的增值税专用发票注明价款为5 046.15元，增值税税额为656元，提取固定资产折旧1 060元，作如下会计处理：

借：施工间接费用　26 626.15
　　应交税费——应交增值税（进项税额）　656
　贷：应付职工薪酬　20 520
　　　银行存款　5 702.15
　　　累计折旧　1 060

月末根据"合同履约成本——工程施工"明细账（见表3-5、表3-6），按车间工程和宿舍工程的直接成本分配间接费用，编制"间接费用分配表"，见表3-3。

表3-3　间接费用分配表

2023年9月30日

成本核算对象	工程直接费（元）	分配率	应分配金额（元）
车间工程	407 181*		20 359.05
宿舍工程	109 788**		6 267.10***
合　计	516 969	0.05	26 626.15

注：*407 181=89 240+307 100+2 941+6 100+1 800
　　**109 788=21 860+84 800+828+1 400+900
　　***尾数调整。

根据"间接费用分配表"，作如下会计处理：

借：合同履约成本——工程施工（车间工程——间接费用）　20 359.05
　　　　　　　　——工程施工（宿舍工程——间接费用）　6 267.10

贷：施工间接费用　　26 626.15

根据上述会计分录，登记“合同履约成本——工程施工”明细账的“间接费用”栏，见表3–5、表3–6。

补充阅读资料3–5

按照工程成本结算时间与工程价款结算时间一致的原则，应根据不同工程价款结算方式，按期（指工程结算期）结算已完工程成本。现行工程价款结算方式主要有竣工后一次结算、分段结算和分期（月或季）结算。但企业不论是定期还是不定期结算已完工程成本，当月发生的生产费用必须在会计结算期按照成本核算对象和成本项目进行归集与分配。

五、已完工程实际成本的计算

施工企业应根据工程合同确定的工程价款结算办法，按时结算“已完工程”成本，向建设单位收取工程价款。由于工程价款的结算方式不同，“已完工程”的含义和实际成本的计算方法也不同。

（一）实行工程项目竣工后一次结算的已完工程实际成本的计算

实行工程项目竣工后一次结算工程价款时，“已完工程”是指已经甲乙双方验收，办理竣工决算，交付使用的工程项目。在这种情况下，施工过程中发生的各项成本费用，随时记入各成本核算对象的成本项目，进行工程成本的明细核算。竣工时，工程成本明细分类账中登记的工程成本累计总额，就是竣工工程的实际成本。

（二）实行按期结算工程价款的已完工程实际成本的计算

实行按期结算工程价款时，“已完工程”是指已经完成预算定额规定的全部工序的施工内容，在本企业不需要再进行加工的分部分项工程。分部分项工程是构成工程项目的基本要素，也是编制工程预算最基本的计量单位，有一定的工作内容和质量标准。虽然这部分工程不是竣工工程，也不具有完整的使用价值，但企业也不需要再进行任何施工活动，可以确定它的工程数量和质量，故能够将其作为“已完工程”，计算它的实际成本，并按合同价格向业主收取工程价款。相反，凡在期末尚未完成预算定额规定的全部工序的施工内容的分部分项工程称为“未完施工”，这部分“未完施工”不能向业主收取工程价款。本期已完工程实际成本的计算公式为：

本期已完工程实际成本=期初未完施工实际成本+本期成本费用发生额–期末未完施工实际成本

上述公式中，“期初未完施工实际成本”和“本期成本费用发生额”可直接从“合同履约成本——工程施工”有关明细分类账中取得，“期末未完施工实际成本”需要按一定的方法计算取得。一般来说，期末未完工程量在全期工程量中所占比重较小，而且期初、期末未完施工的数额变化不大，为了简化成本核算手续，通常可以把期末未完施工的预算成本视同它的实际成本，不分摊间接费用，其计算公式为：

期末未完施工预算成本=期末未完施工折合成已完工程实物量×该分部分项工程预算单价

在实际工作中，期末未完施工预算成本的计算，是在期末对施工现场进行实地盘点的基础上，通过编制“未完施工盘点单”（见表3–4）进行计算的。

表3-4　**未完施工盘点单**

2023年9月30日

单位工程名称	分部分项工程		已做工序					其中		
	名称	预算单价（元）	工程名称或内容	占分部分项工程的比例（%）	已完数量	折合分部分项工程量	预算成本（元）	人工费（元）	材料费（元）	机械使用费（元）
车间工程	墙面抹石灰砂浆	4	抹一遍	50	4 000m²	2 000m²	8 000	2 400	4 800	800
合　计							8 000	2 400	4 800	800

根据“未完施工盘点单”所确定的未完施工成本，记入“合同履约成本——工程施工”明细账的期末未完施工成本（见表3-5、表3-6），并据以计算已完工程实际成本。

车间工程本期已完工程实际成本=8 900+427 540.05-8 000=428 440.05（元）

表3-5　**合同履约成本明细账**

明细科目：工程施工

成本核算对象：车间工程　　2023年9月30日　　单位：元

2023年		凭证号数	摘　要	直接成本				间接费用	工程成本合计
月	日			人工费	材料费	机械使用费	其他直接费		
9	1		期初已完工程实际成本	217 912.40	2 257 493	151 800	29 200	66 256.67	2 722 662.07
			期初未完施工成本	2 800	5 200	900			8 900
	30		人工费	89 240					89 240
			分配材料费		307 100				307 100
			分配材料成本差异		2 941				2 941
			分配机械使用费			6 100			6 100
			分配其他直接费				1 800		1 800
			分配间接费用					20 359.05	20 359.05
			本期施工费用发生额	89 240	310 041	6 100	1 800	20 359.05	427 540.05
			减：期末未完施工成本	2 400	4 800	800			8 000
			本期已完工程实际成本	89 640	310 441	6 200	1 800	20 359.05	428 440.05
			自开工起累计已完工程实际成本	307 552.40	2 567 934	158 000	31 000	86 615.72	3 151 102.12

表3-6　　合同履约成本明细账

明细科目：工程施工

成本核算对象：宿舍工程　　2023年9月30日　　单位：元

2023年 月	2023年 日	凭证号数	摘要	直接成本 人工费	直接成本 材料费	直接成本 机械使用费	直接成本 其他直接费	间接费用	工程成本合计
9	1		期初已完工程实际成本	294 021	2 220 380.56	69 557	12 000	50 781	2 646 739.56
	30		人工费	21 860					21 860
			分配材料费		84 800				84 800
			分配材料成本差异		828				828
			分配机械使用费			1 400			1 400
			分配其他直接费				900		900
			分配间接费用					6 267.10	6 267.10
			本期施工费用发生额	21 860	85 628	1 400	900	6 267.10	116 055.10
			减：期末未完施工成本						
			本期已完工程实际成本	315 881	2 306 008.56	70 957	12 900	57 048.10	2 762 794.66
			自开工起累计已完工程实际成本	315 881	2 306 008.56	70 957	12 900	57 048.10	2 762 794.66

第五节　工程价款结算的核算

一、工程价款结算的方式

现行建筑安装工程价款的结算主要采用以下几种方式：

（一）工程竣工后一次结算

工程竣工后一次结算，即工程价款每月预支，竣工后一次结算。企业采用竣工后一次结算工程价款办法时，要在工程竣工后，按规定的内容和程序，会同有关人员编制“竣工工程决算表”，并据以编制“工程价款结算单”（参考格式见表3-7），送发包单位，据以办理结算。

表3-7　　工程价款结算单　　施工单位：市第一建筑工程公司

发包单位名称：食品厂　　2023年9月30日　　单位：元

工程名称	合同造价（含税）	本期应收工程款	应扣款项 合计	应扣款项 预收工程款	应扣款项 预收备料款	本期实收工程款	累计已收工程款	备注
车间工程	3 815 000	529 413	209 607	109 000	100 607	319 806		
宿舍工程	3 270 000	3 270 000	2 452 500	1 580 500	872 000	817 500		
合　计	7 085 000	3 799 413	2 662 107	1 689 500	972 607	1 137 306		

（二）分段结算

分段结算，即按照工程进度，划分不同阶段进行结算。分段结算可以按月预支工程款。企业采用分段结算工程价款办法时，要在合同中规定工程部位完工的月份，根据已完工程部位的工程数量计算已完工程的预算造价和实际成本，编制“已完工程月报表”（参考格式见表3-8）和“工程价款结算单”，送发包单位，据以办理结算。

表3-8　已完工程月报表　施工单位：市第一建筑工程公司

发包单位名称：食品厂　2023年9月30日　单位：元

工程名称	合同造价（含税）	开、竣工日期		实际完成数		备　注
		开工日期	竣工日期	累计已完工程	本期已完工程	
车间工程	3 815 000	2023.6	2023.9	3 151 102.12	428 440.05	
宿舍工程	3 270 000	2023.6	2023.9	2 762 794.66	2 762 794.66	
合　计	7 085 000			5 913 896.78	3 191 234.71	

（三）按期（月或季）结算

按期（月或季）结算，即实行期中预支、期末结算、竣工后清算的办法。企业采取按期结算工程价款办法时，应按各期实际完成的工程数量，并按照工程预算定额中的工程造价、施工管理费定额、计划利润率、税率等计算已完工程的预算造价。同时，根据有关资料和实地盘点结果计算实际完工的工程数量，编制“已完工程月报表”和“工程价款结算单”，送发包单位，据以办理结算。

【随堂测】（判断题）采用按期结算工程价款时，期末应在“已完工程”和“未完施工”之间分配施工间接费用。（　）

二、工程价款结算的核算

施工企业的工程结算收入，又称合同收入，包括合同中规定的工程造价和因合同变更、索赔、奖励等形成的收入。向业主开出工程价款结算单办理结算时，按结算单所列金额，借记“应收账款”账户，贷记“合同结算——价款结算”“应交税费”账户。按规定确认合同收入和合同成本时，按当期确认的合同成本，借记“主营业务成本”账户，贷记“合同履约成本——工程施工”账户。按当期确认的合同收入，借记“合同结算——收入结转”，贷记“主营业务收入”账户。

补充阅读资料3-6

根据新收入准则对施工企业合同收入、合同成本、收入结算的要求，旧准则下“工程结算”科目被“合同结算——价款结算”科目所替代，贷方发生额表示已经完成且被发包方认可的工程量，记录当期客户实际结算的价款，一般情况下对于跨期合同，客户会多结算一部分价款，反映在贷方。“合同结算——收入结转”科目，记录按实际履约进度应确认的主营业务收入，一般是借方金额。

发包方支付的预付款项，包括预付的工程款和备料款，施工企业不再通过“预收账款”科目核算，按照新收入准则要求记入“合同负债”科目。

【例 3-24】承【例 3-18】，市第一建筑工程公司期末根据经发包单位签证的工程价款结算单（见表 3-7），本期应向发包单位结算工程价款 3 799 413 元（不含税价款为宿舍工程 3 000 000 元、车间工程 485 700 元），并按此金额开具增值税专用发票，作如下会计处理：

借：应收账款——应收工程款　　3 799 413

　贷：合同结算——价款结算（宿舍工程）　　3 000 000

　　　　　　　——价款结算（车间工程）　　485 700

　　　应交税费——应交增值税（销项税额）　　313 713

原始凭证

【例 3-25】承【例 3-24】，当月车间工程验工计价结算销售额 485 700 元，宿舍工程验工计价结算销售额 3 000 000 元，由于该公司跨县（市、区）提供建筑服务，没有项目专业分包结算，应预交的增值税额为 69 714 元 [（3 000 000+485 700）×2%]，作如下会计处理：

借：应交税费——预交增值税　　69 714

　贷：银行存款　　69 714

借：应交税费——未交增值税　　69 714

　贷：应交税费——预交增值税　　69 714

【例 3-26】承【例 3-24】，从应收工程款中扣还预收的工程款 1 689 500 元和预收的备料款 972 607 元，作如下会计处理：

借：合同负债——预收工程款　　1 689 500

　　　　　　——预收备料款　　972 607

　贷：应收账款——应收工程款　　2 662 107

【例 3-27】承【例 3-24】，收到发包单位实付工程价款 1 137 306 元，作如下会计处理：

借：银行存款　　1 137 306

　贷：应收账款——应收工程款　　1 137 306

【例 3-28】承【例 3-24】，期末确认合同收入和成本（见表 3-5、表 3-6、表 3-7），作如下会计处理：

对于车间工程确认主营业务收入和结转主营业务成本：

借：主营业务成本——车间工程　　428 440.05

　贷：合同履约成本——工程施工（车间工程）　　428 440.05

借：合同结算——收入结转　　485 700

　贷：主营业务收入——车间工程　　485 700

对于宿舍工程确认主营业务收入和结转主营业务成本：

借：主营业务成本——宿舍工程　　2 762 794.66

　贷：合同履约成本——工程施工（宿舍工程）　　2 762 794.66

借：合同结算——收入结转　　3 000 000

　贷：主营业务收入——宿舍工程　　3 000 000

三、分包工程结算的核算

一个工程项目如果有两个或两个以上施工企业承担施工时，根据国家对建设工程管理的要求，建设单位和施工企业要实行承包责任制和总分包协作制。在这种情况下，要求一个施工企业作为总包单位向建设单位（发包单位）总承包，对建设单位负责，再由总包单位将专业工程分包给专业性施工企业施工，分包单位对总包单位负责。

小知识3-6

分包给外单位施工的工程，在核算上有两种处理方法：一种是分包工程作为自行完成的工作量；另一种是分包工程不作为自行完成的工作量。作为自行完成工作量的分包工程，一般是企业对分包工程施工全过程按本企业施工组织计划进行管理，对分包工程的材料、人工、机械等消耗进行核算，并计算实际成本。不作为自行完成工作量的分包工程，以施工图预算或造价分包给分包单位后，企业在施工中只对分包单位承包的工程进行技术监督，结算已完分包工程价款，分包工程在施工中发生的费用由分包单位进行核算。

【例3-29】A公司为增值税一般纳税人，适用的增值税税率为9%，本月通过银行向分包单位预付备料款25 000元，作如下会计处理：

借：预付账款——预付分包单位款	25 000	
贷：银行存款		25 000

【例3-30】A公司按工程分包合同规定，根据工程进度预付给分包单位工程款30 000元，作如下会计处理：

借：预付账款——预付分包单位款	30 000	
贷：银行存款		30 000

【例3-31】分包工程完工验收后，A公司根据经审核的分包单位提出的“工程价款结算单”结算已完工程款218 000元，并按此金额开具增值税专用发票。

如作为企业自行完成的工作量，作如下会计处理：

借：合同履约成本——工程施工	200 000	
应交税费——应交增值税（进项税额）	18 000	
贷：应付账款——应付分包单位款		218 000

如不作为企业自行完成的工作量，作如下会计处理：

借：主营业务成本	200 000	
应交税费——应交增值税（进项税额）	18 000	
贷：应付账款——应付分包单位款		218 000

【例3-32】承【例3-29】和【例3-30】，从应付分包工程款中扣除预付的工程款30 000元和预付的备料款25 000元，作如下会计处理：

借：应付账款——应付分包单位款	55 000	
贷：预付账款——预付分包单位款		55 000

【例3-33】公司以银行存款支付分包单位工程款163 000元，作如下会计处理：

借：应付账款——应付分包单位款	163 000	
贷：银行存款		163 000

分包工程结算的核算流程如图3-3所示。

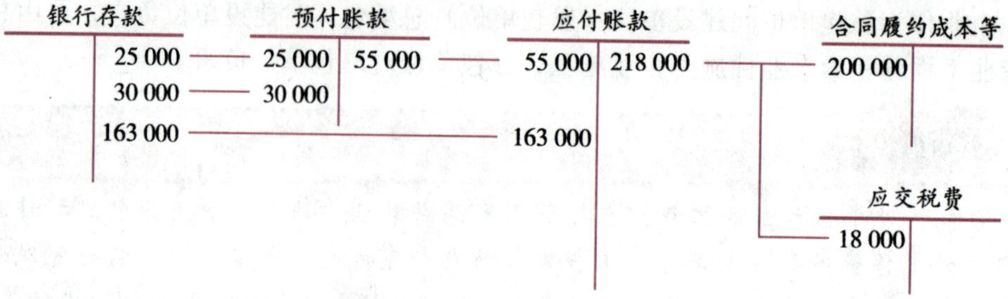

图3-3　分包工程结算核算流程图（单位：元）

典型案例一

市城建公司为增值税一般纳税人，适用一般计税方法，增值税税率为9%。2023年5月承包市轻工机械厂办公楼和厂房两项工程，并于当月取得“建筑工程施工许可证”。办公楼工程合同总造价2 943 000元（含增值税243 000元），厂房工程合同总造价2 071 000元（含增值税171 000元），合同工期为8个月，竣工后一次结算。为此，公司成立了机械厂项目经理部，该项目经理部在工程施工过程中发生下列业务：

（1）搭建临时职工宿舍和材料库等临时设施，领用材料14 200元，发生人工费2 858元，材料成本差异率为1%。

（2）将搭建完工的临时设施交付使用。

（3）按合同工期对临时设施进行摊销（不考虑残值）。

（4）6月，厂房工程领用库存的新挡板一批，计划成本8 500元，按规定的摊销方法计算当期挡板应提摊销额为600元。

（5）7月，建设单位预付工程款500 000元。

（6）8月发生的业务如下：

❶厂房工程发生人工费67 000元，其中内包人工费41 000元、外包人工费26 000元；办公楼工程发生人工费58 000元，其中内包人工费39 000元、外包人工费19 000元。该公司与具有建筑业劳务分包资质的乙劳务公司（小规模纳税人）签订劳务分包合同，未能取得增值税专用发票。

❷工程耗用材料经料具员汇总见表3-9。

表3-9　材料耗用汇总表

2023年8月31日

单位：元

成本核算对象	主要材料						小计		结构件		合计		周转材料摊销
	硅酸盐		黑色金属		其他主要材料								
	计划成本	成本差异(+2.5%)	计划成本	成本差异(−1.5%)	计划成本	成本差异(+1%)	计划成本	成本差异	计划成本	成本差异(−1%)	计划成本	成本差异	
厂房工程	48 200	1 205	86 000	−1 290	79 000	790	213 200	705	34 000	−340	247 200	365	3 700
办公楼工程	31 000	775	54 000	−810	60 000	600	145 000	565	29 000	−290	174 000	275	2 100
合　计	79 200	1 980	140 000	−2 100	139 000	1 390	358 200	1 270	63 000	−630	421 200	640	5 800

❸厂房工程发生外部机械租赁费3 300元（不含税），办公楼工程发生外部机械租赁费

2 600元（不含税），从设备租赁公司取得增值税专用发票，增值税税率为13%。

❹厂房工程发生生产工具用具使用费1 700元，办公楼工程发生材料二次搬运费1 000元，取得增值税普通发票。

❺项目经理部本月发生工资支出18 000元，职工福利费2 520元，报销差旅费5 620元。

（7）7个月后，工程完工将临时设施报废拆除，在拆除过程中支出费用1 320元，取得增值税普通发票，残料作价3 100元入库。

原始凭证

（8）办公楼竣工盘点，发现报废跳板一批，计划成本为6 000元，残值为800元，已验收入库，材料成本差异率为-1%，跳板计划成本为46 000元，已提摊销额为41 400元。

（9）工程竣工，向发包单位提交“工程价款结算单”（见表3-10），结算工程价款5 014 000元（不含税价款：厂房2 700 000元、办公楼1 900 000元），并按此金额开具增值税专用发票。

表3-10　**工程价款结算单**　施工单位：市城建公司

发包单位名称：市轻工机械厂　2023年12月31日　单位：元

工程名称	合同造价	本期应收工程款	应扣款项			本期实收工程款	累计已收工程款	备注
			合计	预收工程款	预收备料款			
厂房工程	2 943 000	2 943 000	2 000 000	2 000 000		997 000		
办公楼工程	2 071 000	2 071 000	1 500 000	1 500 000		609 000		
合　计	5 014 000	5 014 000	3 500 000	3 500 000		1 606 000		

该结算单经发包单位认可，两项工程的施工合同成本为3 750 000元。2024年2月发包单位用银行存款支付了剩余工程款。

问题：

如果你是该项目经理聘任的会计，将如何处理上述业务？如何进行工程成本核算？

［分析提示］

（1）首先确定成本核算对象，可按厂房和办公楼分别进行成本核算。

（2）该项目经理部有两个成本核算对象，应增设“其他直接费用”和“施工间接费用”科目。

（3）期末应分配其他直接费和施工间接费用。

（4）报废周转材料应补提摊销额。

典型案例二

佳宇建筑公司为增值税一般纳税人，适用的增值税税率为9%。本月沈阳项目经理部发生的经济业务如下：

（1）领用一次摊销的安全网一批，计划成本为3 000元，材料成本差异率为-2%。领用时一次性将周转材料价值摊销。

（2）领用全新定型模板一批，具体信息如下：

❶该模板的计划成本为50 000元。

❷该模板采用分次摊销法摊销，预计净残值率为10%，预计使用次数为10次，本月实际使用2次。

❸该模板的材料成本差异率为2%。

（3）本期发生的盘亏和毁损的经济事项如下：

❶盘亏甲材料一批，实际成本400元，原因不明。

❷经查明，甲材料盘亏属于定额内合理损耗，经批准作为管理费用列支。

❸因为发生火灾，对财产进行清查，发现损毁乙材料一批，实际成本为5 000元，购入时已取得增值税专用发票并已抵扣进项税额。

❹上述由火灾造成的损失，其中保险公司赔偿4 300元，其余由企业负担。

问题：

作为公司会计，请你对上述业务进行账务处理。

［**分析提示**］

（1）采用一次摊销法的周转材料，领用时应将其价值一次全部计入成本。

（2）采用其他摊销法的周转材料，领用时按计划成本或实际成本计入成本的同时，还要考虑调整差异额。

（3）周转材料盘亏时，补提摊销额，按计划成本或实际成本冲减成本的同时调整差异额。

本章小结

周转材料的价值平时可采用一次摊销法、分期摊销法、分次摊销法、定额摊销法等摊销方法计入工程成本，年度终了或工程竣工时，对周转材料进行盘点，根据实际损耗调整已提摊销额。临时设施的购建支出、价值的摊销和清理，通过“临时设施”和“临时设施摊销”账户核算。施工企业的成本核算对象一般为每一独立编制施工图预算的单位工程，但为了对工程进度、工程质量和工程成本进行有效的监督，需人为地划分产成品和在产品。将工程进度达到预算定额的工作内容、不需要在本企业内部进一步施工、可据以进行结算的分部分项工程，作为“已完工程”，即“产成品”；将已投料施工但尚未完成预算定额规定的全部工序和内容而暂时无法进行结算的分部分项工程，作为“未完施工”，即“在产品”。现行工程价款结算方式主要有竣工后一次结算、分段结算和按期（月或季）结算。按照工程价款结算时间与成本结算时间配比的原则，对已向发包单位办理工程价款结算的已完工程，应同时结算实际成本。企业不论是定期还是不定期结算已完工程成本，当期发生的生产费用必须在当期按照成本核算对象和成本项目进行归集与分配。根据新收入准则对施工企业的核算要求，施工企业施工过程中为履行合同所归集的材料费、人工费和其他费用，通过“合同履约成本——工程施工”科目核算，根据施工进度，每月结转至“主营业务成本”科目。同时按照工程进度确认合同收入，贷记“主营业务收入”科目，借记“合同结算——收入结转”科目。对于和发包方的结算款项，借记“应收账款”科目，贷记“合同结算——价款结算”科目，“合同结算”科目的余额体现施工企业多收或应收的合同价款。此外，所有预收款项目，根据新收入准则的要求，记入“合同负债”科目。

第四章　房地产开发企业会计

思政短语　“安得广厦千万间，大庇天下寒士俱欢颜。”

——唐·杜甫《茅屋为秋风所破歌》

第一节　房地产开发企业会计的特点

微课

房地产开发企业会计的特点

所谓房地产开发，是指按照城市建设总体规划和社会经济发展的要求，对土地和地上建筑物、构筑物进行开发建设和经营管理的一项综合性社会经济活动。

房地产开发跨越生产和流通两个领域，其活动内容涉及规划设计、征地拆迁、土地开发、各类房屋建造、工程验收、经营销售、交付使用、售后管理和维修服务等。房地产开发企业的产品是地产或房产，产品开发周期长，生产经营方式多样，投资主体复杂，与一般企业的生产经营有很大不同。与此相适应，房地产开发企业会计与其他企业会计相比，具有以下几方面的特点：

一、资金筹集渠道的多源性

房地产开发企业开发经营所需资金，主要是通过其自行筹集取得的。集资开发是我国房地产开发的一个显著特点。房地产开发企业筹资的形式与渠道主要有：

- 预收购房定金或预收建设资金；
- 预收代建工程款；
- 土地开发及商品房贷款；
- 发行企业债券；
- 与其他单位联合开发，吸收其他单位投资；
- 发行股票，筹集股本。

围绕筹资而发生的经济业务的会计核算构成房地产开发企业会计核算的重要内容和重要特色。

二、资金占用形态的多元性

房地产开发企业的开发经营业务内容极为广泛，既有建设场地的开发，又有房屋的建设，还有基础设施、配套设施以及市政工程等项目的开发建设，有的企业还开展商业用房的出租或经营业务以及商品房售后服务等。因此，房地产开发企业的资金在由货币资金转化为成品资金的过程中，不仅表现为货币资金—储备资金（或结算资金）—在建资金（在产品资金）—成品资金的依次直线运动，而且还具有多向平行运动的特点，即在储备资金（或结算资金）—在建资金—成品资金这一过程中，资金表现为多向平行运动（如图4-1

所示），从而使开发经营资金在生产领域表现为多种不同的存在形态，即具有多元性。

图4-1　资金占用形态

三、结算业务的频繁性和由此引起的财务关系的复杂性

在开发经营过程中，房地产开发企业将与周边很多单位发生经济往来关系，不仅包括材料物资供应单位、建筑产品购买单位，而且还包括勘察设计单位、施工企业、委托建房单位、房屋承租单位等。加之企业间的购销业务大量采用预收预付结算方法，房地产开发企业因经济业务往来而引起的资金结算关系极为复杂。在与材料物资供应单位发生的购销业务中，首先要交订金或预付一部分货款，待材料物资发出时再办理应付货款的结算；在与施工企业的承包往来中，大量采用的办法是预付备料款或工程款，然后根据工程进度结算应付的工程进度款；在与购房单位或委托单位发生的房屋销售、转让或代建往来业务中，也是采用先预收购房订金或代建工程款，待房屋或工程移交时再结算房屋或工程款的方式。由此引起的企业与各方之间的财务关系和债权债务关系及相应的会计核算既重要又复杂。

四、核算周期具有长期性

房地产开发企业的生产周期一般都较长，一个开发项目从勘察设计、征地拆迁到房屋建造、经营销售、交付使用直至售后服务及房屋维修，往往要跨年度（一个、两个甚至几个年度）进行。这一特点决定了房地产开发企业会计核算周期较长，因而在核算上要特别注意按照权责发生制原则和配比原则处理好固定资产折旧和期间费用之间的关系，以保证各期损益计算的正确性。

小知识 4-1

房地产业与建筑业的区别

房地产业是不同于建筑业的独立行业，虽然它们经营的物质对象都包括房屋建筑产品，但是其行业性质和职能有着本质的不同：

❶建筑业是建筑产品的生产部门，在国民经济产业分类中属于第二产业。房地产业是组织房地产开发、为房地产流通和消费提供服务性劳动的部门，在国民经济产业分类中属于第三产业。

❷建筑业的基本职能是为生产、流通、管理等单位和居民生产多种多样的房屋和建筑物。房地产业的基本职能是组织房地产的开发、经营和服务。

第二节　开发成本的核算

房地产开发企业的基本经济活动是开发、经营商品房等建筑产品。建筑产品的开发建设过程是房地产开发企业经营活动的中心。房地产开发企业成本、费用的核算，就是对这些产品成本形成和费用支出的核算。

一、开发成本的内容

房地产开发企业要进行成本核算，必须确定好费用的归集和分配的承担者，即成本核算对象。由于房地产开发企业和施工企业作用的对象相同，所以，施工企业会计成本核算对象确定的原则也适用于房地产开发企业，这里不再详述。

房地产开发企业的开发成本，按其开发项目种类可分为如下四类：

- 土地开发成本。它是指房地产开发企业开发土地（即建设场地）所发生的各项费用支出。
- 房屋开发成本。它是指房地产开发企业开发各种房屋（包括商品房、出租房、周转房、代建房等）所发生的各项费用支出。
- 配套设施开发成本。它是指房地产开发企业根据城市建设规划的要求或项目建设设计规划的要求，为满足居住的需要而与开发项目配套建设的各种服务性设施所发生的各项费用支出。
- 代建工程开发成本。它是指房地产开发企业接受有关单位的委托，代为开发建设的工程，或参加委托单位招标，经过投标中标后承建的开发项目所发生的各项费用支出。

以上四类开发成本，在核算上将其费用分为如下六个成本项目：

- 土地征用及拆迁补偿费。它是指房地产开发企业按照城市建设总体规划进行土地开发而发生的各项费用，包括土地征用费（包括取得土地使用权支付的地价款和契税）、耕地占用税、劳动力安置费及有关地上地下附着物拆迁补偿净支出（即扣除拆迁旧建筑物回收的残值）、安置动迁用房支出等。
- 前期工程费。它是指开发项目前期所发生的各项费用，包括规划、设计、项目可行性研究、水文、地质、勘察、测绘、“三通一平”（通水、通电、通路、场地平整）等支出。
- 建筑安装工程费。它是指开发项目在开发过程中发生的各项建筑安装工程支出，包括以出包方式支付给承包单位的建筑安装工程费、以自营方式发生的列入开发项目工程施工图预算的各项费用。
- 基础设施费。它是指房地产开发企业在开发过程中发生的各项基础设施支出，包括开发小区内道路、供水、供电、供气、排污、排洪、照明、环卫、绿化等工程支出。
- 公共配套设施费。它是指开发项目内发生的独立的非营业性（不能有偿转让）的公共配套设施支出，包括居委会、派出所、锅炉房、水塔、自行车棚、公共厕所等设施支出。

●开发间接费用。它是指房地产开发企业所属二级管理机构直接组织、管理开发项目所发生的费用，包括管理人员工资、职工福利费、折旧费、修理费、办公费、水电费、劳动保护费、周转房摊销费等。

【随堂测】（多选题）开发成本中的前期工程费包括（　　）。

A.土地征用费　　B.勘察测绘费

C.规划设计费　　D.项目可行性研究费

小知识 4-2

房地产开发企业内部如未设二级管理机构，由公司直接组织、管理房地产开发项目所发生的开发间接费用列入管理费用，不设“开发间接费用”项目。

二、开发成本的核算

企业发生各项开发直接费用支出时，借记“开发成本”等账户，贷记“银行存款”“应付账款”等账户；发生开发间接费用支出时，借记“开发间接费用”等账户，贷记“应付职工薪酬”“累计折旧”等账户；期末应将开发间接费用按一定的分配标准进行分配，借记“开发成本”账户，贷记“开发间接费用”账户。

开发成本应按成本核算对象和成本项目进行明细核算。开发成本明细账的参考格式见表4-1。

表4-1　　开发成本明细账

长兴路——商品房　　单位：元

2023年		凭证号数	摘　要	开发成本项目						合　计
月	日			土地征用及拆迁补偿费	前期工程费	基础设施费	建筑安装工程费	公共配套设施费	开发间接费用	
略	略	略	结转土地开发成本	500 000	60 000	40 000				600 000
			结算建安费				8 000 000			8 000 000
			预提配套费					180 000		180 000
			分配间接费						12 000	12 000
			结转完工成本	500 000	60 000	40 000	8 000 000	180 000	12 000	8 792 000

房地产开发企业可以根据企业管理的要求，将成本类账户合并或分解。如对间接费用较少的企业，可将“开发成本”和“开发间接费用”账户合并为“开发费用”账户；对规模较大、开发项目类型较多的企业，可将“开发成本”账户分解为“土地开发”、“房屋开发”、“配套设施开发”和“代建工程开发”四个账户。由于不同房地产开发项目的成本核算具有各自的特殊性，下面按开发项目种类介绍开发成本的核算。

补充阅读资料 4-1

“开发成本”账户为成本类账户，用以核算企业在开发产品的过程中所发生的各项费用。企业对出租房进行装饰及增补室内设施而发生的出租房工程支出，也在本账户内核算。该账户借方登记各成本核算对象所发生的各项费用；贷方登记结转完工开发产品的实际成本；期末余额反映企业在建开发项目的实际成本。

"开发间接费用"账户为成本类账户，用以核算房地产开发企业内部独立核算单位为开发产品而发生的各项间接费用。企业行政管理部门（总部）为组织和管理生产经营活动而发生的管理费用，不在本账户内核算。该账户借方登记发生的各项间接费用；贷方登记期末分配结转的间接费用；期末无余额。本账户应按企业内部不同单位、部门设置明细账，进行明细核算。

（一）土地开发成本的核算

土地开发是房地产开发企业的主要业务之一，其开发产品为建设场地。城市用于建设的土地，由地方政府统一审批、统一征用和统一管理，由房地产开发企业进行土地开发。土地开发的目的与用途有两个：一是为销售或有偿转让而开发商品性建设场地；二是直接为本企业兴建商品房和其他经营性房屋而开发自用建设场地。

土地开发的直接费用，如土地征用及拆迁补偿费、前期工程费、基础设施费等，在费用发生时，根据有关凭证直接记入"开发成本——土地开发"等账户。发生的开发间接费用，先记入"开发间接费用"账户的借方；期末按一定标准分配结转应由土地开发成本负担的开发间接费用，借记"开发成本——土地开发"账户，贷记"开发间接费用"账户。结转开发完工建设场地成本时，贷记"开发成本——土地开发"账户，商品性建设用地，借记"开发产品"账户，自用建设场地，借记"开发成本——房屋开发"账户；期末"开发成本——土地开发"账户的余额表示正在开发土地的成本。

小知识4-3

企业开发自用建设场地的费用支出，如果能够分清费用负担对象的，应直接计入有关房屋的开发成本；如果涉及两个或两个以上成本核算对象的，其开发费用支出计入土地开发成本，待建设场地开发完工后，按一定的标准分摊计入有关的成本核算对象。企业开发商品性建设场地的支出，全部在土地开发成本中核算。

【例4-1】方达房地产开发公司为增值税一般纳税人，适用增值税税率9%。公司准备开发长兴路建设用地5 000平方米，计划25%作为商品性建设用地对外销售，75%作为本企业商品房开发用地，用银行存款支付征用土地拆迁费、契税、劳动力安置费等1 500 000元。根据有关凭证，作如下会计处理：

借：开发成本——土地开发　　1 500 000

　贷：银行存款　　1 500 000

【例4-2】方达房地产开发公司结算应付承包单位大连城建有限责任公司长兴路建设用地"三通一平"费用54 500元，取得增值税专用发票注明价款50 000元，增值税税额4 500元。

原始凭证

根据有关凭证，作如下会计处理：

借：开发成本——土地开发　　50 000

　　应交税费——应交增值税（进项税额）　　4 500

　　贷：应付账款——大连城建有限责任公司　　　　　　　　　　　　54 500

【例 4-3】期末分配结转开发间接费用，长兴路建设用地应负担15 000元，作如下会计处理：

　借：开发成本——土地开发　　　　　　　　　　　　　　15 000

　　贷：开发间接费用　　　　　　　　　　　　　　　　　　15 000

【例 4-4】长兴路建设用地开发工程完工并验收合格，其中1 250平方米直接对外销售、3 750平方米用于企业开发商品房，结转其成本，作如下会计处理：

（1）计算各成本核算对象应分摊的土地开发成本：

土地开发总成本=1 500 000+50 000+15 000=1 565 000（元）

对外销售土地应分摊额=1 565 000×25%=391 250（元）

自用土地应分摊额=1 565 000×75%=1 173 750（元）

（2）结转土地开发成本：

　借：开发产品——土地　　　　　　　　　　　　　　391 250

　　　开发成本——房屋开发　　　　　　　　　　　　1 173 750

　　贷：开发成本——土地开发　　　　　　　　　　　　　1 565 000

土地开发成本业务核算的流程如图 4-2 所示。

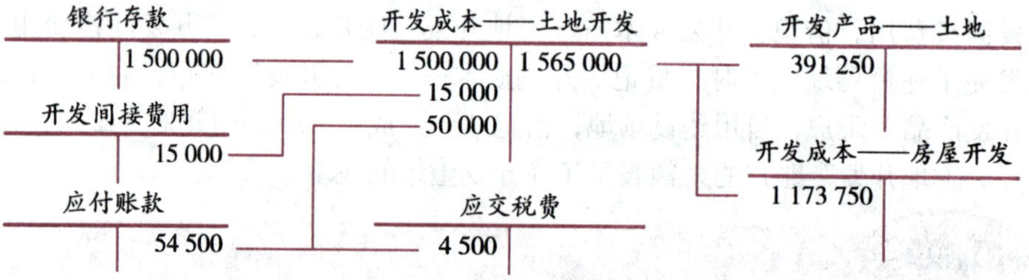

图4-2　土地开发成本业务核算流程图（单位：元）

小知识 4-4

自2016年5月1日起，房地产开发企业被纳入“营改增”试点范围，由缴纳营业税改为缴纳增值税。“营改增”后，房地产开发企业中的一般纳税人销售试点前开工的老项目，可选择简易计税，征收率为5%；销售试点后开工的新项目，或者销售未选择简易计税的老项目，适用一般计税方法，税率为11%。房地产开发企业中的小规模纳税人销售自行开发的房地产项目（无论新项目还是老项目），都按照5%的征收率计算应纳税额。房地产老项目是指“建筑工程施工许可证”注明的合同开工日期在2016年4月30日前的房地产项目；或未取得“建筑工程施工许可证”的，建筑工程承包合同注明的开工日期在2016年4月30日前的建筑工程项目。

国务院常务会议确定，从2019年4月1日起，将制造业等行业增值税税率从16%降至13%；将交通运输、建筑、基础电信服务等行业及农产品等货物的增值税税率从10%降至9%，房地产开发企业自2019年4月1日起，适用9%的增值税税率。

（二）配套设施开发成本的核算

房地产开发企业开发的配套设施，可分为如下两类：

1. 开发小区内开发的不能有偿转让的公共配套设施，如居委会、派出所、幼托所、消防设施、锅炉房、水塔、自行车棚、公厕等。

2. 开发能有偿转让的城市规划中规定的大型配套设施项目，包括：

（1）开发小区内营业性公共配套设施，如商店、银行、邮局等；

（2）开发小区内非营业性配套设施，如中小学、文化站、医院等；

（3）开发项目外为居民服务的给排水、供电、供气的增容增压设施及交通道路等。

属于配套设施开发成本核算的公共配套设施工程，包括两部分：

1. 在开发小区以内不能有偿转让，应直接计入开发项目成本，但是由于不能同受益开发项目同步建设或虽可同步建设但有两个或者两个以上受益对象的公共配套设施工程；

2. 能有偿转让的公共配套设施工程。

配套设施工程费用发生时，借记"开发成本——配套设施开发"等账户，贷记有关账户。开发完工后，第1类配套设施工程的开发成本，应按一定标准进行分配结转，借记"开发成本——房屋开发"账户，贷记"开发成本——配套设施开发"账户；第2类配套设施工程的开发成本，应转入开发产品，借记"开发产品——配套设施"账户，贷记"开发成本——配套设施开发"账户。期末"开发成本——配套设施开发"账户的余额表示正在开发的配套设施的成本。

补充阅读资料 4-2

按照财务制度的规定，城市建设规划中的大型配套设施项目，不得计入商品房成本；不能有偿转让的开发小区内公共配套设施发生的支出，可以计入开发项目成本。

【随堂测】（判断题）房地产开发企业在开发商品房过程中发生的配套设施工程支出都可以计入商品房成本。（　　）

【例 4-5】正大房地产开发公司为增值税一般纳税人，适用增值税税率9%。公司开发建设住宅小区配套的商店和自行车车棚工程，用银行存款支付大连城建有限责任公司工程款73 030元，取得增值税专用发票注明价款67 000元，增值税税额6 030元。

根据业务及取得的增值税专用发票，作如下会计处理：

借：开发成本——配套设施开发　　67 000

　　应交税费——应交增值税（进项税额）　　6 030

　贷：银行存款　　73 030

原始凭证

【例 4-6】商店和自行车车棚工程完工，实际成本分别为120 000元和2 000元。自行车车棚是为商品房开发工程所建的，商店则作为小区内第三产业经营用房，作如下会计处理：

（1）结转商店开发成本：

借：开发产品——配套设施　　120 000

　贷：开发成本——配套设施开发　　120 000

（2）结转自行车车棚开发成本：

借：开发成本——房屋开发　　2 000

贷：开发成本——配套设施开发　　2 000

配套设施开发业务成本核算的流程如图4-3所示。

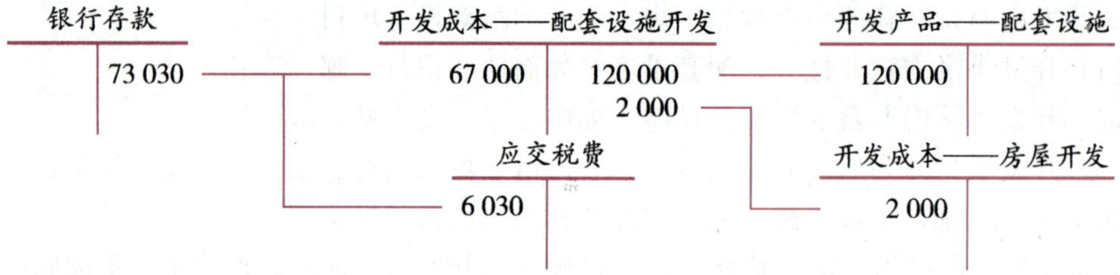

图4-3　配套设施开发业务成本核算流程图（单位：元）

（三）房屋开发成本的核算

房屋开发和建设是房地产开发企业的主要经济业务。房地产开发企业开发的房屋，按其用途可分为如下几类：一是为对外销售而开发的商品房；二是为出租经营而开发的经营房；三是为安置被拆迁居民周转使用而开发的周转房；四是受其他单位委托，代为开发建设的代建房。尽管这些开发房屋的用途不同，但其开发建设的特点和费用支出内容及费用性质都大致相同，其开发成本均应在"开发成本——房屋开发"明细账中核算。

企业在开发房屋过程中发生的土地征用及拆迁补偿费、前期工程费和基础设施费，能分清成本核算对象的，应直接计入该房屋成本核算对象的"土地征用及拆迁补偿费"、"前期工程费"和"基础设施费"等成本项目。如果费用发生时分不清成本核算对象，或应由两个或两个以上成本核算对象负担的，应先通过"开发成本——土地开发"账户进行归集，待土地开发完成用于房屋建设时，再采用一定的方法分配结转记入"开发成本——房屋开发"账户。

小思考4-1

土地开发成本应按什么标准分配计入各房屋开发成本较为合适？为什么？

企业在房屋建设过程中进行的建筑安装工程，有的采用出包方式，有的采用自营方式。采用出包方式的企业，其建筑安装工程费用，应根据承包企业提出的"工程价款结算单"所列工程价款，结算出包工程款，记入"开发成本——房屋开发"账户的"建筑安装工程费"成本项目。采用自营方式的企业，即房地产开发企业组织自有的工程队进行施工，其发生的建筑安装工程费，一般可直接记入"开发成本——房屋开发"账户，但应是实际发生数，不得按预算价格或预提费用入账。

房屋开发成本中的配套设施费用是指不能有偿转让的开发小区内公共配套设施发生的支出。其会计处理方法为：

1. 配套设施与商品房同步建设，发生的公共配套设施费能分清受益对象的，应直接记入"开发成本——房屋开发"账户的"公共配套设施费"成本项目；如果发生的配套设施费不能分清受益对象的，应先在"开发成本——配套设施开发"账户的借方归集，待公共配套设施竣工时，再从其贷方分配结转记入"开发成本——房屋开发"账户的借方。

2. 若公共配套设施与商品房非同步建设，即商品房已建成出售而配套设施尚在建设之中，未全部完成，为及时结转已完工商品房成本，对应负担的配套设施费，按规定报批后可采用预提方法，预先计入商品房成本，待公共配套设施完工后，按配套设施工程的实际支出数，冲销已预提的配套设施费，并调整有关成本核算对象的成本。

小知识 4-5

开发产品预提配套设施费的计算，一般可按下列公式进行：

某项开发产品预提配套设施费=该项开发产品预算成本×配套设施费预提率

房屋开发项目应负担的开发间接费用，平时通过“开发间接费用”账户归集，期末分配结转记入“开发成本——房屋开发”账户的“开发间接费用”成本项目。

结转开发完工商品房等开发产品成本时，贷记“开发成本——房屋开发”账户，借记“开发产品——房屋”账户。期末“开发成本——房屋开发”账户的余额，表示正在开发的房屋的成本。

【例 4-7】万华房地产开发公司为增值税一般纳税人，适用增值税税率9%。公司将清园开发小区中的一幢商品住宅工程以包工包料方式出包给市建二公司，工程已全部完工，市建二公司提交“工程价款结算单”，工程价款共计8 720 000元，取得增值税专用发票，注明价款8 000 000元，增值税税额720 000元，已预付5 000 000元。经审查同意，支付余款，作如下会计处理：

原始凭证

借：开发成本——房屋开发　　8 000 000
　　应交税费——应交增值税（进项税额）　　720 000
　贷：银行存款　　3 720 000
　　　预付账款　　5 000 000

【例 4-8】清园开发小区中的公共配套设施工程开工建设，用银行存款支付配套设施工程费，取得增值税专用发票，注明价款180 000元，增值税税额16 200元，作如下会计处理：

借：开发成本——房屋开发　　180 000
　　应交税费——应交增值税（进项税额）　　16 200
　贷：银行存款　　196 200

【例 4-9】期末分配结转该商品住宅开发工程应负担的开发间接费用12 000元，根据费用分配凭证，作如下会计处理：

借：开发成本——房屋开发　　12 000
　贷：开发间接费用　　12 000

【例 4-10】结转完工商品住宅开发实际成本8 792 000元（见表4-1），作如下会计处理：

借：开发产品——房屋　　8 792 000
　贷：开发成本——房屋开发　　8 792 000

房屋开发业务成本核算的流程如图4-4所示。

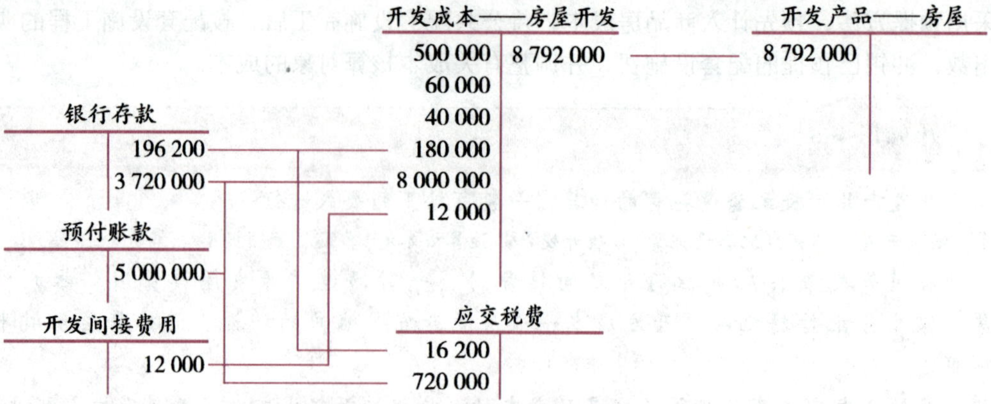

图4-4 房屋开发业务成本核算流程图（单位：元）

小思考4-2

进行开发成本结转的房屋应具备什么条件？

（四）代建工程开发成本的核算

代建工程开发成本是指房地产开发企业接受有关单位的委托，代为开发建设的工程，或参加委托单位招标，经过投标中标后承建的开发项目所发生的费用支出。其具体内容包括：土地开发、房屋开发、市政工程开发（城市道路、基础设施、园林绿化、旅游风景区开发）等开发项目支出。

房地产开发企业接受委托代为开发的建设场地和房屋，其建设内容和特点与企业的土地开发和房屋开发基本相同，因此其开发费用可比照土地开发和房屋开发的核算方法，分别在“开发成本——土地开发”和“开发成本——房屋开发”两个明细账户内核算，待开发工程完工，验收合格时，转入“开发产品——代建工程”账户。

其他代建工程开发项目，应在“开发成本——代建工程开发”账户核算。发生各项开发直接费用时，记入该账户的借方和各有关账户的贷方；期末分配结转开发间接费用时，记入该账户的借方和“开发间接费用”账户的贷方；代建开发工程竣工验收合格后，结转其开发成本，借记“开发产品——代建工程”账户，贷记该账户。期末“开发成本——代建工程开发”账户的余额，表示正在开发的代建工程的成本。

【例4-11】盛达房地产开发公司接受市政建设指挥部委托，代为建设灵山风景区，发生下列经济业务：用银行存款支付土地征用及拆迁补偿费3 000 000元、前期工程费300 000元、基础设施费400 000元，结算应付建筑安装工程费8 700 000元，应负担的开发间接费用100 000元。假设不考虑增值税的影响，根据有关费用支出凭证，作如下会计处理：

（1）用银行存款支付拆迁补偿费等：

借：开发成本——代建工程开发 3 700 000

　贷：银行存款 3 700 000

（2）结转应付建筑安装工程费：

借：开发成本——代建工程开发 8 700 000

　　贷：应付账款　　8 700 000

（3）分配结转开发间接费用：

借：开发成本——代建工程开发　　100 000

　　贷：开发间接费用　　100 000

【例 4-12】盛达房地产开发公司开发建设的灵山风景区完工，验收合格，结转其实际成本 12 500 000元，作如下会计处理：

借：开发产品——代建工程　　12 500 000

　　贷：开发成本——代建工程开发　　12 500 000

代建工程开发业务成本核算的流程如图 4-5 所示。

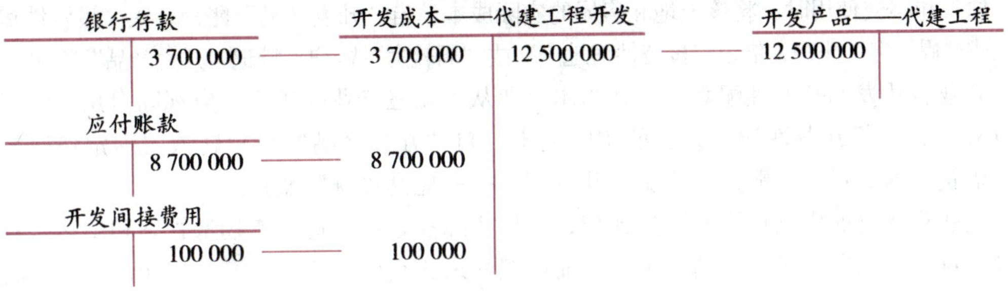

图4-5　代建工程开发业务成本核算流程图（单位：元）

第三节　开发产品的核算

开发产品是指企业已经完成全部开发过程，并已验收合格，符合设计标准，可以按照合同规定的条件移交给购货单位，或者可以作为商品对外销售的产品，包括土地、房屋、配套设施和代建工程等。

一、开发产品增加的核算

企业开发的产品，应于竣工验收时，借记“开发产品”账户，贷记“开发成本”账户。

【例 4-13】仁太房地产开发公司根据其开发的住宅楼验收交接凭证，结转住宅楼开发实际成本 6 500 000元，作如下会计处理：

借：开发产品　　6 500 000

　　贷：开发成本　　6 500 000

补充阅读资料4-3

“开发产品”账户为资产类账户，用以核算企业已完工开发产品的实际成本。该账户借方登记已竣工验收的开发产品的实际成本；贷方登记月末结转的已销售、转让或结算的开发产品的实际成本；期末余额为尚未转让、销售和结算的开发产品的实际成本。本账户应按企业开发产品的种类，如土地、房屋、配套设施和代建工程等，设置明细账户，并在明细账户下按成本核算对象设置账页，进行明细核算。

二、开发产品减少的核算

房地产开发企业出售、转让或出租开发产品，都会造成开发产品的减少，企业应区别不同情况及时进行开发产品结转的会计处理。

企业有偿转让或出售开发产品，应于每月终了，结转对外转让、销售和结算开发产品的实际成本。结转时，借记“主营业务成本”账户，贷记“开发产品”账户。

企业如果采用分期收款结算的方式销售开发产品，在将开发产品移交给使用单位或办妥分期收款销售合同时，应将分期收款开发产品的实际成本，自“开发产品”账户转入“分期收款开发产品”账户，借记“分期收款开发产品”账户，贷记“开发产品”账户。

企业将开发的土地和房屋用于出租或将开发的房屋用于安置拆迁居民周转使用，应于签订合同、协议和移交使用时，将该土地和房屋的实际成本，自“开发产品”账户转入“投资性房地产”或“周转房”账户，借记“投资性房地产”或“周转房”账户，贷记“开发产品”账户。

企业将开发的营业性配套设施作为本企业从事第三产业的用房，应视同自用固定资产进行处理，并将营业性配套设施的实际成本，自“开发产品”账户转入“固定资产”账户，借记“固定资产”账户，贷记“开发产品——配套设施”账户。

企业将开发的房屋用于安置拆迁户，应按实际安置面积进行实物量管理和结转。对于已经交付使用或办理销售和结转手续，而产权尚未移交出去的开发产品，如商品房和配套设施等，应由企业设置“代管房产备查簿”，进行实物管理。企业不得将这部分财产入账，也不得计提折旧和摊销。企业在代管房产过程中取得的收入和发生的各项支出，应作为其他业务收支处理，不在“开发产品”账户核算。

【例 4-14】仁太房地产开发公司结转销售住宅楼实际成本6 500 000元，作如下会计处理：

借：主营业务成本　　6 500 000

　贷：开发产品　　6 500 000

【例 4-15】仁太房地产开发公司将一套公寓采用分期收款的方式销售，已办妥分期收款销售合同，该公寓实际成本为200 000元，作如下会计处理：

借：分期收款开发产品　　200 000

　贷：开发产品　　200 000

【例 4-16】仁太房地产开发公司将自行开发的一幢写字楼出租给丙公司，实际成本为2 400 000元，该公司投资性房地产采用成本模式计量，作如下会计处理：

借：投资性房地产　　2 400 000

　贷：开发产品　　2 400 000

【例 4-17】仁太房地产开发公司将开发的一幢房屋用于安置拆迁居民周转使用，实际成本为5 000 000元，作如下会计处理：

借：周转房　　5 000 000

　贷：开发产品　　5 000 000

【例 4-18】仁太房地产开发公司将开发建设的作为营业性配套设施的商店用作本企业第三产业的经营用房，实际成本为580 000元，作如下会计处理：

借：固定资产　　580 000

　贷：开发产品　　580 000

第四节　出租开发产品和周转房的核算

一、出租开发产品的核算

出租开发产品是指房地产开发企业开发完成、用于出租经营的土地和房屋。按照企业会计准则的规定出租经营的开发产品，应作为投资性房地产核算。投资性房地产后续计量有成本和公允价值两种模式，房地产开发企业通常采用成本模式计量。

为了核算出租开发产品的使用、折旧（摊销）及其增减变动情况，企业应当设置“投资性房地产”“投资性房地产累计折旧（摊销）”“其他业务收入”“其他业务成本”等科目进行核算。以投资性房地产作为企业主营业务的，应当设置“主营业务收入”和“主营业务成本”科目核算相关的损益。

企业采用成本模式计量的投资性房地产发生减值的，还应当设置“投资性房地产减值准备”科目进行核算。

（一）出租开发产品增加的核算

企业开发建成用于出租的土地和房屋，应在其竣工后，借记“开发产品”账户，贷记“开发成本”账户。签订出租合同、协议后，按出租土地和房屋的实际成本，借记“投资性房地产”账户，贷记“开发产品”账户。

【例4-19】永安房地产开发公司为增值税一般纳税人，适用的增值税税率为9%。公司将开发竣工后的花园小区5#楼出租给立业公司，该房屋的总成本为4 500 000元，完工后次月投入出租经营之用，作如下会计处理：

借：开发产品	4 500 000	
贷：开发成本		4 500 000
同时：		
借：投资性房地产	4 500 000	
贷：开发产品		4 500 000

（二）出租开发产品计提折旧（摊销）的核算

出租房屋随着使用及自然力的侵蚀，会逐渐发生损耗而减少其价值。对于这部分损耗价值，房地产开发企业应根据固定资产或无形资产的有关规定，按期（月）对出租产品计提折旧或进行摊销，借记“主营业务成本”等账户，贷记“投资性房地产累计折旧（摊销）”账户。

小思考4-3

出租土地不会发生损耗，是否就不需要按月计提其摊销额？

【例4-20】承【例4-19】，永安房地产开发公司出租的花园小区5#楼，假设月折旧率为0.2%，按月计提折旧额时，作如下会计处理：

借：主营业务成本	9 000	
贷：投资性房地产累计折旧		9 000

【随堂测】（判断题）出租土地因不会发生损耗，故在出租期间不用摊销其价值。(　　)

（三）出租开发产品修理的核算

出租开发产品在租赁期间发生的日常维护修理费用，不满足投资性房地产确认条件的，应当在发生时计入当期损益，借记“主营业务成本”等账户，贷记“银行存款”“应付职工薪酬”等账户。房地产开发企业的出租产品改变用途，作为商品房对外销售而发生的修理支出，应列为销售费用，不得作为主营业务成本列支。

小知识 4-6

企业为了提高投资性房地产的使用效能，往往需要对投资性房地产进行改建、扩建而使其更加坚固耐用，或者通过装修而改善其室内装潢，改扩建或装修支出满足投资性房地产确认条件的，应当将其资本化。

采用成本模式计量的，投资性房地产进入改扩建或装修阶段后，应当将其账面价值转入改扩建工程，借记“投资性房地产——在建”“投资性房地产累计折旧”等科目，贷记“投资性房地产”科目。发生资本化的改良或装修支出，通过“投资性房地产——在建”科目归集，借记“投资性房地产——在建”科目，贷记“银行存款”“应付账款”等科目。改扩建或装修完成后，借记“投资性房地产”科目，贷记“投资性房地产——在建”科目。

企业对某项投资性房地产进行改扩建等再开发且将来仍作为投资性房地产的，在开发期间应继续将其作为投资性房地产，开发期间不计提折旧或摊销。

【例 4-21】永安房地产开发公司在其出租花园小区 5#楼的两年后，委托某建筑公司（小规模纳税人）对该房屋进行修理，发生修理费 3 800 元，取得增值税普通发票，作如下会计处理：

借：主营业务成本　　3 800

　贷：银行存款　　3 800

（四）出租开发产品改变用途对外销售的核算

房地产开发企业的出租开发产品后又改变用途，企业出售、转让采用成本模式计量的投资性房地产，应当按照实际收到的金额，借记“银行存款”等科目，贷记“主营业务收入”科目；按照该项资产的账面价值，借记“主营业务成本”科目，按照该项资产的累计折旧或摊销，借记“投资性房地产累计折旧”或“投资性房地产累计摊销”科目，贷记“投资性房地产”科目；已计提减值准备的，还应同时结转减值准备，借记“投资性房地产减值准备”科目。

【例 4-22】承【例 4-19】和【例 4-20】，永安房地产开发公司在将花园小区 5#楼出租使用五年后，改变其用途，将其对外销售，收取价款 5 000 000 元，该房屋累计折旧额为 540 000 元（9 000×12×5），原值为 4 500 000 元，假设不考虑相关税费，作如下会计处理：

借：银行存款　　5 000 000

　贷：主营业务收入　　5 000 000

借：主营业务成本　　3 960 000

　　投资性房地产累计折旧　　540 000

贷：投资性房地产　4 500 000

二、周转房的核算

房地产开发企业的周转房是指用于安置被拆迁居民周转使用、产权归企业所有的各种房屋。其包括：

- 在开发过程中已明确其为安置被拆迁居民使用的房屋；
- 搭建用于安置被拆迁居民周转使用的临时性简易房屋；
- 开发的商品房中在销售前用于安置被拆迁居民使用的房屋。

为了核算周转房的使用、摊销及其增减变动情况，企业应设置“周转房”账户，并在其下设置“在用周转房”和“周转房摊销”两个二级账户，用以核算在用周转房的使用情况。同时，应根据周转房的使用情况，按周转房的幢号（或楼层、房间号）进行明细分类核算，并建立“周转房卡片”，详细记录周转房的坐落地点、结构、面积、租金单价、安置居民姓名等情况。

（一）周转房增加的核算

企业开发建成的周转房，应在其竣工后，借记“开发产品”账户，贷记“开发成本”账户。明确作为周转房后，按其实际成本，借记“周转房——在用周转房”账户，贷记“开发产品”账户。

【例4-23】兴华房地产开发公司为增值税一般纳税人，适用增值税税率9%。公司为安置新安小区的动迁居民，将其建造的2#楼作为周转房，实际成本为3 000 000元，根据房屋交付使用等凭证，作如下会计处理：

借：开发产品　3 000 000

　贷：开发成本　3 000 000

借：周转房——在用周转房　3 000 000

　贷：开发产品　3 000 000

（二）周转房摊销的核算

周转房随着使用及自然力的侵蚀，会逐渐发生损耗而减少其价值，因此应根据周转房的使用年限按月摊销其损耗价值。这部分损耗价值应作为开发期间的费用，计入土地、房屋的开发成本。周转房摊销额的基本计算公式如下：

月摊销率=（1-估计净残值率）÷（摊销年限×12）

月摊销额=周转房账面原值×月摊销率

周转房损耗价值的摊销额，应在“周转房——周转房摊销”账户核算。每月计提的周转房摊销额，对能确定其为某项土地或房屋开发项目负担的，应计入该土地或房屋的开发成本，借记“开发成本——土地开发”或“开发成本——房屋开发”账户，贷记“周转房——周转房摊销”账户；对不能确定其为某项土地或房屋开发项目负担的周转房摊销额，应记入“开发间接费用”账户的借方和“周转房——周转房摊销”账户的贷方。

小知识4-7

周转房摊销年限可比照企业同类结构房屋的折旧年限预计，净残值率一般可按周转房原值的3%～5%预计。

【例4-24】2023年6月30日，兴华房地产开发公司计提2#楼周转房的摊销额5 000元，作如下会计处理：

借：开发间接费用（或开发成本）　5 000
　贷：周转房——周转房摊销　5 000

（三）周转房修理费用的核算

由于周转房是为了安置因开发项目等建筑产品的开发建设而动迁的居民，是直接服务于某项开发项目的，因此周转房在使用过程中发生的修理费用，应作为有关开发项目的成本，按其实际发生的成本，借记“开发成本”“开发间接费用”账户，贷记“银行存款”“应付职工薪酬”等账户。

【例4-25】2#楼周转房发生修理费用54 500元，取得增值税专用发票注明价款50 000元，增值税税额4 500元，以银行存款支付费用，作如下会计处理：

借：开发间接费用（或开发成本）　50 000
　　应交税费——应交增值税（进项税额）　4 500
　贷：银行存款　54 500

（四）周转房改变用途对外销售的核算

与固定资产出售核算不同，改变用途对外销售的周转房，应视作开发产品对外销售处理。在销售成立时，借记“银行存款”或“应收账款”账户，贷记“主营业务收入”账户；同时，按其摊余价值，借记“主营业务成本”账户，按其已提累计摊销额，借记“周转房——周转房摊销”账户，按其原值，贷记“周转房——在用周转房”账户。

【例4-26】2#楼周转房使用20个月后，公司将其作为商品房对外销售，取得房款4 360 000元存入银行，已开具增值税专用发票。该周转房累计摊销额为100 000元（5 000×20），根据有关凭证，作如下会计处理：

（1）根据售房结算账单和银行结算凭证：

借：银行存款　4 360 000
　贷：主营业务收入　4 000 000
　　　应交税费——应交增值税（销项税额）　360 000

（2）根据“周转房”有关明细账记录：

借：主营业务成本　2 900 000
　　周转房——周转房摊销　100 000
　贷：周转房——在用周转房　3 000 000

第五节　营业收入的核算

房地产开发企业的营业收入包括主营业务收入和其他业务收入。

主营业务收入是指房地产开发企业转让、销售、结算和出租开发产品等所取得的收入，包括土地转让收入、商品房销售收入、配套设施销售收入、代建工程结算收入、出租开发产品租金收入等。

其他业务收入是指在主营业务以外，不独立核算的其他业务或附加业务所发生的收入，主要包括商品房售后服务收入、材料销售收入、固定资产出租收入、其他多种经营收入等。

一、主营业务收入的核算

为了反映对外转让、销售、结算和出租开发产品等所取得的收入的核算，企业应设置"主营业务收入"账户。该账户应按主营业务收入的类别，设置"土地转让收入""商品房销售收入""配套设施销售收入""代建工程结算收入""出租开发产品租金收入"等明细账户。企业按照签订的销售合同，结算开发产品价款时，借记"银行存款""应收账款"等账户，贷记"主营业务收入"账户。

根据主营业务收入应与其相关的成本、费用配比的原则，房地产开发企业在将各期实现的主营业务收入入账时，应同时将其相关的主营业务成本结转入账，借记"主营业务成本"账户，贷记"开发产品""周转房"等账户。

补充阅读资料4-4

房地产开发企业预售商品房的，必须按照国家法律、法规的规定取得"商品房预售许可证"后，方可上市交易。预售商品房所取得的价款，只能用于相关的工程建设并作为企业合同负债管理，商品房竣工验收办理移交手续后，再将合同负债转为营业收入。房地产开发企业的预收款为不动产交付业主之前所收到的款项，包括定金、分期取得的预收款（含首付款、按揭款和尾款），但不含签订房地产销售合同之前所收取的诚意金、认筹金和定金等。房地产开发企业采取预收款方式销售自行开发的房地产项目，应在收到预收款时，按照3%的预征率预交增值税。

【例4-27】宏大房地产开发公司为增值税一般纳税人，本月销售自行开发的空中花园小区楼盘，适用一般计税方法，增值税税率9%（土地系2016年4月以前取得）。本月有关销售楼盘的业务如下：

（1）采用预收款方式销售商品房，预收房款4 360 000元存入银行，预收款按照3%的预征率预交增值税；

（2）采用现款交易方式销售已办理入住的商品房，取得房款6 540 000元存入银行，已开具增值税专用发票，该商品房实际成本5 800 000元；

（3）开发空中花园小区项目支付土地出让金3 270 000元，可供出售建筑面积6 000平方米，本月销售建筑面积2 000平方米。

相关会计处理为：

（1）预收款方式销售：

借：银行存款	4 360 000	
贷：合同负债		4 360 000

本月预交增值税=4 360 000÷（1+9%）×3%=120 000（元）

借：应交税费——预交增值税	120 000	
贷：银行存款		120 000

月末转出预交增值税时：

借：应交税费——未交增值税	120 000	
贷：应交税费——预交增值税		120 000

（2）现款交易方式销售：

借：银行存款　　6 540 000

　贷：主营业务收入——商品房销售收入　　6 000 000

　　应交税费——应交增值税（销项税额）　　540 000

借：主营业务成本　　5 800 000

　贷：开发产品——房屋　　5 800 000

（3）计算允许扣除的土地价款冲减的销项税额：

本月允许扣除的土地价款=本月销售建筑面积÷可供销售建筑面积×支付的土地价款

=2 000÷6 000×3 270 000=1 090 000（元）

本月允许扣除的土地价款冲减的销项税额=1 090 000÷（1+9%）×9%=90 000（元）

借：应交税费——应交增值税（销项税额抵减）　　90 000

　贷：主营业务成本　　90 000

【例4-28】宏大房地产开发公司出租写字楼一栋，本月收到租金545 000元，已存入银行，开具增值税专用发票，同时计提月折旧额320 000元，作如下会计处理：

借：银行存款　　545 000

　贷：主营业务收入——出租开发产品租金收入　　500 000

　　应交税费——应交增值税（销项税额）　　45 000

借：主营业务成本　　320 000

　贷：投资性房地产累计折旧　　320 000

二、其他业务收入的核算

为了反映其他业务收入的核算，企业应设置“其他业务收入”账户。该账户贷方登记取得的各项其他业务收入；借方登记期末转入“本年利润”账户的金额；结转后本账户应无余额。本账户可按商品房售后服务收入、材料销售收入、无形资产出租收入、固定资产出租收入等其他业务收入的种类设置明细账，进行明细分类核算。

根据收入与费用配比的原则，房地产开发企业在将各期实现的其他业务收入入账时，应同时将其相关成本结转入账，借记“其他业务成本”账户，贷记有关账户。

【例4-29】宏大房地产开发公司附设的物业管理处对已建成售出的某商品楼进行售后服务。该处本月收取治安管理费、卫生清洁费、大楼管理费等费用共计30 000元，并发生以下各项物业管理费用：职工工资18 000元，应付职工薪酬——职工福利2 520元，领用材料费6 000元，现金支付其他费用1 160元。假设不考虑增值税，根据有关凭证，作如下会计处理：

借：银行存款　　30 000

　贷：其他业务收入——商品房售后服务收入　　30 000

借：其他业务成本——商品房售后服务支出　　27 680

　贷：应付职工薪酬　　20 520

　　原材料　　6 000

　　库存现金　　1 160

典型案例一

鸿达房地产开发公司为增值税一般纳税人，适用一般计税方法，增值税税率9%。公司以拍卖方式取得一块土地的使用权，按规划可建10幢总面积为28 100平方米的建筑物。其中，1#楼建筑面积为2 400平方米，2#楼建筑面积为1 800平方米，锅炉房、收发室等配套设施建筑面积为100平方米。该公司在开发过程中发生下列经济业务：

原始凭证

（1）以银行存款支付土地出让金425万元（已取得符合规定的有效凭证）、拆迁安置补偿费1 000万元。

（2）支付地质勘查、规划方案、施工图设计等前期工程费26.5万元，取得增值税专用发票注明价款25万元，增值税税额1.5万元；支付某施工企业承包的地下设施、管道等基础设施费76.3万元，取得增值税专用发票注明价款70万元，增值税税额6.3万元。上述款项均通过银行转账支付。

（3）土地开发完成后，将1#楼及锅炉房、收发室等工程发包给市建一公司，1#楼合同价款218万元（含增值税），工程完工结算前，以银行存款预付工程款150万元。

（4）锅炉房、收发室工程完工，结算工程价款39.676万元，取得增值税专用发票注明价款36.4万元，增值税税额3.276万元。

（5）1#楼工程完工，与市建一公司结算价款218万元，取得增值税专用发票注明价款200万元，增值税税额18万元，并通过银行转账支付余款。

（6）公司将1#楼一套108平方米的住房出售，收到房款现金32.7万元，已开具增值税专用发票。

（7）公司以预收款方式销售1#楼一套120平方米的住房，预收房款现金10.9万元，并按照3%的预征率预交增值税。

（8）2#楼工程发包给房建公司，现已完工，合同价款174.4万元（含增值税），取得增值税专用发票，注明价款160万元，增值税税额14.4万元，原已预付工程款120万元，对“工程价款结算单”审查后支付余款。

（9）2#楼完工后，签订合同将其整体出租给华夏公司。

（10）收到华夏公司支付的半年房租19.62万元，开具增值税专用发票，注明价款18万元，增值税税额1.62万元。

（11）按华夏公司的要求对2#楼进行维修，以银行存款支付费用0.6万元，取得增值税普通发票。

（12）五年后2#楼的租赁合同到期，公司以每平方米2 500元（含增值税）的价格将其出售，开具增值税专用发票，2#楼的月折旧率为0.2%。

问题：

如果你是该公司的会计，将如何处理上述业务？

［分析提示］

（1）首先确定成本核算对象，可考虑按单项工程确定。

（2）土地开发费用和配套设施费用可按建筑面积进行分配。

（3）结转出售房屋的成本，应先计算其每平方米成本单价。

典型案例二

安达房屋开发公司为增值税一般纳税人，适用一般计税方法，增值税税率9%。公司以招拍挂方式取得一块土地，拟建商品楼两栋（甲座、乙座）以及锅炉房等配套设施，其建筑面积为：甲座10 000平方米、乙座15 000平方米、锅炉房等配套设施200平方米。开发过程中发生如下业务：

原始凭证

（1）以银行存款支付土地出让金10 000 000元、拆迁安置补偿费13 000 000元。

（2）以银行存款支付地质勘查、规划方案、施工图设计等前期工程费1 060 000元（含增值税60 000元）、基础设施费3 270 000元（含增值税270 000元），均取得增值税专用发票。土地开发完成，结转土地开发成本。

（3）将商品楼甲座及锅炉房等配套设施发包给第一建筑公司，甲座合同价款10 900 000元（含增值税900 000元），开工后，以银行存款预付工程款共计6 540 000元。

（4）锅炉房等配套设施完工，结算应付工程款545 000元（含增值税45 000元），取得增值税专用发票，并按受益面积（甲座10 000平方米、乙座15 000平方米）结转配套设施费。

（5）商品楼甲座工程完工，工程结算价款10 900 000元，取得增值税专用发票，注明价款10 000 000元，增值税税额900 000元，经审查第一建筑公司的“工程价款结算单”后，同意支付剩余工程款4 360 000元。

（6）销售商品楼甲座中的10套房屋，建筑面积合计1 200平方米，单价每平方米3 270元（含增值税），开具增值税专用发票，取得房款存入银行。

（7）商品楼乙座发包给第二建筑公司，合同价款14 715 000元（含增值税），工程完工结算后取得增值税专用发票，注明价款13 500 000元，增值税税额1 215 000元，原预付8 991 000元，经审查“工程价款结算单”后，同意支付剩余工程款。

（8）商品楼乙座竣工，结转开发产品成本。为安置动迁居民，将其转为周转房。

（9）月末计提周转房乙座的摊销额，月摊销率为0.2%。

（10）两年后公司将周转房乙座作为商品房对外销售，取得房款49 050 000元（含增值税）存入银行，并开具增值税专用发票。

问题：

请你以该公司会计的身份，处理上述经济业务。

[**分析提示**]

（1）可按单项工程确定核算对象。

（2）土地开发费和配套设施费可按建筑面积分配。

（3）先计算竣工房屋每平方米成本单价，然后结转其销售成本。

本章小结

房地产开发企业的开发产品成本，按其开发项目种类可分为土地开发成本、房屋开发成本、配套设施开发成本、代建工程开发成本。各类开发产品成本，在核算上又将其费用分为土地征用及拆迁补偿费、前期工程费、建筑安装工程费、基础设施费、公共配套设施费、开发间接费用六个成本项目。对于费用发生时能分清成本核算对象的，直接计入其开发成本；如果费用发生时不能分清成本核算对象，或应由两个或两个以上成本核算对象负担的，应先通过有关账户进行归集，再采用一定的方法分配结转。完工工程通过“开发产品”账户核算，对于周转使用的产品，应增设“周转房”账户核算。根据主营业务收入应与其相关的成本、费用配比的原则，房地产开发企业在将各期实现的主营业务收入入账时，应同时将其相关的主营业务成本结转入账。注意，根据新收入准则的规定，房地产企业预售阶段取得的款项，通过“合同负债”科目进行核算，不再使用“预收账款”科目。

第五章　银行会计

思政短语　“未伏延年花下唱，金钱百万赏新声。”

——宋·宋白《宫词》

第一节　银行会计概述

一、银行的分类

微课

银行的分类

银行是国家经营管理金融工作的机构。我国现行的银行体系包括执行中央银行职能的中国人民银行、政策性银行及国家开发银行、国有大型商业银行、股份制商业银行、城市商业银行、民营银行、农村金融机构和外资银行等。尽管这些银行在业务上存在一定差异，但从银行的性质和经营范围划分，大体可分为两类：一类是中央银行；另一类是商业银行。

（一）中国人民银行

中国人民银行是中华人民共和国的中央银行，简称央行。央行是国家的银行，是监督和管理金融业的国家行政机构。中国人民银行在国务院的领导下，主要有三项基本职能：

1.制定和执行货币政策。

中国人民银行依法制定和执行货币政策，运用金融手段，通过发行人民币、管理人民币流通对全国货币、信用活动等进行有目的的调控，影响和干预国家宏观经济，实现预期货币金融政策的目标。

2.防范和化解金融风险。

中国人民银行是全国的金融行政管理机关，对全国的商业银行和其他金融机构以及全国的金融市场的设置、业务活动和经济情况进行检查监督、指导管理和控制。其监管的目的是防范和化解金融风险，维护金融业的稳定，调整各金融机构之间的关系，保证公共利益和银行存款用户的安全，贯彻执行国家的金融法规和政策，促进国民经济的健康发展，防止金融危机和不当金融活动对国民经济的危害。

3.维护金融稳定。

中国人民银行起草有关法律和行政法规草案，完善有关金融机构运行规则，发布与履行职责有关的命令和规章。通过对国际金融市场的跟踪监测和风险预警，以及国内金融市场的监督管理，完善金融宏观调控体系，负责防范、化解系统性金融风险，维护国家金融稳定与安全。

（二）商业银行

商业银行是以经营工商业以及其他经济组织存、放款为主要业务，并以获取利润为目的的货币经营单位，是一个信用授受的中介机构。其与中央银行相比，有明显的经营特征和工作职能。

1.商业银行的经营特征。

（1）商业银行与工商企业及其他经济组织一样，都是以营利为目的的企业。在经营过程中也是运用自有资本，依法经营、按章纳税、自负盈亏。

（2）商业银行与其他行业的企业相比有其自身的特殊性，具体表现为经营对象的差别。

工商企业经营的是具有一定实物形态和使用价值的商品，从事商品生产和商品流转业务。而商业银行是以金融资产和金融负债为经营对象，经营的是特殊商品，即货币和货币性资本。其经营的内容包括货币收付、借贷以及各种与货币流通有关的或者与之联系的金融服务，这使其成为一种特殊的金融企业。

商业银行在经营过程中，遵守央行的规定，履行商业银行的工作职能。

2.商业银行的工作职能。

（1）信用中介职能。信用中介是商业银行最基本的工作职能。这一职能的实现是通过吸收社会闲散资金，形成负债业务，再把这些资金和自有资本一齐投向需要资金支持的各个经济部门，形成资产业务。商业银行是作为货币资本的贷出者、借入者的中间人来实现资本的融通，并以吸收资金的成本与发放贷款的利息收入、投资收益的差额来获取利益，形成利润。商业银行虽然通过信用中介这一职能实现了资本盈余和短缺之间的融通，但并不改变货币资本的所有权，改变的只是货币资本的使用权。

（2）支付中介职能。这一职能是指商业银行的经营货币业务。它是通过对单位和个人的存款在账户上的转移，代理客户支付款项并收取手续费，形成业务收入，同时还能在存款的基础上为客户兑付现金等，成为各经济组织和个人的货币保管者、出纳者和支付代理人。因此，就形成了以商业银行为中心的社会经济过程中的无穷无尽的支付链条和债权债务关系。

（3）金融服务职能。银行的触角能够触及全社会的各个角落。由于我国银行的信用好、信息灵通，具备了为各种经济组织和各类客户提供多样化的信息服务、咨询服务等的条件。随着社会的进步和经济的快速发展，大部分单位和居民把原本应该自己处理的货币业务转交给银行代为办理，如代发工资、代办缴费等。这不仅增加了商业银行的服务业务量，也满足了社会需求。

（4）调节经济职能。这一职能是指商业银行通过信用中介职能，调整和调剂社会各部门、各行业的资金流向和余缺，同时在贯彻执行央行货币政策以及国家有关宏观调控政策的落实，实现经济结构、消费比例、产业结构等诸多方面发挥了政府其他部门无法替代的作用。

二、银行会计的特点

银行经营的是货币资金的商业性买卖，该行业的业务特点、职能和作用与其他行业相比，具有如下突出特点：

（一）会计核算活动与业务处理活动的统一性

银行是经营货币资金商业性买卖的特殊行业，绝大部分业务活动的发生会直接引起货币资金的增减变动。银行在处理各项业务的同时，必须通过会计部门直接完成，银行会计核算的过程就是银行办理业务的过程。所以，银行会计核算和业务处理是同步进行的，具有统一性。

（二）反映国民经济活动情况的综合性

银行是国民经济的一个综合部门，它的业务是由国家各经济组织和城乡居民的经济活动引起的。因此，银行会计在微观上反映自身的业务活动和国民经济各部门、各单位以及广大居民的经济活动情况，而通过各分支行会计报表的逐级上报，就可以综合地反映出全国的经济活动情况。

（三）会计核算方法的独特性

银行经营的是特殊商品，各项业务活动从发生到完成，只具有货币资金这一种运动形态，而其他行业的资金在运动过程中的形态经常发生变化，除货币资金形态外，还有储备资金、生产资金、成品资金等形态。所以，银行会计具有独特的会计核算方法。

（四）提供会计核算资料的及时性

由于银行与国民经济各部门以及广大居民联系密切，它对外提供的有关资料是国家了解国民经济情况，制定宏观政策，进行宏观决策的重要依据。另外，银行经营的是货币这种特殊商品，这就要求银行会计必须及时对外提供会计资料，同时还要求银行当日的业务活动核算完毕后，在当日账务核对无误的基础上编制当日的内部会计报表——日计表。这种及时性是其他行业无法比拟的。

（五）会计核算和内部监督的严密性

银行经营商品的特殊性决定了银行会计在核算手续和内部监督措施上比其他行业会计更严密，主要体现在：现金收付换人复核、双人临柜、当天业务当天必须入账、每天必须清点库存等制度。只有这样才能做到万无一失。

小知识5-1

自2016年5月1日起，银行所属的金融业被纳入“营改增”试点范围，由缴纳营业税改为缴纳增值税。“营改增”后，应税行为的年应征增值税销售额超过500万元的纳税人为一般纳税人，未超过规定标准的纳税人为小规模纳税人。金融业一般纳税人适用税率为6%，小规模纳税人适用3%的征收率。从税基方面来看，银行业主要收入基本都纳入增值税征收范围，总体可看作是营业税税基的平移，差别不是特别大。销项税额方面涵盖了银行主要收入、贷款服务利息收入、直接收费金融服务收入以及金融商品转让价差，其均作为销售额计征增值税；进项税额方面可抵扣的并不太多。银行存款利息不征收增值税；与贷款业务直接相关的佣金与手续费支出所产生的进项税额不得抵扣；营业税下的优惠政策基本平移到增值税政策下，金融同业往来利息收入、国债和政府债利息收入依然免税。

第二节　商业银行会计

商业银行会计是一种特殊行业的专业会计。它根据会计学的基本原理和基本方法，以货币为基本计量单位，对商业银行会计要素进行确认、计量、记录和报告，向商业银行利益相关者提供有用的会计信息。商业银行会计与其他行业会计相比有很大不同。

一、商业银行会计科目

商业银行的会计科目按资金性质可分为资产类、负债类、共同类、所有者权益类、成本类和损益类科目；按与资产负债表的关系可分为表内科目和表外科目。

由于业务处理的方法不同，商业银行可以在会计准则所规定的统一会计科目基础上，根据实际需要设置表内会计科目。企业会计准则颁布的商业银行会计科目见表5-1。

表5-1　**商业银行会计科目表**

编号	会计科目名称	编号	会计科目名称
	一、资产类	2231	应付股利
1001	库存现金	2232	应付利息
1002	银行存款	2241	其他应付款
1003	存放中央银行存款	2311	代理买卖证券款
1011	存放同业	2312	代理承销证券款
1031	存出保证金	2313	代理兑付证券款
1101	交易性金融资产	2314	代理业务负债
1111	买入返售金融资产	2411	预计负债
1131	应收股利	2602	长期债券
1132	应收利息	2703	租赁负债
1231	其他应收款	2801	长期应付款
1241	坏账准备	2802	未确认融资费用
1251	贴现资产	2811	专项应付款
1301	贷款	2901	递延所得税负债
1302	贷款损失准备		三、共同类
1311	代理兑付证券	3001	清算资金往来
1321	代理业务资产	3002	外汇买卖
1441	贵金属	3101	衍生工具
1442	抵债资产	3201	套期工具
1521	债权投资	3202	被套期项目
1522	其他债权投资		四、所有者权益类
1523	长期应收款	4001	实收资本
1524	长期股权投资	4002	资本公积
1525	长期股权投资减值准备	4101	盈余公积
1601	固定资产	4102	一般风险准备
1602	累计折旧	4103	本年利润

续表

编号	会计科目名称	编号	会计科目名称
1603	固定资产减值准备	4104	利润分配
1606	固定资产清理	4201	库存股
1701	无形资产		五、成本类
1702	累计摊销		六、损益类
1703	无形资产减值准备	6011	利息收入
1704	使用权资产	6021	手续费收入
1711	商誉	6051	其他业务收入
1801	长期待摊费用	6061	汇兑损益
1811	递延所得税资产	6101	公允价值变动损益
1901	待处理财产损溢	6111	投资收益
	二、负债类	6301	营业外收入
2002	存入保证金	6402	其他业务成本
2003	拆入资金	6403	税金及附加
2004	向中央银行借款	6411	利息支出
2011	同业存放	6421	手续费支出
2012	吸收存款	6602	管理费用
2021	贴现负债	6603	财务费用
2101	交易性金融负债	6701	资产减值损失
2111	卖出回购金融资产款	6711	营业外支出
2211	应付职工薪酬	6801	所得税费用
2221	应交税费	6901	以前年度损益调整

注：

1.本表是根据我国商业银行会计科目表摘录的主要、常用的一级会计科目。

2.本表资产类中的“贷款”科目在银行实务中应设置以下二级明细账：

（1）短期贷款。

（2）中长期贷款。

（3）逾期贷款。

3.本表负债类中的“吸收存款”科目在银行实务中应设置以下二级明细账：

（1）单位活期存款。

（2）单位定期存款。

（3）活期储蓄存款。

（4）定期储蓄存款。

4.商业银行可以根据实际需要设置其他二级明细账，如零存整取、整存零取等。

5.在实际工作中，许多银行的会计人员为保证会计核算的准确性和会计核算工作的明晰性以及核算习惯，通常将以上二级科目提升为一级科目进行核算。

二、商业银行账务处理程序

商业银行的账务处理程序是将明细核算程序、综合核算程序和账务核对三方面结合起来的一个完整的会计业务处理程序。商业银行账务处理程序的具体步骤如下：

- 根据发生的银行业务编制或受理审核会计凭证。
- 根据审核无误的会计凭证登记明细分类账或库存现金收入、付出日记簿。
- 根据分户账期末余额编制余额表。

以上三项是商业银行明细核算的基本程序。

- 根据会计凭证编制科目日结单，试算当天各科目所发生的借方和贷方发生额是否平衡。
- 根据科目日结单登记总账并结出总账的期末余额。
- 根据总账余额编制日计表。

以上三项是商业银行综合核算的基本程序。

- 将各总账余额与其所属分户账的余额合计核对相符。
- 总账库存现金科目与库存现金收入日记簿、库存现金付出日记簿和库存现金库存簿核对相符。
- 库存现金库存簿和现金核对相符。

以上三项是商业银行的账务核对。

商业银行每日账务处理程序与核对关系如图5-1所示。

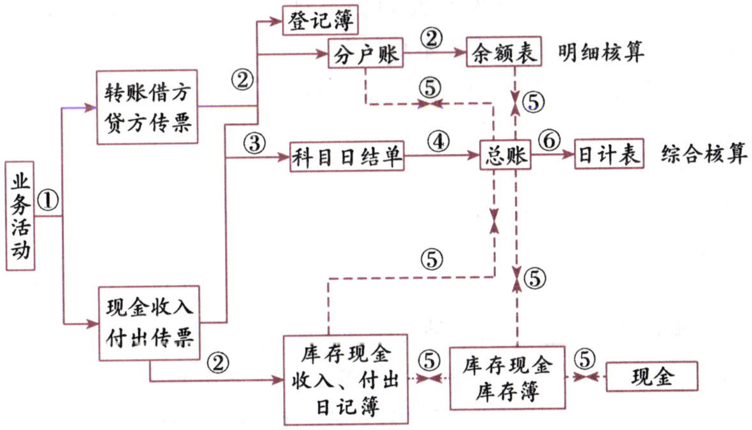

注：实线表示核算步骤；虚线表示核对关系。

图5-1　商业银行每日账务处理程序与核对关系图

商业银行业务核算内容较多，因篇幅关系，这里只介绍商业银行的存款业务、贷款业务与结算业务的核算方法。

三、存款业务的核算

存款是银行以信用方式向社会吸收的闲置资金。存款业务核算的基本内容主要有：单位活期存款的核算、单位定期存款的核算、个人活期储蓄存款的核算、个人定期储蓄存款的核算四部分。

（一）单位存款业务的核算

1.单位活期存款业务的核算。

单位活期存款账户是指企业、事业、行政机关、社会团体、学校、部队等单位在银行开立的存款账户，用来存放周转资金，办理收付结算和领取现金。单位活期存款是单位存款的主要形式。

“单位活期存款”账户属于负债类账户，核算银行吸收的单位活期存款。其贷方登记收到的单位存入的活期存款和结计的利息；借方登记单位支取或按规定扣款、销户的金额；余额在贷方，表示单位活期存款的结存数额。该账户按存款单位设置明细账，进行明细核算。

【例5-1】北京市第一建设公司为支票户，向开户行中国工商银行方正支行存入现金800 000元。方正支行应作如下会计分录：

借：库存现金　800 000

　贷：吸收存款——单位活期存款（第一建设公司）　800 000

【例5-2】承【例5-1】，同年第一建设公司以现金支票从中国工商银行方正支行支取现金4 000元。方正支行应作如下会计分录：

借：吸收存款——单位活期存款（第一建设公司）　4 000

　贷：库存现金　4 000

活期存款是银行流动性最强的流动负债。存款利息的计算应采用如下方法：

计息时间：按季度计算。每季末月20日为结息日，计算时间从上季末月21日开始，到本季末月20日为止。计息天数“算头不算尾”。

计息利率：一般分为年利率（%）、月利率（‰）、日利率（‱）三种。

年利率÷12=月利率

月利率÷30=日利率

利息的计算公式为：

利息=本金×存期×利率

由于单位存取次数频繁，其存款余额经常发生变动，计算利息可采用积数法。

积数法又称余额表计息法。采用这种方法计息是会计部门在每日终了，将各计息分户账的最后余额按户抄列在计息余额表内（当日余额没有变化的，按上日余额照抄）。如遇错账冲正，应在余额表的“应加积数”“应减积数”栏内调整计息积数。结息日，逐户将全季的累计积数乘以日利率，即得出各户应计利息数。

利息=日利率×计息积数

注：本金元位起息，元位以下不计息。计算的利息保留到分位。

假定某企业3月21日至6月20日在银行的活期存款账户累计积数为2 003 600元，由于错账冲正应减少积数3 600元，月利率为0.825‰，其利息计算如下：

季度应计利息=2 000 000×0.825‰÷30×92=5 060（元）

计息后，一般于次日入账，应作如下会计分录：

借：利息支出　5 060

　贷：吸收存款——单位活期存款（××单位）　5 060

2.单位定期存款业务的核算。

企事业单位如有闲置的自有资金，可以在开户行办理定期存款。单位定期存款是指单位存入款项时一次存入，约定存期，到期支取本息的一种存款业务。

“单位定期存款”账户属于负债类账户，核算单位在银行存入的定期存款。其贷方登记收到单位存入的定期存款；借方登记单位支取或到期的转存数额；余额在贷方，表示单位在银行定期存款的实有数额。该账户应按照存款单位设置明细账，进行明细核算。

【例5-3】承【例5-1】，同年第一建设公司向中国工商银行方正支行申请转存一年期定期存款160 000元，年利率8%，方正支行同意后应作如下会计分录：

借：吸收存款——单位活期存款（第一建设公司） 160 000
  贷：吸收存款——单位定期存款（第一建设公司） 160 000

【例5-4】承【例5-3】，1年后第一建设公司定期存款到期，转存为活期存款，方正支行应作如下会计分录：

借：吸收存款——单位定期存款（第一建设公司） 160 000
  利息支出——应付利息 12 800
  贷：吸收存款——单位活期存款（第一建设公司） 172 800

小思考5-1

为什么商业银行对活期存款与定期存款要采用不同的计息方法？

（二）个人储蓄存款业务的核算

1.活期储蓄存款的核算。

储蓄存款是指商业银行通过信用方式吸收城乡居民个人手中的资金形成的存款。它是商业银行存款的重要组成部分，并实行“存款自愿，取款自由，存款有息和为储户保密”的原则。

“活期储蓄存款”账户属于负债类账户，核算居民个人存入银行的活期储蓄存款。其贷方登记收到居民个人存入的活期储蓄存款和结计的利息；借方登记居民个人支取款项或销户时的款项；余额在贷方，表示居民个人在银行活期储蓄存款的实有数额。该账户按照存款人设置明细账，进行明细核算。

【例5-5】开户行中国工商银行方正支行接受居民王林存入的活期储蓄存款1 000元，应作如下会计分录：

借：库存现金 1 000
  贷：吸收存款——活期储蓄存款（王林） 1 000

【例5-6】承【例5-5】，数月后王林取出所有存款，中国工商银行方正支行结出利息，合计为23元，应作如下会计分录：

借：吸收存款——活期储蓄存款（王林） 1 000
  利息支出 23
  贷：库存现金 1 023

按照规定，活期储蓄存款应每年结息一次，每年7月1日到次年6月30日，为结息期，每年的6月30日为结息日。其主要目的是减轻银行年度决算日的工作量。利息的计算方法是：在每年的结息日，银行用累计积数乘以当日挂牌活期储蓄存款日利率。对于结计的利息，银行应作如下会计分录：

借：利息支出

　贷：吸收存款——活期储蓄存款（××存款人）

小思考 5-2

银行除了进行活期储蓄存款利息的计算外，是否还有利息税的计算？请同学们查阅利息税的规定，了解相关内容。

2. 定期储蓄存款的核算。

定期储蓄存款是指存入时约定存期，存款到期时才能支取的储蓄存款。其特点是存款时间较长，存期固定。定期储蓄存款按本息的存取方式不同可分为整存整取、零存整取、存本取息和整存零取等。

“定期储蓄存款”账户属于负债类账户，核算居民个人在银行存入的各类定期储蓄存款，包括定活两便储蓄存款、零存整取储蓄存款、整存整取储蓄存款、存本取息储蓄存款、整存零取储蓄存款等。其贷方登记居民个人存入的定期储蓄存款数；借方登记居民个人提取的数额；余额在贷方，表示居民定期储蓄存款的结余数。该账户按照居民个人分设明细账，进行明细核算。

【例 5-7】中国工商银行方正支行储户方明开立零存整取储蓄存款账户，第 1 个月存入 3 000 元，方正支行应作如下会计分录：

借：库存现金　　3 000

　贷：吸收存款——定期储蓄存款（方明）　　3 000

【例 5-8】承【例 5-7】，储户方明的零存整取储蓄存款 1 年后到期支取，银行计算的利息为 1 800 元，方正支行应作如下会计分录：

借：吸收存款——定期储蓄存款（方明）　　36 000

　　利息支出　　1 800

　贷：库存现金　　37 800

【例 5-9】马芳在开户行中国工商银行方正支行存入整存整取定期储蓄存款 4 900 元，存期 3 年，方正支行应作如下会计分录：

借：库存现金　　4 900

　贷：吸收存款——定期储蓄存款（马芳）　　4 900

【例 5-10】3 年后马芳持到期存单来银行提款，计算利息为 450 元，方正支行应作如下会计分录：

借：吸收存款——定期储蓄存款（马芳）　　4 900

　　利息支出　　450

　贷：库存现金　　5 350

3. 利息税的相关规定。

按国家税务总局的规定，储户 1999 年 11 月 1 日以后在银行的储蓄存款产生的利息，要缴纳 20% 的个人股息利息红利所得。我国从 2008 年 10 月 9 日起，对个人的储蓄存款利息暂免征收个人所得税。

四、贷款业务的核算

贷款也称放款，是指银行或其他金融机构以一定的利率和必须归还等为条件，把货币资金提供给需要者的一种信用活动。划分贷款种类的方法有很多，例如：

按对象划分：可以分为工商贷款、农业贷款、集体和个体工商户贷款。

按期限划分：可以分为短期贷款、中长期贷款。

按有无贷款保障划分：可以分为信用贷款、担保贷款、抵押贷款等。

按贷款的用途划分：可以分为流动资金贷款、固定资产贷款、农副产品收购贷款。

按贷款的性质划分：可以分为政策性贷款和商业性贷款。

按照贷款的利率划分：可以分为固定利率贷款、浮动利率贷款和优惠贷款。

按照贷款的风险程度划分：可以分为正常贷款、逾期贷款和催收贷款等。

现主要介绍信用贷款、担保贷款和抵押贷款。

（一）信用贷款的核算

信用贷款是银行的高风险资产，是指借款人在无任何抵押的情况下，凭借借款人的信用而发放的贷款。信用贷款分为逐笔核贷、商业票据贴现贷款和下贷上转三种，这里只介绍前两种。

【随堂测】（判断题）信用贷款是指银行要求借款人提供一定的抵押品作为物资保证而发放的贷款。（　　）

1.逐笔核贷的核算方式。

逐笔核贷主要是指银行根据借贷单位提出的申请，审查批准后，约定期限逐笔发行，一次或分次收回贷款本息的一种贷款方式。这种贷款方式适合各种流动资金贷款、各种设备贷款、临时性贷款等。这类贷款一般根据贷款期限是否超过1年，划分为短期贷款和中长期贷款两种。

“短期贷款”和“中长期贷款”账户属于资产类账户，分别核算银行向借款人发放的短期和中长期贷款。其借方登记发放贷款的本金；贷方登记贷款的收回和不能收回转入“逾期贷款”账户的数额；余额在借方，表示尚未收回的贷款。该账户按照借款单位设置明细账，进行明细核算。

【例5-11】北京康泰公司向中国工商银行北京市东城区支行（增值税一般纳税人，下同）申请长期贷款，金额为200 000元，东城区支行应作如下会计分录：

借：贷款——中长期贷款（北京康泰公司）　　200 000

　　贷：吸收存款——单位活期存款（北京康泰公司）　　200 000

【例5-12】中国工商银行北京市东城区支行向某个体户王力发放4 000元、期限为9个月的短期贷款，东城区支行应作如下会计分录：

借：贷款——短期贷款（王力）　　4 000

　　贷：库存现金　　4 000

【例5-13】承【例5-11】，中国工商银行北京市东城区支行收回贷款，利息收入计算为8 480元（含增值税），开具增值税普通发票。

原始凭证

东城区支行应作如下会计分录：

借：吸收存款——单位活期存款（北京康泰公司）　　208 480

贷：贷款——中长期贷款（北京康泰公司）　200 000

利息收入　8 000

应交税费——应交增值税（销项税额）　480

根据财税〔2016〕36号附件1《营业税改征增值税试点实施办法》第二十七条的规定，企业购进的贷款服务的进项税额不得从销项税额中抵扣。因此在实务工作中，银行针对客户的贷款业务，一般情况下开具增值税普通发票，借款人取得发票不得抵扣销项税额，但相关利息支出可以在企业所得税税前列支。

【例5-14】承【例5-12】，个体户王力逾期未能还贷，东城区支行应作如下会计分录：

借：贷款——逾期贷款（王力）　4 000

贷：贷款——短期贷款（王力）　4 000

2.商业票据贴现贷款的核算方式。

贴现是指申请人持未到期的票据要求银行融资，把票据金额扣除未到期利息后如数付给申请人的一种贷款方式。这种贷款方式的特点在于其贷款对象是票据。按照《中华人民共和国票据法》的规定，可以贴现的票据有商业汇票（包括银行承兑汇票和商业承兑汇票）、未到期的债券和存单等。贴现利息和贴现金额的计算公式为：

贴现利息=汇票金额×贴现天数×贴现利率

贴现金额=汇票金额-贴现利息

为核算商业票据贴现、再贴现和转贴现业务，银行应设置"贴现资产"账户。其借方登记单位和其他商业银行来办理贴现或转贴现的商业票据的票面金额、再贴现票据到期中央银行扣收的票款、偿还其他商业银行票款等；贷方登记以未到期的商业票据向中央银行或其他银行转贴现、到期向贴现申请人或转贴现申请人收回的票款以及不能收回的票款的核销数额。

【例5-15】7月9日，在中国工商银行北京市东城区支行开户的北京市进出口贸易公司持一张面额为1 800 000元的商业承兑汇票来申请贴现，如票据到期日为9月13日，月贴现率为0.72%，东城区支行应作如下会计分录：

贴现利息=1 800 000×66×0.72%÷30=28 512（元）

贴现金额=1 800 000-28 512=1 771 488（元）

借：贴现资产　1 800 000

贷：吸收存款——单位活期存款（北京市进出口贸易公司）　1 771 488

利息收入　26 898.11

应交税费——应交增值税（销项税额）　1 613.89

【例5-16】承【例5-15】，若付款人到期拒付，东城区支行直接从北京市进出口贸易公司全额扣款，应作如下会计分录：

借：吸收存款——单位活期存款（北京市进出口贸易公司）　1 800 000

贷：贴现资产　1 800 000

【例5-17】承【例5-15】，假如北京市进出口贸易公司存款户只有1 600 000元，东城区支行应作如下会计分录：

借：吸收存款——单位活期存款（北京市进出口贸易公司）　1 600 000

贷款——逾期贷款（北京市进出口贸易公司）　200 000

贷：贴现资产　　1 800 000

（二）担保贷款的核算

担保贷款是指借款人申请借款的同时，向银行提供有法人资格的且借款人一旦无力还款而能代之履行偿还责任的经济组织作保证的贷款。担保贷款虽有保证人，但只是以保证人的信用作担保，借款人未以任何财产作抵押，从严格意义上讲仍为信用贷款，因此其会计处理与信用贷款相同。但当债务期满债务人未能偿债应追究保证人连带责任时，应调整账务。

当担保人替债务人偿债时，银行应作如下会计分录：

借：贷款——短期贷款（或中长期贷款）（担保人）

　贷：贷款——短期贷款（或中长期贷款）（借款人）

同时，从担保人处收回贷款本息时：

借：吸收存款——单位活期存款（担保人）

　贷：贷款——短期贷款（或中长期贷款）（担保人）

　　应收利息

　　利息收入

　　应交税费——应交增值税（销项税额）

（三）抵押贷款的核算

抵押贷款与信用贷款、担保贷款是不同的，其主要区别在于有无物资作抵押。抵押贷款是指银行要求借贷人提供一定的抵押品作为物资保证而发放的贷款。如借贷人逾期不能还贷，银行有权以其抵押品作为抵扣，以所得的收入作为补偿。

【例 5-18】北京某公司目前急需短期资金140 000元，以一台设备向中国工商银行北京市东城区支行申请抵押贷款，东城区支行应作如下会计分录：

借：贷款——抵押贷款（北京某公司）　　140 000

　贷：吸收存款——单位活期存款（北京某公司）　　140 000

【例 5-19】承【例 5-18】，贷款到期，银行收到借款人归还的本息143 200元，东城区支行应作如下会计分录：

借：吸收存款——单位活期存款（北京某公司）　　143 200

　贷：贷款——抵押贷款（北京某公司）　　140 000

　　利息收入　　3 018.87

　　应交税费——应交增值税（销项税额）　　181.13

假如公司未能及时还款，则银行要处理其抵押品以补偿本息，将设备出售后收到现金143 200元，东城区支行应作如下会计分录：

借：库存现金　　143 200

　贷：贷款——抵押贷款（北京某公司）　　140 000

　　利息收入　　3 018.87

　　应交税费——应交增值税（销项税额）　　181.13

如果拍卖所得净收入（拍卖所得收入减拍卖所付费用）大于抵押贷款本息，按照《中华人民共和国民法典》第四百一十三条的规定：抵押财产折价或者拍卖、变卖后，其价款超过债权数额的部分归抵押人所有，不足部分由债务人清偿。因此，拍卖所得的净收入超过贷款本息的余额应退还抵押人，银行应作如下会计分录：

借：库存现金

贷：贷款——抵押贷款（借款人）

利息收入

应交税费——应交增值税（销项税额）

吸收存款——单位活期存款（借款人）

如果拍卖所得净收入小于抵押贷款本息，不足的部分应由债务人清偿，银行应作如下会计分录：

借：库存现金

吸收存款——单位活期存款（借款人）

贷：贷款——抵押贷款（借款人）

利息收入

应交税费——应交增值税（销项税额）

五、结算业务的核算

结算业务包括银行汇票结算、商业汇票结算、委托收款结算、汇兑等。

（一）银行汇票结算的核算

"汇出汇款"账户属于负债类账户，核算银行办理银行汇票业务所发生的收付款项以及汇出的外汇汇款。其贷方登记汇出的款项；借方登记解付的汇款和发生退汇的汇款；余额在贷方，表示汇出汇款的结余数。该账户应设置"全国银行汇票户""区域性银行汇票户""汇出境内汇款户""汇出境外汇款户"四个明细账户，进行明细核算。

【例5-20】中国工商银行北京市东城区支行为某客户申请办理银行汇票一张，全额40 000元，东城区支行应作如下会计分录：

借：吸收存款——单位活期存款　　40 000

贷：汇出汇款　　40 000

【例5-21】承【例5-20】，中国工商银行北京市东城区支行接到联行借方报单及解讫通知，交易金额为38 000元，东城区支行应作如下会计分录：

借：汇出汇款　　40 000

贷：联行来账　　38 000

吸收存款——单位活期存款　　2 000

"联行往账"科目由发报行使用，是全国联行往来的专用科目。发报行在发生联行账务、填制联行报单时使用本科目核算，如填制借方报单，即代他行付款，记入该科目借方；如填制贷方报单，即代他行收款，记入该科目贷方。

"联行来账"科目由收报行使用，也是全国联行往来的专用科目。收报行在接到发报行寄来的联行报单时使用本科目核算，收到借方报单，记入该科目贷方；收到贷方报单，记入该科目借方。

（二）商业汇票结算的核算

1.商业承兑汇票结算的核算。

【例5-22】甲公司卖给乙公司一批原料，价值100 000元，乙公司签发并承兑商业汇票一张，面额100 000元，承兑期限3个月。甲公司在汇票到期前委托开户行收款。乙公司开户行于到期日划款，应作如下会计分录：

借：吸收存款——单位活期存款（乙公司）　100 000
　贷：联行往账　100 000

甲公司开户行在收到汇票款项时，应作如下会计分录：

借：联行来账　100 000
　贷：吸收存款——单位活期存款（甲公司）　100 000

2.银行承兑汇票结算的核算。

【例5-23】假设【例5-22】中乙公司签发的汇票是其开户行承兑的，其开户行应收取手续费100元（100 000×1‰），应作如下会计分录：

借：吸收存款——单位活期存款（乙公司）　100
　贷：手续费收入　94.34
　　　应交税费——应交增值税（销项税额）　5.66

乙公司开户行在汇票到期时向乙公司收取票款，应作如下会计分录：

借：吸收存款——单位活期存款（乙公司）　100 000
　贷：应解汇款——乙公司　100 000

乙公司开户行办理票款转账时，应作如下会计分录：

借：应解汇款——乙公司　100 000
　贷：联行往账　100 000

“应解汇款”账户属于负债类账户，核算本行收到的待解付的结算款项。凡本行收到的未在本行开户的单位和个人待解付的款项以及本行签发的银行承兑汇票到期待付的款项等，均通过本账户核算。异地汇入待解付汇款或结汇款项，以及本行承兑的商业汇票到期待付、银行汇票待解付时，贷记本账户；解付汇入款项、结汇和支付汇票款项时，借记本账户，收款人要求将款项退汇或转汇时，也借记本账户；期末余额在贷方。该账户按收款人逐笔设户进行明细核算。

若乙公司在汇票到期时无力付款，其开户行应作如下会计分录：

借：贷款——短期贷款（乙公司逾期贷款）　100 000
　贷：应解汇款——乙公司　100 000

乙公司开户行办理票款转账时，应作如下会计分录：

借：应解汇款——乙公司　100 000
　贷：联行往账　100 000

甲公司开户行在汇票到期收取票款时，应作如下会计分录：

借：联行来账　100 000
　贷：吸收存款——单位活期存款（甲公司）　100 000

（三）委托收款结算的核算

委托收款是收款人委托银行向付款人收取款项的结算方式。

【例 5-24】北京市某机电公司向其开户行中国工商银行北京市东城区支行提出委托收款的申请，向北京市某厂收回所欠的货款 50 000 元。当付款方付款时，其开户行（中国建设银行北京市东城区支行）应作如下会计分录：

借：吸收存款——单位活期存款（××厂）　50 000

　贷：联行往账　50 000

该机电公司开户行收到对方开户行的有关凭证，在办理进账时，应作如下会计分录：

借：联行来账　50 000

　贷：吸收存款——单位活期存款（××机电公司）　50 000

（四）汇兑的核算

汇兑是汇款人委托银行将其款项支付给收款人的结算方式。

【例 5-25】北京顺达公司到开户行中国工商银行北京市东城区支行办理业务，汇给天津兴东公司购原材料款 200 000 元。银行在汇出款项时，应作如下会计分录：

借：吸收存款——单位活期存款（北京顺达公司）　200 000

　贷：联行往账　200 000

天津兴东公司开户行在接到中国工商银行北京市东城区支行寄来的邮划贷方报单时，应作如下会计分录：

借：联行来账　200 000

　贷：吸收存款——单位活期存款（天津兴东公司）　200 000

【随堂测】（多选题）结算业务包括（　　）。

A.银行本票结算　B.委托收款结算　C.汇兑　D.信用卡

小知识 5-2

金融企业应当在期末分析各项贷款的可收回性，预计可能产生的贷款损失，计提贷款损失准备。贷款损失准备应根据借款人的还款能力、贷款本息的偿还情况、抵押品的市价、担保人的支持力度和金融企业内部信贷管理等因素，分析其风险程度和回收的可能性，合理计提。

计提的贷款损失准备应计入当期损益，会计分录为：

借：资产减值损失——计提贷款损失准备

　贷：贷款损失准备

核销贷款损失时，会计分录为：

借：贷款损失准备

　贷：贷款——逾期贷款

第三节　中央银行会计

一、中央银行会计的业务范围和特点

中央银行是管理全国金融业的国家机关，是全国金融活动的中心。中央银行掌管货币发行，集中管理信贷资金，管理外汇、金银，经理国库，代理发行国家债券等，与各专业银行和其他金融机构以及财政部门等有密切的资金联系。

（一）中央银行的业务范围

1.集中资金。

中央银行的资金来源主要由四部分组成：

（1）自有资金，包括中央信贷基金、固定资产基金、专项基金等；

（2）各项存款，包括财政性存款、专业银行及其他金融机构缴存款、专业银行及其他金融机构存款、邮政储蓄转存款等；

（3）其他资金来源，包括结算资金、暂收款项及各项收入；

（4）货币发行（指流通中的货币）。

2.分配资金。

中央银行的资金运用有四个方面：

（1）各项贷款（包括对专业银行及其他金融机构贷款、各种专项贷款和再贴现等）；

（2）各项占款（包括拨付中央信贷基金、金银占款、固定资产占款、有价证券、投资、兑付国家债券本息款项等）；

（3）其他资金占用（如暂付款项、各项支出及费用等）；

（4）库存现金。

3.宏观调控。

中央银行对专业银行及其他金融机构等的业务活动实行金融宏观控制与调节。

（二）中央银行会计的特点

中央银行是管理全国金融事业的国家机关，与专业银行以及其他部门、单位相比具有以下几个特点：

1.中央银行会计具有金融宏观管理特征，是实现中央银行职能的工具。中央银行根据国家经济和金融政策，采取宏观调控手段，进行货币发行、回笼以及存款和贷款等资金活动，这些活动都是通过会计体现出国家宏观金融管理的性质。

2.中央银行的会计核算既反映了专业银行和其他金融机构本身的经营活动情况，又综合反映了一个地区和全国的金融活动状况。专业银行及其他金融机构必须在中央银行开立账户，其营运资金的收付要在中央银行开设的账户中进行。根据《全国银行统一会计基本制度》的规定，中国人民银行总行管理全国银行会计工作，中国人民银行各地分支机构管理本地区银行和其他金融机构会计工作。各专业银行要根据《全国银行统一会计基本制度》的规定，使用全国银行统一会计科目，并向中国人民银行编报统一会计报表。

从会计核算的角度来看，中央银行的会计核算内容主要包括货币发行业务的核算、经理国库业务的核算、商业银行缴存存款和贷款的核算等。

二、货币发行业务的核算

中国人民银行是我国唯一的货币发行机构。货币发行是指对货币的印制、保管、调拨，货币的发行与回笼以及损伤货币的销毁等。

（一）货币发行业务概述

1.发行基金和发行库。

发行基金是指中国人民银行替国家保管的尚未发行的票币，是为调剂市场货币流通的准备基金。由印制厂印制完成但尚未投入流通的票币以及从流通领域回笼的票币，均为发行基金。

发行库是发行基金的保管库。中国人民银行设立人民币发行库，并在其分支机构设立分支库。为灵活调拨发行基金，总库在若干分库设立总行的重点库和后备库，代总库接收新票币入库，并保管和运送发行基金。发行库的主要职责是：根据国务院核定的货币发行额度，统一调度发行基金；具体办理货币发行工作和损伤票币的收回和销毁；保管和调运发行基金，调剂市场各种票币的流通比例；办理全国发行业务的会计核算，正确、及时地反映市场货币投放和回笼情况。

2.会计科目的设置。

（1）发行库专用科目。

❶“发行基金”科目，用于记载各发行库本身及其所辖发行基金的变动情况。

发行基金

收方	付方
❶印钞厂交来票币 ❷其他发行库调入发行基金 ❸商业银行交存回笼货币	❶销毁损伤票币 ❷向其他发行库调出发行基金 ❸商业银行支取发行票币
余额：本身和所辖的库存发行基金	

❷“总行重点库发行基金”科目，用于记载重点库发行基金的变动情况。

总行重点库发行基金

收方	付方
调入发行基金	调出发行基金
余额：重点库发行基金的库存数	

❸“印制及销毁票币”科目，用于记载有关票币的印制和销毁情况。

印制及销毁票币

收方	付方
印钞厂交来票币	销毁损伤票币
余额：发行库的发行基金和流通货币之和	

上述科目均为发行库专用科目，因与其他中国人民银行业务的核算没有关联，核算时应采用单式记账法记账。

（2）银行统一会计科目。

❶“发行基金往来”科目，用于记载货币的发行和回笼情况，中国人民银行各级行通用，但记账方向相反。

发行基金往来（基层行）

借方	贷方
商业银行送存现金数	商业银行提取现金数
余额：货币回笼数	余额：货币投放数

发行基金往来（总行）

借方	贷方
商业银行提取现金数	商业银行送存现金数
余额：货币投放数	余额：货币回笼数

❷“流通中货币”科目，用于记载流通中货币的变动情况。

借方	流通中货币	贷方
回笼货币	发行货币	
	余额：流通中的货币量	

（二）发行基金印制入库的核算

印制货币必须遵守印制计划，印制完成的所有合格货币，必须全数解缴总库指定的发行库保管。

合格货币解缴入库时，总行重点库应作如下会计处理：

收入：“总行重点库发行基金”

总库收到经重点库验收盖章入库的凭证时，应作如下会计处理：

收入：“发行基金——××重点库户”

收入：“印制及销毁票币——××券（币）别户”

对直接交给总库的新印票币，总库应作如下会计处理：

收入：“发行基金——总库户”

收入：“印制及销毁票币——××券（币）别户”

（三）发行基金调拨的核算

发行基金调拨是发行库与发行库之间发行基金的转移，是组织货币投放的准备工作，有上下级库之间以及同级库之间的调拨两种。

1.上下级库之间发行基金的调拨。

（1）上级库调出发行基金给下级库时，上级调出库应作如下会计处理：

付出：“发行基金——本库户”

收入：“发行基金——××调入库户”

下级调入库验收发行基金无误后，应作如下会计处理：

收入：“发行基金——本库户”

（2）下级库调拨发行基金给上级库时，下级调出库应作如下会计处理：

付出：“发行基金——本库户”

上级调入库应作如下会计处理：

收入：“发行基金——本库户”

付出：“发行基金——××调出库户”

2.同级库之间发行基金的调拨。

先由上级库签发命令，并分别通知调入库和调出库。

（1）上级库应作如下会计处理：

收入：“发行基金——××调入库户”

付出：“发行基金——××调出库户”

（2）调出库应作如下会计处理：

付出：“发行基金——本库户”

（3）调入库应作如下会计处理：

收入：“发行基金——本库户”

（四）货币投放的核算

货币投放是指发行库将发行基金支付给商业银行的过程。货币投放后，发行基金减少。商业银行与中国人民银行的现金收付活动，是实现中国人民银行货币发行与回笼的主要手段。

【例5-26】某商业银行北京市某区支行向同级中国人民银行提取现金2 000 000元。发行库在办理投放业务时，应作如下会计处理：

付出：发行基金——本库户　2 000 000

同级中国人民银行应作如下会计分录：

借：库存现金　2 000 000

　贷：发行基金往来　2 000 000

借：商业银行存款　2 000 000

　贷：库存现金　2 000 000

北京市发行分库在接到通知后，应作如下会计处理：

付出：发行基金——××分库户　2 000 000

总库在接到通知后，应作如下会计处理：

付出：发行基金——北京分库户　2 000 000

总行应作如下会计分录：

借：发行基金往来　2 000 000

　贷：流通中货币　2 000 000

（五）货币回笼的核算

各商业银行将超过库存限额的货币交存中国人民银行发行库，称为货币回笼。货币回笼表现为各商业银行送存现金给中国人民银行，其实质是流通中的货币退出流通领域，返回到发行基金的状态。

1. 发行库收到商业银行送存的现金时，应作如下会计处理：

收入："发行基金——本库户"

2. 中国人民银行应作如下会计分录：

借：发行基金往来

　贷：××银行存款

3. 总行应作如下会计分录：

借：流通中货币

　贷：发行基金往来

4. 总库在接到通知时，应作如下会计处理：

收入："发行基金——××分库户"

5. 商业银行向中国人民银行送存现金时，应作如下会计分录：

借：存放中央银行款项

　贷：库存现金

小思考5-3

谁负责办理国库券的印制、调拨、发行、还本付息及销毁工作？为方便单位和个人认购，发行国库券的日常业务委托给谁来办理？

三、经理国库业务的核算

国库的全称为国家金库。按照国家的规定，一切财政收入必须按期缴入国库，任何单位不得截留、坐支或保管。一切财政支出，必须凭各级财政机关的拨款凭证通过国库拨付。我国国库设在中央银行，经理国库业务是中国人民银行的重要工作。

目前，我国的国库分为中央国库和地方国库两部分。中央国库设总库、分库、中心支库、支库四级机构。中国人民银行总行经理总库，各省、自治区、直辖市分行经理分库，市、地（州）分行及支行经理中心支库，县（市）支行及城区办事处经理支库，支库以下设经收处，由有关商业银行的分支机构办理经收处业务。

国库会计核算应分中央金库和地方金库来设置会计科目。中央金库应设置的会计科目包括：中央预算收入、待报解中央预算收入、中央预算支出（总库专用）、财政预拨经费限额款（总库专用）等。

地方金库应设置的会计科目包括：地方财政库款、待报解地方预算收入、财政预算外存款等。

国库业务核算主要有预算收入收纳的核算、库款报解和支拨的核算、发行国家债券和还本付息的核算等。这里只介绍前两种。

（一）预算收入收纳的核算

预算收入是国库收入的主要内容。预算收入由于来源不同，分别由税务、海关和财政等部门负责征收。各类预算收入根据规定的预算收入级次和收入分成留解比例，办理划分、留解，分别进入中央金库和各级地方金库。

1.经收处代收预算收入的核算。

经收处在收到缴款单位或缴款人交来的缴款书并审核无误后，应作会计分录为：借记“××银行存款”科目，贷记“待结算财政款项——待报解预算收入户”科目。如果缴款单位缴纳的是现金，应作会计分录为：借记“库存现金”科目，贷记“待结算财政款项——待报解预算收入户”科目。每日终了，应将当日的预算收入全数划转商业银行，应作会计分录为：借记“待结算财政款项——待报解预算收入户”科目，贷记“联行存放款项”科目等。

“待结算财政款项”科目核算中国人民银行国库部门因预算收入级次不清等原因而待处理的款项。其贷方登记收入数；划分处理后，借记本科目。

2.支库收纳预算收入的核算。

支库收纳的预算收入主要由支库本身直接收纳和经收处代收后上划两部分组成，应作会计分录为：借记“存放联行款项”科目等，贷记“待报解地方预算收入”或“待报解中央预算收入”科目等。

“待报解地方预算收入”科目属于负债类科目，核算国库各分支库当日收纳的、未报解及未结转的地方预算收入款项。本科目是过渡性科目，当日收纳款项时登记在贷方；划分、报解、退付、结转时登记在借方；余额为零。

“待报解中央预算收入”科目属于负债类科目，核算国库各分支库当日收纳的、未报解的中央预算收入款项。本科目也是过渡性科目，当日收纳款项时登记在贷方；划分、报解、退付时登记在借方；余额为零。

3.分库收纳预算收入的核算。

分库收纳的预算收入包括直接收纳和下级库上划两种。直接收纳的会计处理与支库相同。下级库上划的会计处理为：分库收到支库上报的预算收入凭证办理转账时，借记“存放联行款项”科目，贷记“待报解中央预算收入”或“待报解地方预算收入”科目。

小知识5-3

存放联行款项与联行存放款项的区别：

存放联行款项，存款的主体是银行基层经营机构，是为了保证日常汇划业务需求在联行存放的款项，有备付金的性质。联行存放款项，存款的主体是联行中心，是银行基层经营机构向联行中心缴存的备付金。

（二）库款报解和支拨的核算

国库对已入库的预算收入，应按照国家财政管理体制和分成留解比例划分各级预算收入和计算分成留解数，并及时向上级国库和各级财政机关报告预算收入和划解情况。预算收入可划分为中央预算固定收入、地方预算固定收入以及中央与地方共享收入三部分。

1.支库报解的核算。

支库在报解库款时，应对中央与地方共享收入作如下会计分录：

借：待报解中央预算收入

　贷：中央预算收入

　　待报解地方预算收入——省级收入户

　　　　　　　　　　——地（市）级收入户

　　　　　　　　　　——县级收入户

应对中央预算固定收入作如下会计分录：

借：中央预算收入

　　待报解地方预算收入——省级收入户

　　　　　　　　　　——地（市）级收入户

　贷：联行存放款项

应对县级预算固定收入作如下会计分录：

借：待报解地方预算收入——县级收入户

　贷：地方财政库款

“地方财政库款”科目属于负债类科目，核算地方各级财政预算的固定收入、共享收入、补助收入、专项收入、基金预算收入和地方预算收入的退付以及地方预算支出拨款、拨款缴回、补助支出、专项支出和基金预算支出等款项。收入增加时登记在贷方；拨款时登记在借方。本科目应按照与预算级次相对应的财政部门和收入、支出等分设明细账，进行明细核算。

2.中心支库报解的核算。

中心支库在收到支库上报的各种报解凭证时，对地（市）级固定预算收入，应作如下会计分录：

借：联行来账

贷：待报解地方预算收入——省级收入户

——地（市）级收入户

对上报来的中央与地方共享收入，应作如下会计分录：

借：待报解中央预算收入

贷：中央预算收入

待报解地方预算收入——省级收入户

——地（市）级收入户

3.分库报解的核算。

分库收纳预算收入和库款报解的核算方法与中心支库基本相同。

4.总库报解的核算。

总库是库款报解的终结单位。总库收到分库划来的各种报解凭证时，应编制汇总的中央预算收入日报表，并作如下会计分录：

借：联行来账

贷：中央预算收入

库款支拨也称预算拨款，它是指财政部门根据规定的预算计划将国库收纳的预算款项拨付给各预算单位。库款支拨的方式有实拨资金和限额拨款两种，这里只介绍前一种。

因为用款单位多在各类商业银行开户，而国库设在中央银行，因此，国库在支拨库款时，一方面减少国库存款，另一方面增加商业银行在中央银行的存款余额。国库支拨库款，应作如下会计分录：

借：中央预算支出

地方财政库款

贷：××商业银行存款户

小知识5-4

中国人民银行是国家授权管理和储备金银的机构，从事金银的收购，统管金银的销售、金银市场的管理、经营机构的管理、金银进出国境的管理等。一切厂矿单位生产和回收的金银以及农村集体和个人所采炼的金银，都必须全部交售给中国人民银行或其委托机构，不得自行销售、交换和留用。国家保护个人持有合法所得的金银，但所有单位和个人不得使用金银计价，禁止私下买卖和借贷抵押金银。

四、商业银行缴存存款和贷款的核算

为充分发挥中央银行控制货币供应量的职能，我国实行存款准备金制度[①]，采取缴存存款的办法，即各金融机构应按规定比例缴存存款准备金。

根据国家的规定，各商业银行吸收的存款以及财政性存款全部划归中国人民银行所有，其吸收的一般性存款，如企业存款、城乡储蓄存款、其他存款，必须按规定的比例缴存中国人民银行，由中国人民银行统一使用。中国人民银行为控制货币供应量，放松或紧缩贷款规模[②]，支持商业银行的业务发展，可向商业银行提供贷款。

（一）商业银行缴存存款（存款准备金）的核算

为了核算各商业银行缴存的财政性存款，应设置“××银行缴来财政性存款”科目。该科目为负债类科目，余额反映在贷方。

为了核算各商业银行缴存的一般性存款，应设置“××银行缴来一般性存款”科目。该科目为负债类科目，余额反映在贷方。

【例5-27】中国工商银行大连分行9月末各项存款余额调整[③]后，已缴财政性存款40 000 000元，已缴一般性存款5 000 000元。10月10日[④]该分行各存款科目余额为：财政性存款45 000 000元，企业存款100 000 000元，储蓄存款70 000 000元。各种存款缴存比例为：财政性存款100%，一般性存款13%。

应补缴财政性存款=45 000 000-40 000 000=5 000 000（元）

应补缴一般性存款=170 000 000×13%-5 000 000=17 100 000（元）

中国人民银行在办理转账时，应作如下会计分录：

借：工商银行存款户——大连分行	22 100 000	
贷：工商银行缴来财政性存款		5 000 000
工商银行缴来一般性存款		17 100 000

中国工商银行大连分行在办理转账时，应作如下会计分录：

借：存放中央银行款项——财政性存款	5 000 000	
——一般性存款	17 100 000	
贷：存放中央银行款项——准备金存款		22 100 000

（二）商业银行再贷款[⑤]的核算

中央银行向商业银行贷款分为以下几种：

1. 年度性贷款——中国人民银行为解决专业银行因经济合理增长引起的年度性贷款资金不足而发放的贷款。一般期限为1年，最长不超过2年。

2. 季节性贷款——中国人民银行为解决专业银行因信贷资金先支后收或者存、贷款季节性下降或上升等原因造成的暂时资金不足而发放的贷款。一般期限为2个月，最长不超过4个月。

3. 日拆性贷款——中国人民银行为解决商业银行因汇划款项未达而发生的临时性资金短缺而发放的贷款。一般期限为10天，最长不超过20天。

---

① 上缴中央银行的存款称为存款准备金，上缴比例称为存款准备率。

② 当中央银行根据市场货币流通情况而提高准备率时，则缩小信贷规模——紧缩银根；反之，则扩大信贷规模——放松银根。

③ 在初次缴存后，以后各次缴存均称为调整。

④ 城市支行每10天调整一次，县级以下支行每月调整一次。

⑤ 中央银行根据商业银行的借款计划向其发放的贷款，称为再贷款。

4. 再贴现——用于解决商业银行因办理票据贴现引起的暂时资金不足而融通的资金。期限从再贴现之日起到贴现票据到期日止，一般在6个月内。

【例5-28】交通银行大连分行向中国人民银行大连分行申请借得期限为1年的贷款10 000 000元。

中国人民银行大连分行应作如下会计分录：

借：交通银行贷款　　10 000 000

　贷：交通银行存款　　10 000 000

交通银行大连分行应作如下会计分录：

借：存放中央银行款项　　10 000 000

　贷：向中央银行借款　　10 000 000

还款时应作相反的会计分录。对发生的利息，中国人民银行大连分行应记入“利息收入——金融机构利息收入”科目；交通银行大连分行应记入“利息支出——中央银行利息支出”科目。

（三）再贴现的核算

中国人民银行可以为专业银行办理再贴现业务，也就是说，专业银行可以将作为贴现收到的票据向中国人民银行办理再贴现。

【例5-29】中国工商银行大连分行于2023年8月1日将一未到期的商业承兑汇票（到期日为10月1日，票面金额为200 000元）向中国人民银行大连分行办理再贴现，月再贴现率为0.48%。

再贴现利息=200 000×0.48%×2=1 920（元）

再贴现金额=200 000−1 920=198 080（元）

中国人民银行大连分行应作如下会计分录：

借：再贴现——工商银行再贴现户　　200 000

　贷：工商银行存款　　198 080

　　　利息收入——金融机构利息收入　　1 920

中国工商银行大连分行应作如下会计分录：

借：存放中央银行款项　　198 080

　　利息支出——中央银行利息支出　　1 920

　贷：向中央银行借款——再贴现借款　　200 000

该汇票10月1日到期，中国人民银行大连分行应作如下会计分录：

借：工商银行存款　　200 000

　贷：再贴现——工商银行再贴现户　　200 000

中国工商银行大连分行应作如下会计分录：

借：向中央银行借款——再贴现借款　　200 000

　贷：存放中央银行款项　　200 000

典型案例一

大华公司以价值2 000万元的设备向某银行（增值税一般纳税人）申请短期抵押贷款（半年）1 400万元，银行经审核批准。该笔贷款的利率为5%。

问题：

（1）银行发放该笔贷款时会计分录应如何编制？

（2）贷款到期时，银行该如何进行核算？

（3）贷款到期时，如果该公司无力偿还该笔贷款，银行应如何应对？

（4）如果该笔贷款到期，该公司无力偿还，银行将其设备予以处置，处置价款为1 500万元，银行应如何核算？

（5）如果该笔贷款到期，该公司无力偿还，银行将其设备予以处置，处置价款为1 200万元，银行应如何核算？

[分析提示]

如果拍卖所得净收入大于抵押贷款本息，多余的部分应退还给抵押人。如果拍卖所得净收入小于抵押贷款本息，不足的部分应由债务人清偿。

典型案例二

储户王山于2023年5月10日存入银行3年期整存整取储蓄存款10 000元，当时3年期整存整取存款的年利率为2.7%，活期存款的年利率为0.72%。

问题：

（1）储户王山将现金10 000元存入银行时，银行如何进行账务处理？

（2）储户王山3年期存款到期支取时，银行如何进行账务处理？利息是多少？怎样计算？

（3）如果王山于2025年3月10日提前支取：

❶王山要履行什么手续？

❷计算利息的标准是什么？

❸利息是多少？

（4）如果王山的存款期限已过，于2026年6月10日到银行支取：

❶超期部分是否有利息？按什么标准计算？

❷超期利息是多少？

[分析提示]

整存整取储蓄存款提前支取，按活期储蓄存款利率计息；逾期支取，超期部分也按活期储蓄存款利率计息。

本章小结

本章主要讲述商业银行业务的核算和中央银行业务的核算。商业银行会计核算主要讲述存款、贷款和结算业务的核算。存款包括单位存款和个人储蓄存款两部分。贷款业务主要有信用贷款、担保贷款和抵押贷款。结算业务核算包括银行汇票、商业汇票、委托收款和汇兑等结算业务的核算。中央银行会计主要介绍了货币发行业务、经理国库业务、商业银行缴存存款和贷款的会计核算方法。

第六章　证券公司会计

思政短语　　“万里平泉梦，谁怜创业难。”

——宋·罗公升《得家问其二》

第一节　证券公司会计概述

一、证券中介机构与证券公司的概念

（一）证券中介机构

证券中介机构是指为证券市场参与者如发行人、投资人等提供各种服务的专职机构。按提供服务的内容不同，我国证券中介机构可以分为证券经营机构、证券市场、证券投资咨询机构、证券结算登记机构和可从事证券相关业务的事务所等。

1. 证券经营机构是指由证券主管机关依法批准设立的，在证券市场上经营如股票、债券、基金等业务的金融机构，也称证券商。我国的证券经营机构一般可分为证券专营机构和证券兼营机构。证券专营机构就是证券公司，证券兼营机构主要指信托投资公司。

2. 证券市场是指股票、债券、基金等证券发行和交易的场所。按市场职能的不同分为证券发行市场（一级市场或初级市场）和证券流通市场（二级市场或次级市场）；按交易对象的不同分为股票市场、债券市场和基金市场；按组织形式的不同分为证券交易所和场外市场。从组织形式看，目前我国只有证券交易所一种证券市场，包括上海证券交易所、深圳证券交易所、北京证券交易所、香港交易所和台湾证券交易所。

3. 证券投资咨询机构是指为证券市场投资者提供专业性咨询服务的机构，包括证券咨询公司和证券评级公司。证券咨询公司在西方国家称为投资顾问，其主要职能已经演化为帮助投资者了解市场、分析投资价值和引导投资方向等。证券评级公司的职能是对证券市场上的机构和证券的信用状况进行评定，以客观真实地反映证券发行人及其证券的资信程度。

4. 证券结算登记机构是指专门为证券交易业务进行登记、存管、过户与资金结算和交收的机构，它是保证证券交易连续进行必不可少的环节。该系统的运转好坏、效率高低、稳定程度，对证券市场安全、高效、有序的运行有着极其重要的作用。目前我国主要有中国证券登记结算有限公司上海分公司和中国证券结算登记有限公司深圳分公司两家证券结算登记机构。

5. 可从事证券相关业务的事务所主要包括会计师事务所、资产评估事务所和律师事务所等。

（二）证券公司

证券公司是指专门从事与证券有关的各种业务的证券经营机构。证券公司一般可分为三种类型，即证券承销公司（承销商）、证券经纪公司（经纪商）和证券自营公司（自营商）。证券承销商是代理发行证券的证券经营机构，其任务是帮助证券发行人卖出证券，筹集到所需的资金；证券经纪商是接受投资者委托，代理买卖证券的证券经营机构；证券自营商是自行买卖证券，独立承担风险，并从中寻求差价的证券经营机构。目前世界各国（包括我国）的证券经营机构已经将这三类业务合而为一。

根据《中华人民共和国证券法》（以下简称《证券法》）的规定，我国将证券公司分为综合类证券公司和经纪类证券公司。综合类证券公司是指从事证券经纪业务、证券自营业务、证券承销业务和经国务院证券监督管理机构核定的其他业务的证券公司。经纪类证券公司是指专门从事证券经纪业务的证券公司。本章阐述的证券公司会计以综合类证券公司的业务为例。

小思考6-1

证券公司属于金融业、服务业还是其他行业？

二、证券公司的主要业务及特点

（一）主要业务

证券公司的主要业务是与证券的发行和交易相关的业务，主要包括证券的承销业务、证券的经纪业务和证券的自营业务。

1. 证券承销也称证券的发行，是指证券公司凭借自己在证券市场上的信誉和营业网点，代理证券发行人在规定的发行期内销售证券的证券业务，其包括股票的承销业务、债券的承销业务和基金的承销业务。

2. 证券经纪是指证券公司以赚取佣金为目的，代理委托人买卖股票、债券和基金等证券的业务，也称为证券的代理交易业务或代理交易。

3. 证券自营是指证券公司以自己的名义和资金买卖股票、债券和基金等证券从而获取利润的证券业务。

除以上与证券相关的业务外，证券公司还提供代理还本付息、支付红利、经批准的有价证券的代保管及鉴证、接受委托办理证券的登记和过户等证券业务。除与证券相关的业务之外，证券公司一般还开展公司并购、资产管理、投资咨询、项目融资、公司理财和创业资本融集等经证券监管机构批准的其他业务。

证券公司的主要业务如图6-1所示。

证券公司的主要收入来源于各种代理及服务业务的手续费收入，当然自营证券取得的差价收入也是经营证券取得的主营业务收入之一。除此之外，证券公司的主营业务收入还可能来自证券公司资金运用取得的收益。我国证券公司可以开展的资金运用业务主要包括资金拆借、证券抵押贷款和证券的回购业务。这几类资金运用业务的会计核算方法与保险公司同类业务的核算方法相同，本章不再赘述。

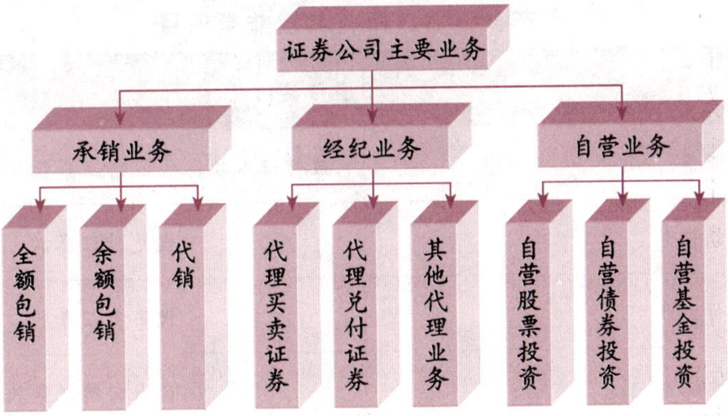

图6-1　证券公司主要业务

（二）业务特点

与其他行业相比，证券公司的业务主要有以下几个特点：

1.经营的对象比较特殊。工商企业经营的对象一般是有形商品，其账面价值一般反映其实际成本。证券公司经营的对象主要是各种特殊的金融商品，即股票、债券、基金等有价证券，这类商品的流通性比较强，但价格波动也比较大，其账面价值往往不能反映其实际价值，其真正的价值应该是市价。

2.经营的场所比较特殊。一般的商品交易都是在有形市场中由买卖双方自由进行，而证券交易则必须是在国家法定的证券交易所内进行。这个市场不允许投资者随便进入，只有具备会员资格的人才能进入，其他的证券投资者只能通过会员代理进入。

3.经营的方式比较特殊。证券公司的证券交易业务主要是以代理经营为主，如代理发行证券、代理买卖证券、代理兑付债券等，当然也有部分业务是自行经营，但代理业务的比重比较大。例如，经纪类证券公司的业务全部是代理业务。

4.经营的方法比较特殊。证券公司经营的各种证券业务可以在证券交易所内进行，也可以通过与证券交易所联网的计算机终端系统在网上直接操作，还可以在场外（证券交易所以外）与当事人直接进行。前者称为场内交易，后两者称为场外交易。

5.结算的方式比较特殊。证券公司买卖证券时所涉及的资金的结算方式与普通商品交易的结算方式不同。证券公司为顺利买卖证券必须在证券交易所交存足够的结算资金（或称清算资金），每次交割清算的款项也需通过证券交易所才能最终完成。证券交易所都通过自己的结算中心来处理证券交易过程中涉及的大量的资金往来和结算业务。

【随堂测】（判断题）全融业活动存在的风险性很大。　（　　）

三、证券公司会计核算的内容及特点

（一）证券公司会计核算的内容

证券公司会计核算的内容应该是证券公司经营资金的运动，它是由证券公司经营的主要业务决定的。前面已经阐述，证券公司日常的主要业务是证券的承销业务、经纪业务和自营业务。这几类主要业务决定了证券公司会计核算的主要对象——各类资产、负债、所有者权益、收入和费用等。证券公司会计核算的主要内容见表6-1和表6-2。

表6-1　　**资产、负债、所有者权益类项目**

资产类：	负债类：
1.证券资产：自营证券	1.应付证券款：代承销证券款
代承销证券	代兑付证券款
代兑付证券	代买卖证券款
代买卖证券	卖出回购证券款
买入返售证券	2.应付客户存款：委托买卖证券保证金存款
代客理财资产	委托买卖证券资金专户存款
代保管证券	3.其他负债：拆入资金
2.货币资金：结算备付金	质押借款
银行存款及库存现金	其他
3.其他资金占用：拆出资金	**所有者权益类：**
交易席位费	1.实收资本
质押贷款	2.留存收益
其他	3.一般风险准备

表6-2　　**损益类项目**

费用类：	收入类：
1.代理业务发生的支出	1.代理业务手续费和佣金收入
2.自营证券发生的支出	2.自营证券投资收益
3.利息支出	3.利息收入
4.业务及管理费用	4.其他收入

（二）证券公司会计核算的特点

证券公司会计核算的特点是由其业务特点决定的，下面分别从证券公司的会计要素和财务报表两个方面加以阐述。

1.会计要素方面。

（1）资产方面：从资产方面看，证券公司除包含与其他行业相同的资产之外，还包含证券自营及代理业务中形成的自营证券、代承销证券、代兑付证券、交易席位费、结算备付金等证券公司所特有的资产以及因开展资金拆借和回购证券业务所形成的拆出资金、买入返售证券等。在这些内容中，结算备付金的核算非常特殊。我们从后面将要阐述的内容可以看到，证券公司的各种业务，包括承销业务、经纪业务和自营业务都离不开结算备付金的核算。为此，证券公司往往单独设置“结算备付金”科目，专门用于核算它与证券交易所在自营和代理业务中发生的各种款项往来结算业务。

（2）负债方面：从负债方面看，证券公司除包括与其他行业相同的负债之外，还包括因证券公司的代理业务引起的代买卖证券款、代承销证券款、代兑付证券款等证券公司特有的负债以及因拆借和回购证券业务而形成的质押借款、拆入资金和卖出回购证券款等。

（3）所有者权益方面：与其他行业相比，证券公司所有者权益的不同之处主要在于，其留存收益中除提留正常的盈余公积之外，为预防证券经营的特殊风险，还提留一般风险准备。一般风险准备金通常按照税后利润的10%提取，达到注册资本的50%时，可不再提取。

（4）利润表要素方面：证券公司的业务特点决定了其收入主要来自自营证券业务和各种代理业务，其中前者通过“投资收益”科目核算，后者通过“手续费及佣金收入”和“手续费及佣金支出”科目核算。另外，与保险公司类似，证券公司通常不单独设置“管理费用”“经营费用”科目，而以“业务及管理费用”科目核算证券公司在证券的经营和管理中发生的各项经营费用。

2.财务报表方面。

证券公司的财务报表与一般工商业企业一样，也由资产负债表、利润表、现金流量表以及所有者权益变动表构成。从体例结构方面看，证券公司的四张报表与一般工商业企业的报表类似，但由于证券公司业务的特殊性，2006年我国《企业会计准则——应用指南》单独规定了证券公司的资产负债表、利润表、现金流量表以及所有者权益变动表的格式。2014年1月26日，财政部对《企业会计准则第30号——财务报表列报》（CAS30）进行了修改，CAS30（2014修订版）要求金融业遵照执行，并指出金融业可以根据其经营活动的特点加以调整。2018年12月27日，财政部下发《财政部关于修订印发2018年度金融企业财务报表格式的通知》，根据2017年修订的《企业会计准则第22号——金融工具确认和计量》《企业会计准则第23号——金融资产转移》《企业会计准则第24号——套期会计》《企业会计准则第37号——金融工具列报》《企业会计准则第14号——收入》《企业会计准则第16号——政府补助》《企业会计准则第42号——持有待售的非流动资产、处置组和终止经营》等七项企业会计准则的新变化，以及企业会计准则实施情况，对金融企业的财务报表格式进行了调整，调整后证券公司的财务报表见表6-3、表6-4、表6-5和表6-6。

表6-3　**资产负债表**　会证01表

编制单位：　年　月　日　单位：元

资　产	期末余额	上年年末余额	负债和所有者权益（或股东权益）	期末余额	上年年末余额
资产：			负债：		
货币资金			短期借款		
其中：客户资金存款			应付短期融资款		
结算备付金			拆入资金		
其中：客户备付金			交易性金融负债		
拆出资金			衍生金融负债		
融出资金			卖出回购金融资产款		
衍生金融资产			代理买卖证券款		
存出保证金			代理承销证券款		
应收款项			应付职工薪酬		
合同资产			应交税费		
买入返售金融资产			应付款项		
持有代售资产			合同负债		
金融投资：			持有待售负债		
交易性金融资产			预计负债		
债权投资			长期借款		
其他债权投资			应付债券		
其他权益工具投资			其中：优先股		
长期股权投资			永续债		
投资性房地产			递延所得税负债		
固定资产			其他负债		
在建工程			负债合计		
无形资产			所有者权益（或股东权益）：		
递延所得税资产			实收资本（或股本）		
其他资产			其他权益工具		
			其中：优先股		
			永续债		
			资本公积		
			减：库存股		
			其他综合收益		
			盈余公积		
			一般风险准备		
			未分配利润		
			所有者权益（或股东权益）合计		
资产总计			负债和所有者权益（或股东权益）总计		

表6-4　**利润表**　会证02表

编制单位：　年度　单位：元

项　目	本期金额	上期金额
一、营业总收入		
利息收入		
手续费及佣金收入		
其中：经纪业务手续费收入		
投资银行业务手续费收入		
资产管理业务手续费收入		
投资收益（损失以"-"号填列）		
其中：对联营企业和合营企业的投资收益		
以摊余成本计量的金融资产终止确认产生的收益（损失以"-"号填列）		
净敞口套期收益（损失以"-"号填列）		
其他收益		
公允价值变动收益（损失以"-"号填列）		
汇兑收益（损失以"-"号填列）		
其他业务收入		
资产处置收益（损失以"-"号填列）		
二、营业总支出		
利息支出		
手续费及佣金支出		
其中：经纪业务手续费支出		
投资银行业务手续费支出		
资产管理业务手续费支出		
税金及附加		
业务及管理费		
信用减值损失		
其他资产减值损失		
其他业务成本		

续表

项　目	本期金额	上期金额
三、营业利润（亏损以"–"号填列）		
加：营业外收入		
减：营业外支出		
四、利润总额（亏损总额以"–"号填列）		
减：所得税费用		
五、净利润（净亏损以"–"号填列）		
（一）持续经营净利润（净亏损以"–"号填列）		
（二）终止经营净利润（净亏损以"–"号填列）		
六、其他综合收益的税后净额		
（一）不能重分类进损益的其他综合收益		
1.重新计量设定受益计划变动额		
2.权益法下不能转损益的其他综合收益		
3.其他权益工具投资公允价值变动		
4.企业自身信用风险公允价值变动		
⋮		
（二）将重分类进损益的其他综合收益		
1.权益法下可转损益的其他综合收益		
2.其他债权投资公允价值变动		
3.金融资产重分类计入其他综合收益的金额		
4.其他债权投资信用损失准备		
5.现金流量套期储备		
6.外币财务报表折算差额		
⋮		
七、综合收益总额		
八、每股收益：		
（一）基本每股收益		
（二）稀释每股收益		

表6-5　**现金流量表**　会证03表

编制单位：　年度　单位：元

项　目	本期金额	上期金额
一、经营活动产生的现金流量		
销售商品、提供劳务收到的现金		
向其他金融机构拆入资金净增加额		
收取利息、手续费及佣金的现金		
拆入资金净增加额		
回购业务资金净增加额		
代理买卖证券收到的现金净额		
收到其他与经营活动有关的现金		
经营活动现金流入小计		
为交易目的而持有的金融资产净增加额		
拆出资金净增加额		
返售业务资金净增加额		
支付利息、手续费及佣金的现金		
支付给职工及为职工支付的现金		
支付的各项税费		
支付其他与经营活动有关的现金		
经营活动现金流出小计		
经营活动产生的现金流量净额		
二、投资活动产生的现金流量		
收回投资收到的现金		
取得投资收益收到的现金		
处置固定资产、无形资产和其他长期资产收回的现金净额		
收到其他与投资活动有关的现金		
投资活动现金流入小计		
投资支付的现金		
购建固定资产、无形资产和其他长期资产支付的现金		
支付其他与投资活动有关的现金		
投资活动现金流出小计		
投资活动产生的现金流量净额		
三、筹资活动产生的现金流量		
吸收投资收到的现金		
取得借款收到的现金		
发行债券收到的现金		
收到其他与筹资活动有关的现金		
筹资活动现金流入小计		
偿还债务支付的现金		
分配股利、利润或偿付利息支付的现金		
支付其他与筹资活动有关的现金		
筹资活动现金流出小计		
筹资活动产生的现金流量净额		
四、汇率变动对现金及现金等价物的影响		
五、现金及现金等价物净增加额		
加：期初现金及现金等价物余额		
六、期末现金及现金等价物余额		

表6-6

所有者权益变动表

会证04表

编制单位： 年 月 日 单位：元

项目	本年金额											上年金额										
	实收资本（或股本）	其他权益工具			资本公积	减：库存股	其他综合收益	盈余公积	一般风险准备	未分配利润	所有者权益合计	实收资本（或股本）	资本公积	其他权益工具			减：库存股	其他综合收益	盈余公积	一般风险准备	未分配利润	所有者权益合计
		优先股	永续债	其他										优先股	永续债	其他						
一、上年年末余额																						
加：会计政策变更																						
前期差错更正																						
其他																						
二、本年年初余额																						
三、本年增减变动金额（减少以“-”号填列）																						
（一）综合收益总额																						
（二）所有者投入和减少资本																						
1.所有者投入的普通股																						
2.其他权益工具持有者投入资本																						
3.股份支付计入所有者权益的金额																						
4.其他																						
（三）利润分配																						
1.提取盈余公积																						
2.提取一般风险准备																						
3.对所有者（或股东）的分配																						
4.其他																						
（四）所有者权益内部结转																						
1.资本公积转增资本（或股本）																						
2.盈余公积转增资本（或股本）																						
3.盈余公积弥补亏损																						
4.设定受益计划变动额结转留存收益																						
5.其他综合收益结转留存收益																						
6.其他																						
四、本年年末余额																						

补充阅读资料6-1

证券公司属于金融业。金融业是指经营货币信用业务的行业，包括银行业、保险业、信托业、证券业和租赁业。金融业具有指标性、垄断性、高风险性、效益依赖性和高负债经营性的特点。我国的金融业务具有相对的垄断性，信贷业务主要集中在四大商业银行，即中国银行、中国农业银行、中国工商银行、中国建设银行；证券业务主要集中在国泰君安、华泰、中信等几家大证券公司；保险业务主要集中在人保、平保和太保等几家大保险公司。

小知识6-1

综合收益是指企业在某一会计期间由交易、其他事项和情况所引起的、非业主权益（即非业主提款和派得）的变动，包括已实现收益和所有未实现利得。综合收益的概念于20世纪80—90年代由英、美等西方主要发达国家提出，并于21世纪初期开始在世界范围内广泛应用。我国于2009年开始要求上市公司披露综合收益，开始分三个层次提供综合收益信息：首先在利润表中总括披露其他综合收益和综合收益总额信息；然后在所有者权益变动表中提供其他综合收益的各项来源及净额；最后在财务报告附注中具体披露各项来源及其他综合收益的具体计算方法。2014年1月26日，依据CAS30（2014修订版）开始按照现行的格式披露其他综合收益。

第二节　证券发行与承销业务的核算

一、证券发行与承销概述

（一）证券发行与承销的含义

在现实经济生活中，不同类型经济单位的货币收支不可能完全相等，不论是企业、个人，还是政府部门，常会发生资金闲置或资金短缺的情况。证券发行就是指政府、金融机构、工商企业等资金的短缺者以募集资金为目的向资金盈余者出售代表一定权利的有价证券（主要包括股票和债券）的行为。在证券发行的市场上，证券的发行人一般是指拥有证券发行资格的资金需求者，证券的购买人一般是一些拥有闲散资金的投资者。证券发行业务有以下几个特点：第一，证券发行是企业、单位直接融资的一种形式，它的特点是可以迅速将社会的闲散资金转化为生产建设资金，从而促进国民经济的发展。第二，证券发行实质上是投资者出让资金使用权，同时取得权益性资本投资的过程。第三，证券发行必须按照法律规定的条件和程序进行。

证券发行人在发行证券时，既可以直接面向投资人发行，也可以通过证券市场来发行。当发行人通过证券市场筹集资金时，必须聘请证券经营机构来帮助销售证券。证券经营机构借助自己的信誉及发达的销售网点，在规定的时间内将证券销售出去，这个过程就是证券的承销。

可见，证券的发行与承销是密不可分的两项证券业务。一般情况下，证券公司往往拥有专职的承销人员，他们拥有丰富的市场承销经验，多年的经营使得证券公司可能拥有良好的信誉和广阔的市场，这一切使得证券公司在销售证券方面相对于发行人来说有着绝对的优势，因而证券公司承销证券比发行人自己发行证券更容易成功。所以，目前我国的证券发行多数是以委托证券公司承销的方式进行的。

（二）证券发行与承销的条件及程序

一般来说，证券发行涉及三方面主体：资金需求者——发行商；资金供给者——投资人；中介承销商——证券公司。证券发行的质量及成败将直接关系到这三方面的利益，尤其是投资者的利益。所以，我国的证券监管机构对证券的发行人及证券的承销人的资格以及证券发行与承销必须具备的条件、必须遵守的程序都作了严格的规定，以确保广大投资者的利益。

1.证券发行及承销的条件。

我国有关的法律法规对证券的发行和承销业务都规定了严格的限定条件，不是所有的公司都有资格发行证券，也不是所有的公司都有资格承销证券。

（1）证券发行的条件。

《中华人民共和国公司法》（以下简称《公司法》）、《股票发行与交易管理暂行条例》和《企业债券管理条例》等法律法规对发行股票和债券的条件及发行人的资格分别作了详细的规定，具体内容可以参见相关的法律法规。对于股票发行，国家分别就初次发行、增发新股和配股等股票发行业务应该具备的条件作了规定；对于债券，国家分别就金融债券、企业债券、公司债券和可转换债券等债券发行业务应该具备的条件等作了规定。

（2）证券承销的条件。

我国有关法律法规对证券公司承销股票或者债券应该具备的条件或拥有的资格进行了详细的规定。其中最重要的一点是，要求承销证券的公司必须获得证券承销的资格。这一资格是由中国证监会审核批准的，对于通过审核的证券公司，由中国证监会颁发《经营股票承销业务资格证书》。该资格证书的有效期为12个月，为维持承销资格，证券公司应在资格证书失效前3个月按规定重新接受中国证监会的审查，并换发资格证书。证券公司不论承销股票还是债券都必须拥有该资格证书。

2.证券发行及承销的程序。

（1）证券发行的程序。

一般情况下，证券发行主要遵照下面的程序进行：

❶ 证券发行报批前的准备工作。其包括资信审查与评估，拟发行证券所必须准备的文件，了解报批手续、发行成本、证券市场的行情、证券的印刷及证券相关税率等一系列情况，起草发行证券所需要的各项文件等。

❷ 报批发行的证券。其主要包括提出申请、企业主管部门审查、基层银行初审、上级银行复审、人民银行终审等程序。

❸ 批准后的证券印刷。证券的票面格式必须经过中国人民银行批准后方可印刷，无纸化托管证券无需印刷。

❹ 签订发行协议。发行协议是指发行方与受托的证券公司按照《民法典》及《证券法》的规定，就发行金额、双方职责、发行方式、发行日期、发行费用、发行分工、证券交接、款项划转、还本付息、违约责任及有效期限等签订的具有法律效力的合同或协议。

（2）证券承销的程序。

证券承销的一般程序是：

❶ 尽职调查。发行人通过证券公司发行的证券，如果出现虚假陈述、重大遗漏等欺诈投资人的行为，除发行人以外，包括承销商在内的所有中介机构都必须承担法律责任。因此，我国证券公司在代理发行各种证券之前，必须对发行人尽职地进行调查，以确保发行证券的真实性、完整性和准确性。

❷ 签订承销协议。承销协议包括承销协议和承销团协议。承销协议是发行人与承销商就债券发行与承销事宜签订的具有法律效力的协议。当发行证券的票面总价值超过5 000万元时，我国规定必须由承销团来承销。因此，承销团中的主承销商应当与其他承销成员之间就承销团承销的各项事宜达成具有法律意义的协议，该协议就是承销团协议。

❸ 发售证券。在规定的期限内，主承销商及其他承销成员通过开展广泛的宣传活动，尽力向金融机构、企事业单位或个人销售证券。

❹ 划转款项。规定的销售期间结束后，承销商应按协议规定将款项划转到发行企业的账户上。

（三）证券发行及承销的方式

1.证券发行的方式。

政府、金融机构、工商企业或公司发行的证券，按照证券种类的不同可以分为股票发行、债券发行和基金发行；按照投资人的不同可以分为私募发行和公募发行。私募发行又称不公开发行或内部发行，是面向特定的投资人发行的证券。私募发行通常发行费用较低，发行手续比较简单，但流通性较差，因此投资者有限，发行金额一般不可能很大。公募发行又称公开发行，是面对社会上所有合法投资者广泛发行的证券。公募发行通常发行过程比较复杂，发行费用较高，但流通性较强，发行金额一般也较大。

上述不同种类的证券通常可以采用以下两种方式发行：

（1）自营发行。

自营发行又称直接发行，是指发行人不通过任何中介机构自己销售自己的证券。目前银行发行的各类金融债券、企业内部集资发行的股票和债券及其他私募发行的证券人都采用自营发行的方式。这种方式的优点在于费用较低，手续比较简单，但适用范围较小，除金融证券以外，一般不适合于对社会公开发行的证券。

（2）委托发行。

委托发行又称间接发行，是指发行人通过证券公司或其他金融机构代理发行其证券。证券中介机构拥有众多的专业人员和发达的销售网络，了解市场状况和发行技巧，所以委托发行证券虽然费用较高，但发行风险较小。一般情况下，公募发行的证券都采用委托发行的方式进行。

2.证券承销的方式。

不论是股票还是债券都有两种承销方式：代销和包销。包销按照具体操作方式的不同又可分为全额包销和余额包销。

（1）代销。

代销是指承销商并不保证证券的全部发行，而只是利用自己的经验、网点和专业力量尽力推销，在承销期届满后将所筹集的资金和剩余证券交还给发行人。这种承销方式下承销商和发行人之间纯粹是一种代理关系，证券发行的风险全部由发行人自行承担，承销机构不承担任何风险，因此承销商取得的手续费或佣金比较低。代销发行一般适合于信誉好、知名度高的大中型企业，它们的证券不但容易被社会公众所接受，而且发行成本又低。

（2）全额包销。

全额包销是指发行人与承销人签订证券承销合同，由承销人按照一定价格买下全部证券，然后按稍高的价格分销或直接向社会公众出售，并按合同规定时间将价款一次性付给发行人。在全额包销过程中，证券发行人和承销人之间已经不是一种代理关系，而是一种买卖关系，即承销机构将证券低价买进，然后高价卖出，从而赚取中间差价。对于发行人来说，采用全额包销的方式既能保证如期得到所需的资金，又不需要承担发行过程中价格变动的风险。因此，全额包销是西方成熟证券市场中最为常见、使用最广的承销方式。全额包销的发行风险全部由证券公司承担，因此手续费率较高。

（3）余额包销。

余额包销是指发行人委托证券机构在约定的期限内发行证券，到销售截止日未售出的余额由承销商按约定的价格认购。这种方式的实质是代销和全额包销的结合，即先代销发行，后全额包销。目前我国公开发行的股票普遍采用余额包销的方式。余额包销的发行风险也是由证券公司承担，因此发行费用也比较高。

我国《公司法》规定，股份有限公司向社会发行新股，应当由依法设立的证券公司承销，签订承销协议，在承销协议中应当载明承销的方式是代销还是包销。承销期满后，尚未出售的股票应当按照承销协议的规定来处理。

【随堂测】（判断题）证券包销按照具体操作方式的不同又可分为代销、全额包销和余额包销。（　　）

（四）证券销售的方法

证券销售的方法是指证券商承销的各种证券通过何种方法销售给广大投资人，是向投资者发售证券的具体办法。我们以股票和国债为例来说明证券发售的具体方法。

1.股票的销售方法。

（1）网上竞价与定价发行方式。

网上竞价发行在国外是指由多个承销机构通过招标竞争确定证券发行价格，并在取得承销权后向投资者推销证券的发行方式。在我国，网上竞价发行是指主承销商利用证券交易所的交易系统，以自己作为唯一的“卖方”，按照发行人确定的底价将公开发行股票的数量输入其在交易所的股票发行专户，以投资者作为“买方”，在指定时间通过交易所会员交易柜台以不低于发行底价的价格及限购数量，进行竞价认购的一种发行方式。

网上定价发行是指发行价格固定，采用证券交易所先进的交易系统来发行股票的发行方式，即主承销商利用证券交易所的交易系统，按已确定的发行价格向投资者发售股票。我国目前广泛采用此种发行方式。

网上定价发行具有新股网上发行的优点，与网上竞价发行的不同之处有两点：一是发行价格的确定方式不同。定价发行方式是事先确定价格，而竞价发行方式是事先确定发行底价，由发行时竞价决定发行价格。二是认购成功者的确认方式不同。定价发行方式按抽签决定，而竞价发行方式按价格优先、同等价位时间优先的原则决定。

（2）法人配售发行方式。

法人配售发行方式是指经中国证监会批准后，将发行股票的一部分（一般为发行总额的25%～75%）通过召开配售法人问答会等方式，将股票直接发售或通过抽签、比例等方式配售给法人的股票发售方式。法人配售方式可以与网上对一般投资者的发售方式同时进行，这种情况下两者的发行价格应该相同。

（3）全额预交、比例配售方式。

全额预交、比例配售方式是指投资者在规定的申购时间内（一般为3个连续工作日），将全额申购款交存主承销商指定的银行账户中，申购后资金全部冻结，由主承销商根据股票发行量和申购总量的比例进行股票配售的发行方式。认购后多余的款项按规定退还认购者或转为认购者的专项存款。

对于证券发售的基本方法，发行公司有权选择。股本在4亿元以下的公司，一般采用网上发售或全额预交、比例配售等方式；股本在4亿元以上的公司，可以采用网上发售和法人配售相结合的方式。

2.国债的销售方法。

（1）场内（挂牌）分销。

场内（挂牌）分销是指主承销商在分得包销的国债以后，在证券市场挂牌分销国债的一种方式。投资者买入国债时，可以免交佣金，证券交易所也不向代理机构收取国债的经手费用。场内分销的记账式国债在买卖成交后，客户认购的国债自动过户至客户的账户内，认购款由证券交易所锁定后划转到承销商在证券交易所的清算账户上，从而完成国债的认购手续。场内分销的无记名国债在分销后一般托管在证券交易所的库房内。

（2）场外分销。

场外分销是指主承销商在分得包销的国债以后，在证券交易所之外或券商的柜台进行分销的一种方式。场外分销的记账式国债应于到期日，由证券交易所按照承销商指定的数量过户至分销商或客户的账户内，完成债券的认购手续。场外分销的无记名国债一般以发售实物券的方式在柜台销售或提供给分销商，从而完成国债的发行。

（3）银行销售。

凭证式国债一般通过银行进行销售，各地财政部门和各国债一级自营商也可以参与发售，发售采取向购买人开具凭证式国债收款凭证的方式进行。

二、全额包销业务的核算

证券公司的承销业务可以通过柜台销售，也可以在证券交易所通过网上销售，这两种销售方式的主要差别在于对发行费用的处理不同。通过柜台销售时，发行费用可以直接通过“投资收益”账户核算；通过网上销售时，由于证券公司使用证券交易所的交易系统，所以需向证券交易所支付网上发行费用，因此发行费用一般由证券交易所在发行结束后与证券公司交割清算时，直接从发行收入中扣除。

全额包销业务实质上是一种买卖证券的业务，即证券公司先以较低的价格买入代发行的证券，然后再以略高的价格卖出，从而赚取中间的差价。根据现行企业会计准则的规定，全额包销会计核算的一般程序是：当证券公司以承购的价格买入证券时，应借记“交易性金融资产”“其他债权投资”“其他权益工具投资”等科目，贷记“银行存款”或“结算备付金——公司”科目；当支付各项发行费用时，借记“投资收益”、“其他债权投资”或“其他权益工具投资”科目，贷记“银行存款”等科目；当证券售出时，应按实际收到的发行收入（如通过网上销售，需要减去上网费用），借记“银行存款”“结算备付金——公司”等科目，按已售证券的账面价值，贷记“交易性金融资产”、“其他债权投资”或“其他权益工具投资”等科目，按其差额，贷记“投资收益”科目。

“交易性金融资产”科目是资产类科目，用于核算企业购入的各种短期投资性质或随时准备交易的股票、债券和基金等的实际成本。该科目借方登记买入以公允价值计量且其变动计入当期损益的金融资产的实际成本；贷方登记结转已售该金融资产的实际成本；期末余额在借方。证券公司以全额包销方式购入的证券，如果在取得时被分类为以公允价值计量且其变动计入当期损益的金融资产，则通过该账户进行核算。以公允价值计量且其变动计入当期损益的金融资产可以进一步分类为以公允价值计量且其变动计入当期损益的金融资产和指定为以公允价值计量且其变动计入当期损益的金融资产。本教材只涉及第一种情况。企业购入以公允价值计量且其变动计入当期损益的金融资产发生的相关交易费用，应计入投资收益。

“其他债权投资”科目是资产类科目，用于核算企业购入被分类为以公允价值计量且其变动计入当期损益的金融资产、以摊余成本计量的金融资产和长期股权投资以外的债券投资等。该科目借方登记买入以公允价值计量且其变动计入其他综合收益的金融资产的实际成本；贷方登记结转已售以公允价值计量且其变动计入其他综合收益的金融资产的实际成本；期末余额在借方。证券公司以全额包销方式购入的证券，如果在取得时被分类为以公允价值计量且其变动计入其他综合收益的金融资产，则通过该账户进行核算。企业购入以公允价值计量且其变动计入其他综合收益的金融资产发生的相关交易费用，应计入该金融资产的成本。

“其他权益工具投资”科目是资产类科目，用于核算企业购入被分类为以公允价值计量且其变动计入当期损益的金融资产、以摊余成本计量的金融资产和长期股权投资以外的股票投资和基金投资等。该科目借方登记买入指定为以公允价值计量且其变动计入其他综合收益的金融资产的实际成本；贷方结转已售该金融资产的实际成本；期末余额在借方。证券公司以全额包销方式购入的证券，如果在取得时被指定为以公允价值计量且其变动计入其他综合收益的金融资产，则通过该账户进行核算。企业购入被指定为以公允价值计量且其变动计入其他综合收益的金融资产发生的交易费用，应计入该金融资产的成本。

交易费用是指可以直接归属于购买、发行或处置金融工具新增的外部费用。所谓新增的外部费用是指企业不购买、发行或处置金融工具就不会发生的费用。交易费用包括支付给代理机构、咨询公司、券商等机构或经纪人的手续费和佣金。

全额包销的会计核算中涉及的另一个重要的会计科目是“结算备付金”科目。该科目是资产类科目，用于核算证券公司为证券交易的资金清算与交收而存入证券交易所指定清算机构的款项。该科目有“公司”与“客户”两个明细科目，前者用于核算公司因自营业务等存入指定清算机构的款项；后者用于核算因代理客户买卖证券等业务存入指定清算中心的款项。证券公司在承销证券过程中，若通过证券公司的网上系统进行分销，则必须按规定预先在证券交易所指定的清算机构开立专门的清算账户，用于存储投资人认购证券的款项，这类款项一般也可以通过“结算备付金——公司”账户进行核算。

【例 6-1】甲证券公司与乙公司签约，以全额包销的方式代理承销 200 万股的股票，承购价 3 元/股，发行价 3.5 元/股。甲证券公司通过柜台发行，并在代理这批股票时将其分类为以公允价值计量且其变动计入当期损益的金融资产。发行业务结束后，共销售 190 万股，支付交易费用 4 万元。对于未售出的股票，甲证券公司将其作为自营证券，仍作为以公允价值计量且其变动计入当期损益的金融资产处理。有关会计分录如下：

例题精讲

（1）承购乙公司股票时：

借：交易性金融资产——成本　　6 000 000

　贷：银行存款　　6 000 000

（2）支付发行费用时：

借：投资收益　　40 000

　贷：银行存款　　40 000

（3）发行结束确认收入时：

借：银行存款　　6 650 000

　贷：交易性金融资产——成本　　5 700 000

　　　投资收益　　950 000

一般情况下，“交易性金融资产”科目下应设置“成本”“公允价值变动”等明细科目，以反映以公允价值计量且其变动计入当期损益的金融资产的成本及其价值变动；也可以按照金融资产的种类设置二级明细科目，再设置“成本”“公允价值变动”等三级明细科目。在会计实务中，公司可以根据其具体持有的交易性金融资产情况，自行设置二级明细科目或三级明细科目。

【例 6-2】承【例 6-1】，假设甲证券公司通过网上定价方式获得全额包销的证券，然后又通过网上系统发售，发行结束后，支付网上发行费用 30 000 元。有关会计分录如下：

（1）承购证券时：

借：交易性金融资产　　6 000 000

　贷：结算备付金——公司　　6 000 000

（2）网上发行结束，收到清算款 6 620 000 元（1 900 000×3.5−30 000）时：

借：结算备付金——公司　　6 620 000

　贷：交易性金融资产　　5 700 000

　　　投资收益　　920 000

一般情况下，在发行期结束之前，代理发行的证券不能够上市交易，所以在发行期内，代理发行的证券不存在价值变动。在发行期结束后，企业作为自营证券留存的部分，应根据这批证券上市交易后的公允价值，正常核算其持有期间的价值变动。其中，以公允价值计量且其变动计入当期损益的金融资产的价值变动记入“公允价值变动损益”账户；分类为以公允价值计量且其变动计入其他综合收益的金融资产的价值变动记入“其他综合收益”账户，并在其销售时结转至“投资收益”账户；指定为以公允价值计量且其变动计入其他综合收益的金融资产的价值变动记入“其他综合收益”账户，并在其销售时结转至留存收益账户，分别记入“盈余公积”和“未分配利润”账户中。

【例6-3】2022年12月31日，甲证券公司（以下称甲公司）以网上定价方式全额包销乙公司债券40 000万元。甲公司按规定将其划分为以公允价值计量且其变动计入当期损益的金融资产，该债券的账面余额为40 000万元。甲公司在承销期内共销售37 200万元乙公司债券，取得转让收入46 410万元。2023年6月30日，承销期结束，甲公司将剩余债券转为自营证券，并将其重新分类为以公允价值计量且其变动计入其他综合收益的金融资产，相关变更符合重分类的要求，2023年6月30日乙公司剩余债券的公允价值为4 200万元。2023年年末，甲公司将剩余的债券以4 900万元的价格全部销售。有关会计分录如下：

（1）2022年12月31日承购乙公司债券时：

借：交易性金融资产——债券（成本）	400 000 000	
贷：结算备付金——公司		400 000 000

（2）承销期内销售乙公司债券时：

借：结算备付金——公司	464 100 000	
贷：交易性金融资产——债券（成本）		372 000 000
投资收益		92 100 000

（3）承销期结束将剩余债券转为自营证券时：

借：其他债权投资——债券（成本）	28 000 000	
贷：交易性金融资产——债券（成本）		28 000 000

（4）2023年6月30日确认自营债券公允价值变动时：

借：其他债权投资——债券（公允价值变动）	14 000 000	
贷：其他综合收益		14 000 000

（5）2023年年末销售债券时：

借：结算备付金——公司	49 000 000	
贷：其他债权投资——债券（成本）		28 000 000
——债券（公允价值变动）		14 000 000
投资收益		7 000 000
借：其他综合收益	14 000 000	
贷：投资收益		14 000 000

三、余额包销业务的核算

对于余额包销的核算，现行企业会计准则要求通过“代理承销证券款”和“手续费及佣金收入”等账户核算。对于承销的证券先在备查账户中登记，并于收到承销款时确认为代理承销证券款，然后与委托方进行结算。对于证券承销业务中取得的代理收入，可以通过“手续费及佣金收入”账户核算。

“代理承销证券款”科目是负债类科目，用于核算证券公司接受委托采用余额包销或代销的方式代理发行证券时所收到的应付委托人的承销资金。该科目贷方登记收到的应付代理承销证券款；借方登记交还委托方的承销证券款及结转至“手续费及佣金收入”账户的金额；余额一般在贷方，反映尚未支付委托代销方的代理承销证券款。该科目应按委托单位和发行证券的种类设置明细账，进行明细分类核算。

“手续费及佣金收入”科目是证券公司设置的一个主要收益科目，用于核算办理结算业务、咨询业务、担保业务、代保管业务以及其他各项代理业务的收入，如结算手续费收入、佣金收入、基金托管收入、咨询服务收入、担保收入、代保管收入、代理买卖证券收入、代理承销证券收入、代理兑付证券收入、代理保管证券收入等。该科目应按手续费及佣金的类别进行明细分类核算。企业实现的手续费及佣金收入，按应收的金额，借记“应收手续费及佣金”“代理承销证券款”等科目，贷记“手续费及佣金收入”科目；实际收到手续费及佣金时，借记“结算备付金”等科目，贷记“应收手续费及佣金”等科目。

余额包销的会计核算程序与全额包销的会计核算程序不完全相同。余额包销的特点是先代理销售，后包销余额。对于余额包销，在证券公司接受委托人代理发行的证券时，不需要即刻支付价款，而是先视为纯代理，并由证券公司尽力对外销售，待合同规定的发行期结束后，证券公司再将剩余的证券作购进处理，并与委托方结算。其会计核算的一般程序是：

1. 发行证券时，柜台销售应于收到委托单位发行的证券之日、网上销售应于上网发行之日，按约定的发行价格，在备查簿中登记承销证券的情况。

2. 发行结束时，柜台销售应按实际发行的金额，借记“银行存款”科目，贷记“代理承销证券款”科目；网上销售应按实际发行的金额减去上网费用，借记“结算备付金——客户”科目，按代委托单位垫付的上网费用，借记“应收账款——应收代垫上网费”科目，按实际发行的金额，贷记“代理承销证券款”科目。

3. 对于发行结束后剩余的证券，无论是柜台销售还是网上销售，都应按发行价格转为证券公司的自营证券，并根据证券公司对自营证券持有的目的，借记“交易性金融资产”“其他债权投资”“其他权益工具投资”等科目，贷记“代理承销证券款”科目。

4. 与委托单位清算证券款时，按应收取的手续费，借记“代理承销证券款”科目，贷记“手续费及佣金收入”科目；按实际支付委托单位的款项，借记“代理承销证券款”科目，贷记“银行存款”等科目，同时转销“应收账款——应收代垫上网费”科目的金额。

【例 6-4】甲公司接受乙公司委托，代其以余额包销的方式通过网上发行记名股票1 000万股，约定的发行价格为2元/股，手续费率为发行额的0.4%。在规定的发行期结束时，有10万股股票尚未出售，甲公司将其转为自营证券，并将其分类为以公允价值计量且其变动计入当期损益的金融资产。发行期内甲公司代乙公司垫付的上网费为3万元。双方结算时，甲公司扣除手续费和代垫的上网费后，余款以银行存款支付给乙公司。有关会计分录如下：

（1）上网发行日，甲公司在备查簿中登记代理承销股票，不需要编制会计分录。

（2）网上发行结束，收到交易所发行股票款1 977万元（990×2−3）时：

借：结算备付金——客户	19 770 000	
应收账款——应收代垫上网费（乙公司）	30 000	
贷：代理承销证券款——乙公司（股票）		19 800 000

（3）发行款划回银行存款账户时：

借：银行存款	19 770 000	
贷：结算备付金——客户		19 770 000

（4）剩余10万股股票转为自营证券时：

借：交易性金融资产——股票（乙公司）　200 000

　贷：代理承销证券款——乙公司（股票）　200 000

（5）与乙公司清算股票款时：

借：代理承销证券款——乙公司（股票）　20 000 000

　贷：应收账款——应收代垫上网费（乙公司）　30 000

　　手续费及佣金收入　80 000

　　银行存款　19 890 000

在余额包销业务中，证券公司收取的手续费或佣金应按承销的全部证券或股票的发行价计算。在本例中，甲公司余额包销的1 000万股股票虽然在规定的承销期内销售了990万股，但剩余的10万股由该证券公司作为自营证券购进，因此，甲公司代理该业务的手续费及佣金收入应该按2 000万元（1 000×2）的0.4%，即8万元计算。

四、代销业务的核算

代销证券业务与余额包销业务的会计核算方法大同小异，所不同的是对于合同承销期内尚未销售的代理承销证券的处理。在代销的情况下，剩余证券最终应退还给委托发行方，而不是由证券公司认购。下面举例说明代销业务的会计核算方法。

【例6-5】甲公司接受乙公司委托，采用代销的方式在网上代其发行500万股记名股票，发行价格为3元/股，手续费率为0.3%。发行期结束时，有10万股尚未发售，按规定将其退还给乙公司，为乙公司代垫的上网费为25 000元。双方结算时，甲公司扣除代垫的上网费和手续费后，其余款项以银行存款支付给乙公司。有关会计分录如下：

（1）上网发行日，甲公司在备查簿中登记代理承销股票，不需要编制会计分录。

（2）发行期结束，与证券交易所结算时：

借：结算备付金——客户　14 675 000

　　应收账款——应收代垫上网费（乙公司）　25 000

　贷：代理承销证券款——乙公司　14 700 000

（3）发售证券款划回银行存款账户时：

借：银行存款　14 675 000

　贷：结算备付金——客户　14 675 000

（4）与乙公司结算股票价款时：

借：代理承销证券款——乙公司　14 700 000

　贷：应收账款——应收代垫上网费（乙公司）　25 000

　　手续费及佣金收入　44 100

　　银行存款　14 630 900

（5）将剩余股票退还给乙公司，不需要编制会计分录。

代销业务是一种纯粹意义上的代理销售证券业务，对于发行期结束后尚未发售出去的证券，证券公司应如数退还给委托人，并按已售证券金额的百分比收取手续费。在本例中，甲公司接受代理发行的证券为1 500万元（500×3），发行期结束时实际对外发售了490万股，价值1 470万元（490×3），因此，证券公司收取了4.41万元（1 470×0.3%）的手续费。

小知识 6-2

1993年，随着我国会计制度的重大变革，财政部发布了《金融企业会计制度》，主要适用于证券公司和银行等金融机构。该制度于2002年被新《金融企业会计制度》所取代，新制度广泛适用于证券公司、保险公司和银行等金融机构。1999年，为规范证券公司的会计核算，财政部发布了《证券公司会计制度——会计科目和会计报表》。该制度于2003年被《金融企业会计制度——证券公司会计科目和会计报表》所取代。2007年，我国上市公司开始执行企业会计准则，新准则陆续开始在上市和非上市的证券公司、保险公司和银行等金融机构执行。2015年，财政部全面废止了包括《金融企业会计制度》(2002)、《金融企业会计制度——证券公司会计科目和会计报表》(2003)在内的39项旧准则、旧制度和旧通知等文件。

第三节　证券自营业务的核算

一、证券自营业务概述

（一）自营证券的概念

证券自营业务，简单地讲，就是证券经营机构以自己的名义和资金买卖股票、债券和基金等各种有价证券的证券业务。与其他买卖证券业务一样，证券自营业务会给证券公司带来一定的利润，同时，证券公司也需承担一定的证券投资风险。证券经营机构的证券自营业务按业务场所一般分为两类：场外自营买卖和场内自营买卖。场外，指柜台。场外自营买卖又称柜台交易，是指证券经营机构通过柜台交易等方式直接洽谈成交的证券交易，但这种交易不通过与证券交易所联网的席位进行，因此也称网下交易。场内，指证券交易所。场内自营买卖，是指证券经营机构在证券交易所等集中交易的场所进行的证券交易，这种交易一般通过证券商在证券交易所的席位进行，因此也称网上交易。在我国，证券自营业务多数表现为场内自营买卖业务，即网上交易。

证券经营机构从事证券自营业务，必须取得中国证监会认定的自营业务资格，经中国证监会的资格审定后，领取中国证监会颁发的《经营证券自营业务资格证书》。证券公司在开展自营业务过程中，必须遵守中国证监会在《证券经营机构证券自营业务管理办法》中的有关规定，必须将证券的自营业务和证券的经纪业务分开操作，不得有违反证券法规的内幕交易、操纵市场、欺诈客户等行为。

（二）自营证券的特点

首先，自营证券从本质上讲，就是证券公司的一种投资业务。我们知道，任何企业因为利益驱动都会进行投资，包括长期投资和短期投资。短期投资的目的是赚取资金收益，企业可以通过购买变现能力较强的证券这一方式进行，但通常情况下，这些企业买卖证券的行为不会直接在场内（交易所）进行，而是在证券公司进行，或者说通过证券公司在场内进行。而证券公司的自营业务却是直接在场内进行的，这是证券公司自营证券投资区别于一般行业证券投资的特点之一。

其次，因为证券公司是专门从事证券经营业务的公司，因此其自营的证券不论是场内交易还是场外交易，流动性都比较强，可以随时变现。证券公司从事自营证券的目的与其他企业投资的目的一样，都是为了赚取差价收入，以提高资金的利用率和收益率。而证券公司本身从事的这种特殊业务为其提供了这种机会，使得证券公司既可以投机，又可以保证其资金的流动性，正因为如此，自营证券在证券公司往往被列为以公允价值计量且其变动计入当期损益的金融资产。

再次，由于自营证券是在场内交易，因此其买进、卖出的证券数量较大，速度较快。由于不存在佣金，所以证券公司自营业务的交易成本较低。

最后，应该指出的一点是，证券商是证券市场的主体之一，其金额巨大的自营业务往往会给证券市场的稳定性带来一定的影响，因此我国证券公司开展的自营业务必须依据证券主管机关的有关规定办理。证券主管机关根据市场的实际情况，为保证证券市场的稳定性，可以限制参与自营业务证券商的数量以及证券商自营买卖证券的数量，若证券商不按规定开展自营业务，证券主管机关有权作出必要的处罚，甚至可以撤销其营业许可证。

（三）自营证券的核算内容

证券公司自营证券的会计核算方法与一般企业的投资核算方法基本相同，一般应按照证券投资的种类进行。自营证券的种类主要包括股票投资、债券投资和基金投资三种。相应地，自营证券的会计核算内容应包括自营股票业务的核算、自营债券业务的核算和自营基金业务的核算。不论是自营股票业务、自营债券业务还是自营基金业务，都包括证券买入业务、证券卖出业务以及期末计价等。另外，证券公司新股认购和自营证券的配股派息业务也属于证券的自营业务。

小思考 6-2

证券公司的自营业务与一般工商业的证券投资业务有何区别？

二、自营证券买入业务的核算

自营证券买入业务是指证券公司以自有资金购入股票、债券和基金的业务。为核算买入的自营证券，证券公司应该设置“交易性金融资产”“其他债权投资”“债权投资”“其他权益工具投资”“长期股权投资”“结算备付金——公司”等科目。

“债权投资”科目是资产类科目，用于核算证券公司以自有资金买入的分类为以摊余成本计量的自营证券的实际成本。该科目借方登记买入的以摊余成本计量的自营证券的实际成本；贷方登记因到期或重分类等结转的该类自营证券的实际成本；期末余额一般在借方，反映持有的该类自营证券投资的实际成本。

“长期股权投资”科目是资产类科目，用于核算企业对集团内外进行的控制性、具有重大影响和共同控制的权益性投资。也就是说，证券公司对其子公司、合营企业和联营企业的权益性投资，应当通过“长期股权投资”账户核算。

“结算备付金——公司”科目是资产类科目，专门用于核算公司为进行自营证券交易等业务的资金清算和交收而存入证券交易所指定清算机构的款项。公司开展自营业务时，应当在证券交易所清算机构设立该账户，核算与证券交易所在自营业务中发生的各种款项往来业务。该科目借方登记存入清算机构的资金和卖出证券时收到的实际价款；贷方登记买入证券时支付的实际成本；期末余额一般在借方，反映证券公司存于证券交易所指定清算机构的款项余额。

自营证券购入的会计核算方法是：公司购入自营证券时，根据购入证券持有目的以及购入成本，借记“交易性金融资产”“其他债权投资”“债权投资”“其他权益工具投资”等科目，贷记“结算备付金——公司”“银行存款”等科目。证券公司采用余额包销等方式将到期尚未卖出的证券转为自营证券时，借记“交易性金融资产”“其他债权投资”“债权投资”“其他权益工具投资”等科目，贷记“代理承销证券款”科目。

自营证券买入业务在会计核算时，应注意以下几个问题：

第一，买入自营证券的实际成本。证券公司在场内买入的自营股票、债券和基金的实际成本构成内容大同小异，一般包括股票、债券和基金的实际成交金额，相关业务发生的交易经手费及过户费，证券市场监督管理费（证管费）等在证券交易所进行证券交易时按规定必须交纳的费用。

第二，买入证券的应收股息和应收利息。买入证券中所含的应收股息和应收利息与一般企业一样，应该单独核算，不能计入以公允价值计量且其变动计入当期损益的金融资产、分类为以公允价值计量且其变动计入其他综合收益的金融资产、指定为以公允价值计量且其变动计入其他综合收益的金融资产或以摊余成本计量的金融资产的成本。

第三，证券款的结算办法。在场内交易时，自营证券应通过证券交易所指定清算机构的资金账户进行，在会计上通过“结算备付金——公司”账户进行核算；在柜台交易时，可直接通过“银行存款”账户进行核算。这种资金清算方法同样适合于配股派息、认购新股和卖出回购证券业务的核算。

第四，交易费用的处理。在购入金融资产时，企业所支付的交易费用的账务处理不完全相同。根据现行企业会计准则的规定，企业如果通过网上购入股票、债券等，且买价中包含交易费用，则直接将其计入所购证券的成本。如果是单独支付的交易费用，则对于以公允价值计量且其变动计入当期损益的金融资产来说，应记入“投资收益”账户；对于以公允价值计量且其变动计入其他综合收益的金融资产和以摊余成本计量的金融资产来说，应记入所购证券成本的“利息调整”明细账中。

【例6-6】2023年年末，甲证券公司以自有资金从证券交易所网上购入乙公司股票500万股，购入成本为8元/股（含网上交易费用），将其分类为以公允价值计量且其变动计入当期损益的金融资产。同时，将代丙公司承销剩余的5万股股票指定为以公允价值计量且其变动计入其他综合收益的金融资产，成本为4元/股。有关会计分录如下：

（1）购入乙公司股票时：

借：交易性金融资产	40 000 000	
贷：结算备付金——公司		40 000 000

（2）将代丙公司发行股票转为自营股票时：

借：其他权益工具投资——成本	200 000	
贷：代理承销证券款——丙公司		200 000

【例6-7】承【例6-6】，假设甲证券公司在购入乙公司股票时另行支付手续费4万元，则有关会计分录如下：

借：交易性金融资产　　40 000 000
　　投资收益　　40 000
　贷：结算备付金——公司　　40 040 000

【例6-8】承【例6-7】，假设甲证券公司在购入乙公司股票时另行支付手续费4万元，且将这批股票指定为以公允价值计量且其变动计入其他综合收益的金融资产，则有关会计分录如下：

借：其他权益工具投资——成本　　40 000 000
　　　　　　　　　——利息调整　　40 000
　贷：结算备付金——公司　　40 040 000

三、自营证券配股派息业务的核算

公司因持有股票而享有配股派息权。配股是指上市公司向原股东进一步发行新股、筹集资金的行为。按照惯例，配股时原股东有优先认购权。派息是指上市公司向股东分派的股息，可以是现金股利，也可以是股票股利。

（一）配股的核算

通过网上配股时，公司应在与证券交易所清算配股款时，按实际支付的配股款，借记“交易性金融资产”“其他权益工具投资”等科目，贷记“结算备付金——公司”科目。通过网下配股时，证券公司应按实际支付的配股款，借记“交易性金融资产”“其他权益工具投资”等科目，贷记“银行存款”科目。

（二）派息的核算

证券公司因持有股票而分得的股票股利，应于股权登记日，根据本公司持有的股份数及送股比例，计算确定本公司分配的股票股利数量，并在“交易性金融资产”“其他权益工具投资”等账户的“数量”栏内进行登记，不用编制会计分录。因持有股票分得现金股利时，应借记“结算备付金——公司”科目，贷记“投资收益”科目。

【例6-9】甲证券公司持有乙公司100万股股票，持有丙公司10万股股票，均指定为以公允价值计量且其变动计入其他综合收益的金融资产。2023年年末，乙公司和丙公司发生如下配股业务：

（1）乙公司按2∶1的比例在网上进行配股，配股价10元/股，甲证券公司支付乙公司配股款500万元。

（2）丙公司按5∶1的比例派送股票股利，甲证券公司获得2万股股票股利。

甲证券公司根据上述资料编制有关会计分录如下：

（1）通过证券公司进行网上配股时：

借：其他权益工具投资——成本　　5 000 000
　贷：结算备付金——公司　　5 000 000

（2）收到丙公司的股票股利时，不需要编制会计分录。

在【例6-9】中，由于丙公司发放的是股票股利，因此，甲证券公司不必编制任何会计分录，只需要在“其他权益工具投资——成本”明细账的“数量”栏内对增加的2万股股票进行登记即可。登记后，甲证券公司持有丙公司的股票应为12万股。

四、自营认购新股的核算

自营认购新股是指证券公司通过席位或柜台以自有资金申请购入新股的证券业务。按照惯例，申购中签时才能成功地购入新股，否则申购款将会被退回。自营认购新股分为网上认购新股和网下认购新股。两者的会计核算方法大同小异。

（一）网上认购新股的核算

证券公司通过网上认购新股时，证券交易所按申购款将公司资金从“结算备付金——公司”账户中划出并冻结，证券公司应借记“应收账款——应收认购新股占用款”科目，贷记“结算备付金——公司”科目；当认购新股中签、申购成功时，证券公司应按中签新股的实际成本，借记“交易性金融资产”“其他权益工具投资”等科目，贷记“应收账款——应收认购新股占用款”科目；当申购失败、退回申购款时，证券公司应借记“结算备付金——公司”科目，贷记“应收账款——应收认购新股占用款”科目。

（二）网下认购新股的核算

证券公司通过网下认购新股时，按规定应将认购新股款存入认购新股时指定的金融机构，并借记“应收账款——应收认购新股占用款”科目，贷记“银行存款”科目；申购成功时，应按新股成本，借记“交易性金融资产”“其他权益工具投资”等科目，贷记“应收账款——应收认购新股占用款”科目；申购失败时，应按退回的款项，借记“银行存款”科目，贷记“应收账款——应收认购新股占用款”科目。

【例 6-10】甲证券公司本月通过证券公司网上系统申购M公司股票20万股，发行价2元/股，认股款已划到证券交易所账户并被冻结。数日后中签10万股，证券公司将其分类为以公允价值计量且其变动计入当期损益的金融资产，其余未中签款项解冻。甲证券公司编制有关会计分录如下：

（1）将认股款划转到证券交易所账户时：

借：结算备付金——公司	400 000	
贷：银行存款		400 000

（2）申购股票资金被冻结时：

借：应收账款——应收认购新股占用款	400 000	
贷：结算备付金——公司		400 000

（3）申购中签时：

借：交易性金融资产	200 000	
贷：应收账款——应收认购新股占用款		200 000

（4）未中签认股款解冻时：

借：结算备付金——公司	200 000	
贷：应收账款——应收认购新股占用款		200 000

五、自营证券销售业务的核算

自营证券的卖出业务包括自营股票、债券等证券的未到期转让及债券的到期收回。证券公司销售自营证券时，应按实际收到的金额，借记“结算备付金——公司”或“银行存款”科目；按账面价值，贷记“交易性金融资产”“其他债权投资”“其他权益工具投资”等科目；按其差额，贷记“投资收益”等科目。这里应注意的是，如果卖出的自营证券是以公允价值计量且其变动计入其他综合收益的债券类证券，则在该类自营证券销售时，应将反映其公允价值变动的“其他综合收益”净额结转到“投资收益”账户中；如果卖出的自营证券是指定为以公允价值计量且其变动计入其他综合收益的股票类证券，则在该类自营证券销售时，应将反映其公允价值变动的“其他综合收益”净额结转到留存收益中的“盈余公积”和“未分配利润”账户中。

【例6-11】沿用【例6-6】的资料，假设在2023年年末甲证券公司将其持有的以公允价值计量且其变动计入当期损益的金融资产（乙公司股票）以12元/股的价格销售了50万股。经查账获悉，“交易性金融资产——公允价值变动”账户的借方余额为1 000万元。甲证券公司在销售乙公司股票时编制相关会计分录如下：

借：结算备付金——公司　　6 000 000
　贷：交易性金融资产——成本　　4 000 000
　　　　　　　　　——公允价值变动　　1 000 000
　　投资收益　　1 000 000

同时，将“公允价值变动损益”账户中的100万元转入“投资收益”账户：

借：公允价值变动损益　　1 000 000
　贷：投资收益　　1 000 000

在【例6-11】中，由于甲证券公司只销售了10%的乙公司股票，因此，“交易性金融资产——公允价值变动”也只能结转10%。

【例6-12】甲证券公司于2023年通过证券交易所购入500万元M公司股票，将其指定为以公允价值计量且其变动计入其他综合收益的金融资产。2024年，甲证券公司将这批股票全部出售，卖价为520万元，已知“其他综合收益”账户贷方余额为5万元。甲证券公司编制相关会计分录如下：

（1）2023年购入M公司债券时：

借：其他权益工具投资——成本　　5 000 000
　贷：结算备付金——公司　　5 000 000

（2）确认M公司债券公允价值变动时：

借：其他权益工具投资——公允价值变动　　50 000
　贷：其他综合收益　　50 000

（3）销售M公司债券时：

借：结算备付金——公司　　5 200 000
　贷：其他权益工具投资——成本　　5 000 000
　　　　　　　　　——公允价值变动　　50 000
　　盈余公积　　15 000
　　未分配利润　　135 000

借：其他综合收益　　50 000
　贷：盈余公积　　5 000
　　未分配利润　　45 000

六、自营证券的期末计价

通过上面的阐述我们知道，证券公司的自营证券主要包括证券公司以自有资金购买的股票、债券和基金等金融资产。对于购入的自营证券，证券公司应根据购买目的的不同在购买日将其分类为以公允价值计量且其变动计入当期损益的金融资产、以摊余成本计量的金融资产、以公允价值计量且其变动计入其他综合收益的金融资产或指定为以公允价值计量且其变动计入其他综合收益的金融资产等。根据现行会计准则的规定，各类金融资产的期末计价方法是不完全相同的。

以公允价值计量且其变动计入当期损益的金融资产期末应以公允价值计量，并将当期公允价值变动记入"公允价值变动损益"账户；分类为以公允价值计量且其变动计入其他综合收益的金融资产和指定为以公允价值计量且其变动计入其他综合收益的金融资产期末也以公允价值计量，应将当期公允价值变动记入"其他综合收益"账户；以摊余成本计量的金融资产在期末应以摊余价值计量。

【例 6-13】2023 年年末，甲证券公司自营证券包括以公允价值计量且其变动计入当期损益的金融资产、以公允价值计量且其变动计入其他综合收益的金融资产两项，前者为交易性金融资产，后者为其他债权投资，两项金融资产的账面价值和公允价值情况见表 6-7。

表6-7　甲证券公司自营证券汇总表　单位：万元

项　目	2022年年末账面价值	2023年年末公允价值	公允价值变动
交易性金融资产	9 500	9 900	400
其他债权投资	16 700	18 000	1 300

根据表 6-7，甲证券公司在 2023 年年末编制相关会计分录如下：

借：交易性金融资产——公允价值变动　4 000 000

　贷：公允价值变动损益　4 000 000

借：其他债权投资——公允价值变动　13 000 000

　贷：其他综合收益　13 000 000

根据现行企业会计准则的规定，除以公允价值计量且其变动计入当期损益的金融资产和指定为以公允价值计量且其变动计入其他综合收益的金融资产之外，证券公司在其持有的以公允价值计量且其变动计入其他综合收益的金融资产和以摊余成本计量的金融资产出现资产减值迹象时，应通过"信用减值损失""其他综合收益——其他债权投资减值准备""债权投资减值准备"等账户，计提相应的资产减值准备。当以公允价值计量且其变动计入其他综合收益的金融资产和以摊余成本计量的金融资产价值得以回升时，证券公司应在以前计提的资产减值准备的范围内将金融资产的减损价值予以转回。

这里应注意的是，证券资产的资产减值转回分录不完全相同。对于以摊余成本计量的金融资产的资产减值转回，应借记"债权投资减值准备"账户，贷记"信用减值损失"账户；对于以公允价值计量且其变动计入其他综合收益的金融资产的资产减值转回，应借记"其他综合收益——其他债权投资减值准备"账户，贷记"信用减值损失"账户。

【例 6-14】2023 年年末，甲证券公司在年终结账时，重新核查了其持有的自营证券期末价值，发现以前减值的部分以摊余成本计量的金融资产和以公允价值计量且其变动计入其他综合收益的金融资产价值有所回升，具体情况见表 6-8。

表6-8　　**甲证券公司自营证券价值变动一览表**　　单位：万元

项　目	2022年年末账面价值	2023年年末公允价值	公允价值变动
以摊余成本计量的金融资产	原值5 000 减：减值准备250 报告价值4 750	4 900	+150
以公允价值计量且其变动计入其他综合收益的金融资产	原值6 900 减：减值准备420 报告价值6 480	7 005	+525

根据表6-8，甲证券公司在2023年年末编制相关会计分录如下：

借：债权投资减值准备　　1 500 000

　贷：信用减值损失　　1 500 000

借：其他综合收益——其他债权投资减值准备　　4 200 000

　贷：信用减值损失　　4 200 000

补充阅读资料6-2

证券公司的自营证券业务与一般工商业企业的金融资产投资业务基本上是一样的，主要包括股票投资、债券投资和基金投资等。在会计核算中，根据所购买的证券种类、性质和目的的不同，可分类为以公允价值计量且其变动计入当期损益的金融资产、以公允价值计量且其变动计入其他综合收益的金融资产、指定为以公允价值计量且其变动计入其他综合收益的金融资产和长期股权投资等。它们核算的原则基本上是一致的，只是核算中所涉及的会计科目和会计流程可能会略有不同，比如自营证券会计核算中会涉及“结算备付金”科目，而一般工商业企业则不会涉及此科目。

小知识6-3

一般而言，证券公司将其购入的股票、债券或基金在初始分类为以公允价值计量且其变动计入当期损益的金融资产、以摊余成本计量的金融资产、以公允价值计量且其变动计入其他综合收益的金融资产或指定为以公允价值计量且其变动计入其他综合收益的金融资产以后，债权类金融资产可以重分类，权益类工具不得重分类。

第四节　证券经纪业务的核算

一、证券经纪业务概述

（一）证券经纪业务的含义

在证券交易所内从事证券交易业务的证券商有两种：一种是自营商，它是用自有资金和账户为自身投资的需要买卖证券，以获取投资收益；另一种是经纪商，它接受委托人的委托，按委托人的要求在交易市场中买卖证券，以获取佣金。证券经纪商也称证券经纪人，它所从事的业务就是证券经纪业务。证券经纪业务是指具有资格的证券公司接受投资人的委托，代理投资人在证券交易所买卖证券并收取佣金的证券业务。它是证券经营机构的一项主要业务，在证券业务总量中占有很大的比重。证券经纪业务是随着证券集中交易制度的实行而产生和发展起来的。由于证券交易所内的证券种类繁多、数额巨大，而交易厅内的席位又有限，一般的投资人不能直接进入证券交易所内进行交易，因此只能通过特许的证券经纪商作为中介来促成交易。

证券经纪业务的实质是委托人和受托人之间的委托代理关系，受托的证券公司完全按照委托人的意愿进行证券买卖，其收取的佣金以每一次的委托为依据。在这类委托代理业务中，委托人必须预先全额缴纳保证金，因此证券经纪业务对于证券公司而言全无风险。委托证券业务和自营证券业务的内容基本相同，一般都包括证券的买入、卖出、认购新股、配股派息等，但由于前者是代理业务，后者是自己经营，所以两者各有特点，具体差别见表6-9。

表6-9　委托买卖和自营买卖对照表

对照项目	委托买卖	自营买卖
证券商的地位	处于交易的中介地位	处于交易的买方或卖方
成交的时机	受多种因素影响，不一定能满足投资者的需求	证券商比较容易把握，一般均可按希望成交
价格的决定	客户自定，即使证券商认为不合理也不能拒绝	由证券商自行决定，随时可变
价格的变动	频繁，具有较大的波动性	波动性相对较小
价格的意向	“代理买卖证券委托单”中提出的“理想”价格	证券商根据市场行情随行就市
交易的品种	一般以股票、基金买卖为主	根据实际行情，各种类证券均有
交易的数量	成交量少，委托笔数多而散	成交量较大，交易笔数较少
清算的单位	以每个投资人每笔委托交易进行清算	以每个席位统一清算
交割的方式	通过资金账户的转账及现金收付	通过内部转账实现交割
保证金缴纳	必须缴纳全额保证金	一次性缴纳清算交割准备金
投资的成本	加收佣金、过户费、印花税、委托手续费	经手费、印花税、过户费、证管费
缴纳的税金	交易所代扣印花税及按佣金收取的增值税	交易所代扣印花税及按买卖价差收取的增值税

（二）证券经纪业务的基本程序

证券经纪业务实质上是一种委托买卖证券的业务，需经过以下几个程序才能完成：

1. 登记和开户。投资人在委托业务开展之前应到证券商处填写“个人名册登记表”，同时按证券商的要求开设“委托买卖证券资金专户”，或者在登记结算公司开立专户，用于双方资金的往来和结算。

2. 委托买卖。在登记和开户后，投资人可以随时委托证券公司代其买卖各种证券。委托买卖证券的过程是证券经纪业务最重要的组成部分，通过委托，投资人交易的目标得以实现，经纪人的佣金得到落实，国家的税收得到保证。委托的方式主要有当面委托、电话委托、电报委托、传真委托、信函委托、磁卡委托等。

3. 场内交易。证券商在接受委托后，应当通过证券交易所的电脑终端系统对客户的委托进行竞价买卖，撮合成交后，投资者不得反悔，但在成交以前，投资者可以撤单。

4. 清算交割。委托买卖成交以后，证券商需及时将“成交交割凭单”交给投资人，并进行货、钱两清的交接手续。

证券经纪业务的基本程序如图6-2所示。

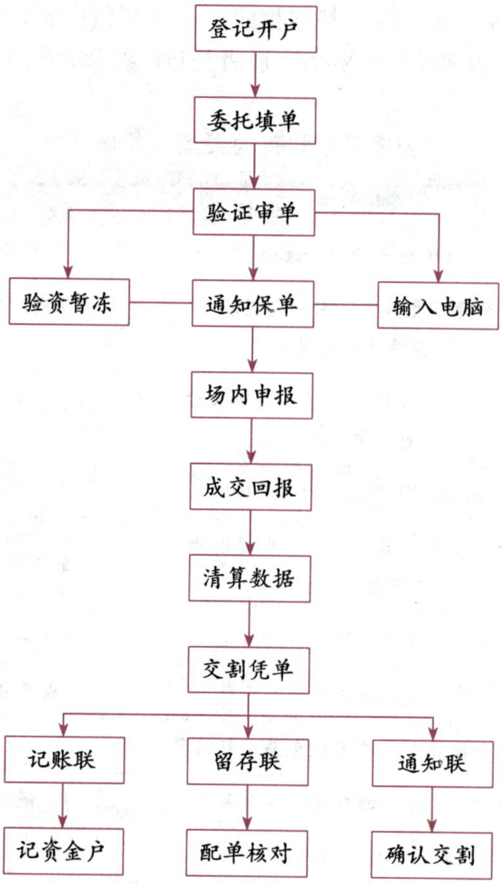

图6-2　证券经纪业务基本程序图

一般情况下，证券公司开展的证券经纪业务主要包括代理买卖证券业务、代理兑付证券业务、代理认购新股业务、代理配股派息业务、代理保管证券业务和代理客户理财业务等。近年来，经有关部门批准，我国证券公司也允许开展融资融券业务。下面将具体阐述几个主要的证券经纪业务的会计核算方法。

二、代理买卖证券的会计核算

代理买卖证券是指证券公司接受客户的委托，代客户买卖股票、债券和基金的业务。根据现行企业会计准则的规定，为核算代理买卖证券的业务，证券公司应设置“代理买卖证券款”“结算备付金——客户”“手续费及佣金收入”“手续费及佣金支出”等科目。

“代理买卖证券款”科目是负债类科目，用于核算代客户买卖证券、认购新股和配股时按规定由客户交存证券公司的款项以及公司代客户领取的现金股利和债券利息等。该科目贷方登记公司收到的客户交纳的各项款项、代客户收取的现金股利和债券利息等；借方登记支付客户的款项、代客户向证券公司买入证券支付的款项、认购新股及配股时交纳的款项及相关税费（包括支付给证券公司的手续费）等；期末余额一般在贷方，反映客户交存证券公司款项的余额或证券公司欠委托方的债务。该科目应按客户名称设置明细账。

“结算备付金——客户”科目是资产类科目，用于核算公司因代客户在证券交易所进行证券交易而存入清算机构的款项。该科目借方登记公司为客户代理证券交易而存于清算中心的款项以及代客户收取的现金股利和利息收入；贷方登记代客户买入证券、认购新股和配股时支付的成交价、相关税费（包括支付给证券公司的手续费）以及从清算中心收回的款项；期末余额在借方，反映为代理客户买卖而交存清算中心的款项或证券公司从证券交易所结算公司代客户收回的债权。

“手续费及佣金支出”科目是损益类科目，用于核算证券公司各种代理业务中发生的手续费和佣金支出。该科目借方登记支付的手续费和佣金；贷方登记结转到“本年利润”账户中的数额；结转后，本科目无余额。

代理买卖证券的会计处理主要包括以下几个步骤：

- 收到客户交存的各种委托买卖证券款项时，借记“银行存款”科目，贷记“代理买卖证券款”科目。
- 为代理业务而将款项存于证券交易所指定的结算中心时，借记“结算备付金——客户”科目，贷记“银行存款”科目。
- 接到客户买卖证券的委托时，一般不需要作会计分录。但买入证券时委托人需要有足够的资金作保证；卖出证券时委托人需足额缴付证券。
- 买入证券成交后，应按成交价加支付的过户费及支付证券商的手续费等，借记“代理买卖证券款”科目，贷记“结算备付金——客户”科目；卖出证券成交后，应按成交价减印花税、过户费及支付证券商的手续费等，借记“结算备付金——客户”科目，贷记“代理买卖证券款”科目；按代理业务中证券商自己负担的证券交易所的交易费，借记“手续费及佣金支出——代买卖证券手续费支出”科目，贷记“结算备付金——公司”科目；按代理业务中证券商应收取委托人的手续费，借记“代理买卖证券款”或“应收手续费及佣金”等科目，贷记“手续费及佣金收入——代买卖证券手续费收入”科目。
- 当证券公司既有买入证券业务又有卖出证券业务时，也可以根据买卖成交业务总量汇总编制如下会计分录：

当买入证券成交总量大于卖出证券成交总量时：

借：代理买卖证券款（买卖证券成交价差额+代扣代缴印花税+代理买卖手续费收入）

　　手续费及佣金支出（公司支付证券交易所手续费）

　贷：结算备付金——客户（买卖证券成交价差额+代扣代缴印花税+公司支付证券交易手续费）

　　　手续费及佣金收入（代理买卖证券手续费收入）

当卖出证券成交总量大于买入证券成交总量时：

借：结算备付金——客户（买卖证券成交价差额-代扣代缴印花税-公司支付证券交易手续费）
　　手续费及佣金支出（公司支付证券交易所手续费）
　贷：代理买卖证券款（买卖证券成交价差额-代扣代缴印花税-代理买卖手续费收入）
　　　手续费及佣金收入（代理买卖证券手续费收入）

结转结算备付金的会计分录正常编制。

【例6-15】甲证券公司本月发生如下几笔与代理买卖证券有关的业务：

（1）收到乙公司交来的代买卖证券款100万元，次日存入证券交易所。

（2）代乙公司买进某公司A股80万元，收取手续费2 800元（按0.35%收取）。

（3）代丙公司销售某公司B股50万元，代扣代缴印花税250元，收取手续费2 150元（按0.43%收取）。

（4）支付证券交易所手续费346元。

根据上述有关业务应编制如下会计分录：

（1）收乙公司存款时：

借：银行存款　　1 000 000
　贷：代理买卖证券款——乙公司　　1 000 000

（2）将款项交存证券交易所时：

借：结算备付金——客户　　1 000 000
　贷：银行存款　　1 000 000

（3）代乙公司购入证券时：

借：代理买卖证券款——乙公司　　800 000
　贷：结算备付金——客户　　800 000

借：代理买卖证券款——乙公司　　2 800
　贷：手续费及佣金收入　　2 800

借：结算备付金——公司　　2 800
　贷：结算备付金——客户　　2 800

（4）代丙公司销售证券时：

借：结算备付金——客户　　499 750
　贷：代理买卖证券款——丙公司　　499 750

借：代理买卖证券款——丙公司　　2 150
　贷：手续费及佣金收入　　2 150

借：结算备付金——公司　　2 150
　贷：结算备付金——客户　　2 150

（5）划转公司承担的交易费时：

借：手续费及佣金支出　　346
　贷：结算备付金——公司　　346

（6）偿还乙公司和丙公司的代理买卖证券款时：

借：代理买卖证券款——乙公司　　195 600
　　　　　　　　　——丙公司　　496 850

贷：结算备付金——客户　692 450

通过上述例题可以看出，在代理买卖证券业务时，客户无论是委托买进还是委托卖出，证券公司都需按成交额的一定比例向客户收取手续费，而证券交易所又按证券公司获得手续费的一定比例向其收取手续费，同时，证券公司还要代理证券交易所向客户收取一定比例的印花税。代理买卖证券交易中应该收取的税费及比例由证券管理部门具体规定。

三、代理认购新股的核算

代理认购新股是指证券公司接受客户的委托，代客户认购新发行股票的业务。代理认购新股的核算通常涉及“代理买卖证券款”“结算备付金”“手续费及佣金收入”等科目。代理认购新股的会计处理方法是：公司收到认股款时，借记“银行存款”科目，贷记“代理买卖证券款”科目；公司将认购款划转交易所时，借记“结算备付金——客户”科目，贷记“银行存款”科目；公司代客户申购、认股款被冻结时，借记“代理买卖证券款”科目，贷记“结算备付金——客户”科目；未中签认股款解冻时，借记“结算备付金——客户”科目，贷记“代理买卖证券款”科目；公司将未中签认股款划回公司账户时，借记“银行存款”科目，贷记“结算备付金——客户”科目；公司将未中签认股款退还给委托人时，借记“代理买卖证券款”科目，贷记“银行存款”科目。

【例6-16】A证券公司代理B公司认购新股，收到客户认股款500万元，中签100万元，其余款项退还B公司，手续费率为0.35%。有关会计分录如下：

（1）收到B公司认股款时：

借：银行存款	5 000 000	
贷：代理买卖证券款——B公司		5 000 000

（2）将认股款交存证券公司时：

借：结算备付金——客户	5 000 000	
贷：银行存款		5 000 000

（3）申购股票款被交易所冻结时：

借：代理买卖证券款——B公司	5 000 000	
贷：结算备付金——客户		5 000 000

（4）未中签认股款解冻时：

借：结算备付金——客户	4 000 000	
贷：代理买卖证券款——B公司		4 000 000

（5）认股款由交易所划转回公司时：

借：银行存款	4 000 000	
贷：结算备付金——客户		4 000 000

（6）认股款划转给B公司时：

借：代理买卖证券款——B公司	4 000 000	
贷：手续费及佣金收入		3 500
银行存款		3 996 500

（7）A证券公司将中签新股与B公司进行交接。

四、代理配股派息的核算

代理配股派息是指证券公司接受客户的委托，代客户办理配股及分派股息的业务。公司按客户要求代理配股业务时，与证券交易所有两种结算方法：一种是即时结算配股款；另一种是定期结算配股款。两种方式的会计处理方法大同小异：前者应于配股当日将配股款划到证券交易所的账户上；后者应定期将配股款划到证券交易所的账户上。

代理配股派息的会计处理方法与自营证券配股派息的会计处理方法的基本程序是相同的，只是涉及的账户有所差别。自营证券配股派息应通过“交易性金融资产”“结算备付金——公司”等账户核算，而代理配股派息则应通过“代理买卖证券款”“结算备付金——客户”“手续费及佣金收入”等账户核算。在代理配股派息业务中，公司收到客户交来的配股款时，借记“银行存款”科目，贷记“代理买卖证券款”科目；交存证券交易所配股款时，借记“结算备付金——客户”科目，贷记“银行存款”科目；配股完成时，借记“代理买卖证券款”科目，贷记“结算备付金——客户”科目；代客户收到现金股利时，借记“结算备付金——客户”科目，贷记“代理买卖证券款”科目。下面举例说明代理配股派息的会计核算方法。

【例6-17】甲证券公司某月代理乙公司办理如下几笔业务：

（1）代理配购A公司股票50万元，并确认代理手续费收入2 000元；

（2）代理收取B公司现金股利5万元；

（3）代理收取C公司债券利息5万元。

有关会计分录如下：

（1）收到配股款时：

借：银行存款	500 000	
贷：代理买卖证券款——乙公司		500 000

（2）将配股款存到交易所时：

借：结算备付金——客户	500 000	
贷：银行存款		500 000

（3）配股清算时：

借：代理买卖证券款——乙公司	500 000	
贷：结算备付金——客户		500 000

（4）确认配股手续费时：

借：代理买卖证券款——乙公司	2 000	
贷：手续费及佣金收入		2 000
借：结算备付金——公司	2 000	
贷：结算备付金——客户		2 000

（5）收到现金股利时：

借：结算备付金——客户	50 000	
贷：代理买卖证券款——乙公司		50 000

（6）收到债券利息时：

借：结算备付金——客户	50 000	

贷：代理买卖证券款——乙公司　50 000

（7）与乙公司清算时：

借：代理买卖证券款——乙公司　98 000

贷：银行存款　98 000

五、代理兑付债券的核算

代理兑付债券是指证券公司代理国家或企业兑付已到期债券的业务。这里以代理兑付国债为例来说明代理兑付债券的会计核算方法。

（一）国债的种类

国债有多种分类方式，按照用途不同可以分为国库券、国家重点建设债券、财政债券、国家建设债券、保值公债、特种国债、定向债券和转换债等；按照记名与否可以分为无记名债券和记名债券；按照债券的存在形式及特点不同可以分为实物券、凭证式国债、记账式国债、收据式国债、收款单式国债等；按照可否流通可以分为可流通债券、不可流通债券。这里主要阐述目前在我国比较流行的实物券、凭证式国债和记账式国债的兑付业务。

实物券又称国债现券，它是一种不记名、不挂失的无记名式债券，这种债券可以上市流通，支取本息、流通转让都需要以实物券为凭证，到期兑付时必须将实物券交回代理兑付的机构。凭证式国债是一种记名式的国家储蓄债，这种国债可记名、可挂失，但不能上市流通，可提前兑取，其认购和兑取的形式与办理长期存款单类似，它一般由银行代国家发行。记账式国债也是一种记名式债券，它主要是指在证券交易所开立账户的投资者在场内以记账的形式买卖的债券，由于其认购、兑付都没有真正的实物券，只是在有关账户上对此项业务进行记录，因而又称为“无纸化国债”。凭证式国债和记账式国债都是非实物券，两者在认购、转让和兑付时，都没有相应的实物券。

（二）国债兑付的程序

无记名实物券的兑付程序是：

（1）债券到期时，客户到债券兑付机构交回债券，申请兑付；

（2）银行对债券审核无误后，将现金和兑付清单交客户收执。

凭证式记名债券的兑付程序是：

（1）债券到期时，客户持债券收款收据到原签发银行申请兑付；

（2）原签发银行审核无误后将兑付清单交客户收执，并以现金或转账方式将本息交给客户。

记账式债券的兑付程序是：

（1）债券到期时，客户可以直接委托证券公司向证券交易所申请兑付；

（2）证券公司与证券交易所清算交割后，将款项直接划转到客户账户中。

（三）债券兑付的会计核算方法

为核算债券兑付业务，证券公司应该设置“代兑付债券款”“代兑付债券”“手续费及佣金收入——代兑付债券手续费收入”等科目。

“代兑付债券款”科目是负债类科目，用于核算委托兑付单位预付的兑付资金。该科目贷方登记收到的代兑付的债券资金；借方登记兑付的记名债券或无记名债券（实物券）

的本金及利息；期末贷方余额，反映已经收到但尚未兑付的代兑付债券款。“代兑付债券款”科目应按委托兑付的单位设置明细账。

“代兑付债券”科目是资产类科目，用于核算代理兑付债券时收到的实物券。该科目借方登记收到的代兑付实物券金额；贷方登记交给委托单位的代兑付实物券金额；期末余额在借方，反映已代理兑付的实物券金额。“代兑付债券”科目应按委托兑付的单位设置明细账。

“手续费及佣金收入——代兑付债券手续费收入”科目是损益类科目，用于核算证券公司代理兑付债券时取得的手续费收入。该科目贷方登记取得的手续费收入；借方登记结转到“本年利润”账户中的数额。

在代兑付债券的会计核算中，记名债券和无记名债券的会计处理方法不完全相同，主要表现在：无记名债券需要收回实物券。根据有关规定，收回这些实物券时，应当通过“代兑付债券”账户核算，待把这些实物券交给委托单位时，再与预先收到的“代兑付债券款”账户对销；而记名债券的兑付业务因无实物券而无须通过“代兑付债券”账户核算，它直接通过“代兑付债券款”账户核算即可。下面举例对代兑付债券的会计核算方法加以说明。

【例6-18】甲证券公司代理乙公司兑付到期实物债券，收到乙公司兑付资金503万元，其中手续费3万元。兑付期结束，500万元全部兑付。有关会计分录如下：

（1）收到乙公司兑付资金时：

借：银行存款　　5 030 000

　贷：代兑付债券款——乙公司　　5 030 000

（2）收到实物券，予以兑付时：

借：代兑付债券　　5 000 000

　贷：银行存款　　5 000 000

（3）将实物券交给乙公司，并进行清算时：

借：代兑付债券款——乙公司　　5 000 000

　贷：代兑付债券　　5 000 000

（4）确认手续费收入时：

借：代兑付债券款——乙公司　　30 000

　贷：手续费及佣金收入——代兑付债券手续费收入　　30 000

【例6-19】甲证券公司代理丙公司兑付无纸化债券，收到丙公司兑付资金402万元，其中含2万元手续费。兑付期满，400万元全部兑付。有关会计分录如下：

（1）收到兑付资金时：

借：银行存款　　4 020 000

　贷：代兑付债券款——丙公司　　4 020 000

（2）客户到公司兑付债券时：

借：代兑付债券款——丙公司　　4 000 000

　贷：银行存款　　4 000 000

（3）兑付期结束，将2万元转为手续费收入时：

借：代兑付债券款——丙公司　　20 000

　贷：手续费及佣金收入——代兑付债券手续费收入　　20 000

六、受托理财业务的核算

受托理财业务是指证券公司受客户委托，接受客户的资产并代其进行理财的业务。受托理财业务的风险在委托方（即客户），证券公司不承担任何的风险。一般情况下，证券公司将根据理财收益的数额分享部分的理财收益。

根据现行企业会计准则的规定，为核算受托理财业务，证券公司应设置“代理业务资产”“代理业务负债”“手续费及佣金收入”等科目。

“代理业务资产”和“代理业务负债”科目是证券公司专门用于核算企业从客户方收到的不承担任何风险的理财资金的会计科目，包括受托投资资金和受托贷款资金等。其中，“代理业务资产”科目应设置“成本”和“已实现未结算损益”两个二级科目。受托理财业务的会计核算方法如下：当企业收到理财资金时，应按实收金额，借记“银行存款”等科目，贷记“代理业务负债”科目；用理财资金购入各类证券时，应借记“代理业务资产——成本”科目，贷记“银行存款”等科目；将购买的证券出售时，应按实收的金额，借记“银行存款”等科目，按成本，贷记“代理业务资产——成本”科目，按其差额，贷记“代理业务资产——已实现未结算损益”科目；定期或在合同到期与委托客户进行结算时，按代理资产的已实现未结算损益，借记“代理业务资产——已实现未结算损益”科目，贷记“代理业务负债”（委托客户的收益）和“手续费及佣金收入”（证券公司的收益）等科目。下面举例说明代理理财业务的会计核算方法。

【例 6-20】某证券公司受客户委托代其进行资产理财，合同规定，证券公司可享有净收益的30%。2024年3月1日，证券公司收到客户理财资金30万元；3月10日，用委托资金购入股票，共计30万元；4月8日，证券公司将该股票出售，扣除印花税和有关费用后，净收入为35万元；4月底，证券公司与客户结算。有关会计分录如下：

（1）3月1日收到理财资金时：

借：银行存款　300 000

　贷：代理业务负债　300 000

（2）3月10日购买股票时：

借：代理业务资产——成本　300 000

　贷：银行存款　300 000

（3）4月8日销售股票时：

借：银行存款　350 000

　贷：代理业务资产——成本　300 000

　　　　　　　　——已实现未结算损益　50 000

（4）与客户结算时：

借：代理业务资产——已实现未结算损益　50 000

　贷：代理业务负债　35 000

　　　手续费及佣金收入　15 000

（5）将委托款偿还客户时：

借：代理业务负债　335 000

　贷：银行存款　335 000

七、代保管证券业务的核算

代保管证券业务是指证券公司代理客户保管有价证券的业务。公司代保管证券业务不需要单独设置表内科目。无论采取何种保管方式，只需在专设的备查账户中设置“代保管证券”这一表外科目，记录代保管证券的情况。如果代保管证券业务收取手续费，其手续费收入应于代保管服务完成时予以确认，并通过“手续费及佣金收入”科目核算。预先收取的手续费，可以作预收账款处理。如果公司代保管证券不收取手续费，则只需在备查簿中登记即可。

【例6-21】某证券公司代甲公司保管企业债券1万张，面值1 000元/张，总价值共计1 000万元。该债券保管业务到期结束后，按照双方的约定，甲公司支付该证券公司1 000元保管手续费。有关账务处理如下：

（1）证券公司收到甲公司代保管债券时，应在“代保管证券登记簿”中进行登记，登记的内容包括委托代保管的单位以及收到债券的种类、数量、金额、到期日、手续费及双方的责任等。

（2）证券公司归还甲公司代保管债券并收到手续费时，除应在“代保管证券登记簿”中作相应的登记以外，还应编制如下会计分录：

借：银行存款　　1 000

　贷：手续费及佣金收入　　1 000

【随堂测】（判断题）代保管证券业务是指证券公司代理客户保管有价证券的业务。公司代保管证券的业务需要单独设置表内科目核算。　　（　　）

八、融资融券业务的核算

融资融券业务是指向客户出借资金供其买入公开上市交易的有价证券或者出借公开上市交易的有价证券供其卖出，并收取担保物的经营活动。在我国，证券公司开展融资融券业务试点，必须经证监会批准。未经批准，任何公司不得向其客户融资融券，也不得为其客户与客户、客户与他人之间的融资融券活动提供任何便利和服务。

企业发生的融资融券业务，分为融资业务和融券业务两类。根据我国2010年《企业会计准则解释第4号》的规定：关于融资业务，证券公司及其客户均应当按照《企业会计准则第22号——金融工具确认和计量》的有关规定进行会计处理。证券公司融出的资金，应当确认应收债权，并确认相应利息收入；客户融入的资金，应当确认应付债务，并确认相应利息费用。关于融券业务，证券公司融出的证券，按照《企业会计准则第23号——金融资产转移》的有关规定，不应终止确认该证券，但应确认相应利息收入；客户融入的证券，应当按照《企业会计准则第22号——金融工具确认和计量》的有关规定进行会计处理，并确认相应利息费用。

根据《企业会计准则解释第4号》的规定，对于融资业务，证券公司应将借给客户的资金形成一项应收的债权，这与银行贷款业务并无本质区别，因此证券公司和客户完全根据银行贷款的业务作相似的会计处理。而对于融券业务的会计处理，证券公司由于仅是暂时性借出证券，在约定的期限之后，客户必须归还证券公司相同数量和种类的证券，证券公司并没有真正转移借出证券的风险和报酬，因此不应该终止确认该证券，但是为了反映该证券已被借出的事实，可以将证券由“自营账户”转移到“融券账户”。“融券账户”则按照以前相同的会计计量方法核算，正确核算其相应的风险与报酬。对客户而言，借入的证券一方面应确认“交易性金融资产”，同时因承担着未来归还从证券公司融入的证券的义务，所以近期还必须回购该证券，因此在其融券出售期间可以相对应地确认一笔“交易性金融负债”，用以反映因该证券价格浮动而带来的投资损益的变动。

【例6-22】假设2023年10月1日沪市大盘位于3 000点，甲企业预期大盘有可能进一步走低，因此向乙证券公司融券，做空交易。甲企业融券A股票10万股，此时A股票市价10元/股，约定于2023年12月31日按年利率12%归还A股票，同时按照股票市值的60%缴纳保证金60万元。2023年12月31日A股票市价8元/股，不考虑相关交易的手续费。有关会计处理如下：

（1）甲企业的会计处理如下：

❶10月1日交付融券保证金时：

借：其他应收款——融券保证金　600 000

　贷：银行存款——自有资金　600 000

❷10月1日实际融券时：

借：交易性金融资产——A股票（融券——成本）　1 000 000

　贷：交易性金融负债——A股票（融券——本金）　1 000 000

❸10月1日出售股票时：

借：其他货币资金——融券存款　1 000 000

　贷：交易性金融资产——A股票（融券——成本）　1 000 000

❹12月31日A股票市价跌至8元/股，公允价值变动为20万元（（10−8）×10）：

借：交易性金融负债——A股票（融券——公允价值变动）　200 000

　贷：公允价值变动损益——A股票（融券）　200 000

❺12月31日将购入的10万股A股票归还乙证券公司，此时应冲销“交易性金融负债”科目余额：

借：交易性金融资产——A股票（融券——成本）　800 000

　贷：其他货币资金——融券存款　800 000

借：交易性金融负债——A股票（融券——本金）　1 000 000

　贷：交易性金融负债——A股票（融券——公允价值变动）　200 000

　　　交易性金融资产——A股票（融券——成本）　800 000

借：公允价值变动损益——A股票（融券）　200 000

　贷：应付利息——乙证券公司　30 000

　　　投资收益　170 000

❻收回融券保证金时：

借：银行存款——自有资金　600 000

　贷：其他应收款——融券保证金　600 000

通过“交易性金融负债”科目及其对应的“公允价值变动”科目，确认和计量融券业务因证券价格浮动而带来负债金额的变动及其收益，最终甲企业通过融券做空交易获得20万元利得，扣除融券利息费用3万元，净利润17万元。

需要注意的是，乙证券公司是逐日盯市，假如12月20日A股票的价格与甲企业预期相反，上升到15.7元，那么3万元融券利息和57万元负债浮亏将抵消60万元保证金，如果甲企业没有追加保证金，则其证券账户中的资金将会被强制平仓，购买A股票以归还乙证券公司的股票，相关会计分录如下：

借：公允价值变动损益——A股票（融券）　　570 000
　贷：交易性金融负债——A股票（融券——公允价值变动）　　570 000

借：交易性金融负债——A股票（融券——本金）　　1 000 000
　　　　——A股票（融券——公允价值变动）　　570 000
　应付利息——乙证券公司　　30 000
　贷：其他应收款——融券保证金　　600 000
　　其他货币资金——融券存款　　1 000 000

（2）乙证券公司的会计处理如下：

假设2023年10月1日A股票在乙证券公司的账面价值为："交易性金融资产——A股票（成本——自营账户）"科目借方余额40万元，"交易性金融资产——A股票（公允价值变动——自营账户）"科目借方余额60万元。相关会计分录如下：

❶10月1日乙证券公司收到甲企业融券保证金时：

借：银行存款——融券保证金　　600 000
　贷：存入保证金——融券保证金　　600 000

❷乙证券公司从自营账户借出A股票10万股，但因乙证券公司没有放弃对该股票的控制，应该将其由交易性金融资产"自营账户"转入交易性金融资产"融券账户"，因此自营账户中A股票数为0，融券账户中A股票为10万股：

借：交易性金融资产——A股票（成本——融券账户）　　400 000
　　　　——A股票（公允价值变动——融券账户）　　600 000
　贷：交易性金融资产——A股票（成本——自营账户）　　400 000
　　　　——A股票（公允价值变动——自营账户）　　600 000

❸甲企业将A股票卖掉时：

借：结算备付金——甲企业　　1 000 000
　贷：代理买卖证券款——甲企业　　1 000 000

❹12月31日A股票市价跌到8元/股，融券账户公允价值变动为-20万元（（8-10）×10）：

借：公允价值变动损益——A股票（融券）　　200 000
　贷：交易性金融资产——A股票（公允价值变动——融券账户）　　200 000

❺假设甲企业于12月31日购入10万股A股票，则乙证券公司应该将交易性金融资产自"融券账户"再转入"自营账户"，同时归还甲企业的融券保证金，并确认相应的利息收入：

借：交易性金融资产——A股票（成本——自营账户）　　400 000
　　　　——A股票（公允价值变动——自营账户）　　400 000
　贷：交易性金融资产——A股票（成本——融券账户）　　400 000
　　　　——A股票（公允价值变动——融券账户）　　400 000

借：存入保证金——融券保证金　　600 000
　贷：银行存款——融券保证金　　600 000

借：应收利息——甲企业　　30 000
　贷：利息收入　　30 000

借：银行存款　30 000
　贷：应收利息——甲企业　30 000

同样假如12月20日A股票的价格上升到15.7元/股，如果甲企业没有追加保证金，则其账户中的资金将会被乙证券公司强制平仓，即按照15.7元/股购入10万股A股票，以归还乙证券公司的股票，相关会计分录如下：

借：交易性金融资产——A股票（公允价值变动——融券账户）　570 000
　贷：公允价值变动损益——A股票（融券）　570 000
借：存入保证金——融券保证金　600 000
　贷：应收利息——融券　30 000
　　　银行存款——融券保证金　570 000
借：代理买卖证券款——甲企业　1 000 000
　贷：结算备付金——甲企业　1 000 000
借：交易性金融资产——A股票（成本——自营账户）　400 000
　　　　　　　　　——A股票（公允价值变动——自营账户）　1 170 000
　贷：交易性金融资产——A股票（成本——融券账户）　400 000
　　　　　　　　　　——A股票（公允价值变动——融券账户）　1 170 000

补充阅读资料6-3

2016年3月23日，财政部和国家税务总局联合发布了《关于全面推开营业税改征增值税试点的通知》(财税〔2016〕36号，以下简称《通知》)。《通知》指出，经国务院批准，自2016年5月1日起，在全国范围内全面推开营业税改征增值税试点（以下简称“营改增”)。建筑业、房地产业、金融业、生活服务业等全部营业税纳税人纳入试点范围，由缴纳营业税改为缴纳增值税。根据《通知》的规定，金融服务需要缴纳增值税，包括贷款服务、直接收费金融服务、保险服务和金融商品转让服务。据此，证券公司取得的手续费及佣金收入、自营买卖金融商品取得的净收益、各种拆借资金取得的利息收入、买入返售金融商品的利息收入、融资融券收取的利息收入以及其他金融服务收入都需要缴纳增值税，适用税率为6%。根据《通知》的规定，金融服务增值税的应纳税额均为不含增值税的销售额，纳税人采用销售额和销项税额合并定价方法的，按照下列公式计算销售额：销售额=含税销售额÷（1+税率)。

小知识6-4

目前国际上存在的融资融券模式主要有四种：证券融资公司模式、投资者直接授信模式、证券公司授信模式以及登记结算公司授信模式。中国融资融券模式包括券商对投资者的融资、融券和金融机构对券商的融资、融券。融资是看涨，因此向证券公司借钱买证券，证券公司借款给客户购买证券，客户到期偿还本息，客户向证券公司融资买进证券称为“买多”。融券是看空，因此借证券来卖，然后以证券归还，证券公司出借证券给客户出售，客户到期返还相同种类和数量的证券并支付利息，客户向证券公司融券卖出称为“卖空”。

典型案例一

2022年5月6日，甲证券公司支付1 016万元（含交易费用1万元和已宣告但未发放的现金股利15万元），从证券交易所直接购入乙公司发行的股票200万股，占乙公司有表决权股份的0.5%，甲证券公司将该股票划为以公允价值计量且其变动计入当期损益的金融资产。在以后的几年中，发生如下相关事项：

（1）2022年5月10日，甲证券公司收到乙公司发放的现金股利15万元；

（2）2022年6月30日，该股票市价为5.2元/股；

（3）2022年12月30日，该股票市价为5元/股；

（4）2023年5月9日，乙公司宣告发放4 000万元的现金股利；

（5）2023年5月13日，甲证券公司收到乙公司于5月9日宣告发放的现金股利；

（6）2024年5月20日，甲证券公司以每股4.9元的价格将乙公司股票全部转让。

问题：

甲证券公司应如何处理上述相关事项？

[**分析提示**]

甲证券公司购入的乙公司股票应通过“交易性金融资产——成本”账户核算，并应于会计期末通过“公允价值变动损益”和“交易性金融资产——公允价值变动”两个账户对该股票价值变动予以调整。在该股票销售时，应通过“投资收益”账户核算，同时还应将“公允价值变动损益”账户的累计调整数结转到“投资收益”账户中。

典型案例二

甲证券公司是一家上市公司，2023年该公司发生如下证券代理业务：

（1）以余额包销方式代乙公司发行2 000万股股票，发行价格为4元/股，手续费率为发行额的0.8%。在规定的发行期结束时，有20万股尚未出售，甲公司将其作为自营证券处理。

（2）收到客户交来的代买卖证券款1 000万元，均存入证券交易所结算中心。

（3）代客户买进股票8 000万元，收取手续费280万元。

（4）代客户销售股票5 000万元，代扣代缴印花税25万元，收取手续费175万元。

（5）支付证券交易所手续费34万元。

问题：

根据现行企业会计准则的规定，甲证券公司应如何处理其2023年发生的上述代理业务？

[**分析提示**]

根据现行企业会计准则的规定，自营证券的核算应结合证券的种类以及证券公司的持有目的，分别通过“其他债权投资”“其他权益工具投资”“交易性金融资产”“长期股权投资”“债权投资”等账户核算；余额包销证券业务还应通过“代理承销证券款”账户核算；代理买卖证券业务应通过“代理买卖证券款”账户核算。

典型案例三

表6-10是HT证券股份有限公司2023年度编制的利润表。

表6-10　**利润表**　会证02表

编制单位：HT证券股份有限公司　2023年度　单位：元

项　目	行次	本期金额	上期金额
一、营业收入	1	8 851 670 566.07	6 398 366 714.06
手续费及佣金净收入	2	6 786 595 230.61	4 267 691 179.93
其中：代理买卖证券业务净收入	3	6 240 051 433.70	4 020 396 316.10
证券承销业务净收入	4	337 550 740.40	168 355 391.03
资产管理业务净收入	5	35 053 958.01	16 554 521.42
利息净收入	6	1 055 858 571.92	977 942 946.57
投资收益（损失以“-”号填列）	7	1 263 817 753.05	1 913 399 119.90
其中：对联营企业和合营企业的投资收益	8	66 079 996.86	97 516 709.10
公允价值变动收益（损失以“-”号填列）	9	-274 176 557.81	-819 847 869.64
汇兑收益（损失以“-”号填列）	10	-191 472.80	-12 447 192.89
其他业务收入	11	19 767 041.10	71 628 530.19
二、营业支出	12	3 541 958 865.97	2 888 652 580.46
税金及附加	13	426 771 177.05	301 013 994.99
业务及管理费	14	3 108 727 707.27	2 532 502 553.45
资产减值损失	15	3 098 952.70	51 702 653.55
其他业务成本	16	3 361 028.95	3 433 378.47
三、营业利润（亏损以“-”号填列）	17	5 309 711 700.10	3 509 714 133.60
加：营业外收入	18	174 218 764.04	54 783 373.84
减：营业外支出	19	-52 188 164.98	20 857 298.99
四、利润总额（亏损总额以“-”号填列）	20	5 536 118 629.12	3 543 640 208.45
减：所得税费用	21	1 218 113 799.93	250 596 415.42
五、净利润（净亏损以“-”号填列）	22	4 318 004 829.19	3 293 043 793.03
六、其他综合收益	23	1 353 098 755.50	-1 147 682 527.16
七、综合收益总额	24	5 671 103 584.69	2 145 361 265.87
八、每股收益：	25		
（一）基本每股收益	26	0.52	0.40
（二）稀释每股收益	27	0.52	0.40

问题：

通过利润表分析HT证券股份有限公司2023年度的主要收入及利润来源，并分析其结构的合理性。

[分析提示]

这里需要注意营业利润和利润总额之间的区别，合理的利润应主要来源于营业利润。证券公司的主要业务是证券的承销业务、代理买卖业务和自营业务，因此营业利润应该主要来源于代理买卖证券业务收入、证券承销业务收入、资产管理业务收入和投资收益等。如果营业外收支净额占的比例较大，因其缺少可持续性，故利润结构不够合理。

本章小结

本章主要阐述了证券公司的三大主要业务，即证券承销业务、证券自营业务和证券代理业务的会计核算方法。其中，证券承销业务全面阐述了证券公司全额包销、余额包销和代销业务的会计核算方法；证券自营业务全面阐述了证券公司利用自有资金购入证券、销售证券、配股派息以及自营证券期末计价的会计核算方法；证券代理业务全面阐述了代理买卖证券业务、代理配股派息业务、代理兑付证券业务、代理理财业务和代保管证券业务的会计核算方法。

第七章　保险公司会计

思政短语　“山险惊摧辀，水险能覆舟。”

——唐·柳曾《险竿行》

第一节　保险公司会计概述

一、保险的含义及分类

（一）保险及保险合同的概念

保险是指投保人根据保险合同的规定，向保险人支付保费，保险人对于合同中约定的可能发生的事故因其出险所造成的财产损失承担赔偿保险金责任或当投保人死亡、伤残和达到合同约定的年龄、期限时承担给付保险金责任的商业行为。其中，保险人（也称承保人）是指与投保人签订保险合同，并承担赔偿或给付保险金责任的保险公司。投保人是指与保险公司签订保险合同，并负有支付保险费义务的公司、单位或个人。保险合同就是保险人和投保人用于约定保险权利义务关系的协议。

从经济学的角度讲，保险是对灾害事故损失进行分摊的一种经济保障制度和手段；从法律的角度讲，保险是保险人和投保人之间的一种合同行为。保险是一种非常特殊的行业，它是以特定的风险为经营对象，以补偿风险事故所造成的损失为目的，以投保人相互共济为基础，由全体投保人共同承担保险赔偿金，并保证保险公司的正常开支及获取利润。

（二）保险的分类

保险有许多分类方法，归纳起来主要有以下几种：

1.根据保险标的不同分类。

根据标的的不同，保险可分为财产保险和人身保险。财产保险是指以财产及其相关利益为标的的保险，包括财产损失险、责任保险及信用保证保险等；人身保险是指以人的寿命和身体为标的的保险，包括人寿保险、长期健康保险、人身意外伤害保险和短期健康保险等。人寿保险和长期健康保险主要是针对人的寿命进行的保险，具有长期性，往往终生伴随投保人，因此又称为寿险保险；而人身意外伤害保险和短期健康保险，一般期限较短(一般为1年或短于1年)，因此往往被称为非寿险保险。

2.根据保险人承保方式不同分类。

根据保险人承保方式的不同，保险可分为原保险（或原保险合同）以及再保险（或再保险合同)。原保险合同是指保险人和投保人直接订立的保险合同；再保险合同是指原保险人为分散风险而将其承保的风险转移给其他保险人所形成的保险关系，它是保险人进行的保险。

3.根据经营目的不同分类。

根据经营目的的不同，保险可分为商业保险和社会保险。商业保险是指以营利为目的、按照商品经营的基本原则运作的保险，一般情况下，财产保险和人身保险都属于商业保险；社会保险是指国家通过立法形式强制性地为其社会成员安排的一种社会保障制度，如生育保险、失业保险等。社会保险的保费一般由国家、雇主和个人共同承担。

4.根据保险实施方式不同分类。

根据实施方式的不同，保险可分为自愿保险和强制保险。自愿保险是指保险人和投保人在双方自愿的前提下建立起来的保险，如财产保险和人身保险等商业保险；强制保险是指依法在保险人和投保人之间必须建立的保险，如社会保险、生育保险和失业保险等。

5.根据保险保障对象不同分类。

根据保障对象的不同，保险可分为个人保险和团体保险等。个人保险是指投保人为个人的保险；团体保险是指投保人为团体的保险，一般为企业作为投保人投保，员工作为被保险人受益。

二、保险公司的主要业务及特点

（一）保险公司的主要业务

保险公司的业务很多，也很复杂，但能直接创造利润的业务主要有以下两项：一是保险的经营业务；二是保险资金的运用业务。

1.保险的经营业务。

保险的经营业务是指保险公司开展的各种各样的保险业务。根据《中华人民共和国保险法》（以下简称《保险法》）的规定，保险公司可直接承保的业务范围有财产保险和人身保险。另外，为分散风险、稳步发展，许多保险公司都将其原保险业务，即财产保险或人身保险进行再保险，这样财产保险、人身保险和再保险便构成了我国保险公司的主要经营业务。

财产保险和人身保险是具有不同性质的保险。按照国际保险业的惯例，这两种业务不能由同一家保险公司同时经营。我国《保险法》也规定，同一保险公司不得同时兼营财产保险和人身保险，这就是所谓的“保险分业经营”。保险分业经营是国际保险业长期实践的结果，从理论上讲其理由也是很充分的，归纳起来最重要的原因在于：财产保险的期限一般较短，风险具有不确定性，财产保险基金只适合于短期投资，以便应付随时可能发生的巨额财产损失；而人身保险的期限一般较长，其风险具有相对的稳定性，人身保险基金比较适合于长期投资。如果将两种业务兼营，保险公司很容易忽视两种基金的性质，进行交叉投资、交叉使用，从而造成保险公司财务上的混乱，严重时会影响保险公司的理赔质量，给保险公司的信誉和发展带来不良影响。

保险的经营业务一般包括保险的展业、承保和理赔几大业务环节。简单地讲，保险的展业就是指宣传保险，争取让人们参加保险的过程；保险的承保就是指保险人和投保人对保险合同进行协商，进而签订保险合同的过程；保险的理赔就是指保险人受理出险合同的过程。

2.保险资金的运用业务。

保险资金的运用业务是指保险公司在经营过程中，将不断聚集的资金部分地用于投资，使保险公司的资金不断增值的过程。保险公司的经营业务决定了保险公司在展业过程中将不断地累积保险基金。与金融业一样，保险基金的保值、增值是保险公司健康发展的重要保证。保险资金的运用业务主要包括保险资金的投资业务、贷款业务、拆借业务、证券回购业务等。简单地讲，投资业务就是指将闲置的保险资金用于股票、债券和基金等方面的投资活动；贷款业务就是指保险公司对外进行贷款的业务；拆借业务就是指保险公司与其他金融、保险公司之间的临时资金融通业务；证券回购业务就是指保险公司在银行间同业市场进行中国人民银行批准的证券回购业务。

保险公司的主要业务如图7-1所示。

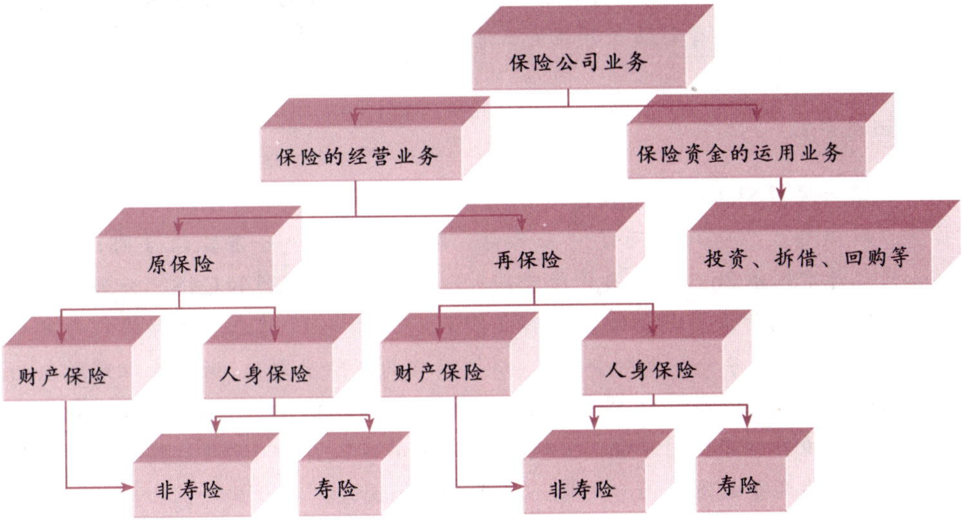

图7-1 保险公司的主要业务

小思考7-1

保险公司的资金运用业务与证券公司的自营业务有何异同？

（二）保险公司业务的特点

与一般行业相比，保险公司的业务呈现出以下特点：

1.经营产品的无形性。

保险公司经营的产品是无形的，因此它不需任何生产车间和仓库，只需要拥有必要的办公设备和一批精于经营保险的队伍。

2.经营产品的风险性。

风险的客观存在是保险产生和发展的前提条件之一，没有风险就没有保险。可以说保险是一个经营风险的行业，它通过承保其他风险管理手段所无法处置的巨大风险来为社会提供风险管理服务，世界上有80%以上的风险是通过保险公司来安排的。保险公司应当通过精算，合理设置保险产品，精心选择保险合同，力争既能服务于社会，又能不断使公司发展壮大。

3.资金运用的重要性。

大中型保险公司收取的保费是非常可观的，而且一般短期内不会进行赔偿或给付，把这部分暂时闲置的保险资金合理地加以利用，对保险公司来说是非常重要的。在西方发达国家，保险资金已经成为金融市场上举足轻重的力量。正因为如此，保险公司的资金运用比普通工商业的资金运用重要得多。在会计处理上，保险资金运用业务带来的利润与保险经营业务带来的利润同样被看作主营业务利润。

补充阅读资料7-1

保险公司的资金运用业务主要包括投资业务、贷款业务、拆借业务、证券回购业务等，这些业务同时也是其他金融业（包括银行和证券公司）可以开展的业务。保险公司的投资业务与证券公司的自营业务范畴是一致的，贷款业务、拆借业务、证券回购业务等属于所有金融业开展的正常的资金融通业务。

小知识7-1

从法律角度讲，保险就是指保险合同，保险公司的会计核算就是各种保险合同的核算。财政部于2006年发布了《企业会计准则第25号——原保险合同》（CAS25）和《企业会计准则第26号——再保险合同》（CAS26），CAS25和CAS26分别对原保险合同和再保险合同的会计核算方法进行了规范。2020年12月，财政部修订并发布了《企业会计准则第25号——保险合同》（以下简称新保险准则）。新保险准则既包括原保险合同的会计核算，也包括再保险合同的会计核算，自2023年1月1日起在境内外同时上市以及境外上市公司中执行；其他上市公司自2026年1月1日起执行。本教材内容基于现行的两个保险合同准则CAS25和CAS26阐述。

三、保险公司会计核算的特点

保险公司往往是由总公司、分公司和支公司等组成的庞大的组织体系，所以在会计核算上，下级保险公司需要按照上级保险公司或总公司的规定进行。通常保险总公司统管整个保险公司的会计核算（包括会计核算方法及会计政策等），下级保险公司一般通过收支两条线进行核算，日常收到的保费应全额上交上级保险公司，而各种开支包括奖金等由上级保险公司按规定拨付。保险公司的流转税及所得税一般由总公司和分公司分别缴纳。

保险公司属于金融业，因此其开展的某些业务属于金融业的通用业务，如资金拆借、质押贷款等，但它又不同于银行，在会计核算上有自己的特点，这些特点主要来自保险特殊的风险经营业务。在这里，我们可以从会计要素和财务报表两方面来分析。

（一）会计要素方面的特点

1.关于资产要素。

与一般行业相比，保险公司的流动资产具有存货少、存出准备金大等特点。保险公司经营的产品是无形的，所以其存货的比例必然很小。保险公司的经营风险较大，为了降低风险，再保险业务比较普遍，而再保险公司在经营中会形成大量的存出准备金，这部分准备金属于企业的资产。另外，根据我国《保险法》的规定："保险公司应当按照其注册资本总额的百分之二十提取保证金，存入国务院保险监督管理机构指定的银行，除公司清算时用于清偿债务外，不得动用。”这样，存出资本保证金便构成了保险公司一项比较特殊的长期资产。

2.关于负债要素。

与一般行业相比，保险公司的负债中往往有大量的保险准备金。保险准备金是保险公司为履行未来赔偿或给付责任而专门计提的特殊负债，主要包括未决赔款准备金、未到期责任准备金、长期责任准备金、寿险责任准备金、长期健康险责任准备金等。另外，因保险往来业务所形成的应付保户利差、保户储金等也构成了保险公司所特有的负债。

3.关于所有者权益要素。

与一般行业相比，保险公司所有者权益的特殊性表现在总准备金的核算上。为确保生存能力和健康发展，保险公司一般按有关规定从税后利润中提取一定比例的总准备金。在这一特点上，保险公司与银行、证券公司的做法类似。

4.关于损益要素。

与一般行业相比，保险公司在损益核算方面有以下几个特点：

（1）保费收入的记账基础有所不同。财产保险收入一般以权责发生制为基础，但寿险收入往往以修正的收付实现制为基础，即平时采用收付实现制，年末决算时采用权责发生制。

（2）期间费用的核算有所不同。根据2006年颁布的《企业会计准则——应用指南》的规定，保险公司可设置“业务及管理费”“利息收入”“利息支出”“汇兑损益”等账户来核算保险公司在经营中发生的各项保费业务费用、管理费用和财务费用。保险公司一般不设置“管理费用”或“经营费用”账户；而财务费用也往往被分解为“利息收入”“利息支出”“汇兑损益”三个账户。

（3）会计结算年度和业务结算年度并用。通常情况下，保险公司的长期责任险、再保险业务以外的保险业务按会计年度结算损益，即实行一年期结算损益。具体地说，就是保险业务的各项收支，不分哪个业务年度，均按收付实现制确认为当期的收入和费用，并确认当期损益。长期责任险和再保险等业务按业务年度结算损益，即实行多年期结算损益。具体地说，就是非结算年度的收支差额，全额作为长期责任准备金提存，不确认利润，并于次年转回滚存，到结算年度终了时结算损益。

（二）财务报表方面的特点

保险公司的基本财务报表也由资产负债表、利润表、现金流量表以及所有者权益变动表构成。从体例结构方面看，保险公司的四张报表与一般工商企业的报表类似，但由于保险公司业务的特殊性，2006年颁布的《企业会计准则——应用指南》单独规定了保险公司的资产负债表、利润表、现金流量表以及所有者权益变动表的格式。2014年1月26日，财政部对《企业会计准则第30号——财务报表列报》（CAS30）进行了修改，CAS30（2014修订版）要求金融业遵照执行，并指出金融业可以根据其经营活动的特点加以调整。2018年12月26日，财政部下发《财政部关于修订印发2018年度金融企业财务报表格式的通知》，根据2017年修订的《企业会计准则第22号——金融工具确认和计量》《企业会计准则第23号——金融资产转移》《企业会计准则第24号——套期会计》《企业会计准则第37号——金融工具列报》《企业会计准则第14号——收入》《企业会计准则第16号——政府补助》《企业会计准则第42号——持有待售的非流动资产、处置组和终止经营》等七项企业会计准则的新变化，以及企业会计准则实施情况，对保险企业的财务报表格式进行了调整，调整后的资产负债表、利润表、现金流量表见表7-1、表7-2、表7-3，因保险公司所有者权益变动表与证券公司基本一致，这里不再赘述。

表7-1 资产负债表

会保01表

编制单位： 年 月 日 单位：元

资产	期末余额	上年年末余额	负债和所有者权益（或股东权益）	期末余额	上年年末余额
资产：			负债：		
货币资金			短期借款		
拆出资金			拆入资金		
衍生金融资产			交易性金融负债		
合同资产			衍生金融负债		
应收保费			卖出回购金融资产款		
应收代位追偿款			预收保费		
应收分保账款			应付手续费及佣金		
应收分保未到期责任准备金			应付分保账款		
应收分保未决赔款准备金			应付职工薪酬		
应收分保寿险责任准备金			应交税费		
应收分保长期健康险责任准备金			合同负债		
保户质押贷款			应付赔付款		
买入返售金融资产			应付保单红利		
金融投资：			保户储金及投资款		
交易性金融资产			未到期责任准备金		
债权投资			未决赔款准备金		
其他债权投资			寿险责任准备金		
长期股权投资			长期健康险责任准备金		
存出资本保证金			长期借款		
投资性房地产			应付债券		
固定资产			独立账户负债		
无形资产			递延所得税负债		
独立账户资产			其他负债		
递延所得税资产			负债合计		
其他资产			所有者权益（或股东权益）：		
			实收资本（或股本）		
			其他权益性工具		
			资本公积		
			减：库存股		
			其他综合收益		
			盈余公积		
			一般风险准备		
			未分配利润		
			所有者权益（或股东权益）合计		
资产总计			负债和所有者权益（或股东权益）总计		

表7-2　**利润表**　会保02表

编制单位：　年度　单位：元

项　目	本期金额	上期金额
一、营业总收入		
利息收入		
已赚保费		
保险业务收入		
其中：分保费收入		
减：分出保费		
提取未到期责任准备金		
投资收益（损失以"-"号填列）		
其中：对联营企业和合营企业的投资收益		
以摊余成本计量的金融资产终止确认产生的收益（损失以"-"号填列）		
净敞口套期收益（损失以"-"号填列）		
其他收益		
公允价值变动收益（损失以"-"号填列）		
汇兑收益（损失以"-"号填列）		
其他业务收入		
资产处置收益（损失以"-"号填列）		
二、营业总支出		
利息支出		
退保金		
赔付支出		
减：摊回赔付支出		
提取保险责任准备金		
减：摊回保险责任准备金		
保单红利支出		
分保费用		
税金及附加		
手续费及佣金支出		
业务及管理费		
减：摊回分保费用		
其他业务成本		
信用减值损失		
其他资产减值损失		
三、营业利润（亏损以"-"号填列）		
加：营业外收入		
减：营业外支出		
四、利润总额（亏损总额以"-"号填列）		
减：所得税费用		
五、净利润（净亏损以"-"号填列）		
六、其他综合收益的税后净额		
（一）不能重分类进损益的其他综合收益		
1.重新计量设定受益计划变动额		
2.权益法下不能转损益的其他综合收益		
3.其他权益工具投资公允价值变动		
4.企业自身信用风险公允价值变动		
……		
（二）将重分类进损益的其他综合收益		
1.权益法下可转损益的其他综合收益		
2.其他债权投资公允价值变动		
3.金融资产重分类计入其他综合收益的金额		
4.其他债权投资信用损失准备		
5.现金流量套期储备		
6.外币财务报表折算差额		
……		
七、综合收益总额		
八、每股收益：		
（一）基本每股收益		
（二）稀释每股收益		

表7-3

现金流量表

会保03表

编制单位：　年度　单位：元

项　目	本期金额	上期金额
一、经营活动产生的现金流量		
销售商品、提供劳务收到的现金		
向其他金融机构拆入资金净增加额		
收到原保险合同保费取得的现金		
收到再保险业务现金净额		
保户储金及投资款净增加额		
收取利息、手续费及佣金的现金		
拆入资金净增加额		
收到其他与经营活动有关的现金		
经营活动现金流入小计		
支付原保险合同赔付款项的现金		
支付利息、手续费及佣金的现金		
支付保单红利的现金		
支付给职工及为职工支付的现金		
支付的各种税费		
支付其他与经营活动有关的现金		
经营活动现金流出小计		
经营活动产生的现金流量净额		
二、投资活动产生的现金流量		
收回投资收到的现金		
取得投资收益收到的现金		
处置固定资产、无形资产和其他长期资产收回的现金净额		
收到其他与投资活动有关的现金		
投资活动现金流入小计		
投资支付的现金		
返售业务资金净增加额		
质押贷款净增加额		
购建固定资产、无形资产和其他长期资产支付的现金		
支付其他与投资活动有关的现金		
投资活动现金流出小计		
投资活动产生的现金流量净额		
三、筹资活动产生的现金流量		
吸收投资收到的现金		
取得借款收到的现金		
发行债券收到的现金		
回购业务资金净增加额		
收到其他与筹资活动有关的现金		
筹资活动现金流入小计		
偿还债务支付的现金		
分配股利、利润或偿付利息支付的现金		
支付其他与筹资活动有关的现金		
筹资活动现金流出小计		
筹资活动产生的现金流量净额		
四、汇率变动对现金及现金等价物的影响		
五、现金及现金等价物净增加额		
加：期初现金及现金等价物余额		
六、期末现金及现金等价物余额		

需要指出的是，由于财政部目前对金融企业的财务报表格式没有强制性的要求，所以，不同企业可以根据自己业务上的特点自行调整财务报表，这样资产负债表、利润表等在各个公司之间不一定完全一致。总体来看，各家保险公司利润表中净利润部分的结构基本相同，其他综合收益的结构可能会根据各公司业务的差异稍做调整，ZG人寿2023年年报利润表（净利润后面的部分）的格式见表7-4。

表7-4　年报利润表后面部分格式

五、净利润
六、利润归属
归属于母公司的净利润
少数股东收益
七、每股收益
基本每股收益
稀释每股收益
八、其他综合收益
归属于母公司的其他综合收益税后净额
（一）以后将重分类进损益的其他综合收益
1.其他债权投资产生的利得
减：前期计入其他综合收益转入当期损益的净额
其他债权投资公允价值变动计入保单红利的部分
2.权益法下在被投资单位享有的其他综合收益中的份额
3.外币财务报表折算差额
（二）以后不能重分类进损益的其他综合收益
归属于少数股东的其他综合收益税后净额
九、综合收益总额
归属于母公司的综合收益总额
归属于少数股东的综合收益总额

小知识7-2

1993年，财政部发布了《保险公司会计制度》，该制度于1998年12月8日被财政部新发布的《保险公司会计制度》取代。2002年，财政部发布了新的《金融企业会计制度》，该制度广泛适用于证券公司、保险公司和银行等金融机构，原《保险公司会计制度》废止。2006年2月15日，财政部发布了一套新的企业会计准则体系，包括《企业会计准则第25号——原保险合同》（CAS25）和《企业会计准则第26号——再保险合同》（CAS26）。2009年12月22日，为了规范保险混合合同分拆、重大保险风险测试和保险合同准备金计量的会计处理，财政部发布了《保险合同相关会计处理规定》（财会〔2009〕15号），对CAS25和CAS26进行了补充规定。2011年，《金融企业会计制度》废止。2018年1月1日开始实施的新收入准则不适用于保险公司。2018年12月21日，财政部发布了关于征求《企业会计准则第×号——保险合同（修订）（征求意见稿）》意见的函；2020年12月，在反复修订的基础上，财政部正式发布了《企业会计准则第25号——保险合同》。新保险合同准则自2023年1月1日起在国内外上市公司中陆续实施，本教材将阐述现行企业会计准则《企业会计准则第25号——保险合同》和《企业会计准则第26号——再保险合同》。

第二节 财产保险业务的核算

一、财产保险及其会计核算特点

（一）财产保险的基本概念

财产保险是指根据保险合同的约定，投保人向保险人交付保费，保险人对所承保的财产及其相关利益因自然灾害或意外事故造成的损失承担赔偿责任的保险。财产保险的标的是财产及其相关利益，它可以是有形的（如汽车），也可以是无形的（如信用），一般分为财产损失险、责任保险、保证保险以及信用保险。本节财产保险业务主要指原保险中的财产保险业务。

财产保险遵循的核心原则是损失补偿原则。当被保险人因保险事故发生而造成经济损失时，保险公司应当赔偿这种损失，赔偿的尺度是此项保险的金额。某项财产保险的保险金额不得超过该保险标的的实际价值（即保险价值），超过保险价值的那部分保险无效。投保的财产出险时，保险公司应在保险金额的范围内，根据保险事故实际造成的损失予以赔偿。

财产保险遵循的另一条原则是重复保险分摊原则。它是由损失补偿原则派生出来的，是指在投保人对同一保险标的、同一保险利益、同一保险事故进行重复保险，且重复保险金额总和超过保险价值的情况下，被保险人因其出险提出索赔时，其实际损失必须在各个保险人之间进行分摊，而且被保险人所得赔偿总额不得超过保险价值。

（二）财产保险的会计核算特点

财产保险的会计核算特点是相对人寿保险业务而言的，具体表现在以下几个方面：

1. 财产保险的保费收入一般于签订保单时确认；而人寿保险的保费收入一般于收到保费时确认。

2. 财产保险业务一般只发生手续费支出，不发生佣金支出。

3. 短期财产保险业务按会计年度（1年）结算损益，长期财产保险业务按业务年度（长期保险的期限）结算损益；而人寿保险业务一般按会计年度结算损益。

4. 财产保险业务的未到期责任准备金按当年自留保费的50%提存；而人寿保险业务则按有效保单的全部净值提存。

5. 财产保险业务不具有储蓄性质，不涉及保户利差支出的核算；而人寿保险业务因其具有储蓄性质，因而有时涉及保户利差支出的核算。

二、财产保险保费收入的核算

（一）保费收入的计算

保费是投保人购买保险的价格，其计算公式为：

保费=保险金额×保险费率×保险期限

或　　=基本保费+保险金额×保险费率×保险期限

可见，在保险期限既定的情况下，保费的多少与保险金额和保险费率成正比。保费计算的关键在于确定保险费率。保险费率即单位保险价格，是保险公司向投保人收取保费的标准。保险费率通常称为毛费率，它可分为纯费率和附加费率两部分。其中，纯费率是基本费率，对应于每个单位保险金额的可能损失额，按纯费率收取的保费称为纯保费，构成保险人的赔偿准备金，用于将来赔付保险损失。附加费率是对应于保险公司每个单位保险金额的业务开支和预期利润，按附加费率收取的保费称为附加保费，用于保险公司的手续费、税费和工资等方面开支，同时形成利润。

1.纯费率的确定。

第一，计算各年的保额损失率。保额损失率是同类业务在一定期间的保险赔偿金额与保险金额之比。应该注意的是，保额损失率是保险赔偿金额与保险金额之比，不是财产的损失额与保险金额之比，因此这些数据只是来源于保险公司内部的统计资料，而不是来自社会同类财产的损失率。

第二，计算平均保额损失率。选择一组适当的历年保险损失率，并计算其算术平均值，得到的平均保额损失率可以近似代替损失概率。

第三，附加均方差，确定纯费率。在实际业务中，一般不能将上述的平均保额损失率定为纯费率，而是在它的基础上，附加上述历年保险损失率的一个、两个或三个标准差(均方差)，从而确定纯费率，这样对保险公司来说更加安全。

2.附加费率的计算。

附加费率的计算比较简单，可以按单位保额的附加费用来确定，其计算公式为：

附加费率 = 附加费÷保险金额×100%

在确认附加费时，通常需要考虑预计营业费、预计利润及安全附加费等因素。在实际业务中，为方便起见，通常按保险费的一定比例提取附加费，因此上述公式可改为：

附加费率 =保险费×附加费提取比例

另外，附加费率也可以由纯费率的一定比例来确定。

（二）保费收入的确认原则

根据《企业会计准则第25号——保险合同》的规定，保费收入应在下列条件均能满足时予以确认：

1. 原保险合同成立并承担相应保险责任。原保险合同成立并承担相应保险责任是指保险人和投保人已经签订保险合同，从法律的角度看，该保险合同已经生效。

2. 与原保险合同相关的经济利益很可能流入企业。与原保险合同相关的经济利益很可能流入企业是指保费收回的可能性超过50%。

3. 与原保险合同相关的经济利益能够可靠地计量。对于非寿险保险合同而言，保费收入一般就是保险合同中确认的保费总额；对于寿险合同而言，由于一般为分期收款，因此需要根据每期收款金额确认。

（三）保费收入的会计核算方法

我国保费收入的会计处理方法是：在收取保费时，暂时全额确认为保费收入；在会计期末，通过提取未到期责任准备金的方式，将本期未实现的保费收入调整为负债。

为核算保险业务收入，保险公司应设置“保费收入”“应收保费”“预收保费”“保户储金”等会计科目。其中，“保费收入”科目用于核算保险公司取得的各种形式的保费收入，财产保险中发生退保、续保时的折扣以及无赔款奖励等支出也在该科目核算。“保户储金”科目是一个非流动负债性质的科目，用于核算财产保险中收到以及返还的两全保险金。两全保险是指投保人将一定数目的资金储存在保险公司，保险公司将其用来进行债券投资或存入银行，并以其取得的收益作为投保人应该缴纳的保费的一种保险。

保费收入的原始凭证是保险公司业务部门填制的“保费日报表”或“保费收据”。财产保险收入一般应该按照财产保险公司所开展的财产保险的种类设置总分类账和明细分类账，并于每日营业终了对收到的原始凭证进行审核，审核无误后进行明细分类核算，并定期进行总分类核算。下面举例说明保费收入的会计处理方法。

【例 7-1】某财产保险公司会计部门收到业务部门交来的基本财产保险保费收据及支票一张，金额 30 000 元。有关会计分录如下：

借：银行存款　　30 000

　贷：保费收入　　30 000

【例 7-2】某企业向保险公司投保财产综合险，保费为 100 000 元，保险公司与其商议分两期付款，保险合同签订后收到首期保费 50 000 元，其余保费 2 个月后如数收到。有关会计分录如下：

（1）签订保险合同、收到首期保费时：

借：银行存款　　50 000

　　应收保费　　50 000

　贷：保费收入　　100 000

（2）2 个月后收到剩余保费时：

借：银行存款　　50 000

　贷：应收保费　　50 000

三、赔款支出的核算

财产保险理赔是指在财产保险标的出险时，保险人根据保险合同的规定，对被保险人履行经济补偿义务所进行的工作。理赔的程序一般包括以下几个步骤：第一步，受理案件，包括接受报案、查找保险底单、报告案情、登记立案等工作。第二步，现场勘察，指出险后，理赔人员到事故现场了解出险的实际情况。第三步，责任审核，指确认赔案是否属于保险责任范围，并作出赔与不赔以及赔偿范围的结论。第四步，核定损失，指受损财产经过施救、保护、整理后，由被保险人提供财产损失清单和费用支出单据，并根据现场勘察掌握的情况逐项核实，最终确定赔款数额。

（一）赔款支出的计算

赔款应该遵照补偿实际损失的原则。赔款额的计算一般分为以下两种情况：

1. 财产全部损失时赔款支出的计算。

当出险财产是足额保险时，对于全部损失的财产应该按资产的重置价值或账面净值赔偿；当出险财产不是足额保险时，对于全部损失的财产赔款额不能超过保险金额。

2. 财产部分损失时赔款支出的计算。

当出险财产是足额保险时，对于部分损失的财产应该按实际损失予以赔偿；当出险财产不是足额保险时，对于部分损失的财产只能按保险金额占资产公允价值的比例进行赔偿。

【随堂测】（判断题）当财产保险标的资产出险时，保险公司应按该资产的全部损失金额予以赔偿。　（　）

（二）赔款支出的账务处理

为核算赔款支出，保险公司应该设置“赔付支出”“预付赔付款”“应付赔付款”“损余物资”等科目。

“赔付支出”科目是损益类科目，借方登记赔款支出、理赔勘察费等金额；贷方登记收回损余物资转作物料用品的金额及错赔、骗赔等追回的赔款等；期末余额应结转到“本年利润”账户，结转后本科目无余额。“赔付支出”科目应按险种设置明细账，进行明细分类核算。

“预付赔付款”科目是资产类科目，借方登记公司预付的各种赔款（包括分保业务预付的赔款）；贷方登记结案后转为赔款支出的金额；期末余额反映预付给投保人的赔款。“预付赔付款”科目可按险种或分保分出人设置明细账。

“应付赔付款”科目是负债类科目，借方登记保险公司支付的应付赔款；贷方登记结案后应付未付的赔款；贷方余额反映应付的赔款。“应付赔付款”科目可按险种或分保分出人设置明细账。

“损余物资”科目用于核算保险公司按照原保险合同约定承担赔偿保险金责任后取得的损余物资成本。保险公司取得的损余物资，应按同类或类似资产市场价格，借记“损余物资”账户；处置损余物资时，应按实际收到的金额，借记“库存现金”等账户，贷记“损余物资”账户；期末余额反映损余物资的成本。损余物资减值时，应计提损余物资跌价准备，并比照“存货跌价准备”科目核算。下面举例说明赔款支出的会计核算方法。

【例7-3】某保险公司某月有如下几笔赔款支出业务：

（1）支付车辆损失赔款300 000元。

（2）预付某财产综合险赔款100 000元。

（3）支付理赔财产评估费5 000元。

（4）收到某商场火灾后损余物资一批，估价20 000元。

依照上面的顺序作有关会计分录如下：

（1）借：赔付支出	300 000	
贷：银行存款		300 000
（2）借：预付赔付款	100 000	
贷：银行存款		100 000
（3）借：赔付支出	5 000	
贷：银行存款		5 000
（4）借：损余物资	20 000	
贷：赔付支出		20 000

四、财产保险准备金的核算

财产保险准备金是指保险公司为履行其承担的保险责任或者备付未来的赔款，从所收取的保费中提存的资金准备，主要包括未决赔款准备金、未到期责任准备金。

（一）未决赔款准备金的核算

1.未决赔款准备金的内容及计算方法。

未决赔款准备金是指保险人在会计期末为本期已发生但尚未结案的赔案所提存的准备金，一般包括以下三种情况：

（1）已发生已报案未决赔案准备金。

所谓已发生已报案未决赔案准备金，是指索赔案件已经处理完毕，赔偿款已经明确但尚未支付的案件。我国企业会计准则规定，此类赔案准备金按最高不超过当期已经提出的保险赔款或给付金额的100%提存。从会计的角度来看，此类赔案准备金对于企业来说是一种金额已经明确的负债。

（2）已发生未报案未决赔案准备金。

所谓已发生未报案未决赔案准备金，是指被保险人就出险事故已经提出索赔，但保险公司与索赔人之间就索赔案件的责任范围、赔款金额等尚未达成协议的案件。在这种情况下，赔款准备金额只能进行估计，估计的方法有三种：第一种，逐案估计法，指理赔人员对未决赔案逐一估计赔款额，然后进行汇总。这种方法适合于未决赔款金额相对确定、赔款金额相差比较悬殊、难以统计个案平均赔款额的情况，如火灾。第二种，平均估计法，指根据保险公司以往同类索赔事故赔款的数据，计算出同类案件的平均赔款额并加以修正，再乘以本期未决赔案的数目，就可以得出未决赔款的准备金。这种方法适合于索赔案多、赔款金额相差不大、易于统计个案赔款平均值的业务，如汽车保险。第三种，赔付率法，指选择一个时期的赔付率来估计本期某类业务的最终赔付金额。这种方法比较简单，但不够准确，尤其是在预计赔付率与实际赔付率相差比较大的情况下。从会计的角度来看，此类赔案准备金对于企业来说是一种金额尚未明确的负债。

（3）理赔费用准备金。

所谓理赔费用准备金，是指保险人为保险事故可能发生的律师费、诉讼费、损失检验费和相关理赔人员薪酬等理赔勘查费用提取的准备金。根据与具体赔案的关系，理赔费用准备金可以分为直接理赔费用准备金和间接理赔费用准备金两种。直接理赔费用准备金是指保险人为直接发生的具体赔案的律师费、诉讼费、损失检验费等理赔勘查费用提取的准备金。间接理赔费用准备金是指保险人为不能直接归属于具体理赔案件的其他理赔费用提取的准备金，如相关理赔人员薪酬、福利等。因无法归属到具体理赔案件，在计算确定间接理赔费用准备金金额时，保险精算部门通常采用比率分摊法。

2. 未决赔款准备金的账务处理方法。

为核算未决赔款准备金，保险公司应当设置“保险责任准备金”和“提取保险责任准备金”两个会计科目。

“保险责任准备金”科目是负债类科目，用于核算保险公司提取和使用的未决赔款准备金、寿险责任准备金和长期健康险责任准备金。在本节中，该科目用于核算未决赔款准备金，贷方登记本期提取的未决赔款准备金；借方登记支付的赔付款金额；余额为可供使用的未决赔款准备金。该科目应按险种设置明细账。

“提取保险责任准备金”科目是损益类科目，用于核算保险公司提取的各种责任准备金，包括未决赔款准备金、寿险责任准备金和长期健康险责任准备金。在本节中，该科目用于核算未决赔款准备金，借方登记本期提取的未决赔款准备金；贷方登记本期支付的赔付款金额；期末应将余额结转到“本年利润”账户中，结转后本科目无余额。

未决赔款准备金的核算方法与坏账准备类似，每年年末根据保险公司精算部门的计算结果，补提不足的未决赔款准备金或冲销多提的未决赔款准备金。下面举例说明未决赔款准备金的会计核算方法。

【例 7-4】某财产保险公司期末计提未决赔款准备金，对已决赔付案按初步认定的赔款 1 000 000 元计提；对已经发生未报告的赔案按当年实际赔款支出 1 500 000 元的 4% 计提。在计提之前，“未决赔款准备金”账户贷方余额为 800 000 元。有关会计分录如下：

（1）提取未决赔款准备金时：

借：提取未决赔款准备金　　260 000

　贷：未决赔款准备金　　260 000

（2）结转“提取未决赔款准备金”账户时：

借：本年利润　　260 000

　贷：提取未决赔款准备金　　260 000

（二）未到期责任准备金的核算

1.未到期责任准备金的核算内容及计算方法。

未到期责任准备金又称保费准备金，是指损益核算期在 1 年以内（含 1 年）的财产险，为尚未终止责任的保险提存的准备金。根据《保险法》的规定：除人寿保险以外，经营其他保险业务，应当从当年自留保费中提取未到期责任准备金。提取和结转的数额，应当相当于当年自留保费的 50%。通常情况下，对于同一尚未终止的保险责任而言，保险人在资产负债表日按照保险精算重新计算确定的未到期责任准备金金额，应当小于上一资产负债表日已确认的未到期责任准备金金额。为了真实地反映保险人当期期末未赚取的保费收入，保险人应当在资产负债表日按照保险精算重新计算确定的未到期责任准备金金额与已确认的未到期责任准备金金额的差额，对未到期责任准备金余额进行调整。未到期责任准备金的计算方法有以下三种：

（1）年平均估计法。

假定所有保单都是在 1 年内均匀发生的，且每天签订的保单数量、保额及收取的保费都大体相同。由于这类保单的保险责任是假定在 1 年内均匀地履行的，这样年末便可以合理地假设有 50% 的有效保单已经到期，另外 50% 的有效保单尚未到期，所以应提取当年有效保单保费的 50% 作为准备金。

（2）月平均估计法。

假定所有保单都是在 12 个月内均匀发生的，且每天签订的保单数量、保额及收取的保费大体均匀。由于这类保单的保险责任是假定在 12 个月内均匀地履行的，这样保单每过 1 个整月将履行年保险责任的 1/12，从而未完成责任便减少 1/12。但对于每天均匀签订的保单而言，签单当月月末已经履行的保险责任应当为 1/12 的 50%，即 1/24，未完成的保险责任应当是 23/24，以后每过 1 个月已完成责任将增加 1/12，未完成责任将减少 1/12。这样一来，到年末，1 月份签订的保单已到期责任应当是保单的 23/24，未到期责任应当是保单的 1/24，因此未到期责任准备金应该是全年保费的 1/24；2 月份签订的保单已到期责任应当是保单的 21/24，未到期责任应当是保单的 3/24，因此未到期责任准备金应该是全年保费的 3/24……12 月份签订的保单已到期责任应当是保单的 1/24，未到期责任应当是保单的 23/24，因此未到期责任准备金应该是全年保费的 23/24。

（3）季平均估计法。

假定所有保单都是在4个季度内均匀发生的，且每天签订的保单数量、保额及收取的保费大体相同。由于这类保单的保险责任是假定在4个季度内均匀地履行的，这样保单每过1个季度便完成全年责任的1/4，从而未完成责任便减少1/4。但对于每天均匀签订的保单而言，签单的季度末已完成责任应该是保单1/4的50%，即1/8，未完成责任应该是保单的7/8，以后每过1个季度已完成责任将增加1/4，未完成责任将减少1/4。这样一来，在年末，第1个季度开立的保单已到期责任应当是保单的7/8，未到期责任应当是保单的1/8，因此未到期责任准备金应该是全年保费的1/8；第2、3、4季度开立的保单已到期责任应当分别是保单的5/8、3/8、1/8，未到期责任应当分别是保单的3/8、5/8、7/8，因此未到期责任准备金应该分别是全年保费的3/8、5/8、7/8。

2.未到期责任准备金的账务处理方法。

为核算未到期责任准备金，保险公司应当设置“未到期责任准备金”和“提取未到期责任准备金”两个科目。

“未到期责任准备金”科目是负债类科目，用以核算保险公司按规定提存的非寿险原保险合同准备金，包括长短期财产保险未到期责任准备金、人身意外伤害保险责任准备金以及短期健康保险责任准备金。再保险公司提取的再保险合同准备金也通过“未到期责任准备金”科目核算。该科目贷方登记提存的各种准备金数额；借方登记转回的未到期责任准备金；余额在贷方，反映保险公司已提存但尚未转回的未到期责任准备金。

“提取未到期责任准备金”科目是损益类科目，与“未到期责任准备金”科目类似，用以核算保险公司按规定提存的非寿险原保险合同准备金以及再保险合同准备金。该科目借方登记提存的各种准备金数额；贷方登记结转到“本年利润”账户中的数额；结转后本科目无余额。

从本质上看，未到期责任准备金属于保费准备金，是对保费收入的调整。每年年末，保险公司的财务部门应该根据保险公司精算部门的计算结果，通过以上两个会计科目，调整未到期责任准备金的金额。下面举例说明未到期责任准备金的会计核算方法。

【例7-5】某财产保险公司第1年自留保费收入为10 000 000元，采用年平均估计法按全年自留保费的50%计提未到期责任准备金。第2年经该公司精算部门计算，应提存的未到期责任准备金为4 000 000元，第2年计提之前未到期责任准备金余额为5 000 000元。有关会计分录如下：

例题精讲

（1）第1年提取未到期责任准备金时：

借：提取未到期责任准备金　　5 000 000

　贷：未到期责任准备金　　5 000 000

（2）第2年提取未到期责任准备金时：

借：未到期责任准备金　　1 000 000

　贷：提取未到期责任准备金　　1 000 000

财产保险业务核算的关键是理解财产保险收入的确认过程。从理论上讲，在保险合同到期前，保费收入只能构成保险公司的一项负债。因此，我国的保险公司虽然在日常收到保费时，全额将其确认为保费收入，但期末必须通过提取未到期责任准备金的方式，将当期收到的保费调整为相对合理的保费收入。保费收入的确认过程如图7-2所示。

保费收入（当期实际收取）

加：分保费收入

减：分保费支出

自留保费

加：转回未到期责任准备金

减：提取未到期责任准备金

保费收入（当期实际确认）

图7-2　财产保险保费收入的确认过程

小思考7-2

财产保险与人寿保险是否可以在同一家保险公司同时经营呢？

小知识7-3

2016年5月1日零时刚过，在深圳市国税局、中国平安保险（集团）有限公司和技术服务单位的通力协作下，中国平安人寿保险股份有限公司深圳分公司使用增值税发票管理新系统成功开具了全国首张金融业“营改增”增值税电子普通发票，开票数据实时上传至增值税发票电子底账系统，实现了我国金融业增值税电子普通发票零的突破，标志着金融业正式跨入增值税时代。

第三节　人身保险业务的核算

一、人身保险业务概述

（一）人身保险的种类及特征

1.人身保险的种类。

人身保险是以人的生命和身体为保险标的的保险，一旦被保险人遭受人身伤亡、疾病或生存至保险期满，由保险公司向被保险人或其受益人给付保险金。根据我国《保险法》的规定，人身保险按其保障的范围一般分为人寿保险、健康保险和人身意外伤害保险（简称人意险），具体种类如图7-3所示。

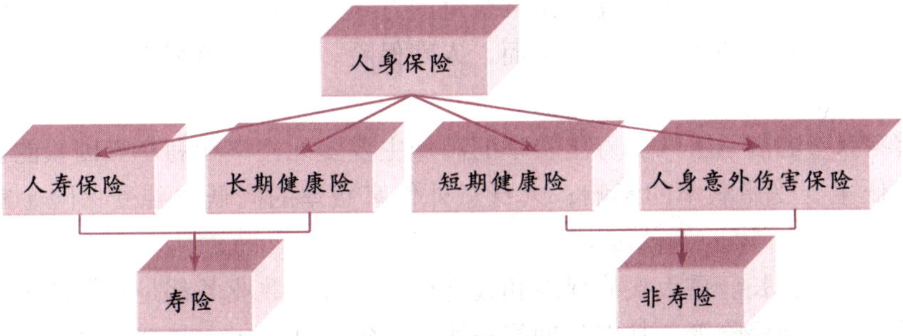

图7-3　人身保险的种类

（1）人寿保险。

人寿保险是指以人的生命为保险标的、以人的生存和死亡为保险事故的一种人身保险。在实务中，通常将人寿保险分为死亡保险、生存保险、生死两全保险、年金保险等。死亡保险是指在约定的保险期限内，如果被保险人死亡，由保险公司给付约定保险金的保险，分为定期死亡保险和终生死亡保险。生存保险是指被保险人生存到保险单指定的日期后，由保险公司按保险合同约定给付保险金的保险。生死两全保险是指不论被保险人在保险期限内死亡或者满期生存，保险公司都要给付保险金的保险。年金保险属于生存保险，是指在被保险人生存的期间内，保险人依照合同的规定定期给付一定保险金的生存保险。人寿保险是人身保险中最重要的部分。

（2）健康保险。

健康保险是指以人的身体为保险标的，保证被保险人因疾病或意外事故所致伤残产生的费用或损失能够获得补偿的一种人身保险。根据保险期限的不同可以分为长期健康险和短期健康险；根据险种的不同可以分为重大疾病保险、住院医疗保险、手术保险、收入损失保险等。长期健康险与人寿保险具有相同的特征，而短期健康险与财产保险具有相同的特征。

（3）人身意外伤害保险。

人身意外伤害保险（简称人意险）是指被保险人因意外事故死亡或伤残需住院治疗，由保险公司按照保险合同规定给付死亡保险金、残废保险金或医疗保险金的保险。

根据企业会计准则的规定，由于人意险和短期健康险具有财产保险业务的特征，因此与财产保险业务一并称为非寿险业务；而由于长期健康险具有寿险业务的特征，因此与人寿保险业务一并称为寿险业务。人身保险中的寿险业务与非寿险业务的区别非常明显，从会计核算的方法来看，非寿险业务与财产保险的核算方法完全相同。因此，本节将主要阐述寿险业务（包括长期健康险）的会计核算特征及会计核算方法，人意险和短期健康险可比照财产保险的会计核算方法。

2. 人身保险业务的主要特征。

人寿保险、健康保险和人身意外伤害保险具有共性，但更多地表现为差别。各种人身保险的共性在于其保单均具有定额给付的性质。财产保险通常具有补偿性质，即照价赔偿损失。而人身保险是以人的生命为保险标的，但人的生命是难以用价值来衡量的，因此，人身保险通常表现为定额给付的性质。不论是人寿保险、长短期健康险还是人身意外伤害保险，在保单出险的时候，都只能以定额给付的方式予以补偿，难以像财产保险一样按照出险标的损失的公允价值予以赔偿。然而，人寿保险、健康保险和人身意外伤害保险又各具特征，主要表现在：

（1）影响保费的因素不同。寿险费率的高低主要受死亡率和利率等因素的影响；健康险费率的高低主要受患病率的影响；人身意外伤害费率的高低主要受保险金额损失率的影响。

（2）期限一般较长。重大疾病保险和人寿保险中大多数业务都是长期业务，如终身保险、两全保险、年金保险等，其保险期间长达十几年、几十年，甚至终身。但短期健康险和人身意外伤害保险期限较短，其保险期限一般为一年或几个月。

（3）计提的责任准备金不同。寿险提取寿险责任准备金；长期健康险提取长期健康险责任准备金；短期健康险和人身意外伤害保险提取未到期责任准备金。不同保险责任准备金的计算方法不尽相同。

(4) 保单的性质不同。长期人身保险具有储蓄性质，其保费迟早会由保险公司返还给投保人，这笔保费对投保人来说就像自己在银行的储蓄一样。正因为如此，人寿保险的投保人具有保险单质押贷款、退保、选择保险金给付方式等储蓄性质的权利。但短期健康险、人身意外伤害保险和定期死亡保险等一般没有储蓄功能。

（二）寿险业务的会计核算特点

与非寿险业务相比，寿险业务的会计核算主要有以下几个特点：

1. 保费收入和保险金的给付一般按照收付实现制的原则记账。寿险保单一般在实际收到保险费以后生效；趸交保费时，在交费时一次性记入“保费收入”账户。

2. 寿险和长期健康险责任准备金一般按有效保单的全部净值提取；而非寿险责任准备金一般按当年自留保费的50%提取。

3. 寿险业务按会计年度结算损益；而非寿险业务可以按会计年度或业务年度结算损益。

4. 寿险中途退保时，应通过“退保金”账户核算；非寿险退保时，一般通过“保费收入”账户核算。

5. 寿险属于定额给付性质保险，非寿险属于照价赔偿性质保险，两者在理赔或给付环节的计算以及会计核算上都有明显的差别。

6. 寿险业务非常特殊，其利润表往往不能真实体现某段会计期间该业务的真实损益，因此，寿险在年终决算时，还必须计算“三差损益”，以便分析某个会计期间真实的经营成果。

【随堂测】（判断题）寿险业务是长期性业务，因此，它实行三年或五年期核算损益。 （ ）

二、寿险保费收入的核算

（一）寿险保费的计算

与财产保险的保费类似，寿险的保费也是由两部分组成：纯保费和附加保费。纯保费形成人寿保险公司未来给付的各种保险金，它是根据生命表、保险基金的投资收益等许多因素制定出来的；附加保费主要用于人寿保险公司的各项开支并形成人寿保险公司的利润。

1. 寿险费率的影响因素。

影响寿险费率确定的因素主要有以下几项：

(1) 年龄。年龄是制定费率时需要考虑的最重要的因素，因为不同年龄的人，其死亡的概率相差很大。

(2) 性别。根据生命表统计的结果，从平均情况来看，80岁以下女性死亡率比男性低20%～30%，80岁以上男女死亡率接近，但女性的寿命通常比男性高出3～4岁。因此，承保男女寿险的费率可能会不同。

(3) 保险品种。不同品种的保险风险以及未来给付投保人的保障不完全相同，所以费率也不完全相同。例如，20岁的人投保10年期的死亡保险的费率比其投保10年期的生存保险的费率要低，因为前者未来给付的保险金远低于后者未来给付的保险金。

（4）生命表。生命表是反映一定时期、一定国家或地区一定人群死亡规律的统计表，它是计算人寿保险费率的重要依据。

（5）利率。人寿保险通常是长期保险，投保人从投保到领取保险金可能间隔几十年的时间，因此在制定投保人未来领取的保险金时，必须考虑这段时间的利息因素。保险人对保费所支付的利息是由寿险基金的投资收入作保证的，所以寿险基金的投资收入对寿险保险费率有很大的影响。

（6）经营费用。经营费用主要影响附加费率的确定。

2.寿险保费的计算原理。

（1）趸交保费的计算原理。所谓趸交保费，即一次付清的保费。根据公平合理的原则，趸交保费的计算原理应该是：保险人将来给付投保人保险金的现值总和应该等于投保人在投保时趸交的纯保费之和。用公式表示为：

投保人趸交保费＝保险人未来给付投保人保险金的现值总和

（2）年交纯保费的计算原理。年交纯保费的保费交纳方式就是投保人每年交付相同金额的保险费。同样是根据公平合理的原则，年交纯保费的计算原理应该是：投保人每年交纳的保险金现值总和等于保险人未来给付投保人保险金的现值总和，而这一金额应该与趸交保费的金额相等。用公式表示为：

投保人年交保费的现值总和＝趸交保费金额

（3）纯费率与附加费率的确定。不论采取哪种交纳方式，只要得到纯保费的数额，然后除以保险金额，就可以得到纯费率。用公式表示为：

纯费率=纯保费÷保险金额

长期健康险保费的确定原理与人寿保险保费的确定原理基本相同，可以参照进行。人寿保险保费的计算比财产保险要复杂得多，在实际业务中，必须由人寿保险公司专门聘用的精算师完成。

（二）寿险保费收入的会计核算

人寿保险公司保费收入核算所涉及的账户与财产保险保费收入核算所涉及的账户基本相同，不同之处在于：前者采用收付实现制核算，而后者采用权责发生制核算；前者于收款时保单生效，而后者于签单时保单生效。另外，在寿险的实际业务中，“应收保费”账户的业务较少，几乎所有的保单都要求即时付清保费。下面举例说明寿险保费收入的会计核算方法。

【例7-6】2022年12月31日，某保险公司与张嘉签订了一份定期寿险合同，保险金额为1 000 000元，保险期限自2023年1月1日至2023年12月31日，保费总金额为50 000元，分5年交清。合同生效当天，该保险公司收到第1期保费10 000元，保险公司应作如下会计分录：

借：银行存款	10 000	
贷：保费收入		10 000

本例题以后各年收取保费时的会计分录与上面的会计分录相同。

三、寿险给付的核算

人寿保险合同规定，被保险人在保险期内发生保险责任范围内的事故或保险满期，保险公司应按规定给付被保险人保险金。保险金给付业务主要包括满期给付业务、死伤医疗给付业务、年金给付业务等。

（一）满期给付业务的核算

为核算满期给付业务，保险公司应设置“满期给付”账户。该账户是损益类账户，借方登记满期给付时实际支付的金额；贷方登记结转到“本年利润”账户中的金额；结转后，本账户无余额。“满期给付”账户应按人寿保险的险种设置明细账。

【例7-7】某日，某人寿保险公司发生如下满期给付业务：

（1）投保人甲某个人生存险满期，甲某持有关证件到保险公司领取满期给付保险金20 000元。

（2）投保人乙某两全保险满期，乙某持有关证件到保险公司领取满期给付保险金150 000元，保险公司扣除乙某尚欠的质押贷款本金100 000元、利息20 000元后，余额返还给乙某。

（3）投保人丙某简易寿险在保险公司宽限交费期内满期，丙某持有关证件到保险公司领取满期给付保险金，扣除尚欠的保费2 000元后，实领8 000元。

有关会计分录如下：

（1）支付甲某满期给付保险金时：

借：满期给付——甲某	20 000	
贷：库存现金		20 000

（2）支付乙某满期给付保险金时：

借：满期给付——乙某	150 000	
贷：利息收入		20 000
保户质押贷款		100 000
库存现金		30 000

（3）支付丙某满期给付保险金时：

借：满期给付——丙某	10 000	
贷：库存现金		8 000
保费收入		2 000

（二）死伤医疗给付业务的核算

死伤医疗给付是指投保人在投保人寿保险和长期健康险期间，发生保险责任范围内的责任，保险公司应按保险合同的规定给付投保人或其受益人保险金，包括死亡给付和医疗给付。在给付死伤医疗保险金时，应该与满期给付一样将投保人尚未偿还保险公司的保户质押贷款、利息及欠缴保费一并扣除。

为核算死伤医疗给付业务，保险公司应设置“死伤医疗给付”账户。该账户是损益类账户，借方登记实际支付的死伤医疗给付金额；贷方登记结转到“本年利润”账户中的金额；结转后，本账户无余额。“死伤医疗给付”账户应设置“死亡给付”和“医疗给付”两个二级科目，并按具体险种进行三级明细分类核算。

【例7-8】某月，某人寿保险公司发生如下死伤医疗给付业务：

（1）甲某投保重大疾病险，现经医院诊断为部分心肌坏死。保险公司核实后，给付医疗保险金60 000元。

（2）乙某因车祸死亡，生前投保人寿保险。现其受益人持证领取死亡给付保险金

50 000元，乙某尚欠2 000元保费未交纳，保险公司予以扣除。

有关会计分录如下：

(1) 支付甲某医疗给付保险金时：

借：死伤医疗给付——医疗给付（重大疾病险）	60 000	
贷：库存现金		60 000

(2) 支付乙某死亡给付保险金时：

借：死伤医疗给付——死亡给付（寿险）	50 000	
贷：库存现金		48 000
保费收入		2 000

（三）年金给付业务的核算

年金给付是指人寿保险的投保人生存至规定的年龄，由保险公司按规定定期给付投保人保险金。为核算年金给付业务，保险公司应设置“年金给付”账户。该账户借方登记实际支付的年金数额；贷方登记结转到“本年利润”账户中的金额；结转后，本账户无余额。

【例7-9】丁某投保终身年金保险，每月交保费180元，现已到领取年金的年龄，丁某持有关证件到保险公司办理手续，按规定每月领取保险金650元，经复核，会计部门每月以现金支付，有关会计分录如下：

借：年金给付	650	
贷：库存现金		650

与财产保险理赔的会计核算方法类似，满期给付、死伤医疗给付和年金给付也可以通过“赔付支出”账户核算，在这种情况下，则不必单独设置“满期给付”“死伤医疗给付”“年金给付”账户。

四、人身保险责任准备金的核算

人身保险责任准备金是根据人身保险合同，为支付将来的保险给付而设置的准备金，主要包括寿险责任准备金、长期健康险责任准备金、未到期责任准备金和未决赔款准备金。其中，未到期责任准备金和未决赔款准备金的计提方法和会计处理与财产保险一样，这里不再赘述。本节只介绍寿险责任准备金和长期健康险责任准备金的核算方法。

（一）寿险责任准备金和长期健康险责任准备金的计算

寿险责任准备金是为履行未到期的保险责任，从寿险保费中提取的专项基金。从理论上讲，寿险责任准备金应该等于投保人缴付的纯保费加上其产生的利息扣除已给付的保险金后的余额。我国《保险法》规定，长期人身保险责任准备金应该按照有效保单的全部净值提取，这个全部净值就是在某个时点上，保险公司已经取得的保费收入扣除已经给付的保险金支出后的余额。但在实际提取时，通常对上述理论数字修正以后进行提取。

长期健康险是介于短期健康险和普通寿险之间的一类业务，其责任准备金有类似于寿险责任准备金的性质。从保险精算原理来看，长期健康险责任准备金与寿险责任准备金的保险精算原理是相同的，但由于长期健康险以人的健康为保险标的，因而，未来给付的金额难以准确预测，风险相对较大，费率相对较高。本节以寿险为例简单说明两类准备金的计算原理。

前面已经阐述，人寿保险的保费由纯保费和附加保费构成。纯保费用于未来保险金的给付，附加保费用于未来保险公司的业务开支和利润。与财产保险费率制定的原则相同，寿险纯费率也是依据收支相等的原则制定的。根据这一原则，可以得出下面的结论：对于每一张保单而言，在保险期间的任何一个时点上，其保费收入和保费支出都存在下面的等式关系：

t年以前的收入+t年以后的收入=t年以后的支出+t年以前的支出

这一公式又可以改写为：

t年以前的收入–t年以前的支出=t年以后的支出–t年以后的收入

通过改写后的公式，可以得到两种寿险责任准备金的推算方法：

（1）过去法，又称已缴保费推算法。其计算公式是：

寿险责任准备金=t年以前已收保费的终值–t年以前已付保险金的终值

（2）将来法，又称未缴保费推算法。其计算公式是：

寿险责任准备金=t年以后应付保险金的现值–t年以后应收保费的现值

过去法和将来法如果采用相同的利率，两者的计算结果在理论上应该是完全一致的。一般来说，当责任准备金按险别、年龄别和经过年数别等进行计算时，采用将来法比过去法对保险公司更为有利。

寿险责任准备金和长期健康险责任准备金的计算是一个非常复杂的数学问题，所以人寿保险公司在一定期间内提取的这两类准备金，都要通过人寿保险总公司专门设置的精算部门进行计算，期末总公司将各个分公司应该提取的各种准备金数额传达下来，各个分公司按照总公司的指令进行提存。

（二）寿险责任准备金和长期健康险责任准备金的会计处理

为核算寿险责任准备金和长期健康险责任准备金，保险公司一般应单独设置“寿险责任准备金”“提取寿险责任准备金”“长期健康险责任准备金”“提取长期健康险责任准备金”等账户。根据企业会计准则的规定，保险公司也可以通过“保险责任准备金”和“提取保险责任准备金”两个账户来核算寿险责任准备金和长期健康险责任准备金。

“寿险责任准备金”账户是负债类账户，用于核算人寿保险业务应该提取的准备金。该账户贷方登记提取的准备金；借方登记转回的准备金；余额在贷方，反映已提取但尚未转回的寿险责任准备金。

“提取寿险责任准备金”账户是损益类账户，用于核算每期提取的准备金。该账户借方登记提取的寿险责任准备金；贷方登记结转到“本年利润”账户中的金额；结转后，该账户无余额。

“长期健康险责任准备金”账户是负债类账户，用于核算长期健康险应该提取的准备金。该账户贷方登记提取的准备金；借方登记转回的准备金；余额在贷方，反映已经提取但尚未转回的长期健康险责任准备金。

“提取长期健康险责任准备金”账户是损益类账户，用于核算每期从利润中提取的责任准备金。该账户借方登记提取的准备金；贷方登记结转到“本年利润”账户中的金额；结转后，该账户无余额。

以上几个账户都应该按险种设置明细账，进行明细分类核算。

【例7-10】年末，某保险公司提取和转回有关准备金资料如下：

（1）本期应提取未决赔款准备金350 000元，计提之前的余额是300 000元。

（2）本期应提取长期健康险责任准备金550 000元，计提之前的余额是450 000元。

（3）本期应提取寿险责任准备金600 000元，计提之前的余额是520 000元。

有关会计分录如下：

（1）借：提取未决赔款准备金　50 000
　　贷：未决赔款准备金　50 000

（2）借：提取长期健康险责任准备金　100 000
　　贷：长期健康险责任准备金　100 000

（3）借：提取寿险责任准备金　80 000
　　贷：寿险责任准备金　80 000

（4）期末，结转“本年利润”时：

借：本年利润　230 000
　贷：提取未决赔款准备金　50 000
　　提取长期健康险责任准备金　100 000
　　提取寿险责任准备金　80 000

五、其他寿险业务的核算

（一）加保与退保业务的核算

人寿保险业务的期限较长，其特点决定了保险人可以根据个人的实际情况随时进行加保或退保。加保业务即增加保险金额的业务，它需要对原保险合同进行变更，加保的手续与新投保的手续是一样的，会计处理方法也是一样的。退保业务即允许退保的保单在保险期限未满的情况下，投保人提出退还保费的业务。退保人在业务部门办妥手续后，可持有关凭据到会计部门领取退保金。

退保业务在会计上通过“退保金”账户核算。该账户是损益类账户，借方登记支付投保人的退保金；贷方登记结转到“本年利润”账户中的数额；结转后，本账户无余额。在退保时，投保人若有预交保费，保险公司应予以退还；投保人若有尚未偿还的质押贷款本息，保险公司应予以抵扣。

【例7-11】某保户因经济困难要求退保，经业务部门计算应退保费为35 000元，该保户有5 000元的应交保费尚未交纳，扣除后，该保户实得退保金30 000元，财务部门以现金支付。有关会计分录如下：

借：退保金　35 000
　贷：库存现金　30 000
　　应收保费　5 000

（二）保单转移与保单复效的核算

保单转移是指投保人因迁移外省市，而将保险公司允许转移的保险关系转入外地同系统保险公司的业务。保单复效是指因没有按期交纳保险金而失效的保单，投保人在保险公司规定的申请复效期内，缴足保单失效期间的保费及相应利息，使原保单恢复有效的业务。

【例 7-12】甲某因工作调动申请转移养老保险金关系，甲某当年已交保费800元，以前年度交纳的养老保险金已提寿险责任准备金6 000元。两地保险公司之间已经办妥转移手续，当年交纳的保费和以前年度提取的寿险责任准备金已经通过银行进行了款项划拨。有关会计分录如下：

（1）转出保险公司：

借：保费收入	800	
寿险责任准备金	6 000	
贷：银行存款		6 800

（2）转入保险公司：

借：银行存款	6 800	
贷：保费收入		800
寿险责任准备金		6 000

（三）衍生保险产品的核算

人寿保险公司除了提供风险保障以外，有的还提供附加储蓄、投资等服务功能，如投资连结保险、万能保险、变额保险等。这种附加的储蓄和投资功能不是保险业务的本质功能，而是保险合同的衍生产品。同时，这些产品有一个明显的特征就是附加储蓄和投资等服务功能所取得的收入能从保险收入中单独分离出来，并可单独确认和计量。作为附加储蓄和投资的资金流入不属于保费收入确认和计量的范畴，从严格意义上来看，是一种代客理财服务的性质。根据企业会计准则的规定，保险公司可以通过"独立账户资产"账户和"独立账户负债"账户对其进行单独核算、单独报告，从而实现与保险业务的分离核算。总之，保险公司从这类衍生产品中实现的保费收入以及相关的代理服务收入应该分别核算，并在财务报告中分别予以披露。

六、寿险业务的利源分析

人寿保险的期限非常长，其利益的形成非常特殊，不能简单地用一般行业的收支观来理解人寿保险公司的利益形成过程。从理论上看，人寿保险公司的利益应该来源于附加保费中贡献的利润，附加费率主要用于保险业务的支出，纯费率由于在制定时严格遵循收支相等的原则，即纯保费收入的现值和未来给付保险金的现值相等，所以也不可能为保险公司带来利润。但在实际保险经营业务中，附加费率和纯费率都会给保险公司带来利润，为此所作的分析就是所谓的寿险业务利源分析。

寿险业务的利源分析应当从寿险产品的定价入手。人寿保险公司在制定寿险产品价格时，必须依据一定的利率、费率（营业费率）和死亡率指标，而这几个指标都是预定或估计出来的，因此保险产品的成本（保费）属于预定成本。正是因为保险成本源于预计，其与实际指标不可能正好相等，于是形成了保险定价成本与实际成本之间的差异，这种差异便形成了保险公司的利益来源。这种利源主要包括死差益（损）、利差益（损）和费差益（损）三个部分。

（一）死差益（损）

死差益是由于实际死亡率低于预定死亡率，保险公司按照预定死亡率收取的纯保费支付实际死亡成本后尚有盈余而产生的利益。当实际死亡率高于预定死亡率时，会产生死差损。死差益（损）的计算公式为：

死差益（损）=（预定死亡率-实际死亡率）×危险保费（死亡险保费）

=实收危险保费总额-实付危险保险金总额

（二）利差益（损）

当人寿保险公司资金运用的实际收益率（或投资回报率）高于预定利率时，保险公司实际赚取的收益率高于按照预定利率给付投保人的利率的差异而形成利差益。当投资实际收益率低于预定利率时，将形成利差损。利差益（损）的计算公式为：

利差益（损）=（实际收益率-预定利率）×责任准备金总额（资金运用总额）

=实际收益总额-预计收益总额

（三）费差益（损）

当保险公司的实际经营费用率低于预定经营费用率时，从保费中按预定费率收取的经营费用便形成了一部分节余，即费差益。当实际经营费用率高于预定经营费用率时，便形成了费差损。费差益（损）的计算公式为：

费差益（损）=（预定经营费用率-实际经营费用率）×保费总额

=实收附加保费金额-实际经营费用额

人寿保险公司在进行年终结算时，应计算“三差损益”，进行利源分析，以便认清公司的经营现状及发展趋势，不断强化保险公司的经营管理，提高经济效益。

补充阅读资料7-2

改革开放以来，我国一直不允许人寿保险和财产保险混业经营。尽管目前银保监会（现改为国家金融监督管理总局，下同）仍没有放开对保险公司混业经营的管制，但2006年国务院颁布的《国务院关于保险业改革发展的若干意见》（简称“国十条”）已经在实质上促使了保险公司加快混业经营的步伐。据了解，目前多家寿险公司正向财险公司进军，而财险公司也将目光瞄准寿险领域，战斗在销售一线的几百万保险代理人，有的已开始自救式“混业经营”，即销售保险产品的同时，也向客户提供银行理财、信托、基金等产品。

小知识7-4

保险法是指调整保险关系的一切法律规范的总称，其内容主要包括保险合同法、保险业组织法、保险监管法等。凡有关保险的组织、保险对象以及当事人的权利义务等法律规范等均属保险法。《中华人民共和国保险法》于1995年6月30日第八届全国人民代表大会常务委员会第十四次会议通过。根据2002年10月28日第九届全国人民代表大会常务委员会第三十次会议《关于修改〈中华人民共和国保险法〉的决定》对其进行第一次修正。2009年2月28日第十一届全国人民代表大会常务委员会第七次会议又对其进行了修订。根据2014年8月31日第十二届全国人民代表大会常务委员会第十次会议《关于修改〈中华人民共和国保险法〉等五部法律的决定》对其进行第二次修正。根据2015年4月24日第十二届全国人民代表大会常务委员会第十四次会议《关于修改〈中华人民共和国计量法〉等五部法律的决定》对其进行第三次修正。

第四节　再保险业务的核算

一、再保险业务概述

（一）再保险的概念及特点

再保险即再保险合同，又称分保，是指保险公司将其承担的保险业务，以承保的形式部分转移给其他保险人。再保险是保险人的保险，是保险发展到一定程度的产物。再保险可以在本国范围内进行，也可以在世界范围内进行。

在再保险业务中，通常将分出保险的公司称为原保险公司、原保险人或分出人，将接受保险的公司称为再保险公司、再保险人、分保接受人或分入人。原保险人分出的那部分风险责任金额称为分保额或分出额，而自己保留责任的那部分金额称为自留额。如果再保险人又将分入的再保险业务分给其他保险公司进行保险，就是转分保，双方当事人分别成为转分保分出人和转分保接受人。

在再保险关系中，原保险人因转移风险和责任而应向再保险人支付一部分保费，称为分保保费；而原保险人因承揽原保险业务将花费一定的开支，因而再保险人应向原保险人支付一定的分保手续费，又称分保佣金。有时再保险人还会从分保盈余中支付一定比例的佣金给分出人，作为分出人良好经营的报酬，这种佣金称为盈余佣金，又称纯益手续费。盈余佣金根据盈余的多少确定百分比，盈余越高，比例越高，这样可以促使分出人更加注重保险业务的质量。

再保险的主要目的是分散原保险公司的经营风险，提高原保险公司的经营能力和竞争能力。为保护我国保险业，维护保单持有人的权利，我国《保险法》（2015年修正）第一百零二条规定："经营财产保险业务的保险公司当年自留保险费，不得超过其实有资本金加公积金总和的四倍。"第一百零三条规定："保险公司对每一危险单位，即对一次保险事故可能造成的最大损失范围所承担的责任，不得超过其实有资本金加公积金总和的百分之十；超过的部分应当办理再保险。"

与原保险相比，再保险的主要特点是：

1. 再保险是保险公司之间的一种业务经营活动。再保险业务只涉及原保险公司和再保险公司两个当事人，与投保人之间没有任何关系。投保人将保费按保险合同的规定交给原保险人，出险时直接向原保险人索赔，原保险人理赔以后，凡是已经进行分保的业务，日后应按分保合同的规定要求分保接受人分摊部分赔款（摊赔）。

2. 再保险合同是独立合同。原保险合同是再保险合同的基础，没有原保险合同就不能有再保险合同，但再保险合同与原保险合同没有任何继承关系，因为除法定分保外，再保险业务是保险公司自愿进行的。

3. 再保险合同是双务合同。双务是指在再保险业务中，原保险公司作为分散风险、分出保险责任的一方，有向分入公司支付再保险费的义务，而再保险公司对于原保险公司发生的在合同范围内的赔款有摊赔的义务。

4. 再保险合同是补偿性合同。再保险合同与财产保险合同一样具有补偿性质。

小思考7-3

再保险是保险人的保险，从历史上看，它是怎样发展起来的呢？

（二）再保险业务的种类

再保险从不同的角度划分有不同的分类，我国比较流行的分类方式有以下两种：

1.按保险责任分配形式分类。

（1）比例分保。比例分保是指原保险人和再保险人签订合同，按原保险金额的一定比例计算原保险人的自留保额和再保险人承保额的再保险。它又可以分为成数分保、溢额分保、成数溢额混合再保险等方式。

❶ 成数分保：是指原保险人将每一风险单位保险金和保费，都按一定比例（即成数）作为自留额，然后把其余部分分给再保险人。当原保险发生赔款时，再保险人应按同样的比例摊赔。例如，某保险公司的成数再保险合同规定，保险责任自留比例为45%，分出责任为55%，则一份保险金额为500万元的保单，自留保险责任应为225万元（500×45%），分出保险责任应为275万元（500×55%）。

❷ 溢额分保：是指原保险人预先确定某一风险单位保险金额的自留额，然后将超额的部分分给再保险人。再保险人的溢额责任，通常以原保险人自留额的线数（即倍数）为最高承保限额，1线相当于分出公司的自留额。当原保险发生赔款时，再保险人按其分保金额占原保险额的比例摊赔，当然分出保费也按这一比例计算。例如，某保险公司的溢额再保险合同规定，保险责任的自留额为10万元，再保险人分保的最高限额为3线，则一份保险金额为50万元的保单，分出公司自留保险责任为10万元，分出保险责任为30万元，另外10万元保险责任原保险人或自留或进行其他再保险。

❸ 成数溢额混合再保险：是指将成数分保和溢额分保组织在一个合同内，以成数保险的金额作为溢额保险的自留额，自留额以内的保险金可以进行成数分保，超出自留额的保险金可以以合同中规定的线数为限，进行溢额分保。例如，某保险公司成数溢额混合再保险合同规定，保险金额为200万元之内的保单进行成数分保，其中自留比例为40%（80万元），分出责任为60%（120万元），200万元以上的部分进行溢额分保，溢额分保的最高线数为4线（800万元），这样这份成数溢额混合再保险合同的最大容量为1 000万元。

（2）非比例分保。非比例分保又称超额损失分保，是指分保分出人和分保接受人协议，以赔款为基础计算自赔金额和分保责任限额的再保险。它又可以分为超额赔款分保和超额赔付率分保。

❶ 超额赔款分保：简称超赔分保，是指分保分出人和分保接受人协议，对每一单位保险损失或多次保险累计损失规定一个免赔额，在这一范围内的损失，分保接受人不负责任；超出这一范围的损失，分保接受人负担全部赔款或大部分赔款。在实际业务中，这类保险又可进一步划分为险位（风险单位）超赔分保和事故超赔分保。险位超赔分保是指以每一个风险单位损失赔款为基础，计算自留责任额或起赔额。险位超赔分保可以对一次事故中超赔分保的风险单位规定最高限量或最高赔付额。事故超赔分保是指以一次事故所造成的赔款总和为基础计算自留责任额或起赔额，它不受险位的限制，但通常也有最高赔付

额的规定。

❷ 超额赔付率分保：是指以一定时期（一般为1年）的责任累计为基础来计算赔款，当赔款总额过高，赔付率超过合同中规定的赔付率时，超过部分应由分保接受人负责。

2.按合同安排方式分类。

（1）临时分保。临时分保是指保险人有分保需求时，临时同分保接受人达成协议的再保险，又称选择性再保险或自愿再保险。这类保险历史较长，现在一般适用于固定合同保险以外的分保业务。

（2）合同分保。合同分保又称固定分保，是指原保险公司和再保险公司预先订立分保合同，在合同期内，凡是合同中规定的业务，分出人有义务分出，接受人有义务接受，双方无权选择。合同分保有许多优点，业务比较稳定，普遍适用于比例再保险和非比例再保险，是国际再保险市场上最流行的保险方式。

（3）预约分保。预约分保是指原保险人和再保险人事先订立保险合同，并约定对于合同范围内的业务，分出人有业务选择自由，不必一定分出，而接受人无权选择，有义务接受分入业务。预约分保对再保险人不利，所以不太受再保险人的欢迎，业务量一般较少。

除上面几种主要分类以外，再保险还可以按照分保对象或分保险种的不同，分为财产险再保险和人身险再保险。财产险再保险按照分保对象又可以进一步分为货物运输险再保险、运输工具险再保险、火灾险再保险、工程险再保险、水险再保险和各种责任险再保险等。

（三）再保险业务的会计核算特点

与原保险业务相比，再保险业务的会计核算主要有以下几个特点：

1. 再保险业务同时涉及分保分出人和分保分入人的核算。分保分出人作为分出责任、分散风险的一方，主要涉及分出保费、摊回分保赔款、摊回分保费用、扣存和转回分保准备金的计算与核算；分保分入人作为接受风险、分摊风险的一方，主要涉及分保费收入、分保赔款支出、分保费用支出、存出分保准备金等业务。

2. 分保账单是再保险业务核算中使用的唯一重要的原始凭证，由分保分出人填制。再保险业务双方当事人在会计核算、资金结算和往来款确认中都应以分保账单作为直接依据。

3. 再保险公司是按业务年度结算损益，在非结算损益的业务年度，再保险合同的收支差额全部作为长期责任准备金提取。再保险公司每年结算的损益应该是业务年度已经到期的再保险业务。

4. 由于分保接受人是按业务年度结算损益，所以对于接受的分保业务，只提取未决赔款准备金和长期责任准备金，不提取未到期责任准备金。

5. 因为再保险业务不是委托保险代理人进行的，所以不涉及向保险代理人支付手续费或佣金的问题，但分保接受人应该摊回一部分由原保险人支付的手续费或佣金。

（四）分保账单

分保账单是由分保分出人就分保活动中的各项指标，如分出保费、摊回分保赔款、摊回分保费用、扣存和转回分保准备金等填制的原始凭证，是再保险双方当事人进行往来账务清算的依据，是会计部门记账的直接依据。分保账单按分保的方式一般可分为比例分保账单和非比例分保账单，两种账单的内容、格式大同小异，但要求编制和报送的时间不同。比例分保账单一般半年编制一次，并在编制账单以后的6周内寄送，若寄送后2周内分保接受人未提出异议，则分保分出人就可以结付账单。非比例分保账单一般要求在业务成交后即刻报送，最迟不得超过业务起始后的2周，并立即支付保费，在分保双方未同意按固定保费计算的情况下，分保人通常要送预付分保账单和调整分保账单两期账单。

分保账单既有国家统一规定的标准格式，也有保险公司自己设计的非标准格式。这两种格式之间有些差异，但主要内容基本相同，见表7-5。

表7-5　分保账单

保险公司名称：　分保接受人名称：
账单期限：　业务年度：
险别：　货币单位：
合同名称：　单位名称：

借方		贷方	
项目	金额	项目	金额
摊回分保手续费 摊回转分保手续费 摊回分保赔款 保费准备金扣存 赔款准备金扣存 摊回税款及杂费 纯益手续费		分出保费 保费准备金返还 赔款准备金返还 准备金利息	
应付我方金额		应付你方金额	
未决赔款金额			

下面就分保账单中常见的几个项目加以说明：

（一）分出保费

分出保费也称分保费，是指分保分出人从原保费中分给分保接受人的保费。当原保险保费是分期收取时，分保费也应该分期支付。另外，比例分保和非比例分保要求交纳分保费的时间是不同的，比例分保可以定期结清保费，非比例分保一般要求分保业务开始后即刻交清分保费或预交最低分保费。

（二）摊回分保手续费

分保手续费也称分保佣金，是指分保分出人支付的手续费或佣金中应由分保接受人承担的份额。它实质上是分保接受人分摊的、原保险人已经花费的承揽原保险业务的手续费。分保手续费一般取决于分出公司手续费用的多少和保险合同业绩的好坏。在实际业务中，分保手续费率有以下两种确认方法：

1. 单一比例法：是指分保手续费按原保险手续费的一个固定比例计算，比如25%。该方法计算简单，因而广泛地为我国保险公司所使用。

2. 比例递增或递减法：是指为鼓励分保分出人加强承保管理，分保手续费率一般在25%～40%的范围内，赔付率每增加1%，分保手续费率减少0.5%。在这种方法下，暂定费率一般为30%。

（三）摊回转分保手续费

转分保手续费是针对转分保合同而言的，是指在转分保合同中规定的、按照原手续费的一定比例计算的、用以支付转分保业务的手续费。一般情况下，转分保手续费率为2.5%～7.5%，并根据转分保业务质量、险种以及原保费等因素综合确定。

（四）摊回分保赔款

摊回分保赔款是指分保业务发生的赔款额应由分保接受人承担的份额，它分为已决赔款和未决赔款两种。已决赔款在分保账单的借方登记，表示分保分出人已经支付投保人的赔款中应由分保接受人分摊的部分。未决赔款只在分保账单的附注中登记，作为一种参考提供给分保接受人。

（五）准备金的扣存及返还

分保账单中涉及“保费准备金扣存”“赔款准备金扣存”“保费准备金返还”“赔款准备金返还”等内容。准备金的扣存有两层含义：一是保费准备金扣存；二是赔款准备金扣存。两项准备金都是由分保分出人在分保当年扣存并于次年返还给分保接受人的，返还给分保接受人的准备金在分保账单贷方的“保费准备金返还”和“赔款准备金返还”中列示。在分保账单中，准备金的扣存和返还也可以分别设“准备金扣存”和“准备金返还”两个项目列示。

保费准备金属于未到期责任准备金，是分保分出人为保证分保接受人的未来赔付能力，从当年分保费中按一定比例（一般是40%）扣存，并于次年同期归还给分保接受人。在编制年度分保账单时，只要有保费付出，分保分出人就按40%的比例扣存，而分保接受人也认可这一做法。赔款准备金是分保分出人从当年剩余分保费（分保费扣除有关保费准备金等后的余额）中，按当年估计未决赔款中应由分保接受人承担份额的90%或100%扣存，结案后若有余额应于次年返还。为弥补资金占用损失，分保分出人对于扣存的保费准备金和赔款准备金需支付给分保接受人一定的利息，利息通常由双方商定。

（六）纯益手续费

纯益手续费又称盈余手续费，是指分保接受人在分保业务取得利润的情况下，按照双方的约定，分给原保险人一定的报酬。纯益手续费的计算公式为：

纯益手续费=（合同收入合计-合同支出合计）×纯益手续费率

其中，收入项目和支出项目由合同规定。收入项目一般包括分保费收入和利息收入等，支出项目一般包括分保手续费支出、分保赔款支出以及相关税费等。纯益手续费率可以根据赔付率或利润率为基础计算，并在合同中加以确定。对于当年能结清再保险合同的纯益手续费账单，应在当年年底合同结束后编制；对于当年不能结清再保险合同的纯益手续费账单，一般在第二年年底编制，以后进行调整。

（七）摊回税款及杂费

摊回税款及杂费是指分保分出人按保费实际收入计算缴纳的增值税税费及其他杂项费用中应由分保接受人分摊的部分。摊回税款及杂费一般与摊回分保手续费、纯益手续费在一个会计科目，即“摊回分保费用”科目核算。

（八）准备金利息

准备金利息是指分保分出人因扣存分保准备金而支付给分保接受人的利息。

（九）余额

余额是分保账单中借贷双方收支相抵后的差额。分保账单的借方反映分保分出人的现金流入或分入人的现金流出；贷方反映分保分出人的现金流出或分入人的现金流入。所以，期末分保账单的借方大于贷方的余额，应该是分保分出人应收分入人的再保险往来款，即应付我方余额；贷方大于借方的余额，应该是分保分出人应付分入人的再保险往来款，即应付你方余额。

二、分出业务的核算

分出业务是指分保分出人因再保险而形成的各项业务。对于分保分出人而言，再保险业务的程序主要包括再保险人的选择、最优再保险方案的确定、再保险合同的签订、赔款合同及分保账单的编制与发送等。再保险合同生效以后，保险公司的会计部门应根据定期编制的分保账单进行会计处理。

（一）分出保费的计算

保费的计算是任何保险业务会计核算的基础。分出保费是在再保险业务中，因再保险业务而由分保分出人向分保接受人交纳的保费，其计算方法因保险方式的不同而有所不同。其中，比例分保分出保费的计算比较简单，可直接根据比例分保合同中预定的分保比例和原保费两个指标确定，其计算公式为：

分出保费 = 原保费 × 合同分保比例

而非比例分保分出保费的计算比较复杂，这里简单介绍两种方法：

1. 变动再保险费制。变动再保险费制是指原保险公司根据其业务数量和质量等具体情况预先制定最低再保险费率和最高再保险费率，然后在分保时再根据分保的情况调整费率的一种计算方法。这种方法在计算非比例分保分出保费时比较常用。

2. 固定再保险费制。固定再保险费制是指再保险双方当事人就某再保险业务按事先约定的固定保费来计算的一种方法。固定再保险费制主要针对新业务和以往没有办理过的超额赔款的再保险业务而言，作为向变动再保险费制过渡的一种方法，待积累资料和经验后，再采用变动再保险费制。

（二）分出保费的会计处理

为核算再保险业务，分保分出公司一般应设置“应付分保账款”“应收分保账款”“存入保证金”“分出保费”“摊回赔付支出”“摊回分保费用”“应收分保合同准备金”“摊回分保合同准备金”等科目。

“应付分保账款”科目是往来性质科目，用于核算分保业务中形成的各种应付账款。该科目贷方登记应付的各种往来款项；借方登记偿付或调整的各种应付款项；贷方余额反映尚未支付的分保应付款项。该科目一般按往来的单位设置明细账。

“应收分保账款”科目是往来性质科目，用于核算分保业务中形成的各种应收款项。该科目借方登记应收的各种往来款项；贷方登记收回或调整的各种应收款项；借方余额反映尚未收回的应收款项。该科目一般按往来的单位设置明细账。

“存入保证金”科目是负债类科目，用于核算分保分出人按规定扣存分保接受人分保费形成的准备金。该科目贷方登记扣存的分保费准备金；借方登记返还上期扣存的分保费准备金；贷方余额反映已扣存尚未返还的分保费准备金。该科目按分保接受人设置明细账。

“分出保费”科目是损益类科目，用于核算分保分出人向分保接受人分出的保费。该科目借方登记分出的保费数；贷方登记结转到“本年利润”科目中的数额；结转后该科目无余额。该科目按险种设置明细账。

“摊回赔付支出”科目是损益类科目，用于核算分保赔款中应该由分保接受人分摊的部分赔款。该科目贷方登记由分保接受人分摊的分保赔款；借方登记结转到“本年利润”科目中的数额；结转后该科目无余额。该科目按险种设置明细账。

“摊回分保费用”科目是损益类科目，用于核算分保业务中应该由分保接受人分摊的各项费用，包括分保手续费、税款及杂费以及纯益手续费等。该科目贷方登记由分保接受人分摊的各项费用；借方登记结转到“本年利润”科目中的数额；结转后该科目无余额。该科目按险种设置明细账。

“应收分保合同准备金”科目用于核算分保分出人应收以及应向分保分入人摊回的保险责任准备金，包括未到期责任准备金、未决赔款准备金、寿险责任准备金和长期健康险责任准备金。该科目借方登记分保分出人在某个会计期间应收或应向分保分入人摊回的保险责任准备金；贷方登记在某会计期间冲减或转销的保险责任准备金。该科目按保险责任准备金类别设置明细账。

“摊回分保合同准备金”科目用于核算分保分出人应向分保分入人摊回的保险责任准备金，包括未决赔款准备金、寿险责任准备金和长期健康险责任准备金。该科目贷方登记分保分出人在某个会计期间应向分保分入人摊回的保险责任准备金；借方登记在某会计期间因赔款等业务而应冲减或转销的分保责任准备金。该科目按保险责任准备金类别设置明细账。在会计期末，该科目的余额应全部结转至“本年利润”科目。

分保分出人在会计期末应按规定计算有关指标，包括分出保费、保险责任准备金的扣存与返还、摊回赔款和摊回费用等，填制分保账单，并据以进行会计处理。下面举例说明分出业务的会计处理方法。

【例7-13】甲保险公司对火险采用固定合同成数分保方式安排分保，自留额比例为80%，其余20%由乙保险公司接受再保险。某个会计期末，甲保险公司编制的分保账单见表7-6。

表7-6　　分保账单

保险公司名称：甲保险公司　　分保接受人名称：乙保险公司

账单期限：第4季度　　业务年度：2023年

险别：火险　　货币单位：千元

合同名称：　　单位名称：

借方		贷方	
项目	金额	项目	金额
摊回分保手续费	3 750	分出保费	15 000
摊回分保赔款	7 500	保费准备金返还	4 800
保费准备金扣存	6 000	赔款准备金返还	2 400
赔款准备金扣存	2 700	准备金利息	360
摊回税款及杂费	1 380		
应付我方金额	21 330	应付你方金额	22 560
未决赔款金额			

有关会计分录如下：

（1）根据分保账单贷方：

借：分出保费　　15 000 000

　　存入保证金（返还的保费及赔款准备金）　　7 200 000

　　利息支出　　360 000

　贷：应付分保账款　　22 560 000

（2）根据分保账单借方：

借：应收分保账款　　21 330 000

　贷：摊回赔付支出　　7 500 000

　　　摊回分保费用（摊回手续费、税款及杂费）　　5 130 000

　　　存入保证金（扣存的保费及赔款准备金）　　8 700 000

（3）结转本年利润：

借：本年利润　　15 360 000

　贷：分出保费　　15 000 000

　　　利息支出　　360 000

借：摊回赔付支出　　7 500 000

　　摊回分保费用　　5 130 000

　贷：本年利润　　12 630 000

三、分入业务的核算

分入业务是指分保接受人因再保险而形成的各种业务。就分保接受人而言，再保险业务的程序主要包括受理分保建议、研究最优分保方案、签订分保合同、审核赔款账单、分保账单及会计处理等。再保险合同生效后，分入公司的会计部门应根据分出公司编制的分保账单等进行分保业务收支的会计处理并提取责任保险金。

根据企业会计准则的规定，为核算分入业务，保险公司应设置“保费收入”“存出保证金”“赔付支出”“分保费用”“应收分保账款”“应付分保账款”等科目。

“存出保证金”科目是资产类科目，用于核算保险公司因分入分保业务而存于分保分出人的准备金。该科目借方登记存出的分保准备金数额；贷方登记收回的分保准备金数额；余额在借方，反映存于分保分出人处的准备金数额。“存出保证金”科目按分保分出人设置明细账。

“分保费用”科目是损益类科目，用于核算由分保接受人分摊的分保费用，包括分保手续费、税款及杂费以及纯益手续费等。该科目借方登记分保接受人分摊的分保费用；贷方登记结转到“本年利润”科目中的数额；结转后该科目无余额。“分保费用”科目按险种设置明细账。

【例7-14】仍以【例7-13】的业务为例，假设2023年第4季度末正好是分保业务的结算年度。当乙保险公司接到甲保险公司编制的分保账单后，乙保险公司应作如下会计分录：

（1）根据分保账单贷方：

借：应收分保账款　　22 560 000

　　贷：保费收入　　15 000 000
　　　　利息收入　　360 000
　　　　存出保证金（返还的保费及赔款准备金）　　7 200 000

（2）根据分保账单借方：

借：存出保证金（扣存的保费及赔款准备金）　　8 700 000
　　赔付支出　　7 500 000
　　分保费用（手续费、税款及杂费）　　5 130 000
　　贷：应付分保账款　　21 330 000

（3）结转本年利润：

借：保费收入　　15 000 000
　　利息收入　　360 000
　　贷：本年利润　　15 360 000

借：本年利润　　12 630 000
　　贷：分保费用　　5 130 000
　　　　赔付支出　　7 500 000

四、再保险合同准备金的核算

再保险合同准备金应该由分保接受人（再保险人）计提，主要包括未决赔款准备金、未到期责任准备金、长期责任准备金和寿险责任准备金等，这些准备金的计提方法与原保险合同的计提方法相同，这里不再赘述。从分保分出人的角度看，由于原保险的保费收入分出一部分给了再保险人，因此原保险人按全额计提的保险责任准备金（不包括未到期责任准备金）在分保时应该进行适当的调整，并将由再保险人分摊的保险责任准备金确认为一种收款权利，即应由分保分入人补偿给分保分出人的准备金。

从理论上讲，未到期责任准备金属于保险公司尚未赚取或尚未实现的保费，原保险公司将某一保险项目进行再保险时，意味着将部分风险、部分保费出让给再保险人，这样未到期责任准备金（即未实现保费）亦将相应地分给再保险人，并由再保险人自行核算其分入保险项目的未到期责任准备金。

我国现行企业会计准则规定，原保险人应该根据原保险合同完整计提保险责任准备金，但由于分保责任准备金实际上是由再保险人计提的，所以，原保险人只能通过“应收分保合同准备金”科目核算。在财务报表上，应收分保合同准备金等与原保险合同形成的负债（即保险责任准备金）不能相互抵销。为正确核算应收分保合同准备金，现行准则要求保险公司同时应设置“摊回保险责任准备金”科目 。

“应收分保合同准备金”科目用于核算再保险业务中原保险人应收分保接受人的保险责任准备金，包括未到期责任准备金、未决赔款准备金、寿险责任准备金和长期健康险责任准备金四项内容。保险公司应在确认非寿险原保险合同保费收入的当期，按相关再保险合同约定计算的应收分保接受人的分保未到期责任准备金，借记本科目，贷记“提取未到期责任准备金”科目；在提取原保险合同未决赔款准备金、寿险责任准备金和长期健康险责任准备金三项准备金的当期，借记本科目，贷记“摊回保险责任准备金”科目；在保险公司因赔款而冲减未决赔款准备金、寿险责任准备金和长期健康险责任准备金时，借记

“摊回保险责任准备金”科目，贷记本科目。

根据再保险人的会计核算惯例，“应收分保合同准备金”科目亦可拆分成“应收分保未到期责任准备金”“应收分保未决赔款准备金”“应收分保寿险责任准备金”“应收分保长期健康险责任准备金”四个科目分别核算不同的应收保险责任准备金。

“摊回保险责任准备金”科目用于核算再保险业务中原保险人应向再保险人摊回的保险责任准备金，包括未决赔款准备金、寿险责任准备金、长期健康险责任准备金三项内容。保险公司在计提这三项原保险合同准备金的当期，应按相关再保险合同约定计算的应向分保接受人摊回的保险责任准备金，借记“应收分保合同准备金”科目，贷记本科目。在原保险出险赔付的情况下，原保险人应在冲减这三项原保险责任准备金的当期，根据再保险人相应冲减的应收分保合同责任准备金，借记本科目，贷记“应收分保合同准备金”科目。

根据再保险人的会计核算惯例，“摊回保险责任准备金”科目亦可拆分成“摊回未决赔款准备金”“摊回寿险责任准备金”“摊回长期健康险责任准备金”三个科目分别核算不同保险责任准备金的摊回。下面举例说明再保险责任准备金的会计核算方法。

【例 7-15】2023 年年末，甲保险公司与乙保险公司签订了一项成数分保财产再保险合同，将合同规定范围内的原保险合同向乙保险公司办理分保，期限 1 年，合同约定分保比例为 10%。2024 年 1 月，甲保险公司收到再保险合同范围内保费 120 万元，并据此计提了 110 万元的未到期责任准备金。2024 年 3 月，甲保险公司就当月出现案件计提了 75 万元未决赔款准备金。针对保险责任准备金，甲、乙保险公司相应的会计处理如下：

（1）甲公司的会计处理：

❶2024 年 1 月的会计分录：

借：提取未到期责任准备金　　1 100 000
　贷：未到期责任准备金　　1 100 000
借：应收未到期责任准备金　　110 000
　贷：提取未到期责任准备金　　110 000

❷2024 年 3 月的会计分录：

借：提取未决赔款准备金　　750 000
　贷：未决赔款准备金　　750 000
借：应收未决赔款准备金　　75 000
　贷：摊回未决赔款准备金　　75 000

（2）乙公司的会计处理：

❶2024 年 1 月的会计分录：

借：提取未到期责任准备金　　110 000
　贷：未到期责任准备金　　110 000

❷2024 年 3 月的会计分录：

借：提取未决赔款准备金　　75 000
　贷：未决赔款准备金　　75 000

补充阅读资料7-3

再保险最早产生于欧洲海上贸易发展时期，从1370年7月在意大利热内亚签订第一份再保险合同到1688年劳合社建立，再保险仅限于海上保险。17、18世纪由于商品经济和世界贸易的发展，特别是1666年的伦敦大火，使保险业产生了巨灾损失保障的需求，为国际再保险市场的发展创造了条件。从19世纪中叶开始，在德国、瑞士、英国、美国、法国等相继成立了再保险公司，办理水险、航空险、火险、建筑工程险以及责任保险的再保险业务，形成了庞大的国际再保险市场。第二次世界大战以后，发展中国家的民族保险业随着国家的独立而蓬勃发展，使国际再保险业进入了一个新的历史时期。20世纪末，世界各国的保险公司作为一个独立的经济部门，无论规模大小都要将其所承担的风险责任依据大数法则及保险经营财务稳定性的需要，在整个同业中分散风险。从此，再保险成为保险总体中不可缺少的组成部分。

第五节　保险资金运用业务的核算

一、保险资金运用业务概述

（一）保险资金运用的含义

保险资金的运用是指保险公司为了提高偿付能力、增强竞争实力，在保险业务的经营中，将不断积聚的各种保险资金进行有利的投资，使其不断地保值和增值以及进行有效融资的各项活动，是保险公司的重要经营业务。

就保险原理而言，提供风险保障和开展保险业务是保险公司生存和发展的基础业务，但保险资金的运用业务同样是保险公司生存和发展的重要保证。纵观世界保险业，凡是发达的保险市场，也都是发达的资金市场，也就是说，强大的保险公司必须有良好的资金运用作保证，这是由保险业的特点决定的。我们知道，保险公司收取的保费及赔偿或给付行为在时间上和数量上有显著的差异，这会使保险公司的巨额资金暂时闲置，如何运用这笔雄厚的资金成为保险公司至关重要的业务。当然，没有承保业务，资金的运用便成为“无米之炊”，但对承保业务揽来的资金若不进行有利的投资、不保值、不增值，保险公司同样难成大业。

（二）保险资金运用的原则

保险公司的活动具有金融业的特点，资金金额巨大，而且负债较大，资金中的大部分将来要用于赔偿或给付，因此为保证整个金融市场的秩序，各个国家都规定了保险公司在资金运用时必须遵守的原则。关于保险资金的运用原则，我国《保险法》（2015年修正）第一百零六条指出：“保险公司的资金运用必须稳健，遵循安全性原则。”所谓安全性原则主要是指保险公司在投资时，必须充分分析其投资项目的安全性，谨慎投资，尽量减少风险投资。可见，关于保险资金的运用，安全性是最为重要的一条原则。

（三）保险资金运用的形式

2009年，我国《保险法》明确提出了保险公司资金的运用仅限于以下几种形式：第一，银行存款；第二，买卖债券、股票、证券投资基金份额等有价证券；第三，投资不动产；第四，国务院规定的其他资金运用形式。保险公司资金运用的具体管理办法，由国务院保险监督管理机构制定。应该说，在上述保险公司资金可以运用的几种形式中，买卖有价证券的风险是比较大的。因此，2010年2月1日，中国保险监督管理委员会（2018年改为中国银行保险监督管理委员会，2023年改为国家金融监督管理总局）主席办公会审议通过了《保险资金运用管理暂行办法》，其中就保险公司有价证券投资问题进行了更明确的规范，其主要内容包括：

1. 保险资金投资的债券，应当达到国家金融监督管理总局认可的信用评级机构评定的、且符合规定要求的信用级别，主要包括政府债券、金融债券、企业（公司）债券、非金融企业债务融资工具以及符合规定的其他债券。

2. 保险资金投资的股票，主要包括公开发行并上市交易的股票和上市公司向特定对象非公开发行的股票。投资创业板上市公司股票和以外币认购及交易的股票由国家金融监督管理总局另行规定。

3. 保险资金投资证券投资基金的，其基金管理人应当符合下列条件：

（1）公司治理良好，净资产连续三年保持在人民币一亿元以上；

（2）依法履行合同，维护投资者合法权益，最近三年没有不良记录；

（3）建立有效的证券投资基金和特定客户资产管理业务之间的防火墙机制；

（4）投资团队稳定，历史投资业绩良好，管理资产规模或者基金份额相对稳定。

在会计实践活动中，我国保险公司的资金除存放于银行和进行必要的不动产投资之外，主要运用在以下几个方面：

（1）有价证券投资业务；

（2）同行业资金拆借业务；

（3）证券回购业务；

（4）贷款业务。

有价证券投资业务（包括股票、债券和基金）与一般工商业的会计核算方法完全相同，主要遵循现行《企业会计准则第2号——长期股权投资》《企业会计准则第22号——金融工具确认和计量》等规定，这里不再赘述。本节将主要阐述资金拆借业务、证券回购业务和贷款业务的会计核算方法。

二、资金拆借业务的核算

（一）资金拆借业务的核算内容

资金拆借业务是指具有法人资格的金融保险机构及经法人授权的非法人金融机构之间进行短期资金融通，以调剂头寸（收支差额）和临时性资金余缺的经济活动。金融保险机构之间进行资金拆借活动的场所或网络，称为同业拆借市场。资金拆借行为产生于金融保险机构头寸管理的需要。头寸管理要求保险公司应随时保证资金的收支平衡，然而在实际经营过程中经常会出现收支不平衡的情况，这时头寸短缺的保险公司需要借入资金，以平衡收支；而头寸多余的保险公司有必要借出资金，以赚取短期收益。因此，保险公司之间经常发生资金拆借的行为。资金多余者借出资金的行为称为拆出；资金短缺者借入资金的行为称为拆入。目前参与同业拆借的机构主要是商业银行和保险公司，这从根本上保证了资金拆借的安全性。

同业拆借市场主要以短期资金融通为主，7天以下的拆借特别是隔夜拆借占较大的比重。由此可见，资金拆借实质上就是金融和保险机构为了最大化运用流动资金而产生的一种资金运用行为。对保险公司而言，拆借的优点表现为：

1. 当保险公司的流动资金富余时，将其拆出可以收到比银行存款利息更多的收益，从而保证保险公司资金收益最大化的要求。

2. 当保险公司的流动资金短缺时，拆入资金可以迅速满足需求，保证足够的支付能力，从而确保保险公司的信誉。

3. 同业拆借市场的发展和繁荣可以保证拆借业务的及时和迅速，从而保证整个保险市场流动资金的高效运转。

保险公司的资金拆借业务主要包括资金的拆出和资金的拆入两部分。拆出资金是保险公司的一项流动性资产，拆入资金是保险公司的一项流动性负债。

（二）资金拆借业务的会计核算

为核算资金拆借业务，保险公司应设置“拆入资金”和“拆出资金”两个科目。

“拆入资金”科目是负债类科目，贷方登记收到的拆入资金本金；借方登记偿还的拆入资金本金；余额在贷方，反映尚未偿还的拆入资金本金。“拆入资金”科目按拆出单位设置明细账。

“拆出资金”科目是资产类科目，借方登记拆出资金本金；贷方登记收回的拆出资金本金；余额在借方，反映尚未收回的拆出资金本金。“拆出资金”科目按拆入单位设置明细账。

资金拆借会计核算中的主要问题是利息费用的处理：

1.资金拆入方的利息支出。

拆入资金的利息支出一般应该按照权责发生制的原则核算，分期确认为利息费用。但如果拆借资金的期限较短，利息费用金额也不大，可以于实际支付时一次性确认为利息费用。

2.资金拆出方的利息收入。

按照企业会计准则的规定，利息收入的确认原则是：

第一，与交易相关的利益能够流入企业；

第二，收入的金额能够可靠地计量。

由于我国的资金拆借业务仅限于经国家严格审核的金融、保险机构之间，因此利息回收的可能性极大，所以保险公司完全可以按权责发生制的要求确认利息收入。但由于资金拆借期限一般较短，所以在会计实务中，资金拆出的利息收入可以于实际收到时确认。

【例7-16】甲、乙两家保险公司之间于2023年9月15日发生了一笔资金拆借业务，甲公司拆出资金2 000万元给乙公司，期限为30天，年利率为6%。甲、乙公司有关会计分录如下：

（1）甲公司拆出资金时：

借：拆出资金	20 000 000	
贷：银行存款		20 000 000

（2）甲公司收回拆出资金本息时：

借：银行存款	20 100 000	
贷：拆出资金		20 000 000
利息收入		100 000

（3）乙公司收到拆入资金时：

借：银行存款	20 000 000	
贷：拆入资金		20 000 000

（4）乙公司偿还拆入资金本息时：

借：拆入资金	20 000 000	
利息支出	100 000	
贷：银行存款		20 100 000

三、贷款业务的核算

（一）贷款业务的核算内容

贷款是指保险公司对外单位或个人提供贷款的经济活动。我国《保险法》规定，保险公司只能从事用户质押贷款业务，不得从事除用户质押贷款以外的贷款业务。贷款本身具有内在的风险性，从发放之日起就有收不回来的可能，这将会直接影响保险公司的赔偿能力和给付能力，从而影响保险公司的信誉和保险市场的稳定。我国《保险法》对保险公司的贷款业务种类进行了严格的限制，这使得保险公司的贷款业务风险较小，会计核算也比较简单。

保户质押贷款通常是指保户以保险单作为质押取得的贷款。这里一个重要的前提就是保单必须有“资格”作质押，而有无抵押“资格”的标准应该是它的价值性。一般情况下，有储蓄性的保单价值比较大，可以用来进行质押贷款；而没有储蓄性或储蓄性较小的保单价值较小，一般不可以用来进行质押贷款。前面已经阐述，保险按其标的不同可分为财产保险和人寿保险。财产保险的期限较短，保单一般不具有储蓄性，而寿险及长期健康险的储蓄性较强，因此可以用以质押贷款。我国保户质押贷款的业务主要是在人寿保险公司开展的。

（二）保户质押贷款的会计核算

为核算保户质押贷款，人寿保险公司应设置“保户质押贷款”科目。该科目借方登记发放的保户质押贷款的数额；贷方登记收回的保户质押贷款的数额；余额在借方，反映尚未收回的保户质押贷款数额。“保户质押贷款”科目应按借款人设置明细账，进行明细分类核算。保险公司发放的保户质押贷款一般期限都不长，因此保户质押贷款在资产负债表中通常被列为流动资产。

由于贷款本身有风险，因此在一般情况下，对发放的贷款应该像坏账准备一样提取准备金，但保户质押贷款不同于普通贷款，其贷款额度通常被控制在保单有效价值以内，所以一般都能保证收回。可以说，保户质押贷款基本上没有风险，所以对它可以不提取坏账准备金。

【例7-17】某保户持有效保单到保险公司申请质押贷款50 000元，经审核同意发放为期1年的保户质押贷款，年利率为9%。有关会计分录如下：

（1）发放贷款时：

借：保户质押贷款　　50 000

　　贷：库存现金　　50 000

（2）收回贷款时：

借：库存现金　　54 500

　　贷：保户质押贷款　　50 000

　　　　利息收入　　4 500

四、证券回购业务的核算

（一）证券回购业务的核算内容

证券回购业务是指保险公司在银行间同业市场办理中国人民银行批准交易的国债、中央银行融资券、政策性银行金融债券等债券回购的经济活动。保险公司回购的债券必须在中央国债登记结算有限责任公司托管和结算，不得转托管到证券交易所。

证券回购业务包括买入返售证券业务和卖出回购证券业务。买入返售证券业务是指保险公司与全国银行间同业市场其他成员以合同或协议的方式，按一定的价格买入证券，于到期日再按合同或协议的规定卖出该批证券，以获取买入价与卖出价差价收益的业务。买入返售证券业务实质上是一种投资业务。卖出回购证券业务是指保险公司与全国银行间同业市场其他成员以合同或协议的方式，按一定的价格卖出证券，于到期日再按一定的价格买入该批证券，以获得一定时期内资金使用权的业务。卖出回购证券业务实质上是一种融资业务。

与此相对应，证券回购业务的会计核算主要包括买入返售证券业务的会计核算和卖出回购证券业务的会计核算。

（二）买入返售证券业务的会计核算

为核算买入返售证券业务，保险公司应设置“买入返售金融资产”“利息收入”等科目。

“买入返售金融资产”科目是资产类科目，用于核算买入返售证券的业务。该科目借方登记买入证券支付的价款；贷方登记返售买入证券时结转的成本；余额一般在借方，反映保险公司已经买入但尚未到期返售的证券金额。“买入返售金融资产”科目应按买入返售证券的种类设置明细账，进行明细分类核算。

【例 7-18】某保险公司按规定买入返售证券一批，价值 300 万元，数月后以 309 万元的价格将其销售。有关会计分录如下：

（1）买入返售证券时：

借：买入返售金融资产　　3 000 000

　　贷：银行存款　　3 000 000

（2）返售买入证券时：

借：银行存款　　3 090 000

　　贷：买入返售金融资产　　3 000 000

　　　　利息收入　　90 000

（三）卖出回购证券业务的会计核算

为核算卖出回购证券业务，保险公司应设置“卖出回购金融资产款”“利息支出”等科目。

“卖出回购金融资产款”科目是负债类科目，用于核算卖出回购证券的业务。该科目贷方登记卖出回购证券时取得的款项；借方登记到期回购卖出证券时结转的证券成本；余额一般在贷方，反映已经卖出但尚未回购的证券金额。“卖出回购金融资产款”科目一般按卖出回购证券的种类设置明细账，进行明细分类核算。

【例7-19】某保险公司按规定卖出回购证券一批，价值300万元，数月后以309万元的价格将其购回。有关会计分录如下：

（1）卖出回购证券时：

借：银行存款	3 000 000	
贷：卖出回购金融资产款		3 000 000

（2）回购卖出证券时：

借：利息支出	90 000	
卖出回购金融资产款	3 000 000	
贷：银行存款		3 090 000

小知识7-5

由于保险合同会计核算的特殊性，保险合同的会计准则一直处于修订和完善中。2010年7月30日，国际会计准则理事会（IASB）发布了《保险合同（征求意见稿）》，对有关保险合同的确认原则和计量方法、列示项目和披露信息等内容进行了规范。同年11月30日，国际会计准则理事会（IASB）《保险合同》圆桌会议在北京召开，与会各方就IASB于7月份发布的《保险合同（征求意见稿）》进行了广泛深入的讨论。时任财政部会计司司长杨敏、保监会（现为国家金融监督管理总局）财务会计部主任王新棣、国际会计准则理事会国际活动总监韦恩·奥普顿等国内多家保险公司和相关会计师事务所代表出席了本次圆桌会议。2013年6月21日，国际会计准则理事会（IASB）重新发布了新的《保险合同（征求意见稿）》。与此同时，美国财务会计准则委员会（FASB）也一直对保险合同的会计准则进行征求意见。

补充阅读资料7-4

根据《关于全面推开营业税改征增值税试点的通知》（财税〔2016〕36号）的规定，从2016年5月1日开始，保险公司的保险服务、金融服务和金融商品转让业务取得的收入开始由缴纳营业税改成缴纳增值税。财税〔2016〕36号指出，保险服务是指投保人根据合同的约定向保险人支付保险费，保险人对于合同约定的可能发生的事故因其发生所造成的财产损失承担赔偿保险金责任，或者当被保险人死亡、伤残、疾病或者达到合同约定的年龄、期限等条件时承担给付保险金责任的商业保险行为，包括人身保险服务和财产保险服务。财税〔2016〕36号界定的保险服务是指原保险服务。

关于再保险业务，《关于进一步明确全面推开营改增试点有关再保险 不动产租赁和非学历教育等政策的通知》（财税〔2016〕68号）指出，试点纳税人提供再保险服务（境内保险公司向境外保险公司提供的再保险服务除外），实行与原保险服务一致的增值税政策。再保险合同对应多个原保险合同的，所有原保险合同均适用免征增值税政策时，该再保险合同适用免征增值税政策；否则，该再保险合同应按规定缴纳增值税。

可见，保险公司的原保险和再保险业务都是从2016年5月1日开始“营改增”的，增值税适用税率均为6%。

典型案例一

2023年年末，X保险股份有限公司（以下简称X公司）与刘某签订了一份人身意外伤害保险合同，保险金额360万元，自2024年1月1日起生效，保险期限为1年。刘某于合同生效当日一次性交纳了保险费7 200元，X公司确认了保费收入。该保单属于X公司与Y公司签订的溢额再保险合同约定的业务范围。根据该再保险合同，X公司的自留额是100万元，Y公司分保最高限额是300万元，分保手续费率是25%。2024年7月10日，刘某车祸身亡。X公司向刘某家属赔付了360万元，并从Y公司摊回分保赔款260万元。

要求：从X公司角度思考以下问题：

（1）X公司在保单生效并收到保费时，应怎样核算？

（2）X公司在赔付刘某家属保险金时，应怎样核算？

（3）根据本题资料，计算X公司应向Y公司支付的分出保费，并据以核算。

（4）根据本题资料，计算X公司应从Y公司摊回的分保费用，并据以核算。

（5）X公司从Y公司摊回分保赔款时，应怎样核算？

［分析提示］

X公司属于分保合同中的分保分出人，因此，应从分保分出人角度考虑本题。收取保费和赔款分别通过“保费收入”和“赔付支出”账户核算；关于分出保费和摊回分保费用可根据分出保险额占保险总额的百分比计算，并通过“分出保费”和“摊回分保费用”账户核算；摊回分保赔款通过“摊回赔付支出”账户核算。

典型案例二

2023年12月22日，M保险股份有限公司（以下简称M公司）与N保险股份有限公司（以下简称N公司）签订了一份成数再保险合同，接受N公司分出的原保险业务。合同约定的分保比例为40%，分保手续费率为35%。合同起始日为2024年1月1日，保险责任期为1年。M公司经验和技术比较成熟，采用预估方法预计每期的分保费收入，并据以确认每期的分保费用。假设M公司估计的2024年第1季度各月份分保费收入金额分别为：1月份680万元；2月份730万元；3月份600万元。2024年5月末，M公司收到N公司发来的第1季度分保业务账单，其显示：第1季度分保费收入总额为2 100万元，分保手续费为735万元。

要求：从M公司角度思考以下问题：

（1）M公司2024年第1季度各月份的分保费收入，应怎样核算？

（2）M公司2024年第1季度各月份的分保费用，应怎样核算？

（3）M公司2024年5月末，应怎样调整分保费收入和分保费用？

［分析提示］

M公司属于分保合同中的分保分入人，因此，应从分保分入人角度考虑本题。第1季度各月份的分保费收入按照预估金额先入账，并按分保手续费率35%计算出每月相应的分保费用。在5月末收到分保账单时，根据分保账单的金额调整已入账的分保费收入和分保费用。

典型案例三

ZG人寿保险股份有限公司2023年度利润表的主要信息见表7-7。

表7-7　利润表　会保02表

编制单位：ZG人寿保险股份有限公司　2023年度　单位：万元

项　目	本期金额	上期金额
一、营业总收入	34 172 300	31 277 800
保险业务收入	27 597 000	26 565 600
其中：分保费收入	800	0
减：分出保费	15 800	15 600
提取未到期责任准备金	-73 500	-32 300
投资收益（损失以“-”号填列）	6 271 300	5 376 900
其中：对联营企业和合营企业的投资收益	70 400	-5 600
公允价值变动损益（损失以“-”号填列）	163 400	-830 600
汇兑损益（损失以“-”号填列）	-2 800	-90 500
其他业务收入	232 700	304 300
二、营业总支出	30 010 500	29 294 900
手续费及佣金支出	2 293 600	2 420 000
退保金	2 332 000	2 548 500
赔付支出	5 930 800	7 158 100
减：摊回赔付支出	10 700	7 700
提取保险责任准备金	15 453 100	13 500 500
减：摊回保险责任准备金	1 400	4 400
保单红利支出	1 448 700	167 100
税金及附加	114 500	98 500
业务及管理费	1 866 800	1 691 100
减：摊回分保费用	-1 700	13 000
其他资产减值损失	216 700	1 372 700
其他业务成本	364 700	363 500
三、营业利润（亏损以“-”号填列）	4 161 800	1 982 900
加：营业外收入	13 000	7 700
减：营业外支出	21 200	11 800
四、利润总额（亏损总额以“-”号填列）	4 153 600	1 978 800

要求：根据表7-7的资料，分析ZG人寿保险股份有限公司2022年度和2023年度以下几项指标，并比较这两年的财务业绩：

（1）原保险合同收入。

（2）再保险合同收入。

（3）当年实际赚取的保费。

（4）再保险中分出的保费。

（5）原保险计提的未到期责任准备金净额。

（6）原保险计提的责任准备金。

（7）再保险业务分摊的责任准备金。

（8）原保险理赔支出及再保险摊赔额。

（9）原保险业务及管理费及其摊回金额。

（10）营业收入、营业支出及营业利润。

［分析提示］

表7-7中列示了ZG人寿保险股份有限公司2023年度收入、费用及利润情况，根据现行企业会计准则的规定，该表采用了比较报表的格式，其中非常清晰地披露了原保险合同收入（即保险业务收入）、分保费收入、已赚取保费以及各种准备金、赔付支出及其摊回情况。通过分析可以看出，ZG人寿保险股份有限公司2023年度的业绩显然好于2022年度。

本章小结

本章主要阐述了保险公司的两大主营业务，即保险经营业务和保险资金运用业务的会计核算方法。根据运营特征的不同，保险经营业务可以分为寿险（包括人寿保险和长期健康险）和非寿险（包括财产保险、人身意外伤害保险和短期健康险）；根据承保方式的不同，保险经营业务又可以分为原保险业务和再保险业务。根据保险经营业务的分类特点，本章分别从财产保险、人身保险和再保险的角度，全面阐述了保险经营业务的核算。关于保险资金运用业务，本章主要阐述了资金拆借业务、质押贷款业务和证券回购业务的会计核算方法。

第八章　物流企业会计

思政短语　　“朝辞白帝彩云间，千里江陵一日还。”

——唐·李白《早发白帝城》

第一节　物流企业会计的特点

一、物流企业概述

物流是指物品从供应地向接收地的实体流动过程，它根据实际需要，将运输、储存、装卸、搬运、包装、流通加工、配送和信息处理等基本功能进行有机结合。物品包括原材料、半成品、产成品和商品等。

物流企业是指为客户的物流提供管理、控制和专业化服务的具有法人资格的单位。

伴随着中国经济的崛起，加快构建新发展格局，着力推动高质量发展，建设现代化产业体系，已经成为目前发展的首要目标。要坚持把发展经济的着力点放在实体经济上，推进新型工业化，而产业的发展和壮大同时也与物流产业有着密切的关系。习近平总书记在党的二十大报告中指出：“加快发展物联网，建设高效顺畅的流通体系，降低物流成本。”随着经济全球化的不断推进以及科学技术尤其是信息技术突飞猛进的发展，企业生产资料的获取与产品营销范围日趋扩大，社会生产、物资流通、商品交易及其管理方式正在并将继续发生深刻的变革。早年，有许多生产企业和商品流通企业既从事制造和销售业务，也拥有自身的车队和仓库，从事运输和仓储作业。随着市场竞争日益加剧和社会分工的日趋细化，生产企业和商品流通企业开始注意到自己并不是经营运输作业和库存管理的行家，并且物流运输和仓储保管业务需要投入大量的原始投资，尤其是运输车辆和仓库等固定资产投资。同时，投资地域范围的扩大，导致管理成本较高，风险较大。因此一些生产企业和商品流通企业开始将自己并不擅长的运输业务和仓储业务交给那些十分有经验、有实力的专业运输企业和仓储企业。委托专业运输企业和仓储企业经营，自然比生产企业和商品流通企业自己经营更经济合算，而生产企业和商品流通企业则可以将更多的精力集中在自己的主营业务上，以便与自己的主要对手展开竞争。于是，一些比较好的运输企业、仓储企业就开始进入某些生产企业和商品流通企业的物流链中，这些企业通常从帮助生产企业和商品流通企业运输原材料、半成品和产成品开始，逐渐拓展到经营仓储、流通加工和配送等业务，成为生产企业和商品流通企业的合作伙伴。由此使不少仅具有单一服务功能的物流企业发展成为颇具规模的、具有多种服务功能的综合性的物流企业，从而为物流服务业的发展提供了机遇。近年来，物流服务业得到了很大的发展，并已成为21世纪具有发展前途的朝阳行业。

二、物流企业会计及特点

物流企业会计是指以货币作为主要计量单位，对物流企业的经济活动信息进行收集、加工和提供以会计信息为主的经济信息，并为取得最佳经济效益，对经济活动进行控制、分析、预测和决策的一种经济管理活动。目的是为投资者、债权人、政府管理部门以及与企业有经济利益的各方提供有用的信息。

同其他行业相比，物流企业会计具有两大特点：

（一）成本核算的多样性

物流企业业务主要包括运输业务、仓储业务、装卸业务和配送业务，其中运输业务又根据使用运输工具的不同分为公路汽车运输、水路船舶运输、铁路机车车辆运输、航空飞机运输和管道运输五种。不同的业务类型决定了物流企业在成本核算上种类的多样性，以及成本项目的归集和分配的复杂性。

（二）收入核算的特殊性

物流企业的主营业务收入来源包括提供运输、仓储、装卸和配送等物流服务，根据物流企业的业务特征，物流企业收入的实现依赖于业务部门物流服务的完成及将相关单据提交给财务部门确认。

三、物流企业会计的对象

物流企业为了开展经济活动，必须拥有与其规模相当的资金。资金是指企业所有的各种财产物资的货币表现，包括货币本身。而会计的对象是指社会再生产过程中的资金及其运动。

物流企业可以通过投资者投资和向债权人借款取得货币形态的资金，这种资金称为货币资金。货币资金的一部分用于购置营业用房、仓库、装卸设备、各种交通运输工具和管理设备等固定资产，形成固定资金；一部分用于购买原材料和低值易耗品，形成存货资金；然后为客户提供各种物流服务，取得物流服务收入，收回了货币资金。在这一过程中损耗了固定资产，消耗了存货，因此，固定资金和存货资金又转变为货币资金实现了资金的循环。企业资金的不断循环形成了资金周转。通常，提供物流服务收入的货币资金要大于其经营活动所发生的成本和费用，两者之间的差额即为企业的利润。企业的利润一部分以所得税的形式上交国家，一部分分配给投资者作为其对企业投资的回报，这两部分资金便退出企业。其余利润作为盈余公积和未分配利润，用于企业的自我积累。

根据物流企业业务类型，本书重点介绍物流企业的运输业务、仓储业务、装卸业务和配送业务收入和成本的会计核算。

第二节 运输业务的核算

一、运输业务概述

运输业务是指物流企业运用各种运输工具及其设备，为客户提供货物在物流节点之间流动的服务。这种服务是在不同地域范围间，如两个城市、两个企业之间，以改变货物的空间位置为目的，对货物进行的空间位移。

运输业务是物流企业经营活动的中心环节，运输活动不创造实物产品，而是提供运输劳务，使物资发生位移。本书以汽车运输为例，介绍运输行业的成本和收入的核算。

二、汽车运输行业的一般业务程序

（一）货物托运人签填托运单

托运单是指承运人与托运人双方订立的运输合同或运输合同证明，其明确规定了货物承运期间双方的权利和责任。其作用主要有以下四个方面：

1. 它是物流企业汽车运输部门开具货票的凭证。

2. 它是调度部门派车、货物装卸和到达时支付的依据。

3. 在运输期间发生运输延滞、空驶或运输事故时，它是判定双方责任的原始记录。

4. 它是货物收据及交货凭证。

货物的托运单通常由托运人填写，也可委托他人填写，并应在托运单上加盖与托运人名称相符的印章。

（二）托运单内容的审核和受理

汽车运输部门收到货物托运人填写的托运单后，应对托运单的内容进行审核，审核货物的名称、体积、重量和运输要求等详细情况，并检验托运人提交的准许出口、外运、调拨和分配等证明文件，或审核随货同行的有关票证单据。在确定受理后，货物受理人员认定货物的计费里程和货物的运杂费，根据托运单编定托运号码，然后告知调度和运务部门，并将结算通知转交托运人。

（三）核实理货

在货物起运前应进行核实理货，其内容主要有：承运人和托运人共同验货；落实货源、货流；落实装卸、搬运设备；查清货物的待运条件是否变更；确定装车时间；通知发货、收货单位做好过磅、分垛和装卸等准备工作。

（四）货物的监装和监卸

1. 货物的监装：车辆到达装货地点，监装人员应根据货票或运单填写的内容数量，与发货单位联系发货，并确定交货方式。在货物装车前，监装人员应注意并检查货物包装有无破损、渗漏和污染等情况，一旦发现，应与发货单位商议修补或调换。如发货单位自愿承担因破损、渗漏和污染等引起的货损，则应在随车同行的单证上作批注并加盖印章，以明确责任。装车完毕后，应清查货位，检查有无错装、漏装，并与发货人员核对实际装车件数，确认无误后，办理交接签收手续。

2. 货物的监卸：车辆到达卸货点后，货物监卸人员应会同收货人员、驾驶员和卸车人员检查车辆装载有无异常，一旦发现异常应先做好卸车记录。卸货时，应根据运单及货票所列的项目与收货人点件或监秤记码交接。如发现货损、货差，则应按有关规定编制记录并申报处理。收货人可在记录或货票上签署意见。交货完毕后，应由收货人在货票收货回单联上签字盖章，承运人的责任即告终止。

三、汽车运输的成本项目

微课

汽车运输的成本项目

（一）直接材料

物流运输过程中的直接材料主要是指燃料和轮胎。

1. 燃料。其是指营运车辆在运行过程中所耗用的各种燃料，如营运过程耗用的汽油、柴油等燃料。

2. 轮胎。轮胎的成本是指营运车辆所耗用的外胎、内胎、垫带、轮胎翻新费和零星修补费用等。

（二）直接人工

直接人工是指直接从事运输业务工人的薪酬，包括工资费用和其他人工费用，工资费用包括工资、奖金、津贴和补贴等，其他人工费用包括按照工资总额一定比例提取的社会保险费、住房公积金、职工福利费、职工教育经费和工会经费等。

（三）其他直接费用

1. 折旧费。其是指按规定计提的营运车辆折旧费。

2. 保养修理费。其是指营运车辆进行各级保养及各种修理所发生的料工费、修复旧件费用和行车耗用的机油、齿轮油费用等。

3. 燃油附加费。其是指按规定向公路管理部门缴纳的燃油附加费。

4. 其他费用。其是指不属于以上各项目的与营运车辆运行直接有关的费用，包括车辆管理费（即按规定向运输管理部门缴纳的营运车辆管理费）、行车事故损失（即营运车辆在运行过程中，因行车事故发生的损失，但不包括因车站责任发生的货物损耗及由于不可抗力造成的损失）、车辆牌照和检验费、保险费、洗车费、过桥费、轮渡费、司机途中宿费、行车杂费等。

（四）营运间接费用

营运间接费用是指车队、车站、车场等基层营运单位为组织与管理营运过程所发生的、应由各类成本负担的各种间接费用，如工资、劳动保护费、取暖费、水电费、办公费、差旅费、保险费、设计制图费等。

四、运输成本的核算

（一）直接材料费用的归集和分配

1. 燃料费用的归集和分配。对于燃料消耗，企业应根据燃料领用凭证进行汇总，编制燃料耗用汇总表，以便对燃料费用进行归集和分配。

采用满油箱制的情况下，车辆当月加油数就是当月耗用数；在燃料采用盘存制的企业，当月燃料耗用数应按下面的公式计算确定：

当月耗用数=月初车存数+本月领用数-月末车存数

【例 8-1】大连顺风物流公司对燃料耗用数采用盘存制计算，2023年8月份根据燃料领料凭证及车存燃料盘点表等有关资料编制燃料（汽油）领用汇总表见表8-1。

表8-1　燃料（汽油）领用汇总表

2023年8月

数量单位：升
金额单位：元

项目 领用部门	月初 车存数量	本月 领用数量	月末 车存数量	本月 耗用数量	加权 平均单价	月耗用金额
一车队	2 000	30 000	1 000	31 000	10.00	310 000
二车队	1 000	25 000	6 000	20 000	10.00	200 000
修理车间	—	1 000	—	1 000	10.00	10 000
汽运分公司	100	1 000	300	800	10.00	8 000
行政管理部门	200	2 000	200	2 000	10.00	20 000
合计	3 300	59 000	7 500	54 800	10.00	548 000

借：主营业务成本——一车队（燃料） 310 000
——二车队（燃料） 200 000
辅助营运费用 10 000
营运间接费用——汽运分公司 8 000
管理费用 20 000
贷：原材料——燃料 548 000

2.轮胎费用的归集和分配。物流企业在运输过程中领用的轮胎外胎、内胎和垫带，应根据各月的领用凭证进行汇总，编制轮胎领用汇总表，以便于对轮胎的费用进行归集和分配。

【例 8-2】大连顺风物流公司对于外胎、内胎、垫带均采用一次摊销法进行核算，2023 年 8 月 31 日根据有关轮胎的领用凭证，编制轮胎领用汇总表见表 8-2。

表8-2 轮胎领用汇总表

2023 年 8 月

数量单位：个
金额单位：元

项目 领用部门	外胎			内胎			垫带		
	数量	单价	金额	数量	单价	金额	数量	单价	金额
一车队	20	1 000	20 000	40	80	3 200	40	20	800
二车队	12	1 000	12 000	40	80	3 200	40	20	800
汽运分公司	4	1 000	4 000	10	80	800	10	20	200
行政管理部门	—		—	4	80	320	4	20	80
合计	36	1 000	36 000	94	80	7 520	94	20	1 880

借：主营业务成本——一车队（轮胎） 24 000
——二车队（轮胎） 16 000
营运间接费用——汽运分公司 5 000
管理费用 400
贷：原材料——轮胎 45 400

（二）直接人工费用的归集和分配

物流企业直接人工费用主要包括直接从事运输业务的司机和助手的工资等。对于有固定车辆的司机和助手的工资，直接计入各自成本计算对象的成本。对于没有固定车辆的司机和助手的工资以及后备司机和助手的工资，则需按一定标准（一般为运营货物吨位或车辆的运营车日）分配计入各成本计算对象的成本。其计算方法如下：

工资费用分配率=待分配的人工费用÷总运营货物千吨公里（或总运营车日）

某车队应分配工资费用=该车队运营货物千吨公里（或运营车日）×工资费用分配率

【例 8-3】大连顺风物流公司 2023 年 8 月份发生的工资总额为 386 000 元。其中：一车队 120 000 元，二车队 98 000 元，修理车间 16 000 元，汽运分公司 44 000 元，行政管理部门 90 000 元，后备司机和助手 18 000 元。本月一车队运营货物 1 800 千吨公里，二车队运营货物 1 200 千吨公里。

后备司机和助手的工资费用分配率=18 000÷（1 800+1 200）=6（元/千吨公里）

一车队应分配的后备司机和助手工资费用=1 800×6=10 800（元）

二车队应分配的后备司机和助手工资费用=1 200×6=7 200（元）

一车队直接人工费用合计=120 000+10 800=130 800（元）

二车队直接人工费用合计=98 000+7 200=105 200（元）

借：主营业务成本——一车队（人工费）	130 800	
——二车队（人工费）	105 200	
辅助营运费用	16 000	
营运间接费用——汽运分公司	44 000	
管理费用	90 000	
贷：应付职工薪酬		386 000

（三）其他直接费用的归集和分配

1.折旧费的归集和分配。物流企业计提固定资产折旧，可以采用年限平均法、工作量法、双倍余额递减法、年数总和法，但车辆的固定资产折旧一般采用工作量法计提。当采用工作量法时，由于外胎费用核算有两种不同的方法，所以车辆折旧的计算也有两种方法。如采用外胎价值一次摊销计入成本的方法，计提折旧时，外胎价值不必从车辆原值中扣减；如采用按行驶公里预提外胎费用摊入成本的方法，则计算折旧时，外胎价值应从车辆原值中扣减，否则会出现重复计提的现象。车辆折旧计算公式如下：

车辆折旧率=（车辆原值-车装轮胎价值-预计净残值）÷（预计行驶里程÷1 000）

某车辆月折旧额=车辆月实际行驶里程÷1 000×车辆折旧率

【例8-4】大连顺风物流公司对固定资产计提折旧，对营运车辆采用工作量法，对其他固定资产采用年限平均法。2023年8月31日各部门固定资产折旧额为：一车队80 000元，二车队76 000元，修理车间20 000元，汽运分公司12 000元，行政管理部门16 000元。

借：主营业务成本——一车队（其他直接费用）	80 000	
——二车队（其他直接费用）	76 000	
辅助营运费用	20 000	
营运间接费用——汽运分公司	12 000	
管理费用	16 000	
贷：累计折旧		204 000

【随堂测】（单选题）物流企业车辆的固定资产折旧一般采用（　　）计提折旧。

A.直线法　　B.工作量法　　C.双倍余额递减法　　D.年数总和法

2.保养修理费的归集和分配。物流企业车辆的保养和修理，分别由车队保修班和企业所属修理车间进行，由车队保修班进行的保养和小修理的费用，包括车队保修工人的工资、行车耗用的机油和保修车辆耗用的燃料、备品配件等，一般可以根据各项凭证汇总，直接计入各成本计算对象的成本。由修理车间进行的保修主要是大修理所发生的费用，作为辅助营运费用核算，通过“辅助营运费用”账户进行归集和分配。

3.养路费的归集和分配。物流企业向公路管理部门缴纳的燃油附加费，营运车辆按吨位数计算缴纳，公务车按辆计收。企业缴纳的燃油附加费可以根据缴款凭证直接计入各自成本计算对象的成本及有关费用。

【例8-5】大连顺风物流公司2023年8月31日签发转账支票缴纳本月养路费13 200元，

其中：一车队7 920元，二车队5 280元。

借：主营业务成本——一车队（其他直接费用） 7 920

——二车队（其他直接费用） 5 280

贷：银行存款 13 200

4.其他费用的归集和分配。物流企业的营运车辆除发生以上各项费用外，还会发生其他直接费用，如车队领用随车工具及其他低值易耗品，可以根据领用凭证，一次或分摊计入各类运输成本，借记“主营业务成本”账户，贷记“低值易耗品”账户。对于车辆牌照和检验费、保险费、洗车费、过桥费、轮渡费、司机途中宿费、行车杂费等，发生时，根据支付凭证借记“主营业务成本”账户，贷记“银行存款”“库存现金”等账户。对于行车事故损失，如因事故形成的修理费、救援和善后费用以及支付外单位人员的医药费、丧葬费、抚恤费、生活费等支出，扣除从保险公司收回的赔偿收入及事故对方或过失人的赔偿款后，净损失也可根据付款、收款凭证直接计入各类运输成本。如果行车事故较为严重复杂，处理时间较长，可在发生各项支出时通过“其他应收款”账户核算，然后逐月将已发生事故净损失转入各类运输成本。对于当年不能结案的事故，年终时可按估计净损失数预提转入运输成本；在结案的年底，再按预提损失数与实际损失数的差额，调整当年的有关运输成本。

【例8-6】大连顺风物流公司2023年8月份领用随车工具、篷布绳索、司机和助手的劳动保护用品所发生的费用为一车队6 000元，二车队5 600元；以现金支付的高速公路费、洗车费等费用，一车队5 160元，二车队3 800元。

借：主营业务成本——一车队 11 160

——二车队 9 400

贷：低值易耗品 11 600

库存现金 8 960

（四）辅助营运费用的归集和分配

物流企业除了有运输、仓储、装卸等物流经营部门外，还有辅助营运部门，它是为物流经营部门提供服务的，如修理车间主要是为物流企业的运输工具、仓储设备和装卸设备提供维修、保养和大修理的部门。因此，辅助营运费用是辅助营运部门开展生产经营活动而发生的费用，其实质就是辅助营运部门提供劳务的成本。

归集在“辅助营运费用”账户借方的辅助营运费用，应在期末按受益单位耗用的劳务量在各受益对象之间分配，计入各受益对象的成本费用。

【例8-7】大连顺风物流公司2023年8月份共发生辅助营运费用46 000元，其中：材料费用10 000元，人工费用16 000元，固定资产折旧费用20 000元。各部门实际耗用工时为：一车队600小时，二车队500小时，汽运分公司30小时，行政管理部门20小时，共计1 150小时。

（1）归集辅助营运费用并编制会计分录：

借：辅助营运费用 46 000

贷：原材料 10 000

应付职工薪酬 16 000

累计折旧 20 000

（2）辅助营运费用分配率=46 000÷1 150=40（元/小时）

（3）编制辅助营运费用分配表，见表8-3。

表8-3　**辅助营运费用分配表**　金额单位：元

领用部门 \ 项目	分配率	工时	金额
一车队	40	600	24 000
二车队	40	500	20 000
汽运分公司	40	30	1 200
行政管理部门	40	20	800
合计	—	1 150	46 000

（4）根据“辅助营运费用分配表”编制会计分录：

借：主营业务成本——一车队　24 000

　　　　　　　——二车队　20 000

　　营运间接费用——汽运分公司　1 200

　　管理费用　800

　贷：辅助营运费用　46 000

（五）营运间接费用的归集和分配

物流企业的营运间接费用是指所属基层营运单位（车队、车站、车场）为组织与管理营运过程所发生的不能直接计入成本计算对象的各种间接费用。发生的营运间接费用在“营运间接费用”账户归集，月末按一定标准在各成本计算对象之间进行分配，计入各成本计算对象的成本。分配标准主要有直接费用和营运车日等。

【随堂测】（判断题）物流企业的营运间接费用是指所属基层营运单位（车队、车站、车场）为组织与管理营运过程所发生的不能直接计入成本计算对象的各种间接费用。间接费用月末按一定标准在各成本计算对象之间进行分配，计入各成本计算对象的成本，分配标准只有直接费用。（　）

【例8-8】大连顺风物流公司2023年8月份共发生运输营运间接费用70 200元，其中：材料费用8 000元，轮胎费用5 000元，人工费用44 000元，固定资产折旧费用12 000元，分配转入的辅助营运费用1 200元。该公司以千吨公里为标准分配营运间接费用，本月一车队运营货物1 800千吨公里，二车队运营货物1 200千吨公里。

（1）归集8月份营运间接费用，并编制会计分录：

借：营运间接费用　70 200

　贷：原材料　13 000

　　　应付职工薪酬　44 000

　　　累计折旧　12 000

　　　辅助营运费用　1 200

（2）营运间接费用分配率=70 200÷（1 800+1 200）=23.4（元/千吨公里）

（3）编制营运间接费用分配表，见表8-4。

表8-4 营运间接费用分配表

金额单位：元

项目 领用部门	分配率	千吨公里	金额
一车队	23.4	1 800	42 120
二车队	23.4	1 200	28 080
合计	—	3 000	70 200

（4）根据“营运间接费用分配表”编制会计分录：

借：主营业务成本——一车队　　42 120

　　　　　　　——二车队　　28 080

　贷：营运间接费用　　70 200

（六）汽车运输成本的计算

物流企业应按照成本计算对象设置汽车运输成本明细账，按成本项目设置专栏进行明细分类核算，并通过运输成本明细账归集计算各成本计算对象的总成本。运输总成本除以运输周转量即为运输单位成本。

【例8-9】根据前列业务，大连顺风物流公司“主营业务成本明细账”见表8-5和表8-6。

表8-5 主营业务成本明细账（一车队）

2023年8月

单位：元

成本项目 摘要	直接材料		其他直接费用					营运间接费用	合计
	燃料	轮胎	直接人工	折旧费	修理费	养路费	其他		
燃料耗用	310 000								310 000
领用轮胎		24 000							24 000
工资			130 800						130 800
计提折旧费				80 000					80 000
支付养路费						7 920			7 920
其他费用							11 160		11 160
分配转入修理费					24 000				24 000
分配转入营运间接费用								42 120	42 120
合计	310 000	24 000	130 800	80 000	24 000	7 920	11 160	42 120	630 000

表8-6　**主营业务成本明细账（二车队）**

2023年8月　单位：元

摘要 \ 成本项目	直接材料		其他直接费用					营运间接费用	合计
	燃料	轮胎	直接人工	折旧费	修理费	养路费	其他		
燃料耗用	200 000								200 000
领用轮胎		16 000							16 000
工资			105 200						105 200
计提折旧费				76 000					76 000
支付养路费						5 280			5 280
其他费用							9 400		9 400
分配转入修理费					20 000				20 000
分配转入营运间接费用								28 080	28 080
合计	200 000	16 000	105 200	76 000	20 000	5 280	9 400	28 080	459 960

从“主营业务成本明细账”可知，本月一车队运输总成本为630 000元，二车队运输总成本为459 960元。运输单位成本计算如下：

一车队运输单位成本=630 000÷1 800=350（元/千吨公里）

二车队运输单位成本=459 960÷1 200=383.3（元/千吨公里）

五、运输收入的核算

（一）物流企业收入的分类

1. 主营业务收入。主营业务收入是指企业为完成其经营目标所从事的经常性活动实现的收入。主营业务收入一般占企业总收入的较大比重，对企业的经济效益产生较大影响，如物流企业提供运输、仓储、装卸、配送等服务的收入。企业实现的主营业务收入通过“主营业务收入”账户核算。

2. 其他业务收入。其他业务收入是指企业为完成其经营目标所从事的与经常性活动相关的活动实现的收入。其他业务收入属于企业日常活动中次要交易实现的收入，一般占企业总收入的比重较小，如物流企业对外销售材料，对外出租包装物、固定资产，对外出租无形资产使用权，对外进行权益性投资（取得现金股利）或债权性投资（取得利息），对外提供物流服务之外的其他劳务实现的收入。企业实现的原材料销售收入、包装物租金收入、固定资产租金收入、出租无形资产使用权收入等，通过“其他业务收入”账户核算；企业进行权益性投资或债权性投资取得的现金股利收入和利息收入，通过“投资收益”账户核算。

（二）运输业务收入的核算

运输业务收入是指物流企业从事公路、铁路、水路、航空等运输业务所取得的收入。物流企业在每单（次）运输任务完成后应将运单转交财务部门。财务部门收到确认完成运输业务的单据，据以确认收入，借记“应收账款”账户，贷记“主营业务收入”账户；收到款项时，借记“银行存款”账户，贷记“应收账款”账户。

【例 8-10】大连顺风物流公司2023年8月份一车队取得运输收入1 040 000元，二车队取得运输收入800 000元，增值税税率为9%，款项尚未收到。

借：应收账款　　2 005 600
　贷：主营业务收入——一车队　　1 040 000
　　　　　　　　　——二车队　　800 000
　　　应交税费——应交增值税（销项税额）　　165 600

小知识 8-1

我国全面实施“营改增”之后，物流企业（增值税一般纳税人）的运输业务包括陆运运输服务、水路运输服务、航空运输服务和管道运输服务等，归属于交通运输业，按照9%税率征收增值税；物流企业中的仓储业务及其辅助服务收入，按照6%税率征收增值税。

对于从事仓储服务、装卸搬运服务的增值税一般纳税人可以选择适用简易计税方法计税，适用的征收率为3%。

第三节　仓储、装卸和配送业务的核算

一、仓储业务核算

（一）仓储业务概述

仓储业务是指物流企业运用仓库及各种储存设备为客户提供货物储存和保管的业务。物流企业在物流业务中，运输业务承担了改变货物空间状态的重任，而仓储业务则承担了改变货物时间状态的重任。

物流企业的仓储业务所开展的生产经营活动是社会物质生产的必要条件，它是生产过程的继续，这种生产经营活动联结着生产与再生产、生产与消费的环节，从而为货物创造了时间效用，使货物潜在的使用价值成为可以满足社会消费需要的、现实的使用价值。

仓储的功能包括：

1. 储存功能。储存功能是仓储业务最基本的功能。在现实经济生活中，如粮食、棉花等农产品是在特定的季节收获的，但粮食的消费和对作为原料的棉花的需求则是全年均衡的；反之，空调、电风扇、羽绒服等工业品是全年生产的，但消费则有着明显的季节性。这些商品生产和消费的时间差异，都需要仓储来支持市场营销活动。仓储的储存功能为存货的供应提供了缓冲，使生产活动在材料来源和客户需求等限制条件下提高效率。

2. 整合功能。整合功能是指仓库接受来自一系列制造工厂指定送往某一特定地区的货物，然后将它们拼装整合成单一的一票装运的仓储功能。整合功能可以节省运输费用，并使客户的收货站台减少拥塞。

3. 分类功能。分类功能是指仓库接收来自制造商的客户组合订货，然后将组合订货分类或分割成个别订货，并安排当地的运输部门负责运送到各个客户处去的仓储功能。

由于长距离运输转移的是大批量的装运，运输费用较低，通过仓库的分类就能节约运输成本。

4. 交叉站台功能。交叉站台功能是指交叉站台设施从多个制造商处收到运来的整车货物，货物中有标签的，就按客户进行分类，没有标签的，则按地点进行分类；然后产品就像“交叉”一词的意思那样穿过“站台”装上被指定去适当客户处的拖车；一旦该拖车装满了来自多个制造商的组合产品后，它就被放行运往客户的仓储功能。交叉站台功能既能使所有的车辆都进行充分的装载，节约了运输费用，又能更有效地利用站台设施，使站台装载利用率达到最大限度。

（二）仓储业务的核算

1. 仓储成本项目。

仓储成本项目包括堆存直接费用和营运间接费用两项。

（1）堆存直接费用。

堆存直接费用是指仓库因仓储、保管货物而发生的直接费用，主要包括以下10个明细项目：

❶ 人工费用。其是指从事仓储作业人员的工资、津贴、补贴、奖金等人力成本。

❷ 材料费。其是指因仓储、保管货物所消耗的各种材料。

❸ 低值易耗品摊销。其是指应由本期仓储成本负担的货架、托盘、垫仓板等仓储工具和其他低值易耗品的摊销额。

❹ 动力及照明费。其是指冷藏仓库、恒温仓库等耗用的动力费和各种仓库耗用的照明费。

❺ 折旧费。其是指仓库等仓储设备按规定计提的折旧费用。

❻ 修理费。其是指为保证仓储设备正常使用而发生的修理费用。

❼ 劳动保护费。其是指仓储作业中的职工劳动保护费用。

❽ 事故损失。其是指仓储作业过程中，因仓库责任而造成的货物被盗、丢失、损毁、变质、错交等事故损失。

❾ 保险费。其是指应由本期仓储业务负担的财产保险费。

❿其他费用。其是指不属于以上项目但要归属于仓储成本的其他直接费用。

（2）营运间接费用。

营运间接费用是指企业堆存装卸、营运部或分公司为管理和组织堆存装卸的营运生产所发生的管理费和业务费用。

2. 仓储成本的核算。

（1）堆存直接费用的核算。

物流企业仓储货物所发生的堆存直接费用应根据“工资费用分配表”“耗用材料汇总表”“固定资产折旧费用计算表”等各种发票、单据等，直接列入所属仓库或库区的成本，借记“主营业务成本——堆存支出”账户，贷记“应付职工薪酬”“原材料”“累计折旧”“银行存款”等相关账户。

【例8-11】大连顺风物流公司有普通仓库和立体仓库各一座，2023年8月份两座仓库发生的直接费用见表8-7。

表8-7　**堆存直接费用项目汇总表**

2023年8月　单位：元

项目	对方科目	本月发生额		
		普通仓库	立体仓库	合计
直接人工费用	应付职工薪酬	40 000	76 000	116 000
材料费	原材料	4 000	12 000	16 000
折旧费	累计折旧	80 000	152 000	232 000
动力及照明费	银行存款	6 000	15 000	21 000
修理费	银行存款	14 000	18 400	32 400
劳动保护费	银行存款	8 200	12 600	20 800
保险费	银行存款	4 500	7 600	12 100
其他费用	银行存款	8 000	15 400	23 400
合计		164 700	309 000	473 700

借：主营业务成本——堆存支出（普通仓库）　164 700
　　　　　　　　——堆存支出（立体仓库）　309 000
　贷：应付职工薪酬　116 000
　　　原材料　16 000
　　　累计折旧　232 000
　　　银行存款　109 700

（2）营运间接费用的核算。

物流企业的营运间接费用应按营运部或分公司设置明细分类账进行归集，期末按营运部或分公司所属各仓库的堆存直接费用的比例进行分配。其计算公式如下：

分配率=某营运部或分公司营运间接费用÷该营运部或分公司所属各仓库堆存直接费用合计

某仓库应负担的营运间接费用=该仓库堆存直接费用×分配率

【例8-12】承【例8-11】，2023年8月份大连顺风物流公司堆存营运部的两个仓库共发生营运间接费用27 474.60元，营运间接费用按照普通仓库和立体仓库的堆存直接费用的比例进行分配。

（1）计算营运间接费用分配率。

营运间接费用分配率=27 474.60÷（164 700+309 000）=0.058

（2）编制营运间接费用分配表，见表8-8。

表8-8　**营运间接费用分配表**　金额单位：元

项目 部门	分配率	直接堆存费用	金额
普通仓库	0.058	164 700	9 552.60
立体仓库	0.058	309 000	17 922
合计	—	473 700	27 474.60

（3）根据营运间接费用分配表编制会计分录

借：主营业务成本——堆存支出（普通仓库） 9 552.60

——堆存支出（立体仓库） 17 922

贷：营运间接费用——堆存营运部 27 474.60

（3）仓储成本的具体核算。

物流企业应按成本计算对象设置堆存成本明细账，并按成本项目设置专栏进行明细分类核算，并通过堆存成本明细账归集计算各成本计算对象的总成本。总成本除以实际完成的货物堆存量（堆存千吨天）即为仓储业务的单位成本。

依据【例8-11】和【例8-12】的计算：

普通仓库堆存总成本=164 700+ 9 552.6=174 252.60（元）

立体仓库堆存总成本=309 000+17 922=326 922（元）

已知普通仓库的货物堆存量为440千吨天，立体仓库的货物堆存量为800千吨天。堆存单位成本计算如下：

普通仓库堆存单位成本=174 252.6÷440=396.03（元/千吨天）

立体仓库堆存单位成本=326 922÷800=408.65（元/千吨天）

3. 仓储收入的核算。

仓储收入是指物流企业为客户提供货物储存和保管等服务而取得的收入。企业仓储部门每天要编制“堆存日结单”，反映每天货物的进仓量、出仓量和堆存量，月末根据“堆存日结单”汇总，编制“堆存月结单”。财务部门对仓储部门转来的“堆存月结单”进行审核，审核无误后据以确认仓储收入，借记“应收账款”账户，贷记“主营业务收入——仓储收入”账户；收到仓储款时，借记“银行存款”账户，贷记“应收账款”账户。

【例 8-13】大连顺风物流公司2023年8月份根据“堆存月结单”汇总，普通仓库堆存收入300 000元，立体仓库堆存收入700 000元，仓储业务适用的增值税税率为6%。

借：应收账款 1 060 000

贷：主营业务收入——普通仓库 300 000

——立体仓库 700 000

应交税费——应交增值税（销项税额） 60 000

二、装卸业务核算

（一）装卸业务概述

装卸业务是指物流企业运用机械设备和人力为客户提供改变货物在物流同一节点内的存在状态和空间位置的服务。

这里的装卸是广义的装卸，它包括狭义的装卸和搬运。狭义的装卸是指货物在指定地点以人力或机械装入运输设备或卸下，其结果是货物上下方向的位移。搬运则是指在同一场所内对货物进行水平的移动，其结果是货物横向或斜向的位移。在实际工作中，装卸和搬运是密不可分的，通常合称装卸搬运，或简称装卸，即广义的装卸。

此外，运输与搬运的区别主要是物流的活动范围不同，运输活动是在物流各个节点之间进行，移动距离较长；而搬运则是在物流一个节点内进行，而且是短距离的移动。

在物流企业的生产经营活动中，运输、仓储和配送等业务均以装卸业务为起点和终点。于是装卸活动总是不断地出现，反复地进行着，并且每次装卸活动均要耗费时间，而这一时间的长短是决定物流速度的关键。如装卸人员操作不当将会造成货物破损、散失和损耗等损失。因此，装卸活动效率的高低和质量的好坏，会直接影响到物流企业的整体效率和为社会服务的质量。

装卸业务生产经营的特点：

1. 装卸业务是附属性、伴生性的活动。装卸业务是物流企业的运输、仓储和配送等业务生产经营活动开始和结束时必然发生的活动。例如，货物需要从仓库搬运至运输工具处，并装上运输工具才能进行运输，运输到储存地以后，又要从运输工具上卸下，并搬运至仓库才能进行储存。

2. 装卸业务是支持性、保障性的活动。装卸业务的生产经营活动的质量会影响物流企业其他业务的生产经营活动的质量和速度。例如，货物装船太慢，就会拖延船舶起航的时间；又如，货物装船、装车不当，会引起运输过程中的损失；货物卸放不当，又会引起货物进行下一步运动的困难等等。因此物流企业其他业务的生产经营活动只有在装卸业务的有效支持下，才能实现高水平的营运。

3. 装卸业务是衔接性的活动。在任何其他物流业务活动间互相过渡时，通常是以装卸业务来衔接的，因此，装卸业务往往成为整个物流活动的“瓶颈”，它是物流各项作业之间能否形成有机联系和紧密衔接的关键。建立一个有效的物流系统，关键看装卸这一业务活动的衔接是否有效。

（二）装卸业务的核算

1. 装卸成本项目。

装卸成本项目包括装卸直接费用和营运间接费用两项。

（1）装卸直接费用。

装卸直接费用是指物流企业因装卸货物而发生的直接费用，主要包括以下明细项目：

❶人工费用。其是指从事装卸作业人员的工资、津贴、补贴、奖金等人力成本。

❷直接材料。其是指因装卸货物所消耗的各种材料。其主要包括：

A. 燃料。其是指装卸机械在运行和操作过程中所耗用的燃料（如汽油、柴油）费用。

B. 轮胎。其是指装卸机械领用的外胎、内胎、垫带以及外胎翻新费和零星修补费。

❸其他直接费用包括：

A. 保养修理费。其是指为装卸机械和装卸工具进行保养、大修小修所发生的料工费，以及装卸机械在运行和操作过程中所耗用的机油、润滑油的费用。

B. 折旧费。其是指按规定计提的装卸机械折旧费。

C. 其他费用。其是指不属于以上各项目、与装卸业务直接有关的工具费、劳动保护费、外付装卸费（即支付给外单位装卸工人的装卸费用）、事故损失（即在装卸作业过程中，因装卸队责任造成的应由本期装卸成本负担的事故损失，包括货物破损等货损货差损失、损坏车辆设备所支付的修理费，以及外单位人员人身伤亡事故所支付的各种费用）等。

（2）营运间接费用。

营运间接费用是指企业装卸营运部或分公司为管理和组织装卸的营运生产所发生的管理费和业务费用。

2.装卸成本的核算。

（1）装卸直接费用的核算。

物流企业装卸货物所发生的直接费用应根据“工资费用分配表”“燃料耗用汇总表”“轮胎耗用汇总表”“耗用其他材料汇总表”“固定资产折旧费用计算表”等各种发票、单据等，直接列入装卸队的成本，借记“主营业务成本——装卸支出”账户，贷记“应付职工薪酬”“原材料”“累计折旧”“银行存款”等相关账户。

【例8-14】大连顺风物流公司装卸营运部有两个装卸队，2023年8月份两个装卸队发生的直接费用见表8-9。

表8-9　装卸直接费用项目汇总表

2023年8月　单位：元

项目	对方科目	本月实际发生数		
		装卸一队	装卸二队	合计
直接人工费用	应付职工薪酬	180 000	320 000	500 000
材料-燃料费	原材料	3 000	12 000	15 000
材料-轮胎	原材料	4 000	16 000	20 000
折旧费	累计折旧	60 000	160 000	220 000
修理费	银行存款	10 600	40 000	50 600
劳动保护费	银行存款	8 000	12 000	20 000
保险费	银行存款	2 400	5 600	8 000
其他费用	银行存款	5 200	14 000	19 200
合计		273 200	579 600	852 800

借：主营业务成本——装卸支出（装卸一队）　273 200
　　　　　　　——装卸支出（装卸二队）　579 600
　贷：应付职工薪酬　500 000
　　　原材料——燃料　15 000
　　　　　　——轮胎　20 000
　　　累计折旧　220 000
　　　银行存款　97 800

（2）营运间接费用的核算。

物流企业的营运间接费用应按营运部或分公司设置明细分类账进行归集，期末按营运部或分公司所属的装卸队的装卸直接费用的比例进行分配。其计算分配方法与堆存业务营运间接费用相同。

【例8-15】承【例8-14】，2023年8月份大连顺风物流公司两个装卸队共发生营运间接费用51 168元，营运间接费用按照所属的装卸队的装卸直接费用的比例进行分配。

（1）计算营运间接费用分配率。

营运间接费用分配率=51 168÷（273 200+579 600）=0.06

（2）编制营运间接费用分配表，见表8-10。

表8-10　**营运间接费用分配表**　金额单位：元

项目 部门	分配率	直接装卸费用	金额
装卸一队	0.06	273 200	16 392
装卸二队	0.06	579 600	34 776
合计	—	852 800	51 168

（3）根据营运间接费用分配表编制会计分录。

借：主营业务成本——装卸支出（装卸一队）　16 392

　　　　　　　　——装卸支出（装卸二队）　34 776

　贷：营运间接费用——装卸营运部　51 168

（3）装卸成本的具体核算。

物流企业应按成本计算对象设置装卸成本明细账，并按成本项目设置专栏进行明细分类核算，并通过装卸成本明细账归集计算各成本计算对象的总成本。总成本除以实际完成的货物装卸作业量（千吨）即为装卸业务的单位成本。

依据【例8-14】和【例8-15】的计算：

装卸一队总成本=273 200+16 392=289 592（元）

装卸二队总成本=579 600+34 776=614 376（元）

已知装卸一队装卸作业量为100千吨，装卸二队装卸作业量为204千吨。装卸单位成本计算如下：

装卸一队装卸单位成本=289 592÷100=2 895.92（元/千吨）

装卸二队装卸单位成本=614 376÷204=3 011.65（元/千吨）

3.装卸收入的核算。

装卸收入是指物流企业运用机械设备和人力为客户提供货物装卸和搬运服务所取得的收入。企业营运部门对每笔装卸业务应签发“装卸作业单”，装卸完毕后，从事作业的装卸队在“装卸作业单”上签字，月末营运部门将“装卸作业单”按客户进行汇总，编制“装卸作业月结单”。财务部门对营运部门转来的“装卸作业月结单”进行审核，审核无误后据以确认装卸收入，借记“应收账款”账户，贷记“主营业务收入——装卸收入”账户；收到装卸款时，借记“银行存款”账户，贷记“应收账款”账户。

【例8-16】大连顺风物流公司2023年8月份根据“装卸作业月结单”汇总，装卸一队装卸收入600 000元，装卸二队装卸收入1 000 000元，装卸业务适用的增值税税率为6%。

借：应收账款　1 696 000

　贷：主营业务收入——装卸一队　600 000

　　　　　　　　　——装卸二队　1 000 000

　　　应交税费——应交增值税（销项税额）　96 000

三、配送业务核算

（一）配送业务概述

配送业务是指物流企业根据客户的要求，对货物进行储存、拣选、包装和组配等作业，并按时将组配的货物以最合理的方式送交收货人的服务。配送是物流系统中一种特殊的、综合的活动形式，它集装卸、储存、包装和运输于一身，通过一系列活动完成将货物送至收货人的业务。

由于物流企业的配送业务所开展的生产经营活动具有灵活性、适应性和服务性，其使支线运输和小搬运不再是物流过程中的薄弱环节，它将支线运输和小搬运统一起来，使输送过程得以优化和完善；配送业务将用户所需的各种货物配备好，集中起来向用户发货，以及将多个用户的小批量货物集中起来进行一次发货等方式，提高了末端物流的经济效益；配送业务还将原由各生产企业自己储存的货物，集中到物流企业的仓库，既提高了仓库的利用效率，又产生了规模经济效应，降低了货物的储存成本，提高了社会经济效益。

配送业务生产经营的特点：

1. 配送业务是从物流企业至用户的一种特殊送货形式。物流企业的配送业务在货物的整个输送过程中是处于“二次输送”、“支线输送”或“终端输送”的位置，它是“中转”型送货，通常是短距离少量货物的移动。

2. 配送业务是运输与其他活动共同构成的组合体。配送业务不是单纯的运输或输送，它是运输与仓储、分拣、包装、组配和装卸紧密结合在一起的生产经营活动。

3. 配送业务是送货到户式的服务。配送业务是一种“门到门”的服务，可以将货物从物流企业一直送到用户指定的仓库、营业场所、车间和个体消费者手中。

（二）配送业务的核算

1.配送业务成本项目。

配送业务有多个成本计算对象，不同的成本计算对象成本项目也有所不同。其中，储存保管与前述仓储业务的成本项目相同；配装业务与装卸业务类似，可参照装卸业务的成本项目；运输业务与前述运输业务的成本项目相同；分拣配货的成本项目可分为分拣配货直接费用和营运间接费用两项。

（1）分拣配货直接费用。

分拣配货直接费用是指物流企业因配送业务的需要，对货物进行分拣及配货而发生的直接费用，主要包括以下几个明细项目：

❶ 人工费用，指从事分拣及配货作业人员的工资、津贴、补贴、奖金等人力成本。

❷ 材料费，指在分拣及配货作业中所消耗的各种材料。

❸ 折旧费，指分拣机械按规定计提的折旧费用。

❹ 修理费，指为使分拣机械正常使用而发生的修理费用。

❺ 其他费用，指不属于以上项目的分拣及配货的其他直接费用。

（2）营运间接费用。

营运间接费用是指物流企业的营运部或分公司为管理和组织分拣及配货的营运生产所发生的管理费用和业务费用。

2.配送成本核算。

（1）配送直接费用的核算。

物流企业配送货物所发生的配送直接费用应根据“工资费用分配表”“耗用材料汇总表”“固定资产折旧费用计算表”及各种发票、单据等，直接列入各个环节的成本，借记“主营业务成本——配送支出（堆存费用）”“主营业务成本——配送支出（分拣配货费用）”“主营业务成本——配送支出（配装费用）”“主营业务成本——配送支出（运输费用）”等账户，贷记“应付职工薪酬”“原材料”“累计折旧”“银行存款”等相关账户。

（2）营运间接费用的核算。

物流企业配送业务各环节的营运间接费用，先在营运间接费用的配送营运部或分公司明细账中归集，借记“营运间接费用——配送营运部”等账户，贷记“应付职工薪酬”“原材料”“累计折旧”“银行存款”等相关账户，期末再将归集的营运间接费用按堆存、分拣配货、配装、运输等业务直接费用的比例进行分配，分配及核算方法与前述相同。

3.配送收入核算。

配送收入是指物流企业根据客户要求对货物进行分拣配货、配装、运输等服务时取得的收入。企业营运部门应根据配送合同填列“配送作业单”。“分拣配货”“配装”“运输送达”等各环节完成作业后均应在“配送作业单”上签字，月末营运部门将“配送作业单”按客户进行汇总，编制“配送作业月结单”。财务部门对营运部门转来的“配送作业月结单”进行审核，审核无误后据以确认配送收入，借记“应收账款”账户，贷记“主营业务收入——配送收入”账户；收到配送款时，借记“银行存款”账户，贷记“应收账款”账户。

典型案例一

大连顺风物流公司行政管理部门及汽车运输分公司2023年8月份发生的工资总额为130 400元，其中第一车队50 200元，第二车队47 800元，修理车间9 600元，汽车运输公司7 200元，行政管理部门11 000元，后备司机和助手4 600元。该月第一车队营运货物960千吨公里，第二车队营运货物880千吨公里。

问题：

（1）计算分配后备司机和助手的工资费用。

（2）根据分配结果及上述资料，编制企业工资分配的会计分录。

[分析提示]

后备司机和助手的工资按照第一车队和第二车队营运货物比例进行分配。

典型案例二

资料1：某物流公司2023年8月发放工资总额中，简易仓库仓储作业人员工资费用为24 000元，立体仓库仓储作业人员工资费用为42 000元，根据仓储作业人员工资总额，分别按15.5%、12%和2%计提社会保险费、住房公积金和工会经费；8月份仓库设备折旧额，简易仓库为39 470元，立体仓库为76 100元。

资料2：该公司2023年8月“营运间接费用——仓储装卸营运部”明细账户余额为31 976元，该月简易仓库发生堆存直接费用102 000元，立体仓库发生堆存直接费用

181 000元。

资料3：2023年8月简易仓库实际完成堆存量263千吨天，立体仓库实际完成堆存量452千吨天。

问题：

（1）根据资料1计算本月仓储作业人员的工资费用并编制会计分录。

（2）根据资料1计算各仓储作业人员其他人工费用并编制会计分录。

（3）根据资料1编制仓库设备折旧费用会计分录。

（4）根据资料2计算营运间接费用的分配率并编制分配至简易仓库和立体仓库的会计分录。

（5）假设除资料1和资料2的相关费用外，该企业仓储业务无其他费用支出，计算该月简易仓库和立体仓库的堆存总成本和堆存单位成本。

［**分析提示**］

营运间接费用按简易仓库和立体仓库发生的堆存直接费用分配。

本章小结

本章主要讲述物流企业运输业务、仓储业务、装卸业务和配送业务的收入和成本的核算。其中收入的核算较为简单，成本的核算包括各类业务直接费用归集、营运间接费用归集和分配以及最终计算运输业务、仓储业务、装卸业务和配送业务的总成本和单位成本。

第九章　旅游餐饮服务企业会计

思政短语　　“会当凌绝顶，一览众山小。”

——唐·杜甫《望岳》

第一节　旅游餐饮服务企业会计的特点

旅游业、餐饮业和服务业均是以服务设施为条件，向消费者提供劳务、服务的生活性服务行业，包括旅行社、饭店（宾馆、酒店）、度假村、游乐场、歌舞厅、餐馆、酒楼、旅店、理发店、浴池、照相馆、洗染店、修理店和咨询公司等各类服务企业。旅游餐饮服务企业是我国第三产业的重要组成部分。

微课

旅游餐饮服务业行业发展后会计从业人员提升业务能力的重要性

一、旅游餐饮服务企业会计的概念

旅游餐饮服务企业会计是企业会计的一个分支，是企业管理的重要组成部分。它以货币为计量单位，采用专门方法，收集处理经济信息，对经济活动进行组织、控制、调节和指导，是谋求优化经济效益的一种管理活动。

二、旅游餐饮服务企业会计的核算范围

旅游业是国民经济的一个重要部门。它凭借旅游资源，以旅游设施为条件，为人们的旅游游览服务，是一个资金周转快、换汇成本低的行业。

餐饮业是利用一定的设施，通过职工的烹饪技术，将主、副原材料加工为菜肴或食品，同时提供消费设施、场所和服务，满足消费者的需要，直接为消费者服务。

服务业是利用企业的场所和设施，如职工提供的服务和具有特殊技术的劳动，满足消费者住宿、卫生美容、精神文化生活及衣着等方面的需要，直接为消费者服务。

三、旅游餐饮服务企业会计的特点

（一）核算对象的多样性

微课

旅游餐饮服务企业会计的特点

旅游餐饮服务企业经营业务的开展往往带有系统性和配套性，如旅游业除了组团旅游外，有条件的旅行社同时还经营客房、餐饮、售货、娱乐及其他业务；餐饮业除了经营餐饮业务外，还开展娱乐、售货及其他业务；服务业也可同时经营文化娱乐、体育健身、美容美发、桑拿洗浴、照相、修理等多种业务。因此，为了分别提供各项经营业务的会计信息，就必须分门别类地进行会计核算。

（二）核算方法的特殊性

与工业企业和商品流通企业相比，旅游餐饮服务企业会计的核算具有以下特点：

1.核算方法不同。

旅游企业和餐饮企业都执行生产、零售和服务三种职能，在会计核算上就必须分不同业务结合工业企业、商品流通企业的会计核算方法进行核算。例如，旅游活动，它是一种新型高级的综合消费。相应的，旅游企业则是一种新兴的、综合性的社会服务企业。为了满足旅游者食、住、行、游、购多方面的消费要求，旅游业的经营涉及旅行社、旅游饭店、旅游商场、旅游娱乐场，以及各种旅游服务企业，也涉及民航、铁路、文物、园艺、工艺美术等部门和行业。因此，许多旅游企业兼有生产、销售和服务职能。

2.收入和费用分布结构不同。

以服务业为例，服务业通常由专门的从业人员提供带有技艺性的劳动，以及运用与之相适应的设备和工具作为主要服务内容。在会计核算上，需反映按规定收费标准所得的营业收入以及服务过程中开支的各项费用和加工过程中耗用的原材料成本。

3.自制商品与外购商品分别核算。

为了分别掌握自制商品和外购商品的经营成果，加强对自制商品的核算与管理，经营外购商品销售业务的企业，还要对自制商品和外购商品分开进行核算。

4.成本核算的特殊性。

餐饮业要根据消费者的要求加工烹调菜肴和食品，并将这些菜肴和食品直接出售给消费者，同时还要为消费者提供消费设施、场所和服务。但其整个生产、销售和服务过程均集中在较短的时间内完成，而且菜肴和食品的花色品种多、数量零星，因此不可能像工业企业那样按产品品种或类别逐批逐件地计算其总成本和单位成本，而只能计算菜肴和食品的总成本。而娱乐、美容、修理等服务业的成本很小，服务费用较大，因此，为简化会计核算，一般也不必单独计算服务成本，而只计算服务费用。

（三）货币核算的涉外性

我国旅游业的接待工作有三种类型：第一种是组织国内居民在国内旅游；第二种是组织国内居民出境旅游，第三种是接待外国人来华旅游。后两种类型的业务活动都具有涉外性质，在这两类接待工作中必然涉及外币收支业务。因此，涉外旅游餐饮服务企业的会计核算，应按我国的外汇管理条例和外汇兑换管理办法办理外汇的存入、转出和结算业务，并以人民币为记账本位币，采用复币记账，计算汇兑损益。

第二节　旅游经营业务的核算

一、旅游经营业务概述

旅游活动在我国有着悠久的历史，现代旅游业随着人民生活水平的日益提高更是发展迅猛。旅行社作为沟通供求的桥梁，为游客的出行创造了极大的便利。

根据国务院颁布的《旅行社条例》，旅行社是指从事招揽、组织、接待旅游者等活动，为旅游者提供相关旅游服务，开展国内旅游业务、入境旅游业务和出境旅游业务的企业法人。

目前，我国将经营旅游业务的旅行社规范为两大类，一类是经营国内旅游业务和入境旅游业务的旅行社，另一类则是经营国内旅游业务、入境旅游业务和出境旅游业务的旅行社。

微课

旅游行业业务种类不同核算特点的差异

旅行社业务的种类见表9-1。

表9-1　旅行社业务的种类

分类标准	项目		内容
按旅游者活动的空间范围不同	国际旅游业务	入境旅游业务	组织国外旅游者以团体或散客的形式在本国境内进行的旅游活动
		出境旅游业务	组织本国公民以团体或散客的形式自费前往国外进行的旅游活动
	国内旅游业务		组织本国公民在国家行使主权的疆域内所进行的旅游活动
按服务形式不同	组团旅游业务		旅行社预先制订包括旅游目的地、日程、交通或住宿服务内容、旅游费用的旅游计划，通过广告等推销方式招徕旅游者，组织旅游团队，为旅游者办理签证、保险等手续，并通过接待计划的形式与接团旅游业务进行衔接
	接团旅游业务		根据旅游接待计划的安排，为旅游者在某一地方或某一区域提供翻译导游，安排旅游者的旅行游览活动，并负责订房、订餐、订票、与各旅游目的地的联络等，为旅游者提供满意的综合服务
按组织形式不同	团体旅游业务		以团体为单位，通常设有导游或陪同
	散客旅游业务		以个人或少数人为单位，旅行社通常根据游客购买的某些单项服务内容为其提供服务

小知识9-1

旅行社作为旅游业供需的媒介，通常承担下列代办业务：

（1）为旅游者配备翻译导游；

（2）为旅游者抵达或离开机场、车站、码头提供接送服务；

（3）为旅游者代订客房、代租汽车；

（4）为旅游者代办出入境、过境、居留和旅行所必需的证件，如护照、签证等；

（5）代购、代签飞机、火车、轮船等交通运输工具票据；

（6）为旅游者接送行李；

（7）为旅游者向海关申报检验手续；

（8）为旅游者代办旅行意外事故保险等。

由于旅行社不同于工业企业和商品流通企业直接进行物资的生产和流通，其经营特点是没有物质形态的转移，只有价值形态的运动，因此，其主要核算内容是组团社对外收取旅游服务费用的结算、组团社与接团社之间服务费用拨付的结算、接团社与接待单位之间的费用结算。

二、旅行社营业收入的核算

(一)旅行社营业收入核算的内容及账户设置

旅行社的营业收入是指旅行社通过各项经营业务所得的全部收入，包括旅行社按照规定的旅游服务收费标准，在一定时期内提供各种劳务的全部收入。其具体包括综合服务收入、组团外联收入、零星服务收入、劳务收入、票务收入、地游及加项收入和其他服务收入。旅行社的营业收入应通过“主营业务收入”账户进行核算。旅行社平时取得的各项经营业务收入，记入该账户的贷方，月末，将其贷方余额通过借方转入“本年利润”账户，该账户月末应无余额。

补充阅读资料9-1

“主营业务收入”账户应按经营业务的性质设置二级明细账户，如“综合服务收入”、“组团外联收入”、“零星服务收入”、“劳务收入”、“票务收入”、“地游及加项收入”和“其他业务收入”等。企业如需提供更为详细的会计信息，还可根据具体情况设置三级明细账户，如在“综合服务收入”二级明细账户下设置“房费收入”“餐费收入”“车费收入”“其他收入”等。

(二)组团社营业收入的核算

组团社在收费方式上通常采用包价形式，与旅游者一次结算费用，旅行社对外结算的基本程序如图9-1所示。

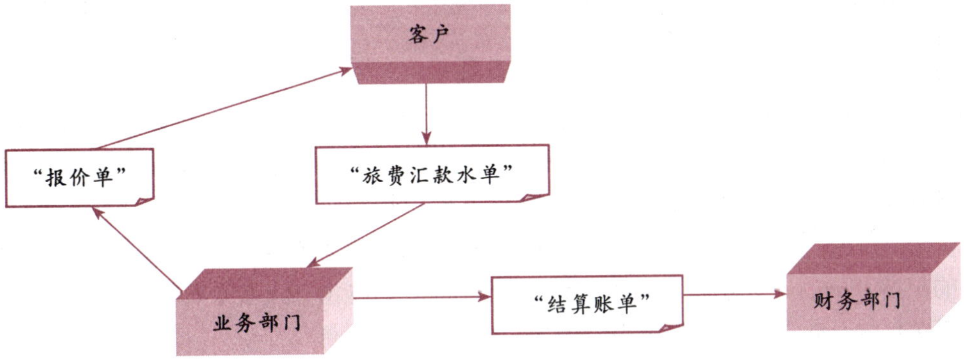

图9-1 组团社对外结算程序

1.编制“报价单”。

报价是把确定的旅游价格通报给客户。根据国家旅游局（2018年改为文化和旅游部，下同）的价格规定，按旅游日程及特殊需要项目，旅游价格一般由以下四个部分构成：

（1）综合服务费。

综合服务费包括：

❶ 餐饮费。提供一日早、午、晚三餐的收费标准。

❷ 市内车费。市内交通费（含接送机场或车站、行李运输费）。

❸ 杂费。游览点门票、行李搬提、途中饮料等费用。

❹ 领队减免费。

❺ 劳务费。翻译和导游劳务费。

❻ 接待手续费。计划变更时通知下一站的通信联络费。

❼ 公差费。用于陪同人员的城市交通费、房费和共餐费。

❽ 销售手续费。用于电话、传真等销售通信费用。

(2) 房费。

房费是指按旅游者要求预订高、中、低档饭店或由旅游者自订房、委托代订房和委托代订指定房的收费。

(3) 城市间交通费。

城市间交通费是指飞机、火车、轮船、内河及古运河船和汽车客票价格。

(4) 专项附加费。

专项附加费包括:

❶ 汽车超公里费。凡是去机场、车站、码头接送旅游者，接送各按一次（即一次实驶、一次空驶）单程公里数计费。几个旅游点在同一方向路线上，单程游览时按单项计算，多项游览时只取最远点计费，不能多项合并计算。

❷ 游江游湖费。

❸ 特殊游览点门票费。

❹ 风味餐费。它是指在食用普通的中国餐食外，品尝地方风味的收费。

❺ 专业活动费。

❻ 旅游保险费。为了使旅游者在旅游期间发生伤亡、疾病、被盗等意外事件时能得到必要的补偿，在对外报价时每人加收保险费，并统一在中国人民保险公司投保。

❼ 文娱费。

编制“报价单”时，首先，要掌握价格类区，综合考虑不同的价格类区、同一价格类区的不同季节、不同的游览人数等，收费标准均有所不同。其次，要掌握综合服务包价计算的具体规定，如综合服务包价天数的计算，城市超公里、游江游湖、门票等收费的计算，对随父母旅行的儿童收费标准的规定，城市间交通工具价格的计算等。最后，根据旅游团的旅游计划，计算出每个旅游者综合服务包价和按预订人数计算的全部旅游费用包价。旅游日程及收费表的格式见表9-2。

2.审核“旅费汇款水单”。

财务部门在收到业务部门转来的“旅费汇款水单”后，应认真核对有关项目，审核无误后，及时记入相应旅游团的往来账户内。“旅费汇款水单”是中国银行办妥收汇后，通知组团社入账的存款单据，是组团社财务部门进行账务处理的重要凭据。

3.编制“结算账单”。

“结算账单”是旅游团旅游期间发生的全部费用的凭证汇总 。旅游团结束旅游后，业务部门应根据旅游团的实际人数及实际旅游项目等，编制“结算账单”送交财务部门入账。结算账单的格式见表9-3。

旅行社的国际结算方式一般采用汇付法，即汇款结算方式。此外，旅行社还可以使用信用证、旅行支票和信用卡三种国际结算方式。

表9-2

旅游日程及收费表

旅游团名称：　　　　人数：　　　　等级：

天数	日期	星期	车次、航班及其他	抵达		离开		城市间交通费	宾馆名称	餐费	房费	综合服务费
				时间	城市	时间	城市					
1												
2												
3												
4												
5												
6												
7												
8												
9												
10												
11												
12												
13												
14												
15												
过境费： 超公里费： 风味餐费： 游江游湖费： 特殊门票： 特殊项目费用： 保险费：						综合服务费（合计）： 城市间交通费（合计）： 房费（合计）： 餐费（合计）： 每人总报价： 报价人： 审核人： 报价时间：						
备　注												

表9-3

结算账单

年　　月　　日

贵方旅行社名称			
旅行团名称及代号			
出行日期	自　　年　月　日至　　年　月　日		
人数		每人旅行费用报价	
随员减免		取消费	
应收费用总计		实际收到费用总计	
尚余（欠）费用			
备注： 审核人：	经手人：		

小知识 9-2

旅游业务中使用的信用证有三类：

❶旅行信用证。它是专供旅游者出国旅游支付旅杂费而签发，由旅游者自己携带，准予其在一定金额及有效期内，在指定的国外银行取款的一种信用证。

❷光票信用证。它是供常驻国外机构备付费用的一种支付方式，亦可用于贸易从属费用的结算。与❶的不同之处在于光票信用证限在一国、一个城市、一家银行兑取证款，限期一年。

❸环球旅行信用证。它也称通天信用证，凭证准许持证人在面额和一定期限内，要求与开证行有往来关系的任何一家外国银行支付，不受银行和地点的限制。

旅行支票是由大的银行、公司（旅行社或信用卡公司）印发的专供旅游者使用的一种定额支票，汇款人就是支票购买人，也是收款人和持票人。旅行支票具有面额固定、使用方便、安全可靠、流通时间长和用途多样等特点。

信用卡系银行或专门机构发给其认为可靠的客户，以供其购买商品和取得服务的一种短期消费信贷的凭证。信用卡分为两类：

❶旅游消费卡。它专为持卡人旅游、购物和娱乐之用。这种卡要求持卡人定期与发卡机构结算，付清用款，一般以月为单位，不能拖欠或赊欠，故又称支付卡。

❷财务卡。它又称银行卡，是专为持卡人购买商品和消费之用，且可凭卡透支一定限额的现金。这种卡先用后付款，近似银行贷款，持卡人由发卡机构给予授信限额，一般可享受分期偿还贷款的待遇，允许赊欠，但要计息，利率由发卡机构确定。

信用卡根据流通范围还可以分为国际通用和地区通用两种。目前世界上使用较多的信用卡包括银联卡、维萨卡、万事达卡、大来卡、运通卡和JCB卡。

为核算组团社的结算业务，企业可在“应收账款”账户下根据旅客名称设置明细账户或在实际收到旅费时，按其金额借记“银行存款”账户，贷记“合同负债”账户；当旅游项目结束时，按已确认合同负债金额确认收入，贷记“主营业务收入”账户，企业财务部门收到“项目结算确认账单”时，应按其合计结算金额借记“主营业务成本”账户，贷记“银行存款”“应付账款”等账户。

【例 9-1】华夏旅行社2024年4月6日与乐凯公司签订团队旅游合同，并于当日收到全部旅行费用100 000元。4月7日华夏旅行社向长期合作的旅游目的地东来旅行社预付接团费30 000元，团队游项目时间于4月10日起至4月18日止，4月19日华夏旅行社收到东来旅行社开具的“项目结算确认账单”，应结算尾款40 000元，华夏旅行社当日支付尾款。（不考虑税务问题）

对于该项业务，华夏旅行社的会计处理如下：

❶4月6日，收到乐凯公司旅行费时：

借：银行存款　　100 000

　贷：合同负债——乐凯公司　　100 000

❷4月7日，预付东来旅行社接团费时：

借：预付账款——东来旅行社　　30 000

　　贷：银行存款　　30 000

❸4月18日，乐凯公司团队游结束时：

借：合同负债——乐凯公司　　100 000

　　贷：主营业务收入——乐凯公司团队游项目　　100 000

❹4月19日收到东来旅行社结算账单时：

借：主营业务成本——乐凯公司团队游项目　　70 000

　　贷：预付账款——东来旅行社　　30 000

　　　　银行存款　　40 000

组团社的对外结算业务核算程序图如图9-2所示。

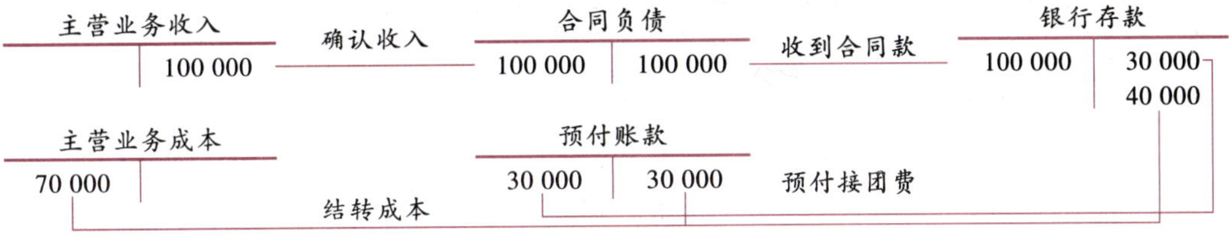

图9-2　组团社的对外结算业务核算程序图

（三）接团社营业收入的核算

接团社的营业收入是由组团社按结算款项的标准及规定，结算的综合服务费、城市间交通费和加项服务费、全程陪同费等。结算的款项对组团社来说是营业成本的一部分，对接团社来说则是营业收入。

接团社在旅游团离开本地后及时向组团社报送“旅游团（者）费用结算确认账单”（简称“结算确认账单”，格式见表9-4）。此结算确认账单一式三联，配有全程陪同人员的由全程陪同人员携带并填写；没有全程陪同人员的由地方陪同人员携带并填写。每到一地要将旅游团的名称、组团社计划号码、人数、等级、停留时间、提供项目等填写清楚，交接团社接待部再转财务部门。财务部门按照结算标准计算出费用后，自留一联，将其余两联寄给组团社财务部门。组团社财务部门经审核无误后及时付款。

为核算接团社的经营成果，应按照权责发生制原则，无论款项是否已收到，应以向有关组团社发出“结算确认账单”的时间和金额为依据计算本期营业收入。借记“应收账款”账户，贷记“主营业务收入”账户。实际收到组团社的结算款时，借记“银行存款”账户，贷记“应收账款”账户。

【例9-2】春华旅行社（接团社）2024年6月3日向华夏旅行社（组团社）发出结算确认账单，结算金额为96 400元，组团社确认无误后据此开具增值税普通发票。该笔款项于2024年6月5日收到转账支票并于当日办理进账。

原始凭证

根据有关凭证，会计处理如下：

❶2024年6月3日，发出结算确认账单时：

借：应收账款——应收国内结算款（华夏旅行社）　　96 400

　　贷：主营业务收入　　90 943.40

　　　　应交税费——应交增值税（销项税额）　　5 456.60

表9-4

中国××旅行社
旅行团（者）费用结算确认账单

台核　　　　　　　　　　年　　月　　日　　　　　　　　　　编号：

总社计划号码		国别		旅行社名称		外宾人数	成人　　人
旅游团（者）名称							6~11岁儿童　人
旅行等级		全陪姓名、性别					2~5岁儿童　人
外宾到离时间	月　日　时乘　机（车）到用　餐至　月　日　时乘　机（车）离						

项目			结算项目			
			天数	单价	人数	金额
基本费用	综合服务费					
	夜房费					
	晚餐后到达或未用早餐离开的接送费					
	计划内加拨款	风味餐次数				
		去　　　地汽车费				
	基本费用合计					
外宾交通费	（乘坐划√）飞机、火车、轮船去　　地					
	外汇差价					
结算总计						
备注						

　　　　　　　　　　　　　　　　　　　　分（支）社　　　地陪

汇款日期　　年　月　日　　　　公章　　　　　会计　　　　全陪

❷2024年6月5日，收到款项时：

借：银行存款　　　　　　　　　　　　　　　　　　　　　　　96 400

　贷：应收账款——应收国内结算款（华夏旅行社）　　　　　　　　96 400

接团社的对外结算业务核算程序图如图9-3所示。

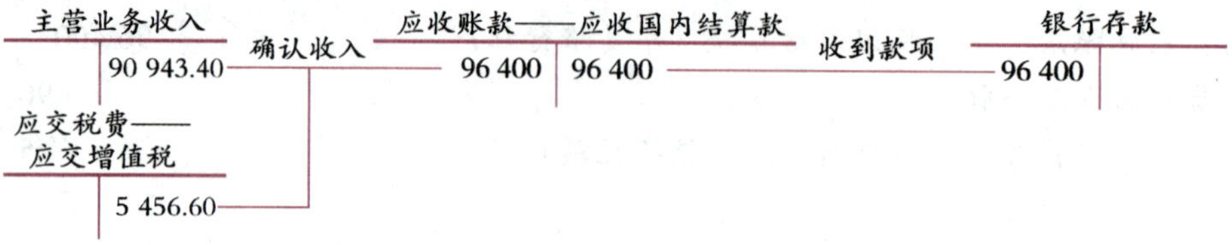

图9-3　接团社的对外结算业务核算程序图

三、旅游经营业务营业成本的核算

旅游经营业务的营业成本是指直接用于接待旅游者并为其提供各项服务所发生的全部支出，主要包括旅游者的膳食费、住宿费、游览船（车）票、门票以及交通费、文娱费、行李托运费、票务费、专业活动费、签证费、导游费、劳务费、宣传费、保险费、机场费等。如果由旅行社自行安排旅游车辆的，还包括其耗用的汽油费、车辆折旧费、司机工资等。

（一）营业成本核算的特点

1. 旅游服务企业经营的项目多，因而会计核算也有不同的内容和方法。经营项目有旅行社、客房、客车出租等服务业务，也有商品经营业务，还有餐饮生产服务性业务。对餐饮生产服务性业务，在成本费用核算上有归集成本费用的核算，对商品经营项目要核算经营成本，对旅行社、客房等服务，则主要是核算营业成本和管理费用。

2. 旅游服务企业与工业企业比较，其主要特点在于后者为物质产品生产企业，会计核算的主要对象是生产制造过程，而前者为旅游服务性企业，会计核算的主要对象是商品经销和各项服务过程。因此，旅游服务企业的营业成本和费用核算有其自身的特点。

3. 旅游服务企业的成本项目和费用主要是按营业成本和费用划分的。管理费用和财务费用作为当期费用单独核算，从每期的营业收入中直接扣除。

（二）营业成本和费用核算的内容

旅游服务企业的成本和费用项目一般是按费用要素划分的，即分为“主营业务成本”、“销售费用”、“辅助营业支出”、“管理费用”和“财务费用”五项。其中，辅助营业支出在期末要分配摊入各项销售费用中。因此，主要是使用“主营业务成本”和“销售费用”两个科目核算企业各营业部门成本费用开支。

1. 营业成本的明细项目。

（1）餐饮营业成本：主要包括餐厅、酒吧、咖啡厅等部门在经营中耗用的各种食品原材料、饮料、调料、配料等的实际成本。

（2）商品销售成本：其是指售出商品的进价。

（3）汽车营业成本：应比照运输企业会计制度，即出租汽车经营中所产生的实际成本，包括司机工资、燃料费、材料费、轮胎费、折旧费、维修费、养路费、低值易耗品摊销、制服费和其他直接费用等。

（4）旅行社的营业成本，包括各项代收代付费用，如代收的房费、餐费、交通费、文娱费、行李托运费、票务费、门票费、专业活动费、签证费、陪同费、劳务费、宣传费、保险费、机场费等。

（5）照相、洗染、修理等服务企业营业成本主要指耗用的原材料成本。

2. 销售费用的明细项目。

（1）职工工资：其是指部门管理人员和服务人员的工资，根据有关规定计提。

（2）职工福利费：其是指按国家的规定，企业应支付给职工的洗澡费、交通费、独生子女费、奶费、书报费、探亲路费等各项费用。

（3）工作餐费：其是指企业按规定为职工提供工作餐而支付的费用。

（4）物料消耗：其主要包括企业的日常用品、办公用品、日常维修材料、零配件等支出。

（5）包装费：其是指旅游服务企业在销售商品等经营活动中消耗的包装物品开支。

（6）保管费：其是指旅游服务企业为客人提供行李、服装等物品的保管服务发生的开支。

（7）展览费：其是指企业为举办展览而发生的开支。

（8）清洁卫生费：其是指宾馆、饭店、酒店、酒楼等企业为保持服务场所和设备的清洁卫生而发生的开支。

（9）低值易耗品摊销：其是指企业使用的低值易耗品摊入本期的金额。

（10）折旧费：其是指企业内部按提供经营服务的固定资产和有关规定计算的折旧。各部门也可以不计提折旧费，由企业统一计提折旧，列入管理费用。

（11）燃料费：其是指餐饮部门烹饪食品实际支付的煤气费用，客车出租等所耗用汽油、柴油费用的实际支出等。

（12）修理费：其是指部门财产修理的支出。

（13）水电费：其是指企业内部各部门实际水电费支出。

（14）制服费：其是指各部门职工的工作服支出。

（15）洗涤费：其是指企业为洗涤窗帘、桌布、制服等各种织物的开支。

（16）租赁费：其是指部门向外单位租赁财产支付的费用，包括租赁的固定资产改良和大修理工程的支出。

（17）劳保用品费：其是指有关部门职工所需劳保用品支出。

（18）保险费：其是指部门财产向保险公司投保支付的费用。

（19）邮电费：其是指部门实际支付的邮电费。

（20）差旅费：其是指部门职工的出差费用。

（21）运杂费：其是指部门购买物品支付的运输费、装卸费、包装费等开支。

（22）手续费：其是指部门在经营过程中支付给其他单位的代销、代营手续费。

（23）广告费：其是指为推广业务发生的各项支出。

（24）存货盘亏、盘盈：其是指部门存货发生的盘盈或盘亏。

（25）其他销售费用：其一般包括报纸杂志费、差旅费。

管理费用是核算公司管理机构发生的和非营业性的费用开支。财务费用则是核算企业的利息支出、汇兑损益和金融机构手续费等费用开支。

（三）营业成本和销售费用的核算

1.营业成本的核算。

企业的营业成本应当与其营业收入相互配比。当月实现的销售收入，应当与其相关的营业成本同时登记入账。旅行社之间的费用结算，由于有一个结算期，当发生的费用支出不能与实现的营业收入同时入账时，应按计划成本先行结转，待算出实际成本后再结转其差额。结转营业成本时，借记“主营业务成本”科目，贷记“原材料”“库存商品”“应付账款”“银行存款”等科目。期末，应将“主营业务成本”科目余额转入“本年利润”科目。结转后本科目应无余额。“主营业务成本”科目明细账应与“主营业务收入”科目明细账的设置相适应。

2. 销售费用的核算。

销售费用是指企业各营业部门在经营中发生的各项费用。费用发生时，借记“销售费用”科目，贷记“库存现金”“银行存款”“累计折旧”“应付职工薪酬”等科目。期末，应将“销售费用”科目余额转入“本年利润”科目。结转后该科目应无余额。“销售费用”科目应按费用项目设置明细账。

【例9-3】**华夏旅行社与接团社吴越国际旅行社结算6月份A旅游项目费用，其中：接团服务费60 790元，综合服务费119 000元、城市间交通费24 500元、房费7 320元、专项附加费12 960元，上述费用均取得有效凭证，见表9-5。**

原始凭证

表9-5　　吴越国际旅行社A旅游项目结算确认账单　　2024年6月30日

<table>
<tr><td colspan="3">旅游团（者）名称：A旅游团</td><td colspan="3">人数：10人</td></tr>
<tr><td colspan="2">旅行等级</td><td colspan="4">五星级</td></tr>
<tr><td colspan="2">旅行团到离时间</td><td colspan="4">6月18日　07：30　时乘　CZ***航班抵达　双流国际机场
6月22日　08：45　时乘　CZ***航班离开　双流国际机场</td></tr>
<tr><td colspan="3" rowspan="2">项目</td><td colspan="3">结算项目</td></tr>
<tr><td>天数</td><td>人数</td><td>金额</td></tr>
<tr><td rowspan="5">综合服务费</td><td colspan="2">餐饮费</td><td>5</td><td>10</td><td>45 000.00</td></tr>
<tr><td colspan="2">市内车费</td><td>5</td><td>10</td><td>5 000.00</td></tr>
<tr><td colspan="2">景点门票</td><td>5</td><td>10</td><td>54 000.00</td></tr>
<tr><td colspan="2">劳务费</td><td>5</td><td>10</td><td>15 000.00</td></tr>
<tr><td colspan="5">综合服务费合计119 000.00元</td></tr>
<tr><td rowspan="3">交通费</td><td colspan="2">抵达</td><td></td><td>10</td><td>12 000.00</td></tr>
<tr><td colspan="2">回程</td><td></td><td>10</td><td>12 500.00</td></tr>
<tr><td colspan="5">交通费合计24 500.00元</td></tr>
<tr><td>房费</td><td>酒店名称：合家怡园</td><td>房数：4间</td><td>4</td><td>10</td><td>7 320.00</td></tr>
<tr><td rowspan="3">专项附加费</td><td colspan="2">专业活动费</td><td>5</td><td>10</td><td>7 660.00</td></tr>
<tr><td colspan="2">旅游保险费</td><td>5</td><td>10</td><td>5 300.00</td></tr>
<tr><td colspan="5">专项附加费合计12 960.00元</td></tr>
<tr><td colspan="5">结算总计</td><td>163 780.00元</td></tr>
<tr><td>备注</td><td colspan="5">除机票取得行程单外，其余均为不可抵扣进项税额的增值税普通发票</td></tr>
</table>

根据有关凭证，应作如下会计处理：

支付各种款项时，应及时分别记入有关账户：

借：主营业务成本——接团服务费	57 349.06	
——综合服务费	119 000	
——城市间交通费	22 477.06	
——房费	7 320	
——专项附加费	12 960	
应交税费——应交增值税（进项税额）	5 463.88	
贷：银行存款		224 570

月末，结转营业成本时：

借：本年利润	219 106.12	
贷：主营业务成本		219 106.12

小思考 9-1

由于旅游经营业务的营业成本大部分在外地发生，因此，当组团社直接派导游带团旅游时，一般可由带队导游预借带团费后，向旅游服务提供者直接支付各种费用。对导游直接支付带队旅游费的业务，会计上应如何处理？

四、旅游经营业务的税务会计核算

旅游经营业务的税务会计核算是指旅行社在经营业务过程中取得收入，扣除相应成本及费用后，对服务增值部分计征税金的财务核算。计征的税金主要包括增值税、城市维护建设税、教育费附加、所得税、印花税等。

（一）税务会计核算的特点

1. 旅游服务企业销售额可以选择差额扣除的方式。旅游服务企业可以选择以取得的全部价款和价外费用，扣除向旅游服务购买方收取并支付给其他单位或者个人的住宿费、餐饮费、交通费、签证费、门票费和支付给其他接团旅游企业的旅游费用后的余额作为销售额。

2. 旅游服务企业（一般纳税人）的税务会计核算与工业企业（一般纳税人）比较，取得可以抵扣进项税额的有效凭证难度较大，较多的费用项目如膳食费、住宿费、行李托运费等较难取得合法有效的抵扣凭证。不像工业企业那样在增值税专用发票的流转管理方面已经很完善，较容易取得进项税额抵扣凭证。

【随堂测】（判断题）所有的旅游业企业计征增值税的销售收入只能是全部销售收入。（　　）

（二）税务会计核算的内容

旅游服务企业的税务会计核算区分一般纳税人和小规模纳税人分别进行核算。

设置科目有“应交税费”“税金及附加”等科目。

小知识 9-3

一般纳税人和小规模纳税人的划分

《增值税暂行条例》将增值税纳税人分为一般纳税人和小规模纳税人。小规模纳税人是指年应税销售额小于规定额度，且会计处理不健全的纳税人；年应税销售额超过规定额度的个人、非企业性单位、不经常发生应税行为的企业，视为小规模纳税人。除此之外的增值税纳税人为一般纳税人。

1. 一般纳税人旅游服务企业税务会计核算。

一般纳税人旅游服务企业当期应缴纳的增值税可按下列公式计算：

应交增值税=当期销项税额−当期进项税额

当期销项税额=当期旅游服务销售收入×适用税率

当期进项税额=当期旅游服务销售成本×适用税率

旅游服务企业（一般纳税人）适用税率6%。

【例 9-4】八方旅行社（一般纳税人）2024年3月承接森德公司团建旅游项目，该旅游项目旅游服务销售收入240 000元（含税）已开具增值税专用发票。其中，经客户同意除往返交通费（航空）32 700元外，将旅游地全部服务项目委托给川蜀旅行社，应付接团服务费110 000元（含税），取得增值税专用发票，仅考虑当月此业务税务问题。

八方旅行社2024年3月份应纳增值税的计算：

2024年3月份增值税销项税额=240 000÷（1+6%）×6%=13 584.91（元）

2024年3月份增值税进项税额=110 000÷（1+6%）×6%+32 700÷（1+9%）×9%
=8 926.42（元）

2024年3月份增值税应纳税额=13 584.91−8 926.42=4 658.49（元）

原始凭证

会计处理为：

借：银行存款	240 000	
贷：主营业务收入		226 415.09
应交税费——应交增值税（销项税额）		13 584.91
借：主营业务成本——接团服务费	103 773.58	
应交税费——应交增值税（进项税额）	6 226.42	
贷：应付账款——川蜀旅行社		110 000
借：主营业务成本——交通费	30 000	
应交税费——应交增值税（进项税额）	2 700	
贷：银行存款		32 700
借：应交税费——应交增值税（已交税金）	4 658.49	
贷：银行存款		4 658.49

2. 小规模纳税人旅游服务企业税务会计核算。

小规模纳税人旅游服务企业提供旅游服务或应税劳务，实行简易办法计算应纳税额。

小规模纳税人的销售额不包括其应纳税额。采用销售额与应纳税额合并定价方法的，将含税销售额还原为不含税销售额后，再计算应纳税额。计算公式如下：

不含税销售额=含税销售额÷（1+征收率）

应交增值税=不含税销售额×征收率

《增值税暂行条例》规定，小规模纳税人的征收率一般为3%。

从会计处理的角度看，小规模纳税人具有如下特点：

（1）小规模纳税人购入货物或接受应税劳务、服务，无论是否取得增值税专用发票，其支付的增值税税额均不计入进项税额，不得从销项税额中抵扣，而是计入所购货物或劳务、服务的成本。

（2）小规模纳税人的销售收入按不含税销售额计算。

（3）小规模纳税人的“应交税费——应交增值税”账户，应采用三栏式账户。期末“应交增值税”明细账户的贷方余额，即本月应交的增值税。

旅游服务企业（小规模纳税人）购入商品或劳务、服务不能抵扣增值税的，发生的增值税计入旅游业务成本或费用，借记“主营业务成本”“销售费用”等账户，贷记“应付账款”“银行存款”等账户。

【例9-5】山水旅行社（小规模纳税人）2024年4月份共取得含税收入10.30万元，均已开具发票，开票明细详见发票汇总表，见表9-6，当月发生营业成本3万元，旅行社租用办公室租金2万元。

表9-6　山水旅行社2024年4月份发票汇总表

序号	发票种类	类别代码	发票号码	开票日期	开票金额	税额	备注
1	普通发票	3300092620	10013816	2024/4/1	20 000.00	600.00	
2	普通发票	3300092620	10013817	2024/4/15	36 000.00	1 080.00	
3	专用发票	3300082140	10165937	2024/4/20	44 000.00	1 320.00	
合计					100 000.00	3 000.00	

2024年4月份山水旅行社应纳增值税=103 000÷（1+3%）×3%=3 000（元）

会计处理为：

借：银行存款　103 000

　贷：主营业务收入　100 000

　　　应交税费——应交增值税　3 000

借：主营业务成本　30 000

　　销售费用——租金　20 000

　贷：银行存款　50 000

借：应交税费——应交增值税　3 000

　贷：银行存款　3 000

第三节　餐饮经营业务的核算

一、餐饮经营业务概述

餐饮业又称饮食业，包括各种类型和各种风味的中餐馆、西餐馆、酒馆、咖啡馆、小吃店和冷饮店等，是国民经济中的一个重要行业。

餐饮业虽然也从事生产加工和销售，但同工业企业、商品流通企业相比，有其自身的经营特点：

- 花色品种多，根据顾客的需求烹制加工，现制现卖，每个品种生产销售的数量不多；
- 生产销售时间短促，而且集中在早、午、晚三餐时间；
- 每一种饮食制品的规格质量不一，配料随季节变化而不同，烹制方法和风味也多种多样，对色、香、味、形要求高。

以上经营特点决定了餐饮业的生产成本只能粗算，不能细算。它一般只算总成本，不算单位成本；只算原料成本，不算全部成本。

二、原材料和饮食制品成本的核算

餐饮业的原材料包括主食、副食和调味品三大类。对购进的原材料有两种管理方式：一种是入库管理，入库和出库都要办理必要的手续，并填制凭证和进行会计核算；另一种是购进后直接交付厨房使用，如新鲜的肉、禽、鱼、虾和蔬菜以及一部分低价调味品，此类原材料一般不办理入库手续，会计处理不经过“原材料”账户核算，而直接作饮食制品的成本处理，业内称其为“直出库”。

饮食制品成本的核算有两种方法：

（一）“领料制”核算法

在采用领料制核算成本时，所有发出的原材料均需填制领料单，并据此借记“主营业务成本”账户，贷记“原材料”账户。但发出的原材料在制作过程中不一定全部用完，因此必须在月份终了时对存放在操作间里已领用而未耗用的原材料和已制成但尚未售出的成品及半成品进行实地盘点，编制原材料、在制品和成品盘存表，并据此办理假退料手续，调整营业成本，借记“主营业务成本”账户（红字），贷记“原材料”账户（红字）。调整后的“主营业务成本”账户本期借方发生额合计数，即为本月耗用原材料总成本。下月初，再将假退料数额原数冲回，借记“主营业务成本”账户，贷记“原材料”账户。

【例9-6】美食餐厅采用领料制核算成本，3月份原材料发出汇总表见表9-7。

表9-7　**3月份原材料发出汇总表**

品名	数量（千克）	单价（元/千克）	金额（元）	备注
大米	3 000	2	6 000	
面粉	2 000	1.90	3 800	
色拉油	500	8	4 000	
鸡蛋	1 000	3.80	3 800	
肉	800	12	9 600	
鱼	600	10	6 000	
合计			33 200	

领用原材料时，会计处理为：

借：主营业务成本　　33 200

　贷：原材料　　33 200

月末，根据对操作间实地盘点编制的原材料盘存表见表9-8。

表9-8 **3月份原材料盘存表**

品名	数量（千克）	单价（元/千克）	金额（元）	备注
大米	200	2	400	
面粉	150	1.90	285	
色拉油	50	8	400	
鸡蛋	10	3.80	38	
肉	20	12	240	
鱼	10	10	100	
合计			1 463	

将盘存的原材料作假退料时，会计处理为：

借：主营业务成本 [1 463]

  贷：原材料 [1 463]

下月初，将假退料冲回时，会计处理为：

借：主营业务成本 1 463

  贷：原材料 1 463

为简化核算手续，月末对盘存的原材料也可以不办理假退料手续，将其保留在“主营业务成本”账户中。但本月的原材料总成本则不再是“主营业务成本”账户的借方发生额合计数，而应根据下面的公式计算求得：

本月耗用原材料总成本=操作间月初原材料结存额+本月原材料领用额-操作间月末原材料盘存额

对月末盘存的在制品和未售出的成品中所含原材料数量，可按配料定额折合计算。

采用领料制核算法的优点是核算手续完备，采购、保管和耗用各环节责任明确。但它要求企业建立健全的领退料制度，日常原材料的出入库要严格履行填单手续，月末要组织好各方面人员，认真做好盘点工作。

（二）“以存计耗”核算法

采用“以存计耗”核算法的企业，购进的原材料记入“原材料”账户，操作间平时领用时，只办理领料手续，会计上不作账务处理。月末，将操作间剩余原材料的盘存金额加上库存原材料的盘存金额，倒挤出本月耗用的原材料总成本。计算公式为：

本月耗用原材料总成本=月初原材料仓库和操作间结存额+本月购进原材料总额-月末原材料仓库和操作间结存额

月末，企业根据倒挤出的原材料总成本，借记“主营业务成本”账户，贷记“原材料”账户。

【例9-7】新缘餐厅原材料账户3月初余额为2 640元，本月购进原材料总额为128 270元，月末实际盘点原材料库和操作间结存额为2 230元。该餐厅采用“以存计耗”核算法计算成本，3月份耗用原材料总成本为：

3月份耗用原材料总成本=2 640+128 270-2 230=128 680（元）

根据计算结果，应作如下会计处理：

借：主营业务成本 128 680

贷：原材料 128 680

采用“以存计耗”核算法虽然较为简单，但因平时原材料发出不记账，无法分清耗用成本和保管损失，会将各种损失、浪费甚至贪污统统计入成本，不利于加强企业管理。因此，它只适用于经营规模较小、没条件也没必要建立原材料库房的小型餐饮企业。

三、餐饮成本的控制

众所周知，餐饮企业的日常经营消耗主要集中在菜品的原材料上，那么如何有效地降低原材料的成本和损耗？餐饮企业一般有一个共同点：在采购、出入库以及成本核算方面具有非常严格的流程和制度。

（一）成本控制的重要性

1.餐饮成本控制关系到产品的规格、质量和销售价格。

因产品的售价是以产品成本和规定的毛利率来计算的，成本的高低直接影响其售价，因此，搞好成本控制是餐饮工作所必需的。

2.成本控制有利于满足顾客需要并维护顾客的利益。

顾客到店面就餐，不仅希望能够享受到精美的菜品和热情的服务，更希望产品物美价廉，而为保证这一点，就必须进行成本控制。

3.成本控制直接关系到店面的营业收入和利润。

店面在满足顾客的餐饮需求的同时，还担负着为店面提供盈利的任务。如果成本失控，就会影响店面的经营成果，甚至造成不应有的亏损。为了保证店面得到利益，就必须加强成本控制。

4.成本控制可以改善店面的经营管理。

成本控制的关键取决于店面的经营管理水平，经营管理水平越高，成本控制就越好；反之就会产生成本失控现象。因此，搞好成本控制可以改善餐厅的经营管理。

（二）餐饮成本控制内容

餐饮成本，包括食品原料成本、劳动力成本和设备折旧费用。而餐饮成本控制主要是控制原料成本，原料成本随着营业收入的变化而变化。营业收入增加，原料成本也随之增加，营业收入降低，原料成本也随之降低，如果没有营业收入，也就没有成本可言。

而劳动力成本和设备的折旧费用等，不随营业收入的变化而变化，因此在这里仅探讨食品、酒水的成本控制。

1.食品成本控制。

在店面的营业收入中，除去成本即为毛利。食品成本与营业收入之比，或1减去毛利率，就是食品成本率，用公式表示为：

食品成本率=食品成本÷营业收入×100%

或 =1-毛利率

【例9-8】××店2024年6月收入90万元，食品成本41万元，毛利率54%。

食品成本率=41÷90×100%=46%

或 =1-54%=46%

毛利率表见表9-9。

表9-9 毛利率表 金额单位：万元

收入	成本	毛利率	食品成本率
90	41	54%	46%

目标食品成本率确定以后，就必须加强日常成本核算，及时检查和监督实际成本是否偏离目标成本，如果偏离目标成本，要查出原因，及时采取相应措施给予调整。

净菜率和配量也是影响成本的重要因素，是隐藏在毛利率后的重要因素。净菜率主要针对菜品类，如土豆，需要先去皮才能够清洗、切配、上盘。净菜率就是指某一菜品达到可使用状态下的一个比率，要根据不同季节进行重新测量，所以采购质量是关键。配量，即为一份菜品所需要的分量。

用土豆这一菜品进行分析：××店2024年6月土豆净菜率为0.65，配量为一份0.4千克，实售盘数985盘，销售单价为4元/盘，实耗数量为651千克，土豆进价为1.6元/千克。商品（土豆）销售毛利率对比表见表9-10。

表9-10 商品（土豆）销售毛利率对比表

耗用数量（千克）	净菜率	配量（千克）	应售盘数（盘）	应售金额（元）	实售盘数（盘）
651	0.65	0.4	1 057.88	4 231.52	985
实售金额（元）	**销售成本（元）**	**标准毛利（元）**	**标准毛利率**	**实际毛利（元）**	**实际毛利率**
3 940	1 041.60	3 189.92	75.38%	2 898.40	73.56%

首先根据实际成本、净菜率和配量计算出标准消耗盘数。

应售盘数=651×0.65÷0.4=1 057.88（盘）

应售金额=1 057.88×4=4 231.52（元）

实售盘数=985盘

实售金额=985×4=3 940（元）

销售成本=651×1.6=1 041.60（元）

标准毛利=应售金额-销售成本=4 231.52-1 041.60=3 189.92（元）

标准毛利率=3 189.92÷4 231.52×100%=75.38%

实际毛利=实售金额-销售成本=3 940-1 041.60=2 898.40（元）

实际毛利率=2 898.40÷3 940×100%=73.56%

通过以上计算我们不难看出实际毛利率比标准毛利率低1.82%，也就是说此品项是盘亏的。导致这一结果的原因无非就是净菜率不够准确或是配量不标准，而这两个因素又恰恰是影响毛利率的重要因素。这一数据提醒我们要及时进行净菜率的更新测量，以达到标准化。配量则在切配中分析。

在确定毛利率的同时也决定了食品成本率。店面的食品成本率一旦确定，店面管理人员就应以此为依据，努力控制食品成本。

店面的业务活动从食品原料的采购、验收、贮存、发放、粗加工、切配、配锅、服务到收款，其经营环节较多，且每一环节都会影响到食品成本。因此，店面必须加强餐饮产品生产、服务、销售全过程的成本控制。

（1）采购。

采购进货是店面经营的起点和保证，也是食品成本控制的第一个环节，要搞好采购阶段的成本控制工作，就必须做到：

❶ 制定采购规格标准，即对采购的原料，无论从形状、新鲜度、包装要求等诸方面都要加以严格的规定。当然，并不要求对每种原料都使用规格标准，一般只是对那些影响食品成本较大的重要原料使用规格标准。

❷ 餐厅只应采购即将需要使用的食品原料。采购人员必须按照店面提供的、根据营业情况填写的采购单进行采购。

❸ 采购人员必须熟悉食品原料知识并掌握市场动态，按时、保质保量购买符合餐厅需要的原料。

❹ 对于菜品要做到货比三家，对于海产品及开袋即食食品选择固定供货商并定期进行市场询价以便以最低的价格采购到最优质的原料。同时要尽量足量地采购，以减少运输费等采购费用。

❺ 对采购人员进行经常性的职业道德教育，使他们树立一切为店面的思想，避免以次充好或私拿回扣。

❻ 严格执行采购审批程序。需要原料的店面必须填写采购单，由后厨店长签字确认，经财务人员审批后交采购部，如超过采购金额的最高限额，须由采购经理签字确认。

（2）验收。

店面应严格按照产品标准质量进行验收，验收一般分质、量和价格等三个方面的验收。

❶ 质：验收人员必须检查购进的食品原料是否符合原先规定的规格标准和要求。

❷ 量：对所有的食品原料查点数量或复核重量，核对交货数量是否与请购数量、发票数量一致。

❸ 价格：购进原料的价格是否和所报价格一致。

如以上三方面有一点不符，餐厅应拒绝接受全部或部分原料，财务部门也应拒绝付款，并及时通知原料供应单位。如以上三方面都符合要求，则由验收人和店长在一式三联的采购单上签字确认，店面保留一份，采购部保留一份，交到财务部一份留底保存。

（3）贮存。

贮存是食品成本控制的一个重要环节，如库存不当就会引起原料的变质或丢失等，从而造成食品成本的增高和利润的下降。为此，餐厅必须搞好仓库的贮存和保管工作。

原料的贮存保管工作必须由专人负责。保管人员应负责仓库的安保工作，未经许可，任何人不得进入仓库，另外，为防止偷盗原料，还必须定期换锁等。根据不同服务区的经营情况合理设置库存量的上下限，从降低库存数量、降低库存单位价格方面着手控制储存成本。因为库存不仅占用空间、资金，而且产生搬运和储存需求，侵蚀了单位资产。随着时间的推移，库存原料的腐蚀、变质会产生浪费，应及时分析滞销菜品情况，避免原料变质造成的损失。食品原料一旦购进应迅速根据其类别和性能放到适当的仓库，在适当的温度中贮存。店面都有自己的仓库，如干货仓库、冷藏室、冰库等。原料不同，仓库的要求也不同，基本要求是分类、分室贮存。所有库存的食品原料都应注明进货日期，以便搞好存货的周转工作。发放原料时要遵循“先进先出”原则，即先存原料早提用、后存原料晚提用。

另外，保管人员还必须经常检查冷藏、冷冻设备的运转情况及各仓库的温度，搞好仓库的清洁卫生以防虫、鼠对库存食品原料的危害。每月月末，保管员必须对仓库的原料和仓库外零散原料进行盘存并填写库存盘存表，盘存时该点数的点数、该过秤的过秤，而不能估计盘点。盘点时应由后厨店长陪同参加。盘点结束后由店面经理确认，一式两份，店面留存一份，另一份交财务部。应该说，各原料的库存金额应与财务部的账面金额相符，但实际上这是不可能的。店面采用库存管理软件，每次购入原料都要根据采购单进行输入，月底盘点结束后根据盘点表数量和金额录入库存软件的实地盘存中，由软件自动生成本月领用数量。软件中分为供货商采购和现金采购两部分，为了准确地核算成本，财务部根据店面提供的供货商明细表与每个供货商进行对账确认，根据店面提供的现金采购表与库存现金、银行存款日记账进行核对，若有异议及时与店面沟通，针对有异议的原料进行重新录入、审核和盘点，以便做到准确无误。

（4）发放。

原料的发放控制工作有以下两个重要方面：

❶ 未经批准，不得从仓库领料。

❷ 只准领取所需的食品原料。

为此，餐厅必须健全领料制度，最常见的，就是使用领料单，领料单一式三份，一份留厨房，一份交仓库保管员，一份送交财务部。一般说来，厨房应提前将领料要求通知仓库，以便仓库保管员早做准备。

（5）粗加工。

粗加工过程中的成本控制工作主要是科学、准确地测定各种原料的净料率。为提高原料的净料率，必须做到：

❶ 粗加工时，严格按照规定的操作程序和要求进行加工，达到并保持应有的净菜率。

❷ 对成本较高的原料，应先由有经验的厨师进行试验，提出最佳加工方法。

❸ 对粗加工过程中剔除的部分（肉骨头等）应尽量回收，提高其利用率，做到物尽其用，以便降低成本。

（6）切配。

切配是决定主、配料成本的重要环节。切配时应根据原料的实际情况，按照整料整用、大料大用、小料小用、下脚料综合利用的原则，以降低食品成本。

店面都实行食品原料耗用配量定额制度，并根据菜单上菜点的规格、质量要求严格配菜。原料耗用配量定额一旦确定，就必须制定食品原料耗用配量定额计算表，并认真执行。严禁出现用量不足、过量或以次充好等情况。主料要过秤，不能凭经验随手抓，力求保证菜品的规格与质量，否则会导致毛利率不准确。

（7）配锅。

锅底占成本的比例为17%左右，锅底走量大，一桌一锅制，配制所需的物料也较多，控制好用量是控制成本的关键。

（8）服务。

在服务过程中也会引起食品成本的增加，主要表现为以下几个方面：

❶ 服务人员在接到点单时没有重复宾客所点菜肴，以致上菜时宾客说没有点此菜。

❷ 服务人员偷吃菜品而造成数量不足，引起宾客投诉。

❸ 服务人员在传菜或上菜时打翻菜盘、汤盆。

❹ 服务人员传菜差错。如传菜员将5号桌宾客所点菜肴错上至2号桌，而2号桌宾客又没说明。

鉴于上述现象，店面必须加强对服务人员的职业道德教育，并进行经常性的业务技术培训，使他们端正服务态度，树立良好的服务意识，提高服务技能，并严格按规程为宾客服务，力求不出或少出差错，尽量降低食品成本。

（9）收款。

店面不仅要抓好从原料采购到服务过程的成本控制，更要抓好收款控制，才能保证盈利。

收款过程中的任何差错、漏洞都会引起食品成本的上升。因此，店面店长必须控制好以下几个方面：

❶ 防止漏记或少记菜点及其价格；

❷ 在账单上准确填写每个菜点的价格；

❸ 结账时核算正确；

❹ 防止漏账或跑单；

❺ 严防收款员或其他工作人员的贪污、舞弊行为。

2.审核。

每天营业结束后，餐厅收银员应该确保每笔菜单都与电脑中的结账单相符，在确认无误后进行现金盘点，填制营业额表，由填写人签字确认，并由店长再次确认签字，交由财务部审核留存，财务根据经过收银员和店长签字确认的营业额表及有关原始凭证，认真审核以确保餐厅的利益。

（三）酒水成本控制

酒水成本控制与食品成本控制一样，也应从采购、贮存等诸方面保证酒水的低成本、高效益。酒水包括酒和饮料两部分。酒水成本控制应该注意两方面：

1.调配。

店面主要的饮料为果汁和碳酸饮料，在配置果汁时要严格按照配量表进行配置，调配果汁应该由专人负责，严防丢失或员工偷喝。碳酸饮料要定时地调整饮料机的配比量，防止碳水化合物与糖浆比例失调。

2.盘存。

酒水应由专人管理，要配有保管账簿，每天进行登记，待营业结束，负责酒水的人员应该进行盘点，登记结存数量。盘存的目的，一方面是为控制成本，另一方面也能根据盘存情况为第二天的营业做好准备。盘存的同时还应审核当日营业收入是否与点酒单及实际消耗相符，如发现问题应及时向上级汇报并查明原因。

四、饮食制品的定价和销售的核算

（一）饮食制品的定价

由于饮食制品的花色品种繁多，且原材料价格多变，因而如何定价是饮食制品核算的一个重要问题。目前常用的定价方法有销售毛利率法和成本毛利率法两种。

1.销售毛利率法。

销售毛利率法又称内扣毛利率法。销售毛利率是指毛利额与售价的比率，计算公式为：

$$销售毛利率=\frac{毛利额}{售价}\times100\%=\frac{售价-原材料成本}{售价}\times100\%$$

由此可推导出售价的计算公式为：

$$售价=\frac{原材料成本}{1-销售毛利率}$$

【例9-9】西芹百合每盘的原材料成本为6.84元，规定的销售毛利率为40%，则西芹百合每盘的售价应为：

$$西芹百合每盘售价=\frac{6.84}{1-40\%}=11.40（元）$$

2.成本毛利率法。

成本毛利率法又称外加毛利率法。成本毛利率是指毛利额与成本的比率，计算公式为：

$$成本毛利率=\frac{毛利额}{原材料成本}\times100\%$$

在饮食制品原材料成本的基础上，按确定的成本毛利率加成，即可计算饮食制品的售价。计算公式为：

$$售价=原材料成本\times（1+成本毛利率）$$

【例9-10】西芹百合每盘的原材料成本为6.84元，假定其成本毛利率为66.67%，则西芹百合每盘的售价应为：

$$西芹百合每盘售价=6.84\times（1+66.67\%）=11.40（元）$$

3.销售毛利率与成本毛利率的换算。

为便于核算和管理，在实际工作中销售毛利率与成本毛利率可以相互转换，换算公式为：

$$成本毛利率=\frac{销售毛利率}{1-销售毛利率}\times100\%$$

$$销售毛利率=\frac{成本毛利率}{1+成本毛利率}\times100\%$$

【例9-11】销售毛利率为40%，将其换算为成本毛利率则为：

$$成本毛利率=\frac{40\%}{1-40\%}\times100\%=66.67\%$$

（二）饮食制品销售的核算

1.餐饮企业销售结算方式。

常见的餐饮企业销售结算方式有先就餐后结算、一手钱一手货和先存款后就餐（划卡结算）三种。

（1）先就餐后结算。

在这种结算方式下，就餐者入座点菜后，由服务员填写点菜单一式两联，第一联送到操作间作为取菜凭证；第二联送到吧台（收款处）备查。待客人用完餐后，服务员凭第二联向顾客收款。每天营业结束后，收款员和操作间分别汇总销售额和发菜额，双方核对相符后，共同在当日销售日报表上签字。由于这种结算方式既方便顾客，又利于餐饮企业内部控制，因此，一般的中、西餐馆（饭店）大都采用这种结算方式。

（2）一手钱一手货。

在这种结算方式下，就餐者直接到柜台购买饮食制品并到交款机前结算，没有服务员到桌服务。经营品种简单且规格化的快餐类餐馆大都采用这种结算方式。由于这种结算方式手续简便，且交款机能自动记录销售的数量和金额，因此，每日营业结束后，交款机打出当日的销售汇总表，与操作间的加工数量核对相符后，即可作为财务入账的依据。

（3）先存款后就餐（划卡结算）。

在这种结算方式下，就餐者需事先在自己的磁卡中存入一定的款项，就餐时再凭此卡在收款机上划卡结算。由于这种结算方式利用了计算机就餐结算系统的硬件和软件，集中收款，管理严密，且不用找零，既方便就餐者，又加快了服务速度，避免了忙中出错，因此，它适用于就餐人数众多且就餐时间较为集中的学校餐厅。

小思考9-2

为避免营业收入的流失，在不同的结算方式下，应分别采取哪些内部控制措施？

2.餐饮企业销售收入的核算。

餐饮企业的销售收入应通过“主营业务收入”账户核算。收款员每天编制“主营业务收入日报表”（格式见表9-11），连同收到的现金、支票和签单报送给财务部门，财务部门据此借记“库存现金”（收现部分）、“银行存款”（支票部分）、“应收账款”（赊欠部分）等账户，贷记“主营业务收入”账户。

表9-11　主营业务收入日报表

年　月　日

项目	现金	POS机	会员卡	网络平台	合计
1.中餐					
2.西餐					
3.快餐					
4.盒饭					
合计					

不同结算方式下，收银中心每日编制“库存现金收支日报表”，连同所收的现金报送财务部门，财务部门据此登记“库存现金”“合同负债”“主营业务收入”“其他应收款”

“财务费用”等账户。

【例9-12】某校学生餐厅2024年6月25日“库存现金收支日报表”见表9-12。

表9-12　库存现金收支日报表

2024年6月25日　　单位：元

上日存款余额	本日存入	本日营业额	本日退款	本日余额
156 829	15 680	18 645	524	153 340

注：本日退款中包括退还押金40元。

此外，另收办理磁卡手续费50元。

根据上述资料，该餐厅财务部门的会计处理为：

❶根据本日存入数额：

借：库存现金　　15 680

　贷：合同负债　　15 680

❷根据本日营业额：

借：合同负债　　18 645

　贷：主营业务收入　　18 645

❸根据本日退款额：

借：合同负债　　484

　　其他应付款——押金　　40

　贷：库存现金　　524

❹根据收取的手续费：

借：库存现金　　50

　贷：财务费用　　50

五、餐饮业税务会计核算

餐饮业作为纳入“营改增”范围的生活服务业之一，是指在一定场所，对食物进行现场烹饪、调制，并出售给顾客，主要供现场消费的服务活动。在“营改增”前，餐饮业属于营业税应税服务，税率为5%。“营改增”后，餐饮业增值税适用税率6%；小规模纳税人适用征收率3%。

餐饮业税务会计核算是指餐饮服务企业在经营业务过程中取得的收入扣除相应成本及费用后，对服务增值部分计征税金的财务核算，主要包括增值税、城市维护建设税、教育费附加、所得税、印花税等。

（一）税务会计核算的特点

1. 餐饮业通过加工食材向顾客提供餐饮成品，这一业态与咨询、中介等服务业相比，其特点在于直接材料支出是成本中最主要的部分，例如食材、饮料等，因此餐饮业进项税额抵扣发票种类较多。不同的进货渠道，会取得不同抵扣税率的增值税发票，税负影响不同。与其他行业相比，其有更多的不确定性和灵活性。

小知识 9-4

餐饮行业进项税额发票种类涵盖：
1. 增值税专用发票；
2. 农副产品销售发票；
3. 农副产品收购发票；
4. 海关完税凭证。

2. 餐饮企业在采购时，应选择可以取得有效凭证的供应商。一般来讲，能够开具增值税专用发票和农副产品销售发票的企业为正规采购渠道，如工厂、经销商、农副产品生产销售合作社等。选择正规渠道，能有效保障餐饮行业的食品安全。

3. 餐饮行业也可能直接向农产品生产者（农户）收购。“营改增”后，餐饮行业可以向税务部门申请领取农副产品收购发票。在收购农副产品时由餐饮企业自行开具。对农副产品收购发票各地管理都比较严格，对于农户资格、产品范围等有较严格的限制，餐饮行业企业初次领取使用时应重点关注。

（二）税务会计核算内容

餐饮业的税务会计核算区分一般纳税人和小规模纳税人分别进行核算。其内容同旅游业税务会计核算。

1. 餐饮业一般纳税人税务会计核算。

餐饮业一般纳税人在其营业成本中所负担和支付的增值税（进项税额），可以从其按规定收取的增值税（销项税额）中抵扣。

餐饮业一般纳税人当期应缴纳的增值税可按下列公式计算：

应交增值税=当期销项税额-当期进项税额

当期销项税额=当期餐饮服务销售收入×适用税率

餐饮业一般纳税人适用税率6%。

【例 9-13】假日酒店2024年6月餐饮服务销售收入106万元；购生鲜食材20万元；购面粉、粮油11万元；酒水饮料等5.80万元，上述购进业务均取得可以作为增值税进项税额抵扣的有效凭证，月累计收入汇总表见表9-13，发票汇总表见表9-14。

表9-13　假日酒店主营业务收入月报表

2024年6月30日　单位：万元

项目	现金	POS机	会员卡	网络平台	合计
1. 客房	5.00	32.00	5.00	3.00	45.00
2. 西餐厅	3.00	19.00	5.00	1.00	28.00
3. 中餐厅	5.00	9.00	8.00	2.00	24.00
4. 健康休闲中心		3.00	5.00	1.00	9.00
合计	13.00	63.00	23.00	7.00	106.00

表9-14　　**假日酒店2024年6月份发票汇总表**　　金额单位：万元

项目	序号	发票种类	类别代码	起始发票号码	终止发票号码	发票所属期间	份数	累计发票金额	税额	备注
销项发票登记	1	普通发票	3300092620	10013816	10014000	2024/6/1至2024/6/30	185	106	6	
进项发票登记	1	农产品收购发票	略				40	20	1.8	
	2	农产品销售发票					45	11	0.91	
	3	专用发票					10	5.8	0.67	

6月份假日酒店销项税额=106÷（1+6%）×6%=6（万元）

6月份假日酒店可抵扣进项税额=20×9%+11÷（1+9%）×9%+5.80÷（1+13%）×13%

=1.8+0.91+0.67=3.38（万元）

小知识9-5

自2019年4月1日起，增值税一般纳税人（以下称纳税人）发生增值税应税销售行为或者进口货物，原适用16%税率的，税率调整为13%；原适用10%税率的，税率调整为9%。

假日酒店2024年6月份增值税应纳税额：

2024年6月份增值税应纳税额=6−3.38=2.62（万元）

会计处理为：

借：银行存款　　1 060 000

　贷：主营业务收入　　1 000 000

　　　应交税费——应交增值税（销项税额）　　60 000

借：库存商品　　334 200

　　应交税费——应交增值税（进项税额）　　33 800

　贷：银行存款　　368 000

借：主营业务成本　　334 200

　贷：库存商品　　334 200

借：应交税费——应交增值税（已交税金）　　26 200

　贷：银行存款　　26 200

微课

餐饮服务业在新经济形势下收入确认的要点

2. 餐饮业小规模纳税人税务会计核算（参照旅游业小规模纳税人税务核算业务）。

第四节　服务经营业务的核算

服务业一般是指利用一定的场所、设备和工具提供服务劳动的行业。它的经营方式多样，服务项目繁多，而且所提供的往往是带有一定技艺的服务性劳动。服务过程就是消费过程，例如，美容、理发、沐浴使人们得以达到修饰整洁的目的，服务结束，消费也就终止了。有些服务业，如照相、洗染、修理等行业，除了具有服务的职能外，还有加工生产的职能。但它又不同于一般的生产加工企业，它是边生产边销售，其生产过程短，且直接与消费者见面，因此，服务经营业务同时具有生产、服务、销售三项职能。

一、旅馆经营业务的核算

旅馆业是为住宿的客人提供住房、生活设施和服务人员的劳动，并收取一定费用的行业。旅馆的客房是一种特殊商品，它不出卖所有权，只出售使用权，并可在不同时期反复经销，客人买到的仅是某一时期的客房使用权。客房的使用价值可出租但不能储存，如在规定的时间内不出租，其效用就自然消失。因此，客房经营情况的好坏主要是看其出租和收入情况，反映这一信息的是客房出租率和租金收入率两个指标。

（一）客房出租率和租金收入率的计算

1.客房出租率。

客房出租率，又称客房利用率和客房开房率，是指已出租客房占可以出租客房的比例。其计算公式为：

$$\text{客房出租率}=\frac{\text{计算期客房实际出租天数}}{\text{可出租客房数量}\times\text{计算期天数}}\times100\%$$

客房出租率越高，说明经营效益越好；反之，则说明经营效益越差。若是小旅店，可出租客房数量按出租床位数算。

【例9-14】**悦来宾馆现有可供出租的客房200间，3月份共出租4 650间天，则该宾馆3月份的客房出租率为：**

$$\text{客房出租率}=\frac{4\,650}{200\times31}\times100\%=75\%$$

2.租金收入率。

租金收入率是指在一定时期内客房的实收房租总额占应收房租总额的比例。其计算公式为：

$$\text{租金收入率}=\frac{\text{报告期实收客房租金总额}}{\sum(\text{某类可出租客房数量}\times\text{该类客房日租金})\times\text{报告期天数}}\times100\%$$

【例9-15】**悦来宾馆现有可供出租的总统套房1间，每间日租金1 580元；豪华套房19间，每间日租金为880元；豪华标准间80间，每间日租金580元；普通标准间70间，每间日租金480元；单人间30间，每间日租金380元。3月份实收客房租金总额为2 448 504元，则该宾馆3月份的租金收入率为：**

$$\text{租金收入率}=\frac{2\,448\,504}{(1\times1\,580+19\times880+80\times580+70\times480+30\times380)\times31}\times100\%=72\%$$

考核这两个指标时，要注意将因维修或其他原因而暂时不能出租的客房从“可出租客房数量”中扣除。此外，还要注意客房出租率只能反映客房的利用情况，而不能全面反映客房收入和经营情况。在客房出租率完全相同的两个月份里，其客房的实际收入情况可能并不相同。这是因为宾馆出于经营的需要，会根据具体情况给客人以不同的优惠。如在不同的季节实行不同的价格，对在宾馆举行的大型会议、定点的旅游团体等客人，都会给予不同程度的优惠，甚至免费。在这种情况下，客房出租率可能很高，但租金收入率却不一定很高。不过，也有租金收入率高于客房出租率的时候，因为宾馆的某日宿费的结算时间一般是次日中午12点或者14点，在结算时间之后退房的客人，延迟退房不超过12小时按半日费用计费，超过

12小时按全日费用计费。在旅游旺季，由于客人多，客房紧张，前一批客人在当晚退房后，宾馆又在当晚将这些客房再次出租，使一间客房在同一天的不同时段入住了两批客人，这时客房出租率是100%，而租金收入率却会超过100%。

【随堂测】（判断题）租金收入率始终等于或小于客房出租率。　（　）

小思考9-3

“客房出租率”与“租金收入率”在什么情况下相同？在什么情况下不同？在什么情况下前者大于后者？在什么情况下后者大于前者？

（二）客房营业收入的核算

客房营业收入的入账时间应为客房实际出租时间，即按权责发生制的原则进行核算。其入账价格应以实际出租价格为准。

宾馆的总服务台负责接待前来入住的客人，并负责为客人办理宿费结算。在一般情况下，客人入住时，办完登记手续后，要根据预计住宿的时间先预交一定的押金，客人退房时，再到总服务台办理结算，多退少补。每日营业终了，总服务台应编制“主营业务收入日报表”（其格式见表9-15）和“内部交款单”（其格式见表9-16），连同当日收到的现金及宿费发票记账联一并送交宾馆财务部，财务部对总服务台送交的报表、发票及款项审核无误后，据以入账。

表9-15　**主营业务收入日报表**

2024年6月9日　单位：元

上日结存（预收款）	本日应收（当日收入）	本日交付		本日结存（预收款）
		预收款	补交款	
236 900	78 980	63 900	0	221 820
实交现金（大写）：陆万叁仟玖佰元整				
备注：				

表9-16　**内部交款单**　金额单位：元

2024年6月9日　收款员：王瑶

交纳现金			支票及信用卡	
种类	张数	金额	种类	金额
100元	130	13 000	转账支票	
50元	29	1 450	牡丹卡	14 700
20元	24	480	长城卡	12 560
10元	97	970	龙卡	11 280
5元			金穗卡	9 460
1元			一卡通	
合计		15 900		48 000
	实交现金（大写）：陆万叁仟玖佰元整			

记账时，应按预收的押金，借记“库存现金”或“银行存款”账户，贷记“合同负债”账户；按当日应收的客房租金（即已实现的营业收入）借记“应收账款”账户，贷记“主营业务收入”账户；同时，还应冲减结账客人预交的押金，借记“合同负债”账户，贷记“应收账款”账户。

【例 9-16】3月9日，悦来宾馆财务部收到总服务台转来的“主营业务收入日报表”（见表9-15）和“内部交款单”（见表9-16）及现金。根据表中有关数据，财务部应作会计处理如下（不考虑相关税费）：

根据当日预收的押金（本日交付）：

借：银行存款　48 000
　　库存现金　15 900
　贷：合同负债　63 900

根据当日实现的营业收入（本日应收）：

借：应收账款　78 980
　贷：主营业务收入　78 980

同时，冲减预收押金：

借：合同负债　78 980
　贷：应收账款　78 980

二、理发、美容、浴池经营业务的核算

理发、美容、浴池经营业务是通过服务人员利用各种服务设施及工具，为消费者进行剪发、修面、烫发、焗油、文眉、洁身、按摩等项目的一种业务。随着科技水平的不断提高，理发、美容、浴池服务项目也在不断增加。理发、美容、浴池经营业务收入主要来自为消费者提供上述服务项目的收入。由于各理发店、美容店和浴池的等级、设备、技术水平不同，收费标准的差距也较大，在管理上有先收款后服务和先服务后收款两种方式。

（一）先收款后服务

这种方式适用于大型理发店、美容店和大众浴池。顾客来理发、美容和洗浴时，需先到统一的收款处按自己要求服务的项目交款，然后凭票（牌）理发、美容和洗浴。每日营业终了，收款员将收到的现金与各个服务员收到的票（牌）核对相符后，编制“主营业务收入日报表”（理发、美容企业的主营业务收入日报表格式见表9-17，浴池业与此大体相同），连同收到的现金一并送交财务部，财务部据此记账。

表9-17　主营业务收入日报表　金额单位：元

2024年3月12日　收款员：王莉

项　目	单价	人数	金额	备注
一、理发收入				
男发	20	95	1 900	
女发	30	76	2 280	
烫发	50	43	2 150	
焗油	80	69	5 520	
⋮				

续表

项　目	单价	人数	金额	备注
二、美容收入				
面膜	80	36	2 880	
文眉	120	25	3 000	
文眼线	100	22	2 200	
⋮				
三、其他收入				
⋮				
合计			19 930	
实收现金（大写）：壹万玖仟玖佰叁拾元整				

（二）先服务后收款

这种方式适用于中小型理发店、美容店和高档浴池。中小型理发店、美容店不设专门的收款台，而由理发员或美容师先为客人服务，然后再根据服务项目按标准收费，并随时登记到自己的“主营业务收入台账”上。每日营业终了，有专人负责统计每一服务人员服务的人次及收入的金额，经与现金核对无误后，填制“主营业务收入日报表”，报送财务部门入账。高档浴池则设总服务台，顾客在洗浴后，到总服务台根据消费的项目按标准交款。当日营业终了时，收款员将收到的现金与各个服务员转来的由顾客本人及服务员签字的消费单据核对相符后，编制“主营业务收入日报表”，报送财务部门入账。

【例 9-17】怡圆美容美发厅财务部门3月12日收到统计员转来的“主营业务收入日报表”（见表9-17），经审核无误后，作会计处理如下：

借：库存现金　　19 930

　贷：主营业务收入——理发收入　　11 850

　　　　　　　　——美容收入　　8 080

三、照相、洗染、修理经营业务的核算

照相业是利用摄影艺术和造型艺术，为顾客提供人物和实物影像的经营服务行业。照相业服务的项目有照相、着色、扩印、代客冲洗和出售胶卷、出租礼服等，有些照相企业还经营照相器材和相册零售、照相机出租和修理等业务。

照相企业在收入核算上是先收款后交件。顾客照相、洗印照片时，需先开票交款，收款员开出一式三联的“工作单”，一联交顾客凭单取件，一联是工作凭证，一联留作存根。每日营业终了，收款员将存根联汇总金额与收到的现金核对无误后，填制“主营业务收入日报表”（其格式与理发、美容企业的主营业务收入日报表格式大体相同），连同收到的现金一并报送财务部门入账。

随着照相业服务内容的不断丰富，其收费内容越来越细化，一些摄影业务预约服务的内容成为其收入的主要来源。现以某婚纱摄影“预约单”为例，进一步说明其服务收入的多样化（见表9-18）。

表9-18　**预约单**　单位：元

新郎：张立	联系方式：		新娘：王佳	联系方式：	
预约时间：2024年5月10日		拍照时间：2024年5月15日		取件时间：2024年7月15日	
预约内容					
1.包装设计	价格	4.结婚当日	价格	6.自由消费	价格
海报	280	早妆造型	500	造型师	
进口油画框	1 000	婚庆服装	3 000	摄影师	
电子相册	360	套系名称	典藏玫瑰	设计师	
		套系金额	9 000	看样顾问	
2.摄影设计				加急消费	
尊享铂金贵宾区	360				
外景	800				
3.服装造型		5.看样内容		售后服务	
室内白纱	1 500				
室内晚礼	1 200				
预约定金：2024年5月10日　¥6 000.00　人民币（大写）陆仟元整					
预约尾款：2024年5月15日　¥3 000.00　人民币（大写）叁仟元整					
预约声明：本预约单所承诺所有产品均已取件，质量满意					
顾客确认：张立					

旗舰店地址：大连市中山区中山路1809号　服务专线：+86-0411-52699988

洗染业是从事服装及纺织品的洗烫、染色、织补、干洗等业务的服务行业。洗染业的收款办法一般是先服务后收款。营业员在接收顾客送来的洗染物品时，开出一式三联的“取衣凭单”，一联交顾客作取件凭证，一联交业务部门保存，另一联作为存根，并据以登记“营业日记簿”。每日营业终了，营业员根据“营业日记簿”填制“主营业务收入日报表”（其格式与理发、美容企业的主营业务收入日报表格式大体相同）连同收到的现金一并报送财务部门入账。

修理业是从事修理的技术人员应用必要的设备和工具，对家用电器、钟表、照相机、文体用品等进行修复的行业。修理业的收款方式一般有先服务后收款、先收款后服务、上门服务和立等可取等。虽然收款方式不同，但其核算方法与同行业的其他企业大体相同。

小知识 9-6

生活服务业“营改增”政策要点明细表见表 9-19。

表 9-19　生活服务业“营改增”政策要点明细表

<table>
<tr><th colspan="2" rowspan="2">纳税人
资格类型</th><th colspan="2" rowspan="2">服务项目</th><th colspan="2">发票开具</th><th rowspan="2">申报</th></tr>
<tr><th>普通发票</th><th>专用发票</th></tr>
<tr><td colspan="2" rowspan="5">一般纳税人</td><td rowspan="2">文化体育</td><td>一般计税</td><td rowspan="2">自开</td><td rowspan="2">自开</td><td>全额申报，6%税率，含税价÷（1+6%）</td></tr>
<tr><td>简易计税</td><td>全额申报，3%征收率，含税价÷（1+3%）</td></tr>
<tr><td rowspan="2">旅游</td><td>差额扣除</td><td>自开</td><td>自开
（差额扣除部分不得开具）</td><td>差额申报，6%税率，差额后的余额÷（1+6%）</td></tr>
<tr><td>未选择差额扣除</td><td>自开</td><td>自开</td><td>全额申报，6%税率，含税价÷（1+6%）</td></tr>
<tr><td colspan="2">教育医疗、娱乐、餐饮住宿、居民日常、其他生活服务</td><td>自开</td><td>自开</td><td>全额申报，6%税率，含税价÷（1+6%）</td></tr>
<tr><td rowspan="4">小规模纳税人</td><td rowspan="3">单位和个体工商户</td><td rowspan="2">旅游</td><td>差额扣除</td><td>自开</td><td>自开/主管税务机关代开（差额扣除部分不得代开）</td><td>差额申报，3%税率，差额后的余额÷（1+3%）</td></tr>
<tr><td>未选择差额扣除</td><td>自开</td><td>自开/主管税务机关代开</td><td>全额申报，3%征收率，含税价÷（1+3%）</td></tr>
<tr><td colspan="2">教育医疗、娱乐、餐饮住宿、居民日常、其他生活服务</td><td>自开</td><td>自开/主管税务机关代开</td><td>全额申报，3%征收率，含税价÷（1+3%）</td></tr>
<tr><td>自然人</td><td colspan="2">教育医疗、娱乐、餐饮住宿、居民日常、其他生活服务</td><td>代开</td><td>—</td><td>全额申报，3%征收率，含税价÷（1+3%）</td></tr>
</table>

注：自 2020 年 2 月 1 日起，增值税小规模纳税人（其他个人除外）发生增值税应税行为，需要开具增值税专用发票的，可以自愿使用增值税发票管理系统自行开具。选择自行开具增值税专用发票的小规模纳税人，税务机关不再为其代开增值税专用发票。

四、娱乐经营业务的核算

娱乐业具体包括舞厅、音乐茶座、台球室、保龄球馆、网球场、游泳池、溜冰场、健身房和游戏机房等。随着人民生活水平的提高，娱乐业也得到了较快的发展。

各种娱乐项目的价格是根据购置与维护固定资产和低值易耗品的费用、服务人员的工资、房租、水电费及各种直接费用，加上一定的利润制定的。其计算公式为：

$$收费价格=\left(\frac{固定资产月折旧+月间接费用}{月接待能力\times上客率}+每次服务的直接费用\right)\div(1-毛利率)$$

【例9-18】星海音乐茶座固定资产各月份的折旧额均为8 000元，房租、水电费、员工工资等各种间接经营费用每月为12 400元，给每位客人赠送的饮料、瓜子、毛巾等成本为2元。该音乐茶座的日接待能力为200人，每天一场，上座率为90%。每场乐队和演唱人员的酬金为500元，毛利率为60%，则该音乐茶座的门票价格应为：

$$门票价格=\left(\frac{8\,000+12\,400}{30\times200\times90\%}+\frac{500}{200\times90\%}+2\right)\div(1-60\%)=21.39（元）$$

为了薄利多销，门票价格应定在20元。

娱乐业一般由专人售票，每日营业终了，售票员根据售出的门票和收到的现金，填制"主营业务收入日报表"，连同收到的现金一并报送财务部门入账。

典型案例一

东方酒楼9月份的"原材料"和"库存商品"总账记录见表9-20。

表9-20　总账记录表　单位：元

账户名称	月初结存	本月购进	本月发出	月末结存
原材料	13 000	158 000	162 000	9 000
库存商品	5 600	98 800	97 000	7 400

9月份原材料购入后直接出库计入成本的总金额为43 900元。

9月30日盘点的结果是：

原材料：仓库结存8 200元；操作间结存1 460元。

库存商品：仓库结存7 300元；前台结存2 320元。

微课

现行增值税下生活服务业的税费核算

问题：请分别采用"领料制"和"以存计耗"两种核算方法计算东方酒楼9月份耗用的原材料总成本和库存商品的销售成本，并说明两种核算方法产生差异的原因，指出可能存在的问题。

［分析提示］

分别计算出采用"领料制"和"以存计耗"两种核算方法的销售成本，从计算过程中找出产生差异的原因，从管理的角度分析可能存在的问题。

典型案例二

凯旋旅行社（增值税一般纳税人）接待一个香港旅游团，全团共有成年人14人，于2024年5月10日21：30分抵达大连周水子机场。该团在大连市游览1天后于5月12日清晨用早餐（标准为每人20元）后乘飞机离开大连。该旅行社到飞机场的接送费用为每人20元，该团的综合服务费为每人200元。在这期间旅行社指定一位导游全程服务，该导游的劳务费300元。

原始凭证

问题：计算该旅行社的收入和发生的费用成本，并进行账务处理。

[分析提示]

充分考虑旅游行业可以选择差额纳税及进行相应税务处理后确认收入的金额。

典型案例三

原始凭证

迎宾酒店为增值税一般纳税人，2023年8月营业额100万元，当月购进面粉、油等原材料17.44万元（不含税价款：面粉10万元、食用油6万元），取得增值税专用发票，购买酒水、饮料等7.91万元（不含税价款：酒水3万元、饮料4万元），取得增值税专用发票，当月水电费用4.52万元，取得增值税专用发票，购买生鲜食材5万元，取得农产品销售发票。采购发票均月末一次性开具。

问题：计算迎宾酒店2023年8月份增值税应纳税额。

[分析提示]

充分考虑不同渠道购进原材料对应的税务问题。

典型案例四

小规模纳税人八方旅行社2023年8月份全部营业额为60 000元，支付给其他接团旅游企业的费用为20 000元。

问题：按差额计税的方法计算八方旅行社2023年8月份增值税应纳税额。

[分析提示]

充分考虑小规模纳税人适用征收率及差额纳税问题。

本章小结

旅游、餐饮和服务企业会计具有核算对象多样性、成本核算特殊性和货币结算涉外性的特点。旅游业经营业务中旅行社可充当组团社与接团社等不同的角色。组团社的营业成本的一部分，对接团社来说则是营业收入。餐饮业饮食制品成本的核算有“领料制”和“以存计耗”两种核算方法；饮食制品定价可采用销售毛利率法或成本毛利率法。服务业的宾馆、理发、美容、浴池、照相、洗染、修理及娱乐业营业收入根据每日的“主营业务收入日报表”记账；销售费用则根据实际支出直接列入。月终二者均转入“本年利润”账户核算经营成果。旅游餐饮服务企业作为生活服务类企业成为本次“营改增”的一个大类，税务核算发生了根本的变化，纳税的主要税种也由营业税变更为增值税，随之而来的税务会计核算办法也需要相应调整。

第十章　农村集体经济组织会计与农民专业合作社会计

思政短语　“锄禾日当午，汗滴禾下土。谁知盘中餐，粒粒皆辛苦。”

——唐·李绅《悯农》

第一节　农村集体经济组织会计与农民专业合作社会计的特点

一、农村集体经济组织会计的特点

微课

农村集体经济组织发展历程

农村集体经济组织，产生于20世纪50年代初的农业合作化运动。它是指为实行社会主义公有制改造，在自然乡村范围内，由农民自愿联合，将其各自所有的生产资料（土地、较大型农具、耕畜等）投入集体所有，由集体组织农业生产经营，农民进行集体劳动，各尽所能，按劳分配的农业社会主义经济组织。

我国现阶段的农村集体经济组织是指以土地集体所有为基础，依法代表成员集体行使所有权，实行以家庭承包经营为基础、统分结合双层经营体制的地区性经济组织，包括乡镇集体经济组织、村级集体经济组织、组级集体经济组织，其组织形式是不同于企业法人、社会团体、行政机关的特别法人主体资格。

习近平总书记在党的二十大报告中指出：“巩固和完善农村基本经营制度，发展新型农村集体经济，发展新型农业经营主体和社会化服务，发展农业适度规模经营。”为贯彻落实党中央、国务院决策部署，更好服务乡村振兴战略，规范农村集体经济组织会计工作，加强农村集体经济组织会计核算，财政部对《村集体经济组织会计制度》（财会〔2004〕12号）进行了修订，修订后的《农村集体经济组织会计制度》（财会〔2023〕14号），自2024年1月1日起施行。

农村集体经济组织会计，在确认、计量时仍然坚持“会计主体、持续经营、会计分期、货币计量”四大基本假设以及“权责发生制”这一会计基础，但在一些具体核算规则上则有着自身的特点。这些特点主要体现在以下三个方面：

（一）农村集体经济组织集管理、核算于一身

由于农村集体经济组织以发展经济为主，同时负有一部分管理职能，因此，在会计核算上不但要完成组织的收入、费用和收益的核算，同时也必须承担起作为基层政府对货币资金的提留、调拨、投放和收回的控制与运用职能。

（二）农村集体经济组织会计实行两级核算体制

为适应双层经营的需要，农村集体经济组织实行统一核算和分散核算相结合的两级核算体制。农村集体经济组织发生的经济业务应当按照本制度的规定进行会计核算。农村集

体经济组织投资设立的企业等应当按照相关会计准则制度单独核算。

（三）农村集体经济组织会计要素的设置有特殊要求

从整体上来看，农村集体经济组织也设置了六大会计要素，即资产、负债、所有者权益、收入、费用、收益，其各自涵盖的内容如图10-1所示。

- 资产类：流动资产、生物资产、长期投资、固定资产、无形资产
- 负债类：流动负债、非流动负债
- 所有者权益类：资本、公积公益金、未分配收益
- 收入类：经营收入、其他收入
- 费用类：经营支出、管理支出、其他支出
- 收益类：经营收益、投资收益、收益总额

图10-1　农村集体经济组织会计要素图

微课

农村集体经济组织会计与农民专业合作社会计的特点

二、农民专业合作社会计的特点

农民专业合作社以其成员为主要服务对象，提供农业生产资料的购买，农产品的销售、加工、运输、储藏以及与农业生产经营有关的技术、信息等服务。农民专业合作社的定义不包括农村地区现有的信用合作社、供销社和农村集体经济组织。

我国2018年7月1日实施的《中华人民共和国农民专业合作社法》，确立了农民专业合作社的市场主体地位，使其成为与机关法人、事业单位法人、企业法人和社团法人并列的第五种法人。它的一大重要特点就是在组织内部不以营利为目的，在外部则追求利润最大化。这种特殊的组织形式，不同于其他任何市场主体，既不同于非营利性的社团法人，也不同于营利性的企业法人。

从上述定义可知，农民专业合作社会计与农村集体经济组织会计和其他企业会计有着明显的区别，农民专业合作社会计更具备专业化经济组织的特点。我国由财政部颁布并于2023年1月1日起实施的《农民专业合作社财务制度》，充分体现了以下特点：

（一）财务制度的特点

1. 农民专业合作社会计核算要为成员设立单独账户，准确记载成员的出资、量化到该成员的公积金份额以及该成员与本社的交易量等；

2. 将成员和非成员的交易分别核算；

3. 将国家财政补助、他人捐赠及当年依法提取的公积金按比例量化到每个成员，以明晰合作社与成员的财产关系，保护成员的合法权益；

4. 计算当年可分配盈余时，要根据法律和章程的规定分别计算，按交易量（额）计算可返还的数额，至少不能低于可分配盈余的60%；

5. 在核算成员出资及股金时有特殊要求，分资格股、分红股等，不同股份的权利权益不同；

6. 会计核算的结果应定期向成员公开；

7. 退社成员财产关系处理具有特殊性。

（二）会计核算的特点

农民专业合作社财务制度设置了资产类、负债类、所有者权益类、成本类、损益类等48项会计科目，这些会计科目多数与企业的会计科目相似或相近，各个合作社都应按制度要求组织会计核算工作。但是，针对农民专业合作社法人的特殊性，《农民专业合作社财务制度》设置了一些富有特色的会计科目，如成员往来、委托加工物资、委托代销商品、受托代购商品、受托代销商品、应付盈余返还等科目。其会计要素的内容如图10-2所示。

- 资产类
  - 流动资产
  - 生物资产
  - 对外投资
  - 固定资产
  - 无形资产
- 收入类
  - 经营收入
  - 其他收入
- 负债类
  - 流动负债
  - 非流动负债
- 费用类
  - 经营支出
  - 管理费用
  - 其他支出
- 所有者权益类
  - 股金
  - 专项基金
  - 资本公积
  - 盈余公积
  - 本年盈余
  - 盈余分配
- 盈余类
  - 经营收益
  - 投资收益
  - 收益总额

图10-2　农民专业合作社会计要素图

（三）会计报告的特点

根据《农民专业合作社财务制度》的规定，农民专业合作社除应编制资产负债表、盈余及盈余分配表、收支明细表外，还要求编制成员权益变动表、成员账户和财务状况说明书，并应按规定向有关部门及时报送财务报告。各级农村经营管理部门，应对所辖地区报送的财务报告进行审查，然后逐级汇总上报，并在规定时间内报送农业农村部。

第二节　农村集体经济组织会计核算

一、农村集体经济组织会计制度概述

根据财政部2023年9月5日颁布并于2024年1月1日起实施的《农村集体经济组织会计制度》，在满足会计核算需求的前提下充分考虑“三农”特点，设置部分农村集体经济特有的会计科目如：“内部往来”、“一事一议资金”等（序号处单独标注）；同时农村集体经济组织不要求计提资产减值准备，适当保留务实简化的会计核算。农村集体经济组织会计核算目前共设置42个一级会计科目。各科目具体核算内容见表10-1。

表10-1　　农村集体经济组织会计科目核算表

序号	会计科目名称	会计科目核算要求
	资产类	
1	库存现金	核算农村集体经济组织的库存现金
2	银行存款	核算农村集体经济组织存入银行或其他金融机构的款项
3	短期投资	核算农村集体经济组织购入的各种能随时变现并且持有时间不准备超过一年（含一年）的股票、债券等有价证券投资
4	应收款	核算农村集体经济组织与非成员之间发生的各种应收及暂付款项
特1	内部往来	核算农村集体经济组织与成员之间发生的各种应收、暂付及应付、暂收款项等经济往来业务
6	库存物资	核算农村集体经济组织库存的各种原材料、农用材料、农产品、工业产成品等物资
特2	消耗性生物资产	核算农村集体经济组织持有的消耗性生物资产的实际成本
特3	生产性生物资产	核算农村集体经济组织持有的生产性生物资产的原价（成本）
9	生产性生物资产累计折旧	核算农村集体经济组织持有的达到预定生产经营目的的生产性生物资产的累计折旧
特4	公益性生物资产	核算农村集体经济组织持有的公益性生物资产的实际成本
11	长期投资	核算农村集体经济组织持有时间准备超过一年（不含一年）的投资，包括股权投资、债权投资等投资
12	固定资产	核算农村集体经济组织固定资产的原价（成本）
13	累计折旧	核算农村集体经济组织固定资产计提的累计折旧
14	在建工程	核算农村集体经济组织进行工程建设、设备安装、农业农村基本建设设施建造、固定资产改建等发生的实际支出。购入不需要安装的固定资产，不通过本科目核算
15	固定资产清理	核算农村集体经济组织因出售、捐赠、报废和毁损等原因转入清理的固定资产账面价值及其在清理过程中所发生的费用等
16	无形资产	核算农村集体经济组织持有的无形资产的成本
17	累计摊销	核算农村集体经济组织对无形资产计提的累计摊销
18	长期待摊费用	核算农村集体经济组织已经发生但应由本期和以后各期负担的分摊期限在1年以上的各项费用，包括农村集体经济组织已提足折旧的固定资产的改建支出和其他长期待摊费用等
19	待处理财产损溢	核算农村集体经济组织在清查财产过程中查明的各种财产盘盈、盘亏和毁损的价值

续表

序号	会计科目名称	会计科目核算要求
	负债类	
20	短期借款	核算农村集体经济组织向银行等金融机构或有关单位、个人等借入的偿还期限在一年以内（含一年）的各种借款
21	应付款	核算农村集体经济组织与非成员之间发生的偿还期在一年以内（含一年）的各种应付及暂收款项
22	应付工资	核算农村集体经济组织应支付给其管理人员、固定员工等职工的工资总额。包括在工资总额内的各种工资、奖金、津贴、补助、社会保险费等，不论是否在当月支付，都应通过本科目核算
23	应付劳务费	核算农村集体经济组织应支付给季节性用工等临时性工作人员的劳务费总额。包括在劳务费总额内的各种劳务费、奖金、津贴、补助等，不论是否在当月支付，都应通过本科目核算
24	应交税费	核算农村集体经济组织按照税法等规定计算应缴纳的各种税费。农村集体经济组织代扣代缴的个人所得税等，也通过本科目核算
25	长期借款及应付款	核算农村集体经济组织向银行等金融机构或相关单位、个人等借入的期限在一年以上（不含一年）的借款及偿还期在一年以上（不含一年）的应付款项
特5	一事一议资金	核算农村集体经济组织兴办村民直接受益的集体生产生活等公益事业，按一事一议的形式筹集的专项资金
27	专项应付款	核算农村集体经济组织获得政府给予的具有专门用途且未来应支付用于专门用途的专项补助资金
	所有者权益类	
28	资本	核算农村集体经济组织按照章程等确定的属于本集体经济组织成员集体所有的相关权益
29	公积公益金	核算农村集体经济组织从收益中提取的，接受政府补助和他人捐赠等其他来源取得的公积公益金
30	本年收益	核算农村集体经济组织本年度实现的收益
31	收益分配	核算农村集体经济组织当年收益的分配（或亏损的弥补）和历年分配（或弥补）后的结存余额。本科目设置“各项分配”和“未分配收益”两个二级科目
	成本类	
32	生产（劳务）成本	核算农村集体经济组织直接组织生产或对外提供劳务等活动所发生的各项生产费用和劳务成本
	损益类	
33	经营收入	核算农村集体经济组织确认的当年发生的各项经营活动收入
34	投资收益	核算农村集体经济组织对外投资取得的收益或发生的损失

续表

序号	会计科目名称	会计科目核算要求
35	补助收入	核算农村集体经济组织获得的政府给予保障村级组织和村务运转的补助资金以及贷款贴息等经营性补助资金
36	其他收入	核算农村集体经济组织除“经营收入”“投资收益”“补助收入”以外的其他收入。如盘盈收益、确实无法支付的应付款项、存款利息收入等
37	经营支出	核算农村集体经济组织因销售商品、提供劳务、让渡集体资产使用权等经营活动而发生的实际成本
38	税金及附加	核算农村集体经济组织从事生产经营活动按照税法的有关规定应负担的消费税、城市维护建设税、资源税、房产税、城镇土地使用税、车船税、印花税、教育费附加及地方教育附加等相关税费
39	管理费用	核算农村集体经济组织管理活动中发生的各项支出，如管理人员及固定员工的工资、办公费、差旅费、管理用固定资产的折旧等
40	公益支出	核算农村集体经济组织发生的用于集体经济组织内部公益事业、集体福利或成员福利的各项支出，以及公益性固定资产折旧和修理费等
41	其他支出	核算农村集体经济组织发生的除经营支出、税金及附加、管理费用、公益支出、所得税费用以外的其他支出，如生物资产的死亡毁损支出、损失，固定资产及存货的盘亏、损失、防汛抢险支出、无法收回的应收款损失、罚款支出等
42	所得税费用	核算农村集体经济组织根据税法规定确认的应当从当期收益总额中扣除的所得税费用

农村集体经济组织财务会计报告是对其财务状况、经营成果等的结构性表述，包括会计报表和会计报表附注。农村集体经济组织会计报表在设置上与《企业会计准则》下的企业会计报表构成略有不同，农村集体经济组织会计报表包括资产负债表、收益及收益分配表，根据需要编制科目余额表和收支明细表，具体见表10-2。

表10-2　　农村集体经济组织会计报表体系

报表名称	编报期间	编报时必须遵循的要求	报表编号
科目余额表	月度/季度	月度/季度报表的格式由各省、市、自治区、直辖市的财政部门或农村经营管理部门制定	
收支明细表	月度/季度		
资产负债表	年度	年度报表必须按照《农村集体经济组织会计制度》在全国范围内统一格式、统一编号	村会01表
收益及收益分配表	年度		村会02表
各类内部管理报表	不定期	各农村集体经济组织根据需要自行确定	

我们可以看出农村集体经济组织会计制度与企业会计准则在会计核算过程中及形成的财务报告中的明显不同之处。围绕农村集体经济组织业务发展需要和财务管理要求，农村集体会计制度设置“内部往来”“消耗性生物资产”“生产性生物资产”“公益性生物资产”等会计科目来准确反映、计量相关特殊资产；对于农村集体经济组织而言业务发生量比较少的投资业务、租赁业务、公积金业务等，农村集体经济组织会计制度作了适当的简化处

理。因此，对于“消耗性生物资产”“生产性生物资产”“公益性生物资产”三大生物资产科目核算的理解与运用是真正理解农村集体经济组织会计制度中资产要素的关键。另外，从我国农村现有的小规模生产方式来看，本村农户与村集体之间的内部交换业务是准确核算村集体资产的又一重点。我们通过“内部往来”科目不但厘清了农村集体与个人之间的利益关系，同时也为今后进一步变革农村集体生产关系奠定了基础。

为了突出重点，我们仅就农村集体经济组织内部往来项目、生物资产项目、对外投资项目、一事一议资金项目等明显不同于其他行业会计核算的内容加以讲解，其他与通行企业会计准则核算要求近似的会计科目不再赘述。

二、应收款类

农村集体经济组织应收款项是指农村集体经济组织与成员、非成员（包括单位及个人）之间发生的各种应收及暂付款项。从其产生的来源看，可以区分为与外部单位、个人发生的应收款，以及其与内部下属承包单位、农户之间的应收款两种。本组织与外单位之间的应收款直接使用“应收款”科目，本组织与内部村民、组员、下属单位等的应收经济往来业务，则使用“内部往来”科目。

“内部往来”期末借方余额合计数反映下属单位、农户欠农村集体经济组织的款项总额；期末贷方余额合计数反映村集体经济组织拖欠下属单位、农户的款项总额。

【例 10-1】大团结村集体经济组织销售 1 000 千克苹果给红火商业批发公司，价格 2 500 元，并代垫 200 元运杂费，款项尚未收到。

原始凭证

借：应收款——红火商业批发公司　　2 700

　贷：经营收入　　2 500

　　　库存现金　　200

【例 10-2】承【例 10-1】，交易 4 日后，收到购货方交付的银行转账支票一张，用于偿付前欠款，于当日办理银行进账，进账单如图 10-3 所示。

中国工商银行进账单（收账通知）　3

2024年06月07日

<table>
<tr><td rowspan="3">付款人</td><td>全　称</td><td>红火商业批发公司</td><td rowspan="3">收款人</td><td>全　称</td><td colspan="10">大团结村集体</td></tr>
<tr><td>账　号</td><td>5434638</td><td>账　号</td><td colspan="10">9684688</td></tr>
<tr><td>开户银行</td><td>略</td><td>开户银行</td><td colspan="10">略</td></tr>
<tr><td colspan="5" rowspan="2">人民币（大写）贰仟柒佰元整</td><td>千</td><td>百</td><td>十</td><td>万</td><td>千</td><td>百</td><td>十</td><td>元</td><td>角</td><td>分</td></tr>
<tr><td></td><td></td><td></td><td>¥</td><td>2</td><td>7</td><td>0</td><td>0</td><td>0</td><td>0</td></tr>
<tr><td colspan="2">票据种类</td><td colspan="3">转账支票</td><td colspan="10" rowspan="3">收款人开户行盖章
略</td></tr>
<tr><td colspan="2">票据张数</td><td colspan="3">1张</td></tr>
<tr><td colspan="5">单位主管　李培花　会计　　复核　石兵　记账　孙晔</td></tr>
</table>

此联是收款人开户银行交给收款人的收账通知

图10-3　进账单

借：银行存款　　2 700

　贷：应收款——红火商业批发公司　　2 700

【例 10-3】村委会调查发现，某债务人张某因破产已无力归还拖欠2年的1 800元购货款，经批准转作坏账处理。

借：其他支出　　1 800

　贷：应收款——张某　　1 800

【例 10-4】村技术员李旺到县城参加技术培训，预借差旅费3 800元；出售给村下属丰盛面粉厂大麦，收入8 200元；结算出村民赵力承包果园应交承包金30 000元；为铺设有线电视网络，决定采用一事一议方式在全村筹资120 000元。

借：内部往来——李旺　　3 800

　　　　——丰盛面粉厂　　8 200

　　　　——赵力　　30 000

　　　　——全村农户　　120 000

　贷：现金　　3 800

　　经营收入——销售收入　　8 200

　　　　　——发包收入　　30 000

　　一事一议资金　　120 000

【例 10-5】李旺出差回来报销差旅费，同时返还多余的现金200元。

借：管理费用　　3 600

　库存现金　　200

　贷：内部往来——李旺　　3 800

【例 10-6】经动员，共收到用于铺设有线电视网络的一事一议资金105 000元，存入银行指定账户。

借：银行存款　　105 000

　贷：内部往来——相关农户名　　105 000

三、生物资产类

农村集体经济组织的生物资产是《农村集体经济组织会计制度》考虑农村生产的特殊性设置的一项资产类别。

（一）与其他资产相比较生物资产具有的特殊属性

1. 生物资产是活体的动植物，本身具有生物的生长及转化能力，因此在持有期间必然有自然价值增值的过程，这将是会计核算的一个重点。

2. 由于活体动植物的生命跨度相当大，既有几十天即可出笼屠宰的肉鸡，也有可以存活几十年甚至上百年的珍稀林木，因此，生物资产实际上兼具流动资产与非流动资产双重属性，而且在一定条件下二者可以相互转化，这也使会计核算增加了难度。

3. 绝大多数的生物资产在存活期间都需要不断追加投资以保证其生长质量，因此如何区分不同存活期限的生物资产并采用不同方法分别进行后续支出计量，也成为该类资产所特有的会计业务。

4. 对于具备了长期资产性质的生物资产，考虑到其在以后若干期间产生收益、发生支出，我们必须对其成本进行分摊。

【随堂测】（判断题）《农村集体经济组织会计制度》规定所有生物资产均需按原价（成本）扣除其预计净残值后的金额在生物资产使用寿命内按照年限平均法或工作量法等计提折旧。（　）

（二）各类生物资产的分类

根据生物资产的属性可将其分为消耗性生物资产、生产性生物资产、公益性生物资产。

1. 消耗性生物资产包括生长中的大田作物、蔬菜、用材林以及存栏待售的牲畜、鱼虾贝类等为出售而持有的或在将来收获农产品的生产物资。

2. 生产性生物资产包括经济林、薪炭林、产役畜等为产出农产品、提供劳务或出租等目的而持有的生物资产。

3. 公益性生物资产包括防风固沙林、水土保持林和水源涵养林等以防护、环境保护为目的的生物资产。

（三）各类生物资产的计价原则

1. 购入的生物资产，应当按照购买价款、应支付的相关税费、运输费以及外购过程发生的其他直接费用计价。

2. 自行栽培、营造、繁殖或养殖的消耗性生物资产，应当按照下列规定确定其成本：

自行栽培的大田作物和蔬菜的成本，包括在收获前耗用的种子、肥料、农药等材料费、人工费和应分摊的间接费用等必要支出。

自行营造的林木类消耗性生物资产的成本，包括郁闭前发生的造林费、抚育费、营林设施费、良种试验费、调查设计费和应分摊的间接费用等必要支出。

自行繁殖的育肥畜的成本，包括出售前发生的饲料费、人工费和应分摊的间接费用等必要支出。

水产养殖的动物和植物的成本，包括在出售或入库前耗用的苗种、饲料、肥料等材料费、人工费和应分摊的间接费用等必要支出。

3. 自行营造或繁殖的生产性生物资产，应当按照下列规定确定其成本：

自行营造的林木类生产性生物资产的成本，包括达到预定生产经营目的前发生的造林费、抚育费、营林设施费、良种试验费、调查设计费和应分摊的间接费用等必要支出。

自行繁殖的产畜和役畜的成本，包括达到预定生产经营目的（成龄）前发生的饲料费、人工费和应分摊的间接费用等必要支出。

注：达到预定生产经营目的，是指生产性生物资产进入正常生产期，可以多年连续稳定产出农产品、提供劳务或出租。

4. 自行营造的公益性生物资产的，应当按照郁闭前发生的造林费、抚育费、森林保护费、营林设施费、良种试验费、调查设计费和应分摊的间接费用等必要支出确定其成本。

5. 收到政府补助的生物资产（包括以前年度收到或形成但尚未入账的）或者他人捐赠的生物资产，应当按照有关凭据注明的金额加上相关税费、运输费等计价；没有相关凭据的，按照资产评估价值或比照同类或类似生物资产的市场价格，加上相关税费、运输费等计价。如无法采用上述方法计价的，应当按照名义金额计价，相关税费、运输费等计入其他支出，同时在备查簿中登记说明。

农村集体经济组织应当对所有达到预定生产经营目的的生产性生物资产按照原价（成本）扣除其预计净残值后的金额在生产性生物资产使用寿命内按照年限平均法或工作量法等计提折旧，并根据其受益对象计入相关资产成本或者当期损益，但以名义金额计价的生产性生物资产除外。

农村集体经济组织的生物资产死亡或毁损时，按规定程序报经批准后，处置收入、赔偿金额扣除其账面价值、相关税费和清理费用后的净额，应当计入其他收入或其他支出。

综上所述，我们可以总结出哪些生物资产需要计提折旧呢？

生产性生物资产达到预定生产经营目的后需按规定计提折旧，消耗性生物资产及公益性生物资产不需要计提折旧。

【例 10-7】大团结村接受甲公司作为投资的存栏待售牛犊 50 头，双方作价 250 000 元；接受某农场捐赠的育肥羊 100 头，市场公允价值 400 000 元；用银行存款购买种猪幼崽 200 只，共支付 16 000 元。

借：消耗性生物资产——幼畜及育肥畜（牛）　　250 000
　　　　　　　　　——幼畜及育肥畜（羊）　　400 000
　　　　　　　　　——幼畜及育肥畜（猪）　　16 000
　贷：资本——甲公司　　250 000
　　　公积公益金　　400 000
　　　银行存款　　16 000

【例 10-8】当年为饲养育肥羊投入饲料 65 000 元、人工工资 85 000 元共计 150 000 元。

借：消耗性生物资产——幼畜及育肥畜（羊）　　150 000
　贷：库存物资　　65 000
　　　应付工资　　85 000

【例 10-9】次年年初，大团结村将 10 头育肥羊以 100 000 元出售给某肉食品加工厂，并开具增值税普通发票，款项收到存入银行并于当日办理进账。

确认收入：

借：银行存款　　100 000
　贷：经营收入　　100 000

原始凭证

结转该批育肥羊成本：

借：经营支出　　55 000
　贷：消耗性生物资产——幼畜及育肥畜（羊）　　55 000

【例 10-10】本年度为哺育该批种猪幼崽耗费库存饲料、人工、资金等共计 10 000 元。

借：消耗性生物资产——幼畜及育肥畜（猪）　　10 000
　贷：库存物资（应付工资、银行存款等）　　10 000

【例 10-11】购入的第 2 年年初，该批种猪幼崽已经成年，决定暂不对外出售，预计可以使用 4 年，转为生产性生物资产处理，并从本年年末开始计提该批成年种猪折旧。

该批种猪幼崽在转为生产性生物资产时，总成本等于初始采购成本及追加的哺育性支出之和：

总成本=16 000+10 000=26 000（元）

借：生产性生物资产——产役畜（猪）　26 000

　贷：消耗性生物资产——幼畜及育肥畜（猪）　26 000

若假设残值率为5%，幼畜转为产役畜当月起计提折旧，在第2年年末该批种猪的年折旧额为：

26 000×（1−5%）÷4=6 175（元）

借：经营支出　6 175

　贷：生产性生物资产累计折旧——产役畜（猪）　6 175

【例10-12】第3年期间，作为维持性支出，大团结村为该批种猪共投入饲料、人工、资金等合计6 400元。

借：经营支出　6 400

　贷：库存物资（应付工资、银行存款等）　6 400

【例10-13】第4年年末，大团结村将该批种猪当中的16头以6 200元出售给肉食品加工厂，至税务局代开增值税普通发票，款项收到存入银行并办理进账。

原始凭证

确认已计提折旧=6 175×3×（16÷200×100%）=1 482（元）

借：银行存款　6 200

　　生产性生物资产累计折旧　1 482

　贷：生产性生物资产——产役畜（猪）　2 080

　　　其他收入　5 602

针对消耗性生物资产及生产性生物资产、公益性生物资产均有提到的林木类资产，其中所属生产性生物资产的经济林木主要用于生产果品、药材、工业原料及油制品等，而非经济林木可以是成年后木质本身可作为木材使用的用材林也可以是以防护、环境保护为主要目的的公益性生物资产。常见经济林木有苹果树、桑树、橡胶树等，用材林如槐树、松树、柳树等。

从会计核算的角度来看，经济林木在达到预定生产经营目的后，应该视同为一项普通的长期资产在每期计提折旧；非经济林木在郁闭成林后，不需要每期计提折旧。二者在核算过程中的差异如图10-4所示。

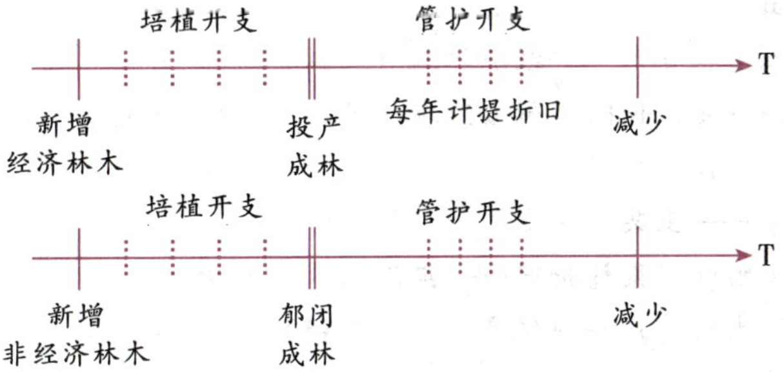

图10-4　经济林木与非经济林木的不同核算内容

【例10-14】大团结村于本年年初购入梨树树苗一批，总价款24 000元，款项尚未支付，取得对方开具的增值税普通发票；购买当年及次年分别投入培植费用6 000元；第3年年初，该批梨树苗达到生产经营目的，预计可正常产果6年，当年发生管护费用7 600元，并于当年年末首次为该梨树林木计提折旧；第7年年末，因发生火灾造成该批梨树完全毁损，经调查认定应由保险公司按成本价赔偿4 000元，村护林员王某赔偿2 500元，余额计入当期支出。

（1）第1年购入时：

借：生产性生物资产——经济林木（梨树）　24 000

　贷：应付款　24 000

原始凭证

（2）第1年培植开支：

借：生产性生物资产——经济林木（梨树）　6 000

　贷：库存物资（应付工资、银行存款等）　6 000

（3）第2年培植开支：

借：生产性生物资产——经济林木（梨树）　6 000

　贷：库存物资（应付工资、银行存款等）　6 000

（4）第3年年初，梨树苗已达到生产经营目的，此时该批林木总成本为：

总成本=24 000+6 000+6 000=36 000（元）

当年发生的管护费用：

借：经营支出　7 600

　贷：库存物资（应付工资、银行存款等）　7 600

若假设残值率为5%，当年年底应计提的折旧为：

当年计提折旧=36 000×（1−5%）÷6=5 700（元）

借：经营支出　5 700

　贷：生产性生物资产累计折旧——经济林木（梨树）　5 700

第4年至第7年折旧的会计分录与第3年相同。

（5）截至第7年年末，该批梨树林木的摊余价值为：

摊余价值=36 000−5×5 700=7 500（元）

扣除应由保险公司及村护林员赔偿的款项以外，差额部分计入其他支出。

借：应收款——保险公司　4 000

　　内部往来——王某　2 500

　　生产性生物资产累计折旧——经济林木（梨树）　28 500

　　其他支出　1 000

　贷：生产性生物资产——经济林木（梨树）　36 000

假定其他条件不变，保险公司按照市场价格应赔偿8 000元，则分录为：

借：应收款——保险公司　8 000

　　内部往来——王某　2 500

　　生产性生物资产累计折旧——经济林木（梨树）　28 500

　贷：生产性生物资产——经济林木（梨树）　36 000

　　　其他收入　3 000

【例10-15】大团结村于本年年初购入松树树苗一批，总价款5 000元，取得对方开具的增值税普通发票，款项以银行转账支票支付；购买当年及次年分别投入培植费用1 000元；第3年年初，该批松树苗郁闭成林，支付现金管护费用600元；第5年年末，大团结村以该批松树对外长期投资，双方约定交易价格为10 000元。

原始凭证

（1）第1年购入时：

借：消耗性生物资产——松树　5 000

　贷：银行存款　5 000

（2）第1年培植开支：

借：消耗性生物资产——松树　1 000

　贷：库存物资（应付工资、银行存款等）　1 000

（3）第2年培植开支：

借：消耗性生物资产——松树　1 000

　贷：库存物资（应付工资、银行存款等）　1 000

（4）第3年年初，松树苗已郁闭成林，此时该批林木总成本为：

总成本=5 000+1 000+1 000=7 000（元）

当年发生管护费用：

借：其他支出　600

　贷：库存现金　600

（5）截至第5年年末，该批松树林木的总成本仍然是第3年年初郁闭成林时的历史成本7 000元。

借：长期投资　10 000

　贷：消耗性生物资产——松树　7 000

　　　公积公益金　3 000

假定其他条件不变，如果双方约定该批松树的交易价格为6 500元，则分录为：

借：长期投资　6 500

　　公积公益金　500

　贷：消耗性生物资产——松树　7 000

四、对外投资类

《农村集体经济组织会计制度》根据持有目的及时间将对外投资划分为短期投资与长期投资两种。短期投资指能够随时变现并且持有时间不准备超过一年（含一年）的股票、债券等有价证券投资。长期投资指农村集体经济组织持有时间准备超过1年（不含一年）的投资，包括股权投资、债权投资等投资。

在整个投资业务核算中，始终贯穿着一条简化核算的操作原则。这是因为对于农村集体经济组织而言，从事对外有价证券、实物投资的业务数量少、金额小，而且往往局限在与本村集体经济组织有直接生产关系的上下游企业、个人上。在不影响会计信息使用的大前提下，农村集体经济组织会计对短期投资、长期投资业务均作出了适当简化的处理。

（一）短期投资

1. 农村集体经济组织进行短期投资时，按照实际支付的价款、相关税费等作为入账价值。

2. 出售、转让和收回短期投资时，按照实际收到的价款与短期投资账面余额的差额扣除尚未领取的现金股利、利润或利息作为“投资收益”，其中尚未领取的现金股利、利润或利息作为“应收款”处理。

【例10-16】大团结村于2024年3月6日以银行存款购入X公司股票。该股票单价2.7

元/股，共10 000股，另支付交易税费2 600元。3月10日，X公司宣告分配现金股利，大团结村按照持股份额可分得股利3 000元。4月10日，大团结村以27 400元将X股票卖出。

（1）2024年3月6日，购入该股票的成本为：

成本=2.7×10 000+2 600=29 600（元）

借：短期投资——X股票　　29 600

　贷：银行存款　　29 600

（2）2024年4月10日，出售该股票时：

借：银行存款　　27 400

　　应收款　　3 000

　贷：短期投资——X股票　　29 600

　　　投资收益　　800

（二）长期投资

农村集体经济组织在进行长期投资核算时，被投资单位宣告分派现金股利、利润或利息时，按照应当分得的金额记入“应收款”科目，收到现金股利、利润或利息时，按照实际收到的金额冲减“应收款”。

【例10-17】大团结村于2024年3月6日用银行存款29 600元对Y公司进行长期投资，取得Y公司股票10 000股。2025年5月15日，Y公司宣告发放股利，每股0.2元，大团结村可分得2 000元；2025年5月22日，上述款项存入大团结村银行账户中。2026年4月10日，大团结村以31 500元转让持有的Y公司全部股权，另支付相关税费2 400元。

（1）2024年3月6日，购入该股票：

借：长期投资——Y股票　　29 600

　贷：银行存款　　29 600

（2）2025年5月15日，Y公司宣告发放股利后，应收股利为：

应收股利=0.2×10 000=2 000（元）

借：应收款——应收股利　　2 000

　贷：投资收益　　2 000

（3）2025年5月22日，收到股利：

借：银行存款　　2 000

　贷：应收款——应收股利　　2 000

（4）2026年4月10日，出售该股票所得为：

出售该股票所得=31 500−2 400=29 100（元）

借：银行存款　　29 100

　　投资收益　　500

　贷：长期投资——Y股票　　29 600

五、应付工资类

在农村集体经济组织进行薪酬核算时，将应该支付给管理人员、固定员工等职工的工资总额记入到“应付工资”科目包括在工资总额内的各种工资、奖金、津贴、补助、社会保险费等；将应支付给季节性用工等临时性工作人员的劳务费总额记入“应付劳务费”科目核算。

【例 10-18】大团结村考核上月员工出勤情况，并分别计算出不同部门员工的薪酬如下：

（1）本村固定在编人员工资为：管理人员6 200元，生产劳动人员12 000元，达到预定生产经营目的后产役畜（禽）饲养人员3 500元，郁闭前用材林木护理人员2 800元，村在建发电厂施工人员4 700元。

（2）本期因自建发电厂导致务农人手短缺，临时雇用外来人员培植经济林木幼苗，工资1 200元。

应进行如下会计处理：

（1）固定人员工资：

借：管理费用	6 200	
生产（劳务）成本	12 000	
经营支出	3 500	
消耗性生物资产	2 800	
在建工程	4 700	
贷：应付工资		29 200

（2）临时外来务工人员工资：

借：生产性生物资产	1 200	
贷：应付劳务费		1 200

六、一事一议资金类

《农村集体经济组织会计制度》中的一事一议资金，是指因兴办村民直接受益的集体生产生活等公益事业，按照一事一议的形式筹集的专项资金。在我国不断进行农村地区税费改革的大前提下，通过一事一议的方式向广大村民筹资已经成为村集体公益事业开支的主要资金来源。

一事一议资金在用途上主要面向农村农田水利建设、村级公路修建、农村环保植树造林、村集体用生产设备等。

通过一事一议资金筹集的款项一般用于村集体大型公用公益事业，金额大，收益持续时间较长，受众基本上涵盖了本村级单位的全体成员。

农村集体经济组织使用一事一议资金后，可能购建某种有形资产，通过“在建工程”结转至“固定资产”；也可能完成某项修桥补路的具体劳务，不形成固定资产。二者的核算差异表现在前者最终会增加一项固定资产，而后者一般作为期间费用计入“公益支出”或“其他支出”；相似之处在于最终都要将一事一议资金结转至“公积公益金”科目。

【例 10-19】大团结村打算下半年购买2台风力发电机，用于满足本村日益增长的生产生活需求。于7月1日研究决定采取一事一议资金方式筹资140 000元。7月10日村民将上述款项足额缴存到指定银行账户。7月16日发电机运抵本村，共支付117 000元，取得对方开具的增值税普通发票，其后发生安装调试费23 000元，于7月23日投产使用。

原始凭证

（1）7月1日，通过一事一议资金方案：

借：内部往来——全体村民　　140 000

　贷：一事一议资金——发电机　　140 000

（2）7月10日，资金筹足：

借：银行存款　　140 000

　贷：内部往来——全体村民　　140 000

（3）7月16日，购入发电机：

借：在建工程——发电机　　117 000

　贷：银行存款　　117 000

（4）发生安装调试费：

借：在建工程——发电机　　23 000

　贷：银行存款（应付款，库存物资等）　　23 000

（5）7月23日，正式投产使用：

借：固定资产——发电机（117 000+23 000）　　140 000

　贷：在建工程——发电机　　140 000

（6）完工后，将实际使用的一事一议资金转入“公积公益金”账户：

借：一事一议资金——发电机　　140 000

　贷：公积公益金　　140 000

【随堂测】（判断题）农村集体经济组织接近普通企业，更具有业务核算的普遍性、可比性，体现出了更加灵活的“人合与资合兼顾”的特点，更能激发农民的生产积极性。（　）

第三节　农民专业合作社会计

一、农民专业合作社业务与会计制度概述

实际上，专业合作社并非我国农村地区所特有。从全世界范围来看，目前国际上最大的“非政府组织”恰恰是“国际合作社联盟”。隶属于该组织体系的数千个不同行业、产业的合作社，为全球尤其是经济欠发达地区的经济发展、社会进步作出了不可磨灭的贡献。联合国2009年12月18日通过一项决议，宣布2012年为“国际合作社年”。另外，在我国农民合作社发展较成熟的地区，已经尝到合作社甜头的社员正在筹建更高层次的“农民专业合作社联社”。种种迹象表明，专业合作社这种特殊组织形式今后仍将具有长期的生命力。

农民专业合作社是在农村家庭承包经营的基础上，农产品的生产经营者或者农业生产经营服务的提供者、利用者，自愿联合、民主管理的互助性经济组织。经市场监督管理部门批准后，农民专业合作社取得法人资格。它与上述农村集体经济组织的主要区别见表10-3。

我国于2018年7月1日开始实施修订后的《中华人民共和国农民专业合作社法》，为了规范农民专业合作社会计工作，加强合作社会计核算，保护合作社及其成员的合法权益财农〔2022〕58号制定印发了《农民专业合作社财务制度》自2023年1月1日起施行，为变革农村生产关系提供了有力的法律保障。

表10-3　农村集体经济组织与农民专业合作社的主要区别

项目	农村集体经济组织	农民专业合作社
身份取得	先天性，只要是农村户口就一定隶属于某个农村集体经济组织	后天性，只有经过农户申请后才能加入
个体地位	农村集体经济组织中农户不再具有自主地位	入社后的农户依然是独立的主体
管理方式	大多数情况下，由村委会代行职权	通过合作社成员大会，采取平等的一人一票民主管理方式
法律形式	农村集体经济组织目前仍不能在市场监督部门注册，不是市场主体	合作社本身是依法注册成立的市场主体
组建基础	沿用原有的地域划分、行政划分	以经济业务为纽带，不局限于自然行政区域

根据《农民专业合作社财务制度》的要求，目前共设置48个一级会计科目。考虑到大部分会计科目在名称、核算要求方面与《农村集体经济组织会计制度》完全一致，仅列示农民专业合作社会计科目表，见表10-4。

表10-4　农民专业合作社会计科目表

顺序号	科目编号	科目名称	顺序号	科目编号	科目名称
		一、资产类	26	213	应付劳务费
1	101	库存现金	27	214	应交税费
2	102	银行存款	28	215	应付利息
3	113	应收款	29	221	应付盈余返还
4	114	成员往来	30	222	应付剩余盈余
5	121	产品物资	31	231	长期借款
6	124	委托加工物资	32	235	专项应付款
7	125	委托代销商品			三、所有者权益类
8	127	受托代购商品	33	301	股金
9	128	受托代销商品	34	311	专项基金
10	131	对外投资	35	321	资本公积
11	141	消耗性生物资产	36	322	盈余公积
12	142	生产性生物资产	37	331	本年盈余
13	143	生产性生物资产累计折旧	38	332	盈余分配
14	144	公益性生物资产			四、成本类
15	151	固定资产	39	401	生产成本
16	152	累计折旧			五、损益类
17	153	在建工程	40	501	经营收入
18	154	固定资产清理	41	502	其他收入
19	161	无形资产	42	511	投资收益
20	162	累计摊销	43	521	经营支出
21	171	长期待摊费用	44	522	税金及附加
22	181	待处理财产损溢	45	523	管理费用
		二、负债类	46	524	财务费用
23	201	短期借款	47	529	其他支出
24	211	应付款	48	531	所得税费用
25	212	应付工资			

注：合作社在经营中涉及使用外埠存款、银行汇票存款、银行本票存款、信用卡存款、信用证保证金存款、尚未转入银行存款的支付宝或微信收付款等第三方支付平台账户余额等各种其他货币资金的，可增设“其他货币资金”科目（科目编号109）；合作社在经营中大量使用包装物，需要单独对其进行核算的，可增设“包装物”科目（科目编号122）。

另外，农民专业合作社会计报表在结构设置上新增成员权益变动表及与之配套的成员账户，体现了对外经营、对内服务的特色。报表体系具体构成见表10-5。

表10-5　　农民专业合作社会计报表体系

报表名称	编报期间	编报时必须遵循的要求	报表编号
科目余额表	月度/季度	月度/季度报表的格式由各省、市、自治区、直辖市的财政部门或农村经营管理部门制定	
收支明细表	月度/季度		
资产负债表	年度	年度报表必须按照《农民专业合作社财务制度》在全国范围内统一格式、统一编号	会农社01表
盈余及盈余分配表	年度		会农社02表
成员权益变动表	年度		会农社03表
各类内部管理报表	不定期	各农民专业合作社根据需要自行确定	

通过上述内容我们可以看出，农民专业合作社的会计核算必须分清合作社对内与对外两个层次。作为一种组织形式，合作社对外经济交往时采用的会计核算方法比农村集体经济组织更接近普通企业，更具有业务核算的普遍性、可比性。同时在合作社对内部社员的业务操作上，则体现出了更加灵活的“人合与资合兼顾”的特点，更能激发农民的生产积极性。

另外，在进行业务核算时，我们需要注意如下两个方面：

（一）合作社成员往来的核算范围

在合作社会计制度规定的“成员往来”科目核算合作社与成员之间发生的应收款项和应付款项等经济往来业务。本科目具有双重性质，期末借方余额合计数反映成员欠合作社的款项总额，期末贷方余额合计数反映合作社欠成员的款项总额。各明细科目期末借方余额合计数应在资产负债表“应收款项”项目反映，期末贷方余额合计数应在资产负债表“应付款项”项目反映。

（二）关于合作社支付给成员的报酬

合作社会计制度规定，应支付给本社管理人员、固定成员的日常工资、奖金、津贴、补助等通过“应付工资”科目核算，不再单设“应付福利费”。在年末向本社成员分配盈余时，使用“应付盈余返还”“应付剩余盈余”科目。

农民专业合作社会计制度在大多数核算方法与核算内容上近似于农村集体经济组织会计制度，本节不再介绍日常会计核算。

二、应收款类

农民专业合作社在生产经营过程中发生的应收款按照对象可以划分为对外、对内两类。应收款科目核算合作社与非成员之间发生的各种应收及暂付款项。即本社与合作社社内农户、单位发生的应收、应付款，可通过“成员往来”科目核算。对比农村集体经济组织会计制度来看，对外业务从科目名称到核算内容保持一致；对内业务的科目名称则从“内部往来”变成了“成员往来”，另外，合作社会计还要使用“成员往来”科目完成对内部社员的盈余分配。

【例10-20】新希望果蔬合作社本期销售给沃尔玛超市苹果一批，成本12 000元，售价15 000元，并向对方开具了增值税普通发票；销售给红火商业批发公司蔬菜一批，成本6 600元，售价8 400元，并向对方开具了增值税普通发票。

确认收入：

借：应收款——沃尔玛超市　15 000

　　　　——红火商业批发公司　8 400

　贷：经营收入　23 400

原始凭证

结转成本：

借：经营支出　18 600

　贷：产品物资　18 600

【例 10-21】收到沃尔玛超市交付的转账支票15 000元，存入银行；接到法院通知，红火商业批发公司因经营不善破产，本社作为债权人可获得破产清偿财产1 400元，款项存入银行。

收到沃尔玛超市款项：

借：银行存款　15 000

　贷：应收款——沃尔玛超市　15 000

收到红火商业批发公司破产财产分配：

借：银行存款　1 400

　　其他支出　7 000

　贷：应收款——红火商业批发公司　8 400

【例 10-22】合作社向本社果农张有财销售化肥一批，成本3 600元，售价4 000元，款项尚未收到。

确认收入：

借：成员往来——张有财　4 000

　贷：经营收入　4 000

结转成本：

借：经营支出　3 600

　贷：产品物资　3 600

【例 10-23】合作社用银行存款为果农张有财代垫优质果树苗采购款10 200元；张有财上月上交合作社的水果中有部分未达到本社收购协议要求，按约定对其处以1 400元的罚款。

借：成员往来——张有财　11 600

　贷：银行存款　10 200

　　　其他收入　1 400

【例 10-24】合作社本月收购张有财水果一批，总价款5 200元。收购时支付总价款的60%，余款待下月结清。

借：产品物资　5 200

　贷：银行存款（5 200×60%）　3 120

　　　成员往来——张有财　2 080

【例 10-25】年终结算前，确认本年度应该返还张有财盈余18 250元，分配剩余盈余2 650元，将上述款项转入张有财个人的成员账户。

借：应付盈余返还——张有财　18 250

　　应付剩余盈余——张有财　2 650

贷：成员往来——张有财 20 900

【例 10-26】确认本年度合作社与张有财之间的“成员往来”科目借贷方发生额，并以银行存款为张有财结清相关款项（假定双方本年度只发生上述交易）。

合作社应收（成员往来借方）：4 000+11 600=15 600（元）

合作社应付（成员往来贷方）：2 080+20 900=22 980（元）

合作社尚拖欠张有财7 380元（22 980–15 600），以银行存款结清：

借：成员往来——张有财 7 380

贷：银行存款 7 380

三、存货类

农民专业合作社会计制度在处理存货资产的问题上，主要侧重于分清存货的性质。凡是本社自产自用类存货，均使用“产品物资”科目，并根据不同的实物形态分设材料、低值易耗品、包装物、产成品等明细科目。凡是本社委托给外单位、个人代加工或代销售的存货，使用“委托加工物资”“委托代销商品”科目核算。凡是属于本社接受下属社员委托代购、代销的存货，则使用“受托代购商品”“受托代销商品”专属科目进行核算。

“产品物资”与农村集体经济组织会计制度中的“库存物资”近似，“委托加工物资”与企业会计准则的核算要求类似，本节将重点讨论合作社与内部社员之间的存货交易。

【例 10-27】新希望果蔬合作社接受村民赵某以稻谷进行投资，双方协商作价12 000元，赵某在合作社中享有10 000元的资本金份额。

借：产品物资——材料（稻谷） 12 000

贷：股金 10 000

资本公积 2 000

【例 10-28】合作社本期培育新品樱桃一批，共发生种、肥、农药和人工培植等支出7 400元，樱桃验收入库，结转生产成本。

借：产品物资——产成品（樱桃） 7 400

贷：生产成本 7 400

【例 10-29】合作社本月4日收到村民钱某60 000元存款，为其采购新品樱桃树苗一批。10日采购完毕，共支付价款50 000元，合作社按本社协议收取2%的手续费。该批树苗验收后交付给钱某，同时返还剩余购货款。

（1）收到购货款：

借：银行存款 60 000

贷：成员往来——钱某 60 000

（2）10日，采购完毕，收到树苗：

借：受托代购商品 50 000

贷：银行存款 50 000

（3）10日，扣除手续费，返还多余金额，并结清内部交易：

借：内部往来——钱某 60 000

贷：受托代购商品 50 000

经营收入 1 000

银行存款 9 000

【例10-30】合作社5日接受本社农户李某委托，为其代卖3吨大蒜，双方约定销售价格为4 500元。7日该批大蒜售出，实际取得销售收入4 800元，款项存入银行。8日，结清内部交易。

（1）5日，接受代销委托：

借：受托代销商品　4 500

　贷：成员往来——李某　4 500

（2）7日，收到销售款：

借：银行存款　4 800

　贷：受托代销商品　4 500

　　经营收入　300

（3）8日，结清内部交易：

借：成员往来——李某　4 500

　贷：银行存款　4 500

（4）若7日实际销售收入为4 400元，则分录为：

借：银行存款　4 400

　经营支出　100

　贷：受托代销商品　4 500

四、对外投资类

考虑到合作社实际发生的投资行为较少，合作社财务会计制度在规定投资业务核算时本着简化处理的原则，将农村集体经济组织会计制度中的“短期投资”“长期投资”合并表述为“对外投资”。

“对外投资”科目的使用与农村集体经济组织会计制度的要求相同，并且不再区分投资行为的目的与持有期长短。合作社可以用于对外投资的资产类型包括货币资金、实物资产、无形资产等。

【例10-31】新希望果蔬合作社8日在证券市场购入×股票20 000元，其中包含已宣告但尚未支付的股息2 000元，另支付手续费200元。次月10日，以21 000元的价格将该股票售出。

（1）8日，购入股票：

借：对外投资——×股票　20 200

　贷：银行存款　20 200

（2）次月10日，售出股票：

借：银行存款　21 000

　贷：对外投资——×股票　20 200

　　投资收益　800

五、无形资产类

《农民专业合作社财务制度》将无形资产固定为合作社必须列报的资产类一级科目，体现了合作社比农村集体经济组织更接近于现代企业的特征。

合作社无形资产核算与企业会计准则明显不同之处在于合作社会计制度不考虑自行研制、开发无形资产的投入。凡是合作社自行研发的无形资产，直接按照依法申请取得无形资产时发生的注册费、律师费等实际支出，借记“无形资产”科目。

另外，为简化核算，合作社会计制度规定无形资产从使用之日起，按直线法分期平均摊销或工作量法摊销。

【例 10-32】新希望果蔬合作社自行研究出一项新品樱桃树苗的嫁接培植技术，按法律程序向专利主管部门申请取得专利，支付相关注册费 1 200 元、律师费 600 元。

借：无形资产　　1 800

　贷：银行存款　　1 800

【例 10-33】承【例 10-32】，新希望果蔬合作社认为该项培植技术可以领先同行 5 年，因此决定按 5 年采用直线法计提折旧，年折旧额为 360 元。

借：管理费用　　360

　贷：无形资产　　360

六、应付盈余类

合作社对本社成员进行盈余分配可分为两个阶段：首先按交易量（额）分配，其次按出资额、累积额分配。在不同的分配阶段使用不同的会计科目进行核算。

（一）按交易量（额）分配

“应付盈余返还”科目专门用来核算合作社可分配盈余中应按成员与本社交易量（额）返还给成员的金额。

【例 10-34】新希望果蔬合作社 2023 年度的可分配盈余为 320 000 元，本社章程规定按 80% 的比例分配。该年度本社与社员交易总额为 1 000 000 元，其中农户甲、乙、丙的交易额分别为 100 000 元、52 000 元、78 000 元。合作社根据各自交易额占全社成员总交易额的比例分配盈余，并用银行存款结清。

（1）本年可分配盈余中应返还社员的金额：

320 000×80%=256 000（元）

（2）甲、乙、丙农户各自的交易额比例：

甲农户交易额比例=100 000÷1 000 000×100%=10%

乙农户交易额比例=52 000÷1 000 000×100%=5.2%

丙农户交易额比例=78 000÷1 000 000×100%=7.8%

（3）计算甲、乙、丙各自应分得的盈余金额：

甲应分得的盈余金额=256 000×10%=25 600（元）

乙应分得的盈余金额=256 000×5.2%=13 312（元）

丙应分得的盈余金额=256 000×7.8%=19 968（元）

（4）计提应分配盈余：

借：盈余分配——各项分配　　58 880

　贷：应付盈余返还——甲　　25 600

　　　　　　　　　——乙　　13 312

　　　　　　　　　——丙　　19 968

（5）用银行存款支付盈余：

借：应付盈余返还——甲　　25 600

　　　　　　　　——乙　　13 312

　　　　　　　　——丙　　19 968

贷：银行存款　58 880

（二）按出资额、累积额分配

“应付剩余盈余”科目是指合作社在按交易量（额）分配盈余以后，利用可分配盈余的剩余部分再次对社员进行分配的盈余。根据合作社会计制度的规定，合作社应该综合考虑：

❶ 成员账户中记载的出资额；

❷ 成员账户中记载的公积金份额；

❸ 国家财政直接补助和他人捐赠形成财产平均量化到成员账户中的份额等。

该分配集中体现了农民专业合作社“资合”的特点。

【例 10-35】承【例 10-34】，根据章程的规定，新希望果蔬合作社将剩余盈余中的15%对社员进行再次分配。2023 年年末，新希望果蔬合作社所有者权益合计 300 000 元。本社农户丁个人账户记载出资额 1 500 元、资本公积与盈余公积之和 1 000 元、专项基金 500 元，入社企业 A 农资供销公司账户记载出资额 40 000 元、资本公积与盈余公积之和 18 000 元、专项基金 2 000 元。合作社分别计提上述剩余盈余，并以银行存款结清。

（1）本年可供分配的剩余盈余金额：

320 000×15%=48 000（元）

（2）农户丁、企业 A 剩余盈余分配比例：

农户丁剩余盈余分配比例=（1 500+1 000+500）÷300 000×100%=1%

企业 A 剩余盈余分配比例=（40 000+18 000+2 000）÷300 000×100%=20%

（3）计算农户丁、企业 A 应分得的剩余盈余金额：

农户丁应分得的剩余盈余金额=48 000×1%=480（元）

企业 A 应分得的剩余盈余金额=48 000×20%=9 600（元）

（4）计提剩余盈余：

借：盈余分配——各项分配　10 080

　贷：应付剩余盈余——丁　480

　　　　　　　　　——A　9 600

（5）用银行存款支付盈余：

借：应付剩余盈余——丁　480

　　　　　　　　——A　9 600

　贷：银行存款　10 080

七、专项应付类

专项应付款是指合作社接受国家财政直接补助而收到的货币资金。根据合作社会计制度的要求，首先将该笔资金列为合作社的债务，以后在使用过程中结转为使用期当期费用或形成某项实物资产、无形资产。

【例 10-36】新希望果蔬合作社收到县政府下拨的农业补助资金 100 000 元，存入银行。

借：银行存款　100 000

　贷：专项应付款　100 000

【例 10-37】新希望果蔬合作社使用上述财政补助当中的 26 000 元为技术员秦某支付

参加省农机技术培训班培训费。

借：专项应付款　　26 000

　贷：银行存款　　26 000

【例 10-38】新希望果蔬合作社使用上述财政补助当中的45 000元购买一台不需要安装的专用设备，取得对方开具的增值税普通发票。

借：固定资产　　45 000

　贷：银行存款　　45 000

原始凭证

同时，按规定将该笔专项应付款项转入专项基金：

借：专项应付款　　45 000

　贷：专项基金　　45 000

八、专项基金类

与农村集体经济组织会计制度相比，农民专业合作社会计制度再次恢复了资本公积与盈余公积两个一级科目，以此分别核算生产过程与非生产过程产生的公积金。

另外，合作社会计制度中完全不同于企业会计、农村集体经济组织会计的一点是增设了“专项基金”科目，用来核算合作社接受国家财政补助或接受捐赠的内容。“专项基金”与前述负债类要素中“专项应付款”的区别在于二者是一项多环节复杂业务中的先后两个不同的核算步骤。合作社接受国家的货币性补助，首先作为一项负债记入“专项应付款”，在以后的使用过程中假如利用该资金形成了某项非货币资产，则应在增加某项非货币资产的同时转销“专项应付款”。该账务处理充分体现了国家财政对合作社的政策扶持。

微课

农村集体经济组织与农民专业合作社业务的涉税问题

【例 10-39】新希望果蔬合作社接受某国际粮农组织捐赠的农用仪器一批，价值250 000元。

借：固定资产　　250 000

　贷：专项基金——捐赠资金　　250 000

小思考 10-1

1. 为什么说目前我国农民专业合作社兼具“人合与资合”的双重属性？试从农民专业合作社会计核算的筹集资金、盈余分配等不同环节加以解释。

2. 纵观我国历次农村改革，结合目前国家解决“三农”问题的各项举措，试论今后农村地区会不会实现“政治村委会、经济合作社”的政治经济新格局。

3. 结合任课班级农户家庭实际生产经营情况，请分析该地区农村经济组织形式的特点。

典型案例一

朝阳县大团结村2023年12月初科目余额表见表10-6。

原始凭证

表10-6　**科目余额表**

2023年12月1日　　单位：万元

科目编号	科目名称	期末余额		科目编号	科目名称	期末余额	
		借方	贷方			借方	贷方
	资产类				所有者权益类		
101	库存现金	3		301	资本		88
102	银行存款	120		311	公积公益金		35
111	短期投资	2		321	本年收益		
112	应收款	36		322	收益分配		128
113	内部往来	28			成本类		
121	库存物资	210		401	生产（劳务）成本	10	
131	消耗性生物资产	64			损益类		
132	生产性生物资产	81		501	经营收入		320
141	长期投资	36		502	投资收益		9
151	固定资产	65		503	补助收入		
152	累计折旧		12	504	其他收入		40
153	在建工程	4		511	经营支出	35	
154	固定资产清理	0		541	管理费用	72	
	负债类			551	其他支出	24	
201	短期借款		31				
202	应付款		44				
211	应付工资		11				
221	长期借款及应付款		65				
231	一事一议资金		7		（借方/贷方）合计	790	790

大团结村在12月份及年终决算前共发生以下业务事项：

（1）1日，接受甲公司人民币10万元投资，款项存入银行；接受县农业局以不需安装的专用农机设备投资，该设备公允价值15万元，双方协议按照12万元入股；接受乙农场以育肥羊投资，双方协议作价28万元。

（2）1日，接受X外资粮农组织捐赠人民币20万元，款项存入银行。

（3）2日，归还本月到期的3年期银行长期借款，本金30万元，最后一期利息2万元。

（4）2日，为筹措农副产品收购款，从丙信用社借入3个月借款6万元，规定年利率6%，到期一次还本付息。

（5）3日，为准备越冬施肥，用银行存款14万元购买化肥一批，当日收到化肥，存入仓库。

（6）4日，从丁物资公司赊购苹果树幼苗一批，约定价格19万元，取得对方开具的增值税普通发票。幼苗运抵本村，并立即支付现金1万元用于培植费用。

（7）5日，开出银行转账支票一张交付给丁物资公司，票面金额29万元，用于偿还本次购买苹果树幼苗款19万元以及上月拖欠款项10万元。

（8）6日，收到本村上月购买的M短期债券分得的债券利息0.2万元，存入银行；转让持有的N公司股权，该股权账面价值15万元，转让价格17.3万元，同时支付相关税费0.5万元。

（9）7日，村技术员李旺到县城参加为期一周的农机技术培训班学习，预借差旅费现金0.5万元。

（10）8日，村民吴某缴纳上月应交的违反计划生育指标罚款2万元，款项收到，存入银行。

（11）10日，购入一台需要安装的活塞式抽水机，支付银行存款7万元，取得对方开具的增值税普通发票；在安装过程中投入银行存款1万元，使用了价值2万元的库存零件。完工后正常投入使用。

（12）11日，计提本月固定资产折旧2万元，其中农用生产设备折旧1.7万元，村委会办公设备折旧0.3万元。

（13）12日，出售农用拖拉机一台。该设备原值4万元，已计提折旧3万元，出售前支付现金清理费0.2万元。经协商双方以2万元价格成交，款项收到并存入银行。

（14）14日，计提上月本村应支付的工资。其中固定在编人员工资为：管理人员1万元，生产劳动人员5万元，成年产役畜（禽）饲养人员2万元，经济林护理人员3万元，临时雇用外来人员培植经济林木幼苗，其工资1万元。

（15）15日，从银行提取现金12万元，支付上述各项工资。

（16）16日，李旺出差回来，返还多余的现金0.1万元。

（17）上月未完工空心砖一批，记在"生产（劳务）成本"科目。本月17日完工，总成本7万元，转入"库存物资"科目（假定其他相关业务已处理完毕）。

（18）18日，上半年以一事一议资金方式筹资铺设的通信电缆正式完工，总造价6万元，结转该笔一事一议资金（假定其他相关业务已处理完毕）。

（19）19日，收到上月销售农产品应收款项15万元，存入银行。

（20）20日，销售库存优质大麦一批，成本40万元，售价55万元，款项收到并存入银行。

（21）21日，计算出村民刘某应缴纳的鱼塘承包款8万元，暂未收到款项。

（22）22日，收到县政府下发的自然灾害专项补助资金5万元，款项均存入银行。

（23）31日，在年度终了时，将本期所有收入账户余额转入"本年收益"账户的贷方，结转完毕，各收入账户无余额。

（24）31日，将本期所有费用支出账户余额转入"本年收益"账户的借方，结转完毕，各支出账户无余额。

（25）31日，将"本年收益"贷方余额结转至"收益分配"科目。结转完毕，"本年收益"账户无余额。

（26）31日，根据村委会的决议，决定在本期实现的净收益中提取公积公益金30万元，向各投资方分配110万元，向本村农户分配90万元。

（27）将收益分配科目的各项分配统一结转到未分配收益项目下。

问题：

（1）进行12月份业务的账务处理；

（2）编制12月月末科目余额表；

（3）编制2023年12月31日的资产负债表。

[分析提示]

在处理12月份业务的同时，考虑本年的结转业务，并根据期初（12月1日）余额设置相关的账户，计算期末余额，并编制报表。

典型案例二

山西大兴农民专业合作社成立于2023年1月1日，注册资金20万元，现有成员30人，主要从事棉花生产、加工、出售等业务，现发生与成员往来业务如下：

（1）4月1日，合作社受成员张得利委托为其采购优质棉花籽，合作社收到张得利交来棉花籽款1 000元。合作社购进棉花籽价款800元，收取代购手续费80元，同时将棉花籽和剩余款交给成员张得利。

（2）11月28日，合作社接受其成员张得利委托为其代销棉花，双方协议约定价格为20 000元，合作社售出棉花，实际收到价款21 000元，合作社按双方协议价格20 000元支付给张得利。

问题：编制相关会计分录。

[分析提示]

主要根据合作社内部往来的业务特点，进行会计处理。

典型案例三

内蒙古自治区金星养殖合作社专门从事畜牧业生产、销售，2023年发生下列部分业务：

（1）1月6日，合作社从种猪厂购回总价值为50 000元的种猪和育肥仔猪，其中，种猪价值30 000元，育肥仔猪价值20 000元，以银行存款支付40 000元，取得对方开具的增值税普通发票，余款暂欠。

（2）截至4月，合作社饲养种猪，从仓库中领取饲料价值3 000元，本月应付饲养人员工资800元，现金支付水费600元。饲养育肥仔猪饲料价值6 000元，现金支付水电费800元，雇佣临时饲养员支付工资1 800元。

原始凭证

（3）合作社饲养的20头幼牛成年转为役畜，在饲养过程中共发生费用35 000元，其中，饲养费用15 000元，购买费用20 000元。合作社饲养的幼猪成年转为产畜，账面汇集成本共计30 000元，预计可生产5年，假设预计净残值率5%。

（4）合作社出售奶牛两头，收到价款24 000元，款项存入银行，出售奶牛的成本20 000元，已计提折旧4 000元。因病死亡育肥猪两头，其账面价值300元。

问题：编制相关会计分录。

[分析提示]

根据生物资产的特点及摊销方法，进行生物资产收入、费用的核算。

典型案例四

河南长江种植合作社是一家2016年成立的农民专业合作社，2024年有关固定资产核算的部分经济业务如下：

（1）1月5日，合作社以存款3 000元购买水泵一台，取得销售方开具的增值税普通发票，用现金支付运杂费、安装费350元。

原始凭证

（2）2月10日，合作社购买电脑一台，用银行存款支付价款5 000元，取得销售方开具的增值税普通发票。

（3）5月4日，合作社建办公室3间，用银行存款购各种材料，价值30 000元，用现金支付工人工资6 000元、运杂费4 000元，现建成投入使用。

（4）6月18日，合作社收到市科委捐赠的全新电脑一台，价值6 000元。

（5）7月29日，合作社出售农用车一台，账面价值3 000元，已提折旧2 000元，出售时，用现金支付清理费400元，双方协议价1 000元，款项已收。

问题：编制相关会计分录。

[分析提示]

根据固定资产的特点及清理方法，进行固定资产取得、使用、清理的核算。

本章小结

作为我国广大农村经济组织的载体，农村集体经济组织与农民专业合作社都具有旺盛的生命力，与之相应的农村集体经济组织会计与农民专业合作社会计，作为特殊的行业会计，有其自身的特点。通过本章的学习，在重点掌握这两种会计核算特殊性的同时，结合其相关的会计制度，在深刻地理解和灵活运用会计核算的基本原理的基础上，本章重点核算内容为：成员内部往来、特殊资产核算、收益分配、专用基金的使用等方面。

主要参考文献

[1] 中华人民共和国财政部，国家税务总局，海关总署. 关于深化增值税改革有关政策的公告［S］. 财政部 税务总局 海关总署公告2019年第39号，2019.

[2] 中华人民共和国财政部，国家税务总局. 关于调整增值税税率的通知［S］. 财税〔2018〕32号，2018.

[3] 中华人民共和国财政部，农业农村部. 农民专业合作社财务制度［S］. 财农〔2022〕58号，2022.

[4] 中华人民共和国农业部. 农村集体财务管理规范化管理办法［S］. 农办经〔2006〕6号，2006.

[5] 中华人民共和国财政部. 农村集体经济组织会计制度［S］. 财会〔2023〕14号，2023.

[6] 史玉光. 新会计准则下商品流通企业会计实务［M］. 7版. 北京：电子工业出版社，2020.

[7] 温红梅. 银行会计［M］. 7版. 大连：东北财经大学出版社，2022.

[8] 李晓梅. 商业银行会计实务［M］. 北京：中国市场出版社，2010.

[9] 于春红. 银行会计学［M］. 北京：对外经济贸易大学出版社，2009.

[10] 中华会计函授学校. 村集体经济组织财务管理［M］. 北京：中国财政经济出版社，2009.

[11] 于希文. 金融会计学［M］. 大连：东北财经大学出版社，2005.

[12] 杜江. 旅行社经营管理［M］. 北京：旅游教育出版社，1999.

[13] 李天元，张朝枝，白凯. 旅游学［M］. 4版. 北京：高等教育出版社，2019.

[14] 丁元霖. 物流企业会计［M］. 4版. 上海：立信会计出版社，2019.

[15] 王小松，宋磊. 物流企业会计理论与实务［M］. 北京：首都经济贸易大学出版社，2008.